三农论稿：站在 / 农民的 / 立场

TOWARDS THE CHINESE
"THREE RURAL ISSUES" :
FROM THE PERSPECTIVE
OF CHINESE FARMERS

赵强社　著

社会科学文献出版社
SOCIAL SCIENCES ACADEMIC PRESS (CHINA)

# 自　序

　　"三农"问题是全党工作的重中之重，党的十八大以来，以习近平总书记为核心的党中央就有关"三农"改革发展提出了一系列新理念、新论断、新举措，为破解"三农"问题，实现农业现代化提供了基本遵循，使这一时期成为农村发展的黄金期。各级党委政府对"三农"工作的重视程度前所未有，农村改革的力度前所未有，农村工作研究的热度前所未有。我从2007年起任中共咸阳市委农村工作部门负责人，已逾十年，有幸见证和参与了这一改革历程。十年来，咸阳党委农工部门的名称多次发生变化，从新农村建设办公室到统筹城乡发展办公室，再到城乡发展一体化办公室，反映了农村政策演变的轨迹，也是三农理念创新的路径。我通过研读党的"三农"方针政策，从田间地头了解农业生产态势，从时代变革中体察农村脉动，从神经末梢感知农民需求，以农民的视角反思政策，以良知良心建言献策，夙夜忧思，取得了一些关于"三农"工作的感悟和收获。十年来，我既是地方"三农"工作政策的制定者又是政策的执行者，既是理论的研究者又是实践的探索者，既是农民的儿子又是行政官员，多重身份使我在解决农村基层各类问题和矛盾的体会中，在与农民同吃同住同劳动的体验中，在总结农民自主改革创新经验的过程中，对党的农村政策有了切身的感受、思考和比较。我认为当前破解"三农"问题仍然任重道远，与党委农村工作部门"说起来重要，忙起来次要，干起来不要"的地位相似，"三农"问题也存在"三多三少"的现象，即暴露的问题多，解决的办法少；政策文件多，含金量少；理论多，农民的话语权少。立场问题向来都是基础性、根本性问题。我的体会是：破解"三农"问题的决策是否正确、是否有效，措施是否得力，关键是我们各级党委政府和领导干部想问题、做决策、出政策、定措施是否真正站在了农民的立场。

**农民的立场就是公平的立场**

所谓公平就是每一位公民在法律面前是平等的，该有的权利和义务是对等的。改革开放三十多年来，为什么我们一边在讲重视"三农"，并出台了一系列"惠农"政策，一边是城乡居民收入差距不断拉大的事实。理想和现实的差距，政策叠加和效果堪忧的对比，说明了"三农"问题的根源不在"三农"本身，而是体制，这不是仅靠有限的政策调整就能够解决的。城乡分割的"二元"体制是农村发展、农民增收的根本制约。长期以来，封建等级观念和二元体制扭曲了一些人对农民的认识，农民往往被他们看成愚昧和落后的"社会底层"，这种偏见，导致把农民应得的权利视作对农民的恩赐。这种恩赐意识让政策导向误入歧途。比如把农业政策叫作"强农惠农富农"政策，把治理农村三乱行为叫作"减轻农民负担"，把国家对农业的投资称为"财政支援农业资金"等，就连取消"农业税"本身是社会主义制度优越性的体现，仍有人在舆论上将"农业税"与封建社会的"皇粮国税"相提并论。如此等等，没有任何对农民利益被剥夺的愧疚，没有意识到"多予少取放活"方针是还农民账的行为。因为"恩赐"观念的存在，所以对农业的投入难以保障，扶贫款、农业补贴像"唐僧肉"一样被克扣、盘剥、贪污。二元体制使我们在思想观念、行政方式、行为方式上自觉不自觉地形成"重城轻乡、歧视农民"的二元思维。2011年在全国两会上，全国政协委员、北京中华民族博物馆馆长王平女士提出的"不要鼓励农村的孩子上大学"的提案，语惊四座。她的理由是："上大学是要很大费用的，一个农村家庭有一个大学生就返贫了。""现在大学生找工作并不容易，农村的孩子上了大学也可能连工作都找不着。"她显然只是看到了问题的表象，却没有认识到问题的本质，因而开错了处方（加剧二元体制的处方）。还有那些"农民工积分落户""以宅基地换住房""以户口换社保"等举措，都损害了农民利益，加剧了城乡发展、市民与农民的不平等，这样的政策是不会受到农民欢迎的。2010年，温家宝在政府工作报告中提出："我们所做的一切都是要让人民生活过得更加幸福，更有尊严。"对农民来说，最大的幸福和尊严就是平等。为什么农民对一些惠农政策有意见，对一些工作不配合，对一些改革不参与，因为在政策的制定中农民鲜有话语权，一些政策没有反映农民的实际利益。不公平会让干群关系裂痕加剧，会让社会阶层固化。如果我们不能让农民享受更多的改革红利，不给予农民更多的话语权，不改掉那些不合时宜的陈规体制，破解"三农"问题就成了永恒的难题。

**农民的立场就是求实的立场**

求实是我们党的思想路线的核心，其精髓是解放思想、实事求是、与时俱进、求真务实。十多年来关于"三农"的政策汗牛充栋，"三农"改革探索如雨后春笋，一批批"三农"学者你方唱罢他登场。但其提出的建议多如庸医的方子——不治病。关键是我们一些党员领导干部、三农专家都是"居庙堂之高"而做决策，在象牙塔中制定政策，用脑想学问而不是用脚做学问，多是阳春白雪，少见下里巴人。具体表现在：一是照样画虎。以户籍改革政策为例，一些地方户籍政策没有考虑到 2.7 亿农民工大多在大城市和特大城市打工这一现实和农民工渴望落户城市的愿望，制定的政策不能结合地方实际，上下一般粗。二是闭门想象。如江西省提出"要广泛宣传农民在城市购房是升值，在农村建房是贬值"的理念（二元思维）和20 多个省市在房地产去库存中，出台鼓励农民工进城购房的政策。农民有钱早去购房了，还用鼓励吗？没钱鼓励有用吗？还有鼓励农民工返乡创业，等等，都是一厢情愿。三是刻舟求剑。不能与时俱进地对农村现实进行深入了解，"刻舟求剑"地制定不切实际的政策，这就好像把高楼建到沙漠一样。家庭联产承包责任制一家一户的经营方式是与我国 20 世纪 80 年代农村低下的生产力发展水平相适应的，现在农业农村的生产力水平已发生深刻变化，其与现行生产关系不适应的矛盾愈来愈突出，但不少"三农"工作者对"家庭联产承包责任制长久不变"理解绝对化。四是投鼠忌器。农村金融改革滞后，农民发展缺乏金融支持，工商资本下乡本可以弥补缺陷，一些专家又想当然地怕工商资本侵占农民利益，主张限制工商资本下乡。建设新型农村社区是改变农民生产生活方式的有效途径，但一些地方借此逼农民上楼套建设用地指标，所以一些专家就反对新型农村社区建设，而不是对存在的问题加以规范。结果"倒洗澡水时连孩子也倒掉了"。很多学者、决策者都声称站在基层和农民的立场，但他们对基层和农民并不了解，他们生活在不同于农民的环境中，鲜有人真正到农村调查或者走群众路线。一句话，一些人少了些实事求是的品格，少了些无私的品格。

求实就是让"三农"的政策顺民意、得民心、有实效、接地气，就是要把嘴上说的、纸上写的、会上定的，变成具体的行动、实际的效果、农民的利益。做到这一点，其实很简单，就是政策一定要从群众中来，再到群众中去；一定要从基层来，再到基层去。研究和制定政策的人，一定要先当群众的学生，再当群众的老师。毛泽东说："群众是真正的英雄，而我们自己则往往是幼稚可笑的，不了解这一点，就不能得到起码的知识。"有些在办公室、书斋里想不出、想不通的问题，有些在各类会议上议而不决、难以解决的问题，到农村去看一看、问一问、听一听，就豁然开朗了。有时苦思无策的事情，农民已有创新；有些困惑已久的问题，农民早有答案；而有时我们杞人忧天地担心一些事情，基层却并未发生。密切联系群众是我们党最大的政治优势。但不知从何时起，这一优势变成了群众工作的时代之问："为什么现在交通便利了，反而离群众远了，通信发达了，反而与群众交流难了，干部文化水平提高了，群众工作的水平反而降低了。"究其原因，根子是我们多了形式主义、官僚主义、享乐主义和奢靡之风，少了实事求是的务实作风。毛泽东在《反对本本主义》中提出"没有调查，就没有发言权"的著名论断。习近平总书记在《谈谈调查研究》中强调，党员干部"必须深入实际、深入基层、深入群众，多层次、多方位、多渠道地调查了解情况……基层、群众、重要典型和困难的地方，应成为调研重点，要花更多时间去了解和研究。只有这样去调查研究，才能获得在办公室难以听到、不易看到和意想不到的新情况，找出解决问题的新视角、新思路和新对策"。"三农"的决策者和政策制定者，只有少些文山会海，多些调查研究；少些官架子，多些乡土气；少些个人私利，多些群众观点，将自己置于农民生存的环境之中，让自己成为农民中的一员，才能保证自己的背景、思想和行为逻辑同农民一致，才能收集到真实的信息，做出正确的决策，找到破解"三农"问题的政策和办法。

**农民的立场就是党的立场**

"农民的立场就是党的立场"这个命题本来是毋庸置疑的，但在具体行政工作中，特别是在处理农村各类利益矛盾中，有些人又自觉不自觉地将农民与党和政府对立起来。最著名的雷人语言就是郑州市规划局副局长逯军质问记者的那句话："你是准备替党说话，还是准备替老百姓说话?"更为可怕的是，当记者采访当地组织部门的干部时，竟然认为这是个人言行，言论自由。更有人认为逯军为人耿直，所以才会说出"不合适"的话。这样是非不分，难道不值得我们好好反思一下我们的党员教育?! 扪心自问，这种将党和政府与农民对立起来的认识，我们自己的思想和行为深处是否也存在，这值得我们好好检讨反思。试举几例。一是盲目唯上。上级的决策，不管正确与否，不考虑本地本部门的实际，机械地毫无异议地加以执行。如同邓小平同志所批评的："领导人没有讲过的，就不敢多说一句话，多做一件事，一切照抄照搬照转。""唯上"者对上是盲目遵从，对下是强迫命令，在群众不理解时搞"通不通，三分钟"，"再不通，龙卷风"。总之，上面说啥就干啥，上面不说就不干。还有对上级下达的一些任务、指标，明知做不到或做了没效果，仍唯命是从，结果浪费了人力物力，造成了许多设施的闲置，替上级政策"交学费"，形成大量政府债务和村级债务。毛泽东曾一针见血地指出"只唯上"弊病："盲目地表面上完全无异议地执行上级的指示，这不是真正在执行上级的指示，这是反对上级指示或者对上级指示怠工的最妙方法。"这可谓一语中的。二是主动迎上。受扭曲的权力观、政绩观影响，不怕群众不满意，就怕领导不注意，把"密切联系群众"篡改为"密切联系领导"，把对上负责演变为对上迎合。热衷于搞形式主义、形象工程、标新立异，甚至欺上瞒下，弄虚作假。一些事情"领导不来，没人理睬，领导一到，变得重要，领导一讲，层层都讲"。如在农业结构调整、园区建设中，只求大求洋求轰动效应，吹泡泡，搞假典型，只"垒盆景"而不管农民是否增收。在这些人看来，领导批示的权威性要大于政策，上级政策的权威性要大于法律。三是以虚对上。一些领导机关在制定政策时，调研不充分，情况掌握不实、不全，仅凭上级要求和层层加工报上来的情况制定政策，使政策不切合实际，成为一张废纸；有些领导机关和领导干部喜欢搞不切实际的达标检查和目标考核，明明知道基层做不到，汇报情况有水分，仍偏听偏信，乐此不疲；有些领导机关和领导干部为了局部乃至个人的利益，搞"上有政策，下有对策"，对上级乃至中央的政策阳奉阴违，虚与委蛇，使一些好政策落不到实处。精准扶贫是全面建成小康社会的底线任务和标志性指标，精准识别是精准扶贫的基础。对这样的一个大战略，许多地方不在做群众工作中想办法，不把贫困户的情况精准地记在心上，而是在各类表格中做文章，把精准扶贫搞成了精准填表。有些地方每家贫困户要填的各类表格竟达90多种，还有考核中干部给贫困户"装儿子"的。这些东西让群众十分反感。用群众的话说这是官员们的自娱自乐。上述种种表现都是站在上级的立场，而不是站在农民的立场，都是把上级的立场和农民的立场割裂开来，唯上唯虚不唯实，其根源都是私心在作怪，都是在处理个人利益和群众利益的关系时，以个人利益为重的表现。

解决这一问题，一要处理好党的利益和群众利益的关系。中国共产党是领导全国人民进行国家治理的核心，核心的作用，关键在于是否为了人民群众的利益，是否始终站在人民群众的立场上去研究问题、解决问题。习近平说："党性和人民性从来都是一致的、统一的。"从本质上说，坚持党性就是坚持人民性，坚持人民性就是坚持党性。只有下不愧民，才能上不愧党。共产党和人民群众是不可分割的整体，共产党除了工人阶级和最广大人民群众的利益，没有自己的特殊利益。毛泽东说："如果把自己看作群众的主人，看作高踞于'下等人'头上的贵族，那末，不管他们有多大的才能，也是群众所不需要的，他们的工作是没有前途的。"领导干部无论职务多高、权力多大，都应该用群众的视角察民情，用群众的心思体验群众的困难，把人民群众满意不满意、赞成不赞成、高兴不高兴作为工作的出发点，真正做到想群众之所想、急群众之所急、解群众之所难。在脱贫攻坚中，我是反对动不动指责贫困户"靠着墙根晒太阳，等着政府送小康"的，这是一种扶贫委屈论，把个别当一般。我有一个体会，就是不怕群众闹事，就怕群众讲理，怕群众和我们讲理我们不占理。毛泽东说过："只有不合格的干部，没有不合格的群众。"在具体工作中，个别群众有时会因不理解等诸多因素而产生情绪、意见甚至有过激行为。深究其因，还是干部的问题，或是宣传不到位，或是工作欠深入，或是方法太简单，或是考虑不全面，甚至是立场就和群众不一致。星星还是那个星星，群众还是那个群众，不是群众变了是我们干部变了。遗忘了自己的出身，遗忘了入党的誓言，遗忘了群众的疾苦，偏离了工作为群众的方向。习近平要求我们每个共产党员"不忘初心",就是要不忘记我们党的理想、信念和宗旨。坚定不移地站稳群众立场是党的性质和宗旨的根本体现,也是做好一切工作的出发点和落脚点。二要处理好对上负责与对下负责的关系。习近平说:"所谓对上负责,就是对上级领导机关负责;所谓对下负责,就是对人民群众负责。对各级领导干部来说,对上负责与对下负责从来都是统一的、不可分割的。"对下负责寓于对上负责之中,对下负责就是对上负责,两者相辅相成。只有对下负责做好了,才能真正做到对上负责。对下负责是最大的对上负责。把对上负责与对下负责对立起来,究其根源是党的宗旨意识淡化,说到底,还是理想信念动摇,精神缺"钙"。要做到公心对上,真心对下,就要既不瞒上欺下,也不谄上哄下;既对上不媚,也对下不威。作为"三农"工作者,在任何时候、任何情况下与农民同呼吸、共命运的立场不能变,全心全意为人民服务的宗旨不能忘,"站在最大多数劳动人民一边"(毛泽东语),为民履职,为民担责,为民造福,为民立命。正如一首歌唱到的:"我住过不少小山村,到处有我的父老乡亲。小米饭把我养育,风雨中教我做人……树高千尺也忘不了根!"

# 目 录 CONTENTS

# 第一部分

# 论现代农业

# 加快农业现代化贵在理念创新<sup>*</sup>

**摘　要：**党的十七大首次提出了"走中国特色农业现代化道路"的命题，党的十八大进一步强调，要按照"四化同步"的要求，加快走中国特色农业现代化道路。本文认为，走中国特色农业现代化道路，关键要在科学内涵、发展理念、目标模式和实现路径等方面体现中国特色。而要体现中国特色，首先必须认清我国农业现代化发展面临的现状和问题。本文在理性分析我国农业现代化发展面临的一系列问题的基础上，提出了加快中国特色农业现代化必须实现内涵创新、理论创新、理念创新、制度创新、路径创新，并提出了具体的发展思路和对策。

**关键词：**农业现代化；"三农同化"；理论创新

改革创新是发展的根本动力。过去我国农业发展取得巨大成就，靠的是改革创新，今后加快推进农业现代化，仍然要靠改革创新。党的十八届五中全会通过的《中共中央关于制定国民经济和社会发展第十三个五年规划的建议》提出了创新、协调、绿色、开放、共享的发展理念，在农业农村工作方面特别强调要大力推进农业现代化。2016年中央一号文件聚焦落实发展新理念，加快农业现代化，实现全面小康目标，对当前和今后一个时期农业农村工作做出全面部署。走中国特色农业现代化道路，不仅关系"三农"本身，而且直接影响我国能否顺利跨越"中等收入"陷阱。

---

　*　本文是作者在 2016 年 4 月 23 日由中国小康建设研究会主办的"中国现代农业发展高峰论坛"上的演讲稿。

# 一　正确认识中国农业现代化发展面临的问题

## （一）"一个短板"

党的十八大报告指出，要"促进工业化、信息化、城镇化、农业现代化同步发展"。这是基于对"四化"的重要性、关联度和存在问题的科学分析做出的战略决策。农业现代化是"四化同步"中的短板。农业现代化是国家现代化的基础和支撑。由于内受自然条件的影响大，外又要导入现代因素，农业现代化的制约因素很多，过程很复杂，是现代化中的"慢变量"，也是"关键变量"。

## （二）两道"紧箍咒"

两道"紧箍咒"：生态环境严重受损，承载能力越来越接近极限；资源开发利用强度过大，弦绷得越来越紧。这是影响农业持续稳定发展的两道"紧箍咒"。生态环境和资源条件这两道"紧箍咒"在身，农业靠什么持续稳定发展？别无他途，只能加快推进农业现代化，形成全国多路径、多形式、多层次推进农业现代化的格局。

## （三）"三板"制约

所谓"三板"，即我国农业持续发展面临两个"天花板"、一个"地板"。两个"天花板"：国内主要农产品价格超过了进口价格，持续提价遇到了"天花板"；世贸组织"黄箱"政策综合支持量不超过农业总产值的8.5%，对特定农产品的支持量不超过该产品产值的8.5%，目前对小麦、玉米、稻谷等的支持已接近承诺上限，加大"黄箱"政策支持（部分补贴继续增加）也遇到了"天花板"。与此同时，"地板"也在抬升，农业生产成本仍处在"上升通道"。据农业部市场司数据，2006~2013年我国稻谷、小麦、玉米、棉花、大豆生产成本年均增长率分别为11.0%、11.6%、11.6%、13.1%、12.0%。

"三板"制约产生了一个难题：如果价格不提，补贴不增而成本上升，农业比较效益不断下降，农民怎么还会有积极性，农产品供给如何保障？这个难题，只能靠加快推进农业现代化，通过提质增效、节本降耗、创新方式等来突破。

（四）四对现实矛盾

**1. 农村劳动力减少与农民工增多之间的矛盾**

"三农"现代化首先必须以农民现代化来保证，但现实状况是"谁在种地"，由此带来农村劳动力减少与农民工增多的矛盾。农业现代化需要大量优质的劳动力，而事实是大量的优质劳动力外出打工了，当前从事农业的主体是"386199"部队，有的地方大量青年妇女也已外出打工，农业的主体只剩下"99"部队了。这种趋势有增无减。

图1　2010～2015年全国户籍分离人口趋势

从图1看，农民工数量迅速增长，2015年虽然有所减少，但减少的真正原因是城市经济不景气，就业水平下降，而非一些所谓专家讲的"是乡村社会活力和吸引力及农村政策吸引的结果"。这一认识就好像江西省宣扬的"要广泛宣传农民在城市购房是升值，在农村建房是贬值"理念和一些部委鼓励出台农民工购房去库存政策一样不靠谱。形成这种趋势的原因是农业比较效益低、农民收入水平低。

### 2. 农民的财产权利和财产收益之间的矛盾

我国从 2004 年连续发了 13 个中央一号文件，并提出了统筹城乡发展战略，但城乡居民收入差距不但没有缩小，且呈扩大趋势（见表 1）。

**表 1  2000 ~ 2015 年城乡居民收入比变化情况**

单位：元

| 年份 | 农民人均纯收入 | 城镇居民可支配收入 | 城乡绝对差距 | 城乡收入比 |
|------|------|------|------|------|
| 2000 | 2253 | 6280 | 4027 | 2.79：1 |
| 2010 | 5919 | 19109 | 13190 | 3.23：1 |
| 2011 | 6977 | 21810 | 14833 | 3.13：1 |
| 2012 | 7917 | 24565 | 16648 | 3.10：1 |
| 2013 | 8896 | 26955 | 18059 | 3.03：1 |
| 2014 | 9892 | 28844 | 18952 | 2.92：1 |
| 2015 | 11422 | 31195 | 19773 | 2.73：1 |

资料来源：根据《中华人民共和国统计年鉴》整理。

从农民收入的四种构成要素看，城乡居民收入差距扩大的原因不是经营性收入、工资性收入，也不是转移性收入，而是财产性收入。在城市居民财产性收入成倍数增长的同时，农民宅基地使用权、土地承包经营权的权属性质，使农民的土地、宅基地成为死资产，不能给农民带来收入。农民财产权缺失，也使农村社会的空心村、空壳户、空宅地和土地撂荒现象大量存在。

### 3. 家庭承包经营制度与农业规模经营之间的矛盾

土地产权不清晰带来家庭承包经营制度与农业规模经营之间的矛盾。农业现代化的一个显著特点是土地的规模经营，而家庭联产承包责任制是我国的农业基本经营制度，其特点是"集体所有，分户经营"，在 20 世纪 80 年代初，这种一家一户的经营方式是与当时我国低下的农村生产力发展水平相适应的，因而在调动农民积极性、解决农民温饱问题方面取得了显著效果。但任何政策都要与时俱进地调整，不可能一劳永逸。这一经营方式随着社会主义市场经济的发展成熟，明显不适应生产力快速发展的需要。"长久不变"不能被机械理解。另外，农业现代化重在将农民组织起来，从经济角度考虑，农产品供求平衡之后，农业由追求产量增长收益阶段转向追求价格增长收益阶段，根本措施就是提高农民组织化程度，否则千家万户的小农就会被迫长期落入增产不增收的陷阱；从政治角度看，小农不被组织起来，基层党建、民主自治，难以实现。

**4. 农业现代化发展的全面性与选择突破口之间的矛盾**

我国各地区农村资源禀赋各异，基础条件不同，发展程度差距大，由此带来农业现代化发展的全面性与选择突破口之间的矛盾。"生产发展、生活宽裕、乡风文明、村容整洁、管理民主"是新农村建设的总要求，但每个村的发展路子又要突出特色、因地制宜，不能所有村子一个路子、一个模式。

如果上述四对矛盾不解决，农业部、国家发改委等六个部门2015年11月25日出台的《关于实施开发农业农村资源支持农民工等人员返乡创业行动计划的通知》就是一纸空文。忽视这四对矛盾，做决策、定政策的效果堪忧。

## （五）规律探寻与理性分析

### 1. 从"要素再定价"规律分析

"要素再定价"规律告诉我们，农业的一些基本生产要素，包括劳动力、土地等不是按照农业的情况去定价，而是被其他产业定价了，这就是现代农业的困境所在，农业产业化就失败在支付不起要素价格。农业"一产化"强调多种地、多投入劳动，获取的是农业规模效益；农业"二产化"通过投资提高农业装备系数，根据工业要素的市场价格来确定农业领域的要素价格，但农产品的价格不能参照工业品来定价，掌握农业投入要素购销渠道的外部资本，具有更大的农业剩余索取权。

符合农村外部资本要求的土地规范流转的占比低，导致能够用于支付农业资本化的成本所必需的绝对地租总量并没有明显增加。同时，加快城市化造成农业生产力诸要素更多被城市市场重新定价，在这种"外部定价"作用下的农业"二产化"所能增加的收益有限，根本不可能支付已经过高且在城市三产带动下攀高的要素价格。于是，农村的资金和劳动力等基本要素必然大幅度地净流出。

### 2. 从"资本深化"规律分析

从"资本深化"规律来看，农业产业化内涵性地体现着"资本增密排斥劳动"，即同步带动农业物化成本的不断增加。一旦被交给产业资本开展大规模"二次化"的专业生产，就纷纷遭遇生产过剩。单一品类生产规模越大，市场风险越高。如今，一方面是倾倒牛奶、蔬菜烂在地里、水果留在树上的情况比比皆是；另一方面则是在城市食品过分浪费的消费主义盛行情况下，大部分规模化的农业产业化龙头企业仍然几无盈利，中小型企业甚至债台高筑，转化成银行坏账。

### 3. 从"市场失灵"、"政府失灵"理论分析

从"市场失灵"、"政府失灵"理论来看，追求资本收益的农业经营都会造成"双重负外部性"：不仅带来水土资源污染和环境破坏，在最难治理的面源污染中，农业的贡献早已超过工业和城市，成为第一大污染源，而且使食品质量安全进一步恶化。正由于"双重失灵"，愈益显著的"双重负外部性"不断演化为严峻的社会安全成本风险。

现行体制下国家维护粮食安全的保护价和物流库存补贴等政策，客观上提升了库存占消费的比重，加剧了国内粮食综合成本高于国际市场价格的矛盾。

# 二 内涵创新

## （一）基本内涵："三个优化"

从基本内涵分析，农业现代化是农业产业要素、产业结构和产业功能不断优化的动态过程。产业链、产业集群和产业融合是现代产业体系的主要组织形式。农业现代化通过把价值链、产业链等现代产业发展理念和组织方式引入农业，使割裂的产、供、加、销等环节在组织纽带和市场机制作用下衔接起来，构建一个以高度专业化和社会化为基础的完整的产业链条；通过重组农业与非农业部门，大力推进农业产业化经营，开发农业多种功能，构建各种资源有效利用、比较优势充分发挥、综合效益整体提升的现代化农业产业体系和运行机制。

从我国当前情况看，随着工业化、城镇化、信息化和农业现代化"四化同步"战略的持续推进，①农业经营格局从传统小农生产向现代化规模农业递进；②农业生产方式从粗放型向集约型转变；③农业功能从单一生产向多元化方向扩展；④产业链条从生产销售向全产业链延伸。农业与第二、第三产业相互渗透、融合发展、互促互荣。

（二）外延拓展："'三农'同化"

由于我国农业发展的复杂性，农业现代化不仅仅是农业产业的单一概念，追求的不是单一的经济目标，而是多领域、多因素、多目标的集成：不仅表现为生产力发展，而且包含生产关系调整；不仅要求提高全要素生产率，而且要求提升农业核心竞争力；不仅追求经济产出，而且强调农民增收和生产、生活、生态"三生共赢"。在我国农业现代化过程中，必须处理好农业、农民、农村三者之间的关系。加快农业现代化要实现农业、农民、农村"三农"同步现代化，三者密不可分。农业是本体，农民是农业的主体，农村是农业的载体。建设农业现代化靠的是农民这个主体，如果主体不实现现代化，再好的设施、再高的技术也发挥不了应有的作用。农村是农业现代化的载体，如果载体不实现现代化，农业缺乏现代化的软硬环境，也难以实现现代化。我国农业现代化必须走作为本体的农业、作为主体的农民和作为载体的农村共同现代化的路子，实现"三农同化"。其中，本体现代化是核心。农业现代化首先要实行本体的现代化，也就是要加快建设现代农业，具体就是要改造提升传统农业，发展农产品加工业，培植农业服务业，着力构建第一、二、三产业联动的农业现代化产业体系。主体现代化是关键。要实现农业现代化，人是根本。当前任务是培养"农才"，发展"农会"，引导农民工，建设一支稳定的、高素质的职业农民队伍。载体现代化是基础。农村是农业的载体，一切农业活动都要在农村进行，没有农村的现代化，农业现代化就是空中楼阁。要着力解决"农水"、"农路"、"农舍"、"农地"、"农价"、"农场"和农业污染等诸多问题，加快推进农村现代化。在"硬件上"，要加强农村基础设施建设；在软件上，要提升农业服务能力；在生态上，要改善农村生态环境。总之，农业现代化的内涵从单纯农业的"三个优化"向农业、农村、农民"三农同化"演进发展（见图2）。

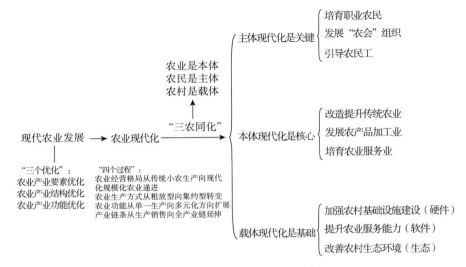

**图2　农业现代化内涵演进示意**

# 三　理论创新

## （一）八个"三"的新论断

如果说前三十年我国改革发展的动力侧重点是城市，那农村改革将是我国未来三十年发展的基本动力。党的十八大以来，以习近平总书记为核心的党中央就有关"三农"改革发展的全面性、战略性和方向性问题，提出了一系列新观念、新论断、新举措，概括起来有八个"三"。

十八届三中全会：为农业现代化指明了方向。十八届三中全会通过了《中共中央关于全面深化改革若干重大问题的决定》，关于农村改革，全会提出，必须健全体制机制，形成以工促农、以城带乡、工农互惠、城乡一体的新型工农城乡关系，让广大农民平等参与现代化进程，共同分享现代化成果。

"三个必须"：农业现代化的目标要求。在2013年中央农村工作会议上，习近平总书记强调：中国要强，农业必须强；中国要美，农村必须美；中国要富，农民必须富。让农业强起来，让农村美起来，让农民富起来，是一个立意高远、内涵丰富的宏大命题，事关全面深化农村改革的成败，事关"三农"中国梦的实现与否。

"三权分置"：农村土地制度的重大理论创新。在 2014 年 9 月中央全面深化改革领导小组第五次会议上，习近平总书记指出，现阶段深化农村土地制度改革，要在坚持农村土地集体所有的前提下，促进承包权和经营权分离，形成所有权、承包权、经营权三权分置，经营权流转的格局。2014 年 11 月，中共中央办公厅、国务院办公厅印发了《关于引导农村土地经营权有序流转发展农业适度规模经营的意见》，这些政策意见为积极稳妥健康推进土地规模经营提出了原则要求。相比过去的农村土地制度，《意见》着眼于通过"三权分置"，形成土地经营权流转的格局。土地有序流转，方能形成适度规模经营；只有通过规模经营、改变过去每家每户"一亩三分地"的局面，种地的比较效益才能显著提高。对于"规模经营"的"规模"，《意见》做出明确界定，对土地经营规模相当于当地户均承包土地面积 10 ～ 15 倍的，给予重点扶持。

"三个导向"：新型农业现代化道路的制度设计。2014 年中央一号文件提出了以"三个导向"为内涵的新型农业现代化道路：以解决好地怎么种为导向加快构建新型农业经营体系，以解决好地少水缺的资源环境约束为导向深入推进农业发展方式转变，以满足吃得好吃得安全为导向大力发展优质安全农产品。这"三个导向"，阐述了走中国特色新型农业现代化道路的发展方向，是立足我国基本国情农情、着眼全局、遵循发展规律做出的重大战略部署，为努力走出一条生产技术先进、经营规模适度、市场竞争力强、生态环境可持续的新型农业现代化道路提供了重要指导（见图 3）。

"三权明晰"：农村产权制度改革的重要内容。《国务院关于进一步推进户籍制度改革的意见》（国发〔2014〕25 号）在完善农村产权制度中明确指出，土地承包经营权和宅基地使用权是法律赋予农户的用益物权，集体收益分配权是农民作为集体经济组织成员应当享有的合法财产权利。现阶段，不得以退出土地承包经营权、宅基地使用权、集体收益分配权作为农民进城落户的条件。

"三批试验"：全国农村改革的探路之举。为贯彻落实党的十七届三中全会"大力推进改革创新加强农村制度建设"的重大部署，2011 年底，全国建

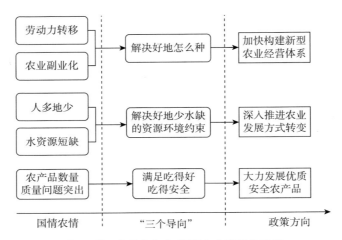

**图3 "三个导向"与新型农业现代化道路**

立了首批 24 个农村改革试验区，启动了新一轮农村改革试验工作，涉及农村金融、农村产权制度等 7 个方面改革试验任务。2013 年 4 月，国务院确定黑龙江省先行开展现代农业综合配套改革试验，提出了 9 项改革试验任务，启动了由一个地方全面推进农村综合改革的试验。2014 年 11 月，为贯彻落实党的十八届三中全会"健全城乡发展一体化体制机制"的要求，农业部在全国新批了 34 个县市作为第二批农村改革试验区，共安排了深化农村土地制度改革、深化农村集体产权制度改革、改善乡村治理机制等 5 个方面共 19 项试验任务。截至目前，全国农村改革试验区数量达到 58 个，覆盖 28 个省（区、市）。

"三分三建"：户籍制度改革的基本路径。2014 年 7 月 30 日，国务院印发《关于进一步推进户籍制度改革的意见》。基本精神为"三分三建"：一是把常住人口与户籍人口分开，逐步建立以常住人口为基础的基本公共服务提供机制和社会保障机制；二是把户口的登记功能与户籍福利分离，建立居住证制度；三是把在中心城区落户与在县城、建制镇落户分置，建立差别化落户制度。2014 年 3 月 5 日，国务院总理李克强在政府工作报告中提出要着重解决好现有"三个 1 亿人"问题。拆"篱笆墙"、降"高门槛"、抹平鸿沟——城镇化发展"三维坐标"。

"三个分开"：村级治理体系改革的基本要求。2015 年 11 月 2 日，中共中央办公厅、国务院办公厅印发了《深化农村改革综合性实施方案》，首次提出开展实行农村"政经分开"试验。推行村庄政经分开试点，探索村党支部、村民委员会、村集体经济组织职能和权限分开，理清三者的权责关系。一是要推行职责分开，二是人员分开，三是账务分开。

### （二）"六次产业"理论

除了上述八个"三"的新论断，指导中国农业现代化还有一个理论："六次产业"理论（一二三产业融合发展理论）。

关于"六次产业"，即种养加衔接、产供销一体、一二三产业融合，"1＋2＋3"等于6，"1×2×3"也等于6。本文对"六次产业"的内涵做出引申，即一产接二连三坐四望五达到"六次产业"。"一"指第一产业，即农户种养殖；"二"指第二产业，即由企业将农产品加工生产成工业产品；"三"指第三产业，即流通、销售农产品及生产产品；"四"指生态化、绿色化，即提高产品品质，提供健康安全食品；"五"指信息化，即以信息化助推农业现代化，"互联网＋"是两化融合的升级版，电子商务是产业升级的必要手段，最终达到农业"六次产业"的实现。

农业"六次产业"的核心是充分开发农业的多种功能与多重价值，目的是将更多的增值收益保留在农业，促进农户收入提高。"六次产业"的基础是农业，强调的是基于农业后向延伸，内生成长出立足于农业资源利用的第二、三产业，让农民能够分享农产品加工、流通和消费环节的收益，而不是让现有的工商业资本前向整合，吞噬和兼并农业；突出的是在农村地区内实现农业及其关联产业的有机整合，充分挖掘农业与农村资源的价值。过去农户收入下降的主要原因就是农业产业的增值收益没能够留在农业生产者手中。

2016年1月4日，国务院办公厅印发的《关于推进农村一二三产业融合发展的指导意见》强调，"推进农业供给侧结构性改革，着力构建农业与二三产业交叉融合的现代产业体系，形成城乡一体化的农村发展新格局"。《意见》把农村一二三产业融合定调为"农民增收的重要支撑"，确立了"基在农业、利在农民、惠在农村"的基本思路。2020年主要目标是：农业产业融合发展总体水平明显提升，产业链条完整、功能多样、业态丰富、利益联结紧密，产城融合更加协调的新格局基本形成，农业竞争力明显提高，农民收入持续增加，农村活力显著增强。

# 四　理念创新

## （一）以"五大发展理念"指导农业现代化

党的十八届五中全会提出了创新、协调、绿色、开放、共享的新发展理念，这是关系发展全局的一场深刻变革，是推动"十三五"时期经济社会发展的根本遵循。加快推进农业农村现代化，从根本上解决"三农"问题，必须坚持以"五大发展理念"为引领，切实把新发展理念落实到农业农村工作的各个领域、各个环节，努力让农业强起来、农民富起来、农村美起来。

发展理念是发展行动的先导。做好新常态下"三农"工作，必须深刻理解"五大发展理念"对"三农"工作的重大引领作用。从发展内涵看，创新是引领发展的第一动力，注重的是更高质量、更高效益；协调是持续健康发展的内在要求，注重的是更加均衡、更加全面；绿色是永续发展的必要条件，注重的是更加环保、更加和谐；开放是繁荣发展的必由之路，注重的是更加优化、更加融入；共享是中国特色社会主义的本质要求，注重的是更加公平、更加正义。从辩证关系看，创新、协调、绿色、开放、共享相互依存、相辅相成、相得益彰，第一动力、内在要求、必要条件、必由之路、本质要求五者紧密联系、层层递进、顺理成章、交相辉映，构建起了全面建成小康社会的强大动力支撑。"三农"作为全党工作的重中之重，集整体性、协调性、平衡性、包容性、可持续性于一体，是全面建成小康社会的关键，必须坚持以"五大发展理念"为引领，做到认识更加深刻、把握更加到位、落实更加有效，牢牢掌握"三农"工作的主动权。

"创新发展"就是要积极应对农产品价格"天花板"封顶、生产成本"地板"抬升、资源环境"硬约束"加剧等的新挑战，采取"园区化承载、规模化发展、科技化支撑、生态化引领、设施化配套、组织化服务、多元化推进"的方式，培育更健康、更可持续的增长新动力，推动传统农业向现代农业转变。

"协调发展"就是要紧扣"城乡发展一体化"这一主题，进一步建立健城乡发展一体化体制机制，解决好城乡居民权利不平等、机会不均等、要素交换不等价的问题，打破城乡分割的二元体制，促进生产要素合理流动，加快形成以工促农、以城带乡、工农互惠、城乡一体的新型工农、城乡关系。

"绿色发展"就是要围绕生态文明建设，坚持"绿水青山就是金山银山"的理念，把农业打造成为绿色产业，为消费者提供更多绿色、有机、安全的优质农产品，把农村建设成为望得见山、看得见水、记得住乡愁的绿色家园。

"开放发展"就是要树立开放思维，跳出农业发展农业，把国内外先进的农业科技、种质资源、经营方式、管理理念、现代装备引进来为我所用。

"共享发展"就是要健全完善共享发展的制度安排，扎实推进精准扶贫攻坚决战工作，千方百计增加农民收入，加快完善农村基础设施和公共服务，让广大农民尤其是贫困农民有更多获得感。

### （二）农业现代化"五大建设"及其发展目标

#### 1. 农业现代化的"五大建设"

从农业现代化的内涵来看，农业现代化追求的目标是全面的、综合的，是承担了经济、政治、社会、文化和生态建设"五位一体"的建设目标。在"五大发展理念"指引下，"五大建设"目标各有侧重，其中，政治建设侧重共享发展，经济建设侧重协调发展，社会建设侧重开放发展，文化建设侧重创新发展，生态建设侧重绿色发展。

#### 2. 农业现代化"五大建设"的发展目标

经济目标：持续提高土地及劳动力的产出率和产出质量，让农业生产效率提高、产量提高、质量提高，满足社会对农产品数量和质量方面的需求，保障经济效益的稳步增长和农民收入的持续增加。具体内容包括：加大农业补贴力度；加大农村金融支持力度；大力发展食草畜牧业，恢复草地农业应有地位（人的食物结构粮、肉、菜由 8：1：1 转向 4：3：3）；推进民族种业发展，"洋种子"已占据我国 50% 以上的市场份额，对养殖业发展贡献率近 40% 的动物种业中，92% 的种猪、100% 的肉鸡、90% 的肉鸭、95% 的奶牛都是"国外血统"，美国将针对中国的转基因种子战略命名为"屠龙战略"；推进农业技术集成化，加快农业科技创新和示范推广；推进基础设施工程化；推进农业机械化；推进农业产业化（中国农产品与农产品加工业比例为 1 ∶ 2，发达国家比例为 1 ∶ 5 ~ 1 ∶ 8）；推进新型业态发育，完善市场体系建设；推进农村集体产权制度改革。

政治目标：通过加强基层组织，改善民生，化解社会矛盾，促进城乡一体，进而起到调节党群关系，加强基层民主建设和提高管理水平的作用。具体内容包括：保障农民的代表权，提高农民的话语权，落实人大代表选举"城乡同比"、"同票同权"；重构干部考核评价体系，考核绿色 GDP，实现从重经济向重社会生态、重表面成绩向重政绩、重短期目标向重长远发展、重面子工程向重群众期盼四个转变；依法维护和保障农民的土地权利；克服村干部公职化、村委会行政化倾向；增强农村社区公共服务能力。

文化目标：通过农村文化设施的建设、活动的开展及对传统文化的发掘，起到丰富、繁荣农村文化的效果。具体内容包括：加强农村文化阵地建设，实施农村文化运作机制创新，真正落实农村义务教育职能。义务教育有两大特点：一是免费，二是就近。全国近 10 年来农村小学由 50 多万所减少到 20 多万所，小学生家离校平均距离为 10.86 公里，初中生是 35 公里。注重农村文化遗产传承与保护，着力开发农业的旅游休闲观光与科普教育功能，打造 4 支农村文化队伍。

社会目标：通过建立以权利公平、机会公平、规则公平、分配公平为主要内容的城乡居民社会保障，缩小城乡差距，实行城乡共同富裕，达到社会协调发展的目的。具体内容包括：积极推进社会组织发育，打通城乡社会阶层的通道，开发村社功能，把乡村社会的传统文明精华作为现代社会文明建设的营养。

生态目标：树立"天人合一"的思想，维护、保持和改善可再生资源的质量、数量和生产能力，合理利用非可再生资源，提倡绿色、低碳、循环的产业发展模式和绿色宜居的人居建设模式，实现对农村生态环境的有效保护和农业资源的可持续发展。

# 五　制度创新

制度是根本。在制度创新方面，要突出五大重点制度建设。

（一） 土地制度

随着实践发展和改革深入，现行农村土地制度与社会主义市场经济体制不相适应的问题日益显现，必须通过深化改革来破解。开展农村土地征收、集体经营性建设用地入市、宅基地制度改革，是党的十八届三中全会《关于全面深化改革若干重大问题的决定》提出的明确任务。2015 年 1 月，中共中央办公厅、国务院办公厅联合印发了《关于农村土地征收、集体经营性建设用地入市、宅基地制度改革试点工作的意见》，标志着我国农村土地制度改革即将进入试点阶段。通过改革试点，探索健全程序规范、补偿合理、保障多元的土地征收制度，同权同价、流转顺畅、收益共享的农村集体经营性建设用地入市制度，依法公平取得、节约集约使用、自愿有偿退出的宅基地制度。探索形成可复制、可推广的改革成果，为科学立法、修改完善相关法律法规提供支撑。

深化农村土地制度改革，要坚守土地公有性质不改变、耕地红线不突破、农民利益不受损"三条底线"，防止犯颠覆性错误。深化农村土地制度改革的基本方向是：落实集体所有权，稳定农户承包权，放活土地经营权。落实集体所有权，就是落实"农民集体所有的不动产和动产，属于本集体成员集体所有"的法律规定，明确界定农民的集体成员权，明晰集体土地产权归属，实现集体产权主体清晰；稳定农户承包权，就是要依法公正地将集体土地的承包经营权落实到本集体组织的每个农户；放活土地经营权，就是允许承包农户将土地经营权依法自愿配置给有经营意愿和经营能力的主体，发展多种形式的适度规模经营。

（二） 经营制度

坚持党的农村政策，首要的就是坚持农村基本经营制度。坚持农村土地农民集体所有，是坚持农村基本经营制度的"魂"。经营制度创新，目的在于对农业生产关系进行调整和变革。

（1）坚持家庭经营基础性地位，农村集体土地应该由作为集体经济组织成员的农民家庭承包，其他任何主体都不能取代农民家庭的土地承包地位，不论承包经营权如何流转，集体土地承包权都属于农民家庭。坚持稳定土地承包关系，依法保障农民对承包地占有、使用、收益、流转，及承包经营权抵押、担保权利。

（2）土地承包经营权主体同经营权主体发生分离，是我国农业生产关系变化的新趋势，对完善农村基本经营制度提出了新的要求，要不断探索农村土地集体所有制的有效实现形式，落实集体所有权、稳定农户承包权、放活土地经营权，加快构建以农户家庭经营为基础、合作与联合为纽带、社会化服务为支撑的立体式复合型现代农业经营体系。通过制度创新培养专业大户、家庭农场等新型家庭经营主体，打造升级版的农业家庭经营组织。经营方式由过去的"人力＋畜力＋精耕细作＋分散经营＋实体流通"，转变为"人力资本＋机械化＋现代科技＋新型农业经营主体＋适度规模经营＋电商与实体流通相结合"。

（3）土地经营权流转、集中、规模经营，要与城镇化进程和农村劳动力转移规模相适应，与农业科技进步和生产手段改进程度相适应，与农业社会化服务水平提高相适应。要加强土地经营权流转管理和服务，推动土地经营权等农村产权流转交易公开、公正、规范运行。

（三）科技体制机制

以保障国家粮食安全为首要任务，以转变农业发展方式为主线，以提高土地产出率、资源利用率、劳动生产率为主要目标，以增产增效并重、良种良法配套、农机农艺结合、生产生态协调为基本要求，强化顶层设计，优化科技资源布局、拓展科技创新领域、壮大农业科技力量、完善农业科技管理，构建适应产出高效、产品安全、资源节约、环境友好农业发展要求的技术体系，提升农业科技创新能力，为中国特色农业现代化建设提供强有力的科技支撑。

（1）以政府投入为主导，建设多元化的投入模式，完善农业科技资源集成投入机制。

（2）鼓励农业科技人员在职创业。以科技创业带动科技需求和实现科技的市场价值，从而提高农业科技成果转化率和农业科研投资效率，激励相关主体提高农业科技投入。

（3）加强农业科技成果的知识产权保护。协调农业企业和农户之间知识产权的利益分配，简化维权程序，降低维权成本，保障科技投资的收益。

（4）扶持农业企业扩大规模以提高其风险抵御能力。扶持相关农业企业通过组织联合体来扩大企业规模，把零散的农业科研资金聚集起来，集中使用以克服单个企业力量薄弱而放弃农业科研活动的现象，化解农业科技投资风险。

（四）金融制度

没有现代农村金融体制，就难以推动现代农业发展，更难以实现促进农民增收和农村发展的目标。主动适应农村实际、农业特点、农民需求，不断深化农村金融改革创新。综合运用财政税收、货币信贷、金融监管等政策措施，推动金融资源继续向"三农"倾斜，确保农业信贷总量持续增加、涉农贷款比例不降低。

（1）推动农村金融体制创新。建立商业金融、政策金融、合作金融有机统一、协调高效的农村金融体系，完善金融支农的激励约束机制，以多元化渠道满足不同主体的金融需求。

（2）明确不同农业产业金融创新的突破口。针对粮棉油糖生产、农作物制种、园艺作物生产、畜牧业、渔业、农机服务等不同产业的特征，有针对性地创新金融产品与金融服务方式。

（3）创新农村抵押担保机制。积极培育涉农担保组织，建立和完善农村产权交易市场，完善农村抵押资产变现处置机制，克服涉农信贷担保瓶颈。

（4）完善政策性农业保险制度。健全农业保险管理体制，提高农业保险相关利益方的有效参与度，加大财政投入力度，增加保费补贴品种，提高农业保险的风险保障水平，建立财政支持的农业大灾风险分散机制。

（五）人力资本制度

农业领域的人力资本表现形式包括有知识与创新精神的农民、称职的科学家和技术人员队伍、有远见的公共行政管理人员和企业家。人力资本存量是决定农业生产率的重要因素之一。

（1）实行职业农民准入制度。制定新型职业农民标准，出台相应的扶持政策，使农业真正成为进入有要求、经营有效益、收入有保障、职业有尊严的行业。

（2）强化职业农民教育培训。制订新型职业农民教育培训规划，以家庭农场主、农民合作社负责人和返乡创业人员等为重点，加大财政投入，实行免费的职业农民教育培训。

（3）建立高素质人才回流农村机制。引进高层次专业人才从事农业，支持农业科技人员、大中专院校毕业生、返乡创业人员投入现代农业建设。

# 六　路径创新

创新发展理念：创意农业（文创农业）、设施农业；协调发展理念：理性农业、设计农业；绿色发展理念：生态农业（循环农业）、"三型"农业；开放发展理念：智慧农业（精准农业）、"互联网＋"农业、品牌农业；共享发展理念：休闲农业。

## （一）创意农业

### 1. 创意农业的含义

何为创意农业？其形象比喻为："它能使一只鸡卖出一头猪的价格。"创意农业给传统农业注入了"兴奋剂"。

创意农业是以传统的农耕文明为基础，以创意生产为核心，以农产品附加值为目标，将农产品与文化、艺术创意相结合，具备技术、管理、营销、服务等多方面创新能力，使其产生更高的附加值，以实现资源优化配置的一种新型的农业经营方式。

创意农业是农业发展的新引擎，其发展和效益空间巨大。创意农业起源于20世纪90年代后期，其理念最先在英国、澳大利亚等国家形成。文创农业是创意农业的一种，是将传统农业与文化创意产业相结合，借助文创思维逻辑，将文化、科技与农业要素相融合，从而开发、拓展传统农业功能，提升、丰富传统农业价值的一种新兴业态。

### 2. 创意农业的"六个花样"

第一，农业产品创意。通过创意，开发"人无我有、人有我精"的特色种养。比如茶香猪、有机猪、瘦身鸡等特色养殖以及紫薯、黑玉米、黑花生及其派生出的一系列产品加工。

例如四川眉山天地农场业主李洪刚利用自己基地的葛根下脚料和葛根藤叶搞养殖，养殖了1.5万只葛根鸡，全部散养，只让鸡啄食葛根藤叶和下脚料，半年以后出栏，鸡肉细嫩鲜美、野香浓郁，大受消费者欢迎，售价每只达到了一两百元。在李洪刚的带动下，一批帮他养鸡的农户也找到了挣钱的门路。

第二，农业景观创意。利用多彩多姿的农作物在较大空间上的设计与搭配，使得农业的生产性、可持续性同审美性相结合，成为生产、生活、生态结合体。

例如台湾的花露主题农场"赏花看草，芳香理疗"。花露休闲农场是台湾苗栗一家以花卉为主题的农场，被山间桃园、群山乡野包围，环境清幽，农场内的庭园造景皆是由农场主精心设计打造而成的。农场内拥有各式花卉盆栽、药用香草植物，走进园区就有专人引导游客体验芳香的能量。在香草植物区，游客可目睹自己用的香水精油是来自哪种植物，了解香草植物种植与应用常识等。在广达3.2公顷的农场当中，除了观叶植物、仙人掌、有机蔬菜等，还有多种不同功效的香草植物。设有农场特产卖场，实现了卖花卖树卖产品，产销科研一体化。

第三，农业饮食创意。开发具有地方特色的农食文化。

例如在台湾花露主题农场中，还有一个特色，就是园区所栽种的香草植物及芳香玫瑰花，可以做成上好佳肴，例如香水玫瑰餐厅、园区内采撷花草冲泡成的香草茶、农场栽种的有机菜均不容错过。老板煮得一手好菜，如桂花醋养生蔬果虾、茶叶鸡蛋、水果海鲜火锅等，美味特色兼具。

第四，农业文化创意。结合单纯的农业生产与农耕文化，使农产品和农业生产过程被赋予文化内涵和价值。

例如陕西泾阳的茯茶小镇，盛产茯茶，有一定的历史文化背景，茯茶产生于宋代，成名于明朝，兴盛于明清至民国时期。泾阳在丝绸之路的起点上，恰处于南北地区的中间地带，也就成了东西南北货运的必经之地，历史上，茯茶运输主要靠骆驼驮、马载，远销西北乃至更遥远的中西亚各国，不仅带动了当地商业的繁荣、产业的兴盛，更承载着秦人自强不息、奋发有为、开拓进取的豪迈情怀。除此之外茯茶还有一定的独特性，它属于茶叶六大类中的黑茶，在中国一千多种茶品中，唯茯茶的生长繁殖中有一种叫"金花菌"的益曲霉菌，对人体非常有益，所以泾阳茯砖茶迎来一个辉煌发展时期。

第五，理念主导创意。依托创意理念，结合时代发展潮流与时尚元素，赋予农业与乡村时代特色鲜明的发展主题。

例如在陕西的袁家村，早先的发展只是卖各种小吃，可时至今日，在围绕"打造关中民俗观光旅游"这条发展主线时，融合了时下流行的潮流与时尚元素，目前已发展有酒吧街、艺术长廊等，吸引了很多有想法有创意的年轻人前来创业，整个村落时代感鲜明。

第六，产业融合创意。利用乡村既有的农业产业基础，延伸发展，选择第二、第三产业中的适宜实体，提升原有农业产业的层次，延长原有农业产业链条，实现产业的进化与创意发展。

例如陕西袁家村的酸奶合作社，起初只有自己村子的养殖牧场，后来为了牛奶有稳定的销售渠道，有了自己的酸奶加工厂，目前的经营模式为前店后产，即后面是生产加工厂，前面是销售门店，因为总体打造的关中民俗旅游平台，每天都有固定的游客量，正是稳定的游客量，带动了酸奶及其他产品、食品的销售。酸奶从养殖奶源到加工生产再到运输销售，很好地提高了原有农业产业层次，延长了原有农业产业链条，有效促进了一二三产业的融合。

## （二）设施农业

中国耕地面积排世界第 3 位，但人均耕地面积排第 126 位；与美国比，中国耕地面积少约 10 亿亩，人口多约 10 亿人。这就是国家把粮食安全战略放在首位，把严守耕地 18 亿亩红线作为高压线的原因。所以发展设施农业对中国极具重要性。

### 1. 设施农业的含义

设施农业是一种现代农业生产方式。设施农业是综合利用现代生物、工程和信息技术改善局部环境，为动植物生产提供相对可控的温度、湿度、光照、水肥和空气等环境条件，具有速生、高产、优质、高效、可持续特征的现代农业生产方式。设施农业涵盖设施种植、设施养殖和设施食用菌等。欧洲、日本用"设施农业（Protected Agriculture）"这一概念，而美国则常用"可控环境农业（Controlled Environmental Agriculture）"一词。

### 2. 设施农业是我国现代农业的发展方向

我国是一个典型的人多、地少、淡水资源稀缺的国家。人均耕地面积只有 1.5 亩，仅占世界平均水平的 40%；人均淡水资源只有 2300 立方米，仅为世界平均水平的 1/4。水土资源的区域分布严重失衡，因此，发展设施农业是解决我国人多地少制约可持续发展问题的最有效技术工程。

### 3. 设施农业的作用："三个提升"

（1）提升了农业资源的集约化利用。2013 年我国单位面积化肥施用量达到 437 公斤/公顷，是国际公认的化肥施用安全上限 225 公斤/公顷的 1.9 倍。我国农田灌溉有效用水系数仅为 0.51，只相当于发达国家 70% 左右的水平。发展设施农业，一方面，可以通过单产增加和立体化栽培等方式提高耕地的产出效率；另一方面，可以通过应用测土配方施肥、水肥一体化、精量施肥、精准灌溉等技术，降低栽培过程中的水资源消耗，和化肥、农药施用量，提高农业投入品的使用效率。

（2）提升了鲜活农产品的全年均衡供应能力。以蔬菜种植为例，露天蔬菜瓜果栽培只能集中在 4 月至 10 月，并高度依赖自然环境的风调雨顺不同，日光温室、塑料大棚设施保护下的蔬菜瓜果生产基本可以实现"全年无休"，保障了人民群众果蔬消费的多样性。从全国看，2014 年我国人均蔬菜消费 190 公斤，其中设施蔬菜占到 32.3%。

（3）提升了农民增收水平。以孵化养殖为例，一方面，设施养殖是一种"全季节"生产供应的农业，劳动力可以在全年得到相对均衡、充分的利用；另一方面，由于生产组织更加工厂化、环境设施更加友好可控化、产品更加特色品质化，设施养殖项目通常能够开展定制化生产等多样化服务，是以设施农业生产为主体、一二三产业融合发展的新型业态，有利于提升农业附加值，扩大农户分享农产品加工和销售的增值收益。

2014 年我国设施园艺面积高达 6100 多万亩，总面积和总产量均居世界第 1 位。单从这一点看，我国已经是世界设施农业大国，但从设施农业的技术水平、产品体系、要素支撑、服务配套、技术创新来看，不是设施农业强国。下一步需要从强化设施农业的战略地位、增强设施农业发展的要素支持、发挥龙头企业引领带动作用等方面，加大扶持力度，推动我国设施农业转型升级、提质增效，促进我国从设施农业大国向设施农业强国转变。

（三）理性农业

### 1. 理性农业的含义

理性农业这个概念是从法国来的。理解理性农业的概念，先要理解理性的内涵，《辞海》（2000 年版）对理性的解释："'理性'一般指概念判断、推理等思维活动或能力。"理性是基于正常的思维结果的行为。理性的意义在于对自身存在及超出自身却与生俱来的社会使命负责。

20 世纪 80 年代，化肥和农药在法国农业耕作中被广泛使用，带来了土壤板结、肥力下降、水土流失、生物链和生物多样性遭破坏、生态环境退化、农产品质量降低和国际市场竞争力下降等一系列问题，引发了农民和农业科技工作者以及政府部门的理性反思，在日益认识到食品安全以及农业生态环保重要性的基础上，法国提出了"理性农业"的概念并将发展"理性农业"作为发展本国农业的根本。通过 20 年的时间实现了由小农经济占主导的传统农业向机械化、电气化、化学化、良种化为主要特征的现代农业的转变，一举成为能够与美国比肩的世界上农产品和食品出口量第二的农业大国。

理性农业指在现代农业种养加过程中，通盘考虑和全面兼顾生产者经济利益、消费者需求和环境保护，以实现农业可持续发展。具体地说，一方面，有效保护农民的种粮积极性；另一方面，通过一系列立法来满足消费者对农产品产量、品质的需求，加强对土质、水质、空气等农业生态环境和原生态文化的保护，保障生物多样性。

我国现在农业的状况和当年的法国十分相似，发展理性农业是我们的必然选择。

### 2. 对理性农业的理性认识

（1）政府必须是理性的。政府在推进理性农业中的作用至关重要。以法国为例，政府的理性表现在 3 个方面。一是制定理性制度，1992 年法国制定了土地休耕制度，1997 年和 1999 年又相继颁布了《全国生态农业规划》和《新农业指导法》，提出了建设"兼顾经济、环保和社会效益，可持续发展的多功能农业"目标，2000 年修改制订了新的全国农业发展规划，推出了《法国 2020 环保农业生产国家计划》。二是实施理性管理，法国政府对农业的管理主要包括兴建农业基础设施、开展农业科研与农业教育推广、解决农业信贷资金以及组织与协调全国性的农业公共服务等活动。三是推行理性政策，法国通过农业保险有效规避种植风险，对农业保险实行"低费率、高补贴"政策，农民只需缴纳保费的 20% 至 50%，其余 50% 至 80% 全部由政府负担。

（2）生产必须是理性的。生产不理性，则造成农产品"多了砍，少了赶"，"跟着感觉走"，农民增产不增收，苹果喂猪、大蒜倒沟、果农砍树、奶农倒奶……让人心寒。理性生产就是要以销定产，防止农产品供大于求或供不应求。供大于求影响农民的生产积极性，供不应求影响价格，影响城市消费者的利益。所以理性生产就要讲求产销平衡。目前法国农业经营的各项比例为：大面积粮食及经济作物 22.2%，蔬菜种植 3.2%，水果 2.9%，葡萄酒 13.4%，其他种植 3.4%，其余为养殖业。

（3）流通必须是理性的。"姜你军"、"蒜你狠"、"豆你玩"、"糖高宗"、"猪坚强"、"苹什么"……这几年发生的一系列农产品价格上涨现象，一方面反映了农产品供求的大起大落，峰谷迭出；另一方面，真正原因是，流通环节的人为炒作在背后起到推波助澜的作用，他们操纵农产品价格，成为价格飞涨的真正受益者，而非农民。

（4）消费必须是理性的。吃得营养、吃得健康、吃得新鲜、吃得便捷、吃得科学、吃得方便成为老百姓的新追求。消费理性方面吃饭要讲究营养平衡。比如说吃的植物油，我们人均日消费量是 50 多克，而且年年在增长。而健康的用油标准是 33 克，所以高血压、高血脂、高血糖等一系列问题产生了。一方面，对人的身体健康不利；另一方面，我们要大幅度进口植物油。2014 年，国务院办公厅印发《中国食物与营养发展纲要（2014～2020年）》中明确规定，我国将推广膳食结构多样化的健康消费模式，控制食用油和盐的消费量。到 2020 年，全国人均全年口粮消费 135 公斤、食用植物油 12 公斤、豆类 13 公斤、肉类 29 公斤、蛋类 16 公斤、奶类 36 公斤、水产品 18 公斤、蔬菜 140 公斤、水果 60 公斤。

所有理性需要人的理性认识和理性行为。提高人的理性认识才可以更好地提高理性农业的效率和效益。

**3. 理性农业模式的构成**

（1）理性食品安全信用体系。理性农业在生产中不片面追求高产，而是在保持丰产稳产的基础上维护环境的承载能力，做到人与自然和谐，生产活动与保护环境相协调，推动有机农业、生态环保农业的新理念，实现农业工业化、生产农场化，打造"从农场到餐桌"的食品安全产业链条。

（2）理性农业立体联动的社会化服务体系。以科协或农技协牵头，从事农业专业生产活动，建立现代农业社会联动的服务化体系，为政府服务农业找到抓手。从源头加强对种养殖环节的信息引导，在"订单农业"、"农超对接"等市场机制充分发挥作用之前，农业部、商务部等部门加强信息会商合作，建立和完善种植养殖预警体系，尤其注重创建先行指标监测和发布体系，通过对农产品种植和牲畜养殖数量、生产资料及人力成本、价格变化趋势、市场需求前景等环节的指标监测和发布，指导农民及时调整农产品种养殖结构，避免"一哄而上"地扩张或收缩产量。对于居民大量消费的大宗品种，建议国家划定主产区，只有按照规划生产的农民才能享受扶持政策，引导农民理性生产。

（3）理性农产品冷链流通体系。根据农业综合系统工程原理，组织生产、加工、储藏、物流销售，做好产前产中服务，以产后服务为抓手，采用倒逼方式用利益带动产前、产中服务技术管理规范化，完成农技协服务于生产与经营全过程的"服务使命"。

（4）理性农业可持续发展目标战略。理性农业需要农业管理者更加冷静地、理性地思考农业的长远发展问题，科学合理地制定可持续发展目标战略，因地制宜稳步推进生态农业、环保农业、有机农业和现代农业，用先进科技改造传统农业，用现代信息技术装备农业，实现农业循环经济模式，保护生态环境，维护农民利益。

**（四）设计农业**

**1. 设计农业的含义**

按照"以工业理念抓农业"的思路，将现代工业化、城市化的"设计"

理念引入现代农业发展。产前的经营模式、管理机制的预先设计，产中的生产模式、技术规程的预先设计，产后的增值模式、市场营销的预先设计，乃至全过程的生产经营方式的转变，均蕴含大量预先设计的元素。

设计农业从大的方面应是理性农业的一种，以"人的行为是理性的"为最基本前提，就是设计是人类改变原有事物，使其变化、增益、更新、发展的创造性活动。设计农业是将人脑预先设计的创造性活动，贯穿于农业产前、产中和产后全过程的现代农业新业态、新形态。"设计农业"的大力推进，对加快传统农业转型升级，推动现代农业的加速发展，既有重要的理论意义，也有重要的实践意义。

**2. 设计农业的重要性**

现代农业产业的多关联度、产品的多功能性、利益的多增值化，使得设计农业尤为重要。设计农业有顶层设计的政策导向功能，有选优汰劣的优化配置功能，有点土成金的技术集成功能，有化险为夷的市场预警功能，有转平为奇的现代营销功能。设计农业以拓展农业生产、生活、生态功能为核心，综合应用农学、生态学、休闲学、技术经济学、园艺学、市场营销学以及旅游学等多学科的基本原理和方法，将现代农业推进一个理性发展的更新境界。设计农业作为一种新的发展理念，改变了传统农业单一被动、靠天吃饭的发展思路，对现代农业发展将产生根本影响。

**3. 设计农业的特征和类型**

设计农业具有5大要素特征，具体包括6个种类（见图4）。

**五要素**

基础要素：种质资源。凝聚了不同历史时期的育种技术、物种进化、品种特性、生物多样性等丰富的农业特性。开展农业设计首先要考虑地方特色种质资源。

限制要素：自然资源。气候、土地和水资源对农业生产具有决定性作用。农业设计，既要考虑自然资源的高效利用，又要考虑突破自然资源的约束。

根本要素：人本需要。坚持以人为本，注重人与环境的和谐，设计出集生产、生活与生态于一体的产业产品形态和"人—环境—社会"共生、共存、共荣的系统发展模式。

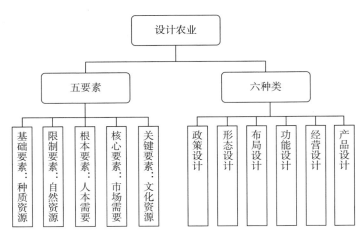

**图4　设计农业的特征和种类示意**

核心要素：市场需求。需求是发展的动力，通过将美学、营养学、心理学、生态学等知识融入农产品设计，不断创造新的市场需求，引领农业产业发展。

关键要素：文化资源。中国农耕文化具有弥足珍贵的历史价值、情感价值、经济价值和文化教育价值。农业设计只有传承、开发、利用好古老农耕文明，才能铸造现代农业之魂，满足人们多元化、多样化的需求。

**六种类**

政策设计。通过政策设计，建立现代农业产业体系、农业科技创新体系、农业基础设施体系、农业社会化服务体系、农业支持保护体系，推进现代农业实现3个转变，即由数量增加为主转到数量、质量、效益并重发展上来，由主要依靠物质要素投入转到依靠技术创新和提高劳动者素质上来，由主要依靠拼资源拼消耗转到可持续发展上来。

形态设计。露地农业、设施农业和生物农业3种形态，绿色农业、工厂化农业、特色农业、休闲农业、立体农业、订单农业等多样模式，共生并存，相辅相成，相互促进，共同推动着现代农业转型升级。

布局设计。立足不同地理区位、资源环境、经济基础、消费需求，科学搭配农业产业种类和规模，实现城乡资源利用的衔接，取得较大的生态、经济和社会效益。

功能设计。农业具有多功能性，不仅有食品保障、就业增收、原料供给的功能，也有生态保护、观光休闲、文化传承的功能，稻田是人工湿地，菜园是人工绿地，果园是人工园地，通过功能设计，实现现代农业发展从农产品生产为主向生产、生活、生态功能并重转变。

经营设计。对产业布局、生产规模、产品外观、上市时序、产品品牌、销售对象、营销策略等进行全面设计，提高农产品附加值，保障农民利益。

产品设计。将美学、生态学、设计学知识等与农产品生产相结合，满足人们的多样化需求。

## （五）生态农业

习近平说："生态兴则文明兴，生态衰则文明衰。"

### 1. 生态农业的含义

生态农业（简称 ECO）是按照生态学原理和经济学原理，运用现代科学技术成果和现代管理手段，以及传统农业的有效经验建立起来的，能获得较高的经济效益、生态效益和社会效益的现代化高效农业。它要求把发展粮食与多种经济作物生产，发展大田种植与林、牧、副、渔业，发展大农业与第二、第三产业结合起来，利用传统农业精华和现代科技成果，通过人工设计生态工程，协调发展与环境之间、资源利用与保护之间的矛盾，形成生态上与经济上两个良性循环，实现经济、生态、社会三大效益的统一。

**中国式生态农业**

"中国式生态农业"与西方那种完全回归自然、摒弃现代投入的"生态农业"主张完全不同。它强调的是继承中国传统农业的精华——废弃物质循环利用；规避常规现代农业的弊病（单一连作，大量使用化肥、农药等化学品，大量使用化石能源等）；通过用系统学和生态学规律指导农业和农业生态系统结构的调整与优化（推行立体种植，病虫害生物防治），改善其功能；推进农户庭院经济；等等。

### 2. 生态农业的特点

生态农业的典型特点是：优美的农业生态环境，人与自然和谐共生，元素循环再生，生态平衡，多样性的物种，大大减少乃至杜绝农药、化肥、抗生素、人工合成激素用量，大部分化肥被作物吸收而不是污染环境。

### 3. 生态农业的突出功能

生态农业强调发挥农业生态系统的整体功能，以大农业为出发点，按"整体、协调、循环、再生"的原则，全面规划，调整和优化农业结构，使农、林、牧、副、渔各业和农村一二三产业综合发展，并使各业之间互相支持，相得益彰，提高综合生产能力。

生态农业中，有一种循环农业，是运用物质循环再生原理和物质多层次利用技术，实现较少废弃物的生产和提高资源利用率的农业生产方式。循环农业生态园是未来规模化、现代化、标准化农业发展的趋势。

中国科学院植物研究所研究员、生态学家蒋高明认为：现代农业的"六要素"，即大农药、大化肥、除草剂、添加剂、农膜、转基因，然而由于土壤、地下水和空气被污染，地力下降，食品不安全，使"六要素"早已变成了"六大害"。蒋高明专注于生态农业研究，于 2006 年 7 月 18 日在山东省平邑县蒋家庄建立研究型试验农场——弘毅生态农场，真正"把论文写在大地上"。弘毅生态农场以"零污染、零残留、高产、高效"为使命，经过 10 年的发展，已经形成完整的生态循环，养殖有肉牛、土猪、土鸡、土鹅等，种植有苹果、小麦、玉米、花生、大豆、谷子、生姜等，且都按"六不用"（不用化肥、农药、除草剂、人工合成激素、农膜、转基因技术）方式进行生产，实现了在更为自然的生产环境下达到高产，值得被学习参观。

## （六）"三型"农业

### 1. "三型"农业的提出

"必须树立尊重自然、顺应自然、保护自然的生态文明理念"，这是党的十八大报告针对我国资源约束趋紧、环境污染严重、生态系统退化的严峻形势，明确提出来的自然生态观，也是"三型"农业提出的现实背景。2015 年 5 月，农业部等 8 个部委共同发布《全国农业可持续发展规划（2015～2030 年)》（以下简称《规划》），提出要"加快发展资源节约型、环境友好型和生态保育型农业"，首次提出"三型"农业，从资源、环境、生态的角度全方位地把握现代农业的核心。强调全方面转变农业发展方式，改变拼资源消耗、拼环境安全、拼生态功能的粗放经营，将重点转移到注重提高质量和效益的集约经营上来。

## 2. "三型"农业的内涵

### 资源节约型农业

资源节约型农业是从我国人多地少、资源人均占有量低、环境质量差的实际情况出发，在实施生态农业过程中参与工程、模式、配套技术的同时，为增强农业可持续发展的后劲，还突出强调节约资源，以减少农业资源消耗和保护农村生态环境为核心，依靠技术创新来实施可持续农业。它有节时型农业、节地型农业、节水型农业、节能型农业、循环型农业等种类。

### 环境友好型农业

环境友好型农业将生态文明、循环经济的理念应用到农业经济建设中，以在农业生产过程中和产品生命周期中减少资源、物质的投入量，和减少废弃物的产生排放量为目标，实现农业经济和生态环境效益的双赢，从而找到实施农业可持续发展战略的根本途径、实现形式和技术措施。该模式注重环境保护和农业污染的防治，主张建立作物、土壤微生物、家畜和人的和谐系统；按照生态环境和资源的特点运用多种经营、多种农产品互补、轮作等生产手段，实现资源优化配置；人为地构建一定的生态链，实现深加工和资源的循环再生。

### 生态保育型农业

农业是与自然最为紧密的生态产业，农业生态系统和生产系统是一个共同体，不仅包括农田生态系统，还涉及与农业生产相关的其他生态系统，如草地、林地、水体、湿地等。农业既然是一种生态产业，就不能仅仅关注资源节约、环境友好，还应该上升到更高的生态层次，关注生态保育。生态保育（Ecosystem Conservation）包含生态"保护"（Protection）与"复育"（Restoration）两个内涵。生态保育型农业就是在保护现有农业生态系统的同时，修复受到人类和自然冲击的农业生态功能，培育有利于农业可持续发展的生态承载力。

资源节约型农业要求农业资源在被高效利用的基础上减量化，环境友好型农业要求有效治理与修复农产品产地环境。但资源节约型、环境友好型农业还远远不够，只有升级成"三型"农业，才能真正做到让农业资源合理利用、让农业环境有效治理、让农业生态系统处于功能恢复并稳步提升的良性循环，才能保证可持续的农业再生产，才能充分地、优质地、安全地保障农产品供给。

### 3. "三型"农业发展方略

资源、环境、生态是人类生存发展的三大自然要素。"三型"农业体现了现代生态农业的原则性要求。资源强调的是利用，对应的是实体功能；环境强调的是影响，对应的是客体功能；生态强调的是协调，对应的是主体功能。随着人类社会的发展和自身时空条件的变化，资源、环境、生态的服务功能会发生转变。《规划》提出："要坚持当前治理与长期保护相统一。"也就是说不只顾当代还有后代，不只图眼前还有长远，给子孙后代留下绿水青山。所以发展"三型"农业是必然、必须、必要的。

《规划》提出："从依靠资源消耗、拼农资投入、拼生态环境的粗放经营，尽快转到注重提高质量和效益的集约经营上来，确保国家粮食安全、农产品质量安全、生态安全和农民持续增收。"这是"三型"农业的关键性发展方略。我国传统农业经过长期探索和积累，形成了精耕细作、用养结合的生态农业模式，这就是"三型"农业的雏形，是现代农业应该传承的传统农业精髓。中国古代的"五大农书"《齐民要术》、《农桑辑要》、《王祯农书》、《农政全书》和《授时通考》，归纳总结了我国农民在充分利用水土资源和农时空间以及合理搭配动植物种类、注意耕地培肥等方面的经验，体现了原始"三型"农业的可持续发展观。1911 年，被称为美国土壤物理学之父的富兰克林·H. 金出版的《四千年的农夫》，对我国与自然和谐的生态农业给予了高度评价。但传统生态农业的缺点是效率低、抵御自然灾害能力差。

"三型"农业既要注重传承传统生态农业技术的精髓，又要构建"三型"农业的现代科学技术体系。在替代常规化学农业的过程中，生物农业和物理农业将是最能体现传统农业与现代农业相结合的科技体系，被视为"三型"农业的关键科技领域。生物农业强调利用动植物、微生物等生物群落之间的相生相克机理来实现养分的循环利用和病虫害的绿色防控；物理农业注重从调节光、热、水、气的角度来实现作物、畜禽、鱼虾、食用菌等农业生物对象的良好生长条件。

（七）智慧农业

### 1. 智慧农业的含义

所谓"智慧农业"就是充分应用现代信息技术成果，集成应用计算机与网络技术、物联网技术、音视频技术、3S 技术、无线通信技术及专家智慧与知识，实现农业可视化远程诊断、远程控制、灾变预警等智能管理。

智慧农业是农业生产的高级阶段，是集新兴的互联网、移动互联网、云计算和物联网技术为一体，依托部署在农业生产现场的各种传感节点（环境温湿度、土壤水分、二氧化碳、图像等）和无线通信网络实现农业生产环境的智能感知、智能预警、智能决策、智能分析、专家在线指导，为农业生产提供精准化种植、可视化管理、智能化决策。

"智慧农业"是云计算、传感网、3S 等多种信息技术在农业中综合、全面的应用，实现更完备的信息化基础支撑、更透彻的农业信息感知、更集中的数据资源、更广泛的互联互通、更深入的智能控制、更贴心的公众服务。"智慧农业"与现代生物技术、种植技术等高新技术融合于一体，对建设世界水平农业具有重要意义。

### 2. "智慧农业"的功能

能够有效改善农业生态环境。将农田、畜牧养殖场、水产养殖基地等生产单位和周边的生态环境视为整体，并通过对其物质交换和能量循环关系进行系统、精密运算，保障农业生产的生态环境在可承受范围内，如定量施肥不会造成土壤板结；经处理排放的畜禽粪便不会造成水和大气污染，反而能培肥地力；等等。

能够显著提高农业生产经营效率。基于精准的农业传感器进行实时监测，利用云计算、数据挖掘等技术进行多层次分析，并将分析指令与各种控制设备进行联动完成农业生产、管理。这种智能机械代替人的农业劳作，不仅解决了农业劳动力日益紧缺的问题，而且实现了农业生产高度规模化、集约化、工厂化，提高了农业生产对自然环境风险的应对能力，使弱势的传统农业成为具有高效率的现代产业。

能够彻底转变农业生产者、消费者的观念和组织体系结构。完善的农业科技和电子商务网络服务体系，使农业相关人员足不出户就能够远程学习农业知识，获取各种科技和农产品供求信息；专家系统和信息化终端成为农业生产者的大脑，指导农业生产经营，改变了单纯依靠经验进行农业生产经营的模式，彻底转变了农业生产者和消费者认为传统农业落后、科技含量低的观念。另外，在智慧农业阶段，农业生产经营规模越来越大，生产效益越来越高，迫使小农生产被市场淘汰，必将催生以大规模农业协会为主体的农业组织体系。

智慧农业功能构建包括特色有机农业示范区、农科总部园区和高端休闲体验区等。

### 3. 智慧农业的发展方向——精准农业

精准农业（Precision Agriculture）是智慧农业的一种形式。20 世纪 80 年代末由美国、加拿大的农业研究者提出并开始被广泛应用，目前，我国也开始积极探索适合中国国情的应用模式。国内的学者亦将 Precision Agriculture 译作"精确农业"、"精细农业"。国内学者对精准农业的内涵与外延定义尚存差异，笔者更加倾向于李德仁院士对精准农业的解释。"精细农业是将遥感、地理信息系统、全球定位系统、计算机技术、通信和网络技术、自动化技术等高科技与地理学、农业生态学、植物生理学、土壤学等基础学科有机地结合起来，实现在农业生产全过程中对农作物、土地、土壤从宏观到微观的实时监测，以实现对农作物生长发育状况、病虫害、水肥状况以及相应的环境状况进行定期信息获取和动态分析，通过诊断和决策，制订实施计划，并在全球定位系统与地理信息系统的支持下进行田间作业。这是一种信息化的现代农业。"

精准农业由 10 个系统组成，即全球定位系统 GPS、农田信息采集系统 GIS、农田遥感监测系统 RS、农田地理信息系统、农业专家系统、智能化农机具系统、环境监测系统、系统集成、网络化管理系统和培训系统（见图5）。精准农业并不过分强调高产，而主要强调效益。它将农业带入数字和信息时代，是 21 世纪农业的重要发展方向。

### （八）"互联网＋"农业

### 1. "互联网＋"农业的提出

"互联网＋"理念是 2012 年 11 月易观国际董事长于扬首次提出的。"互

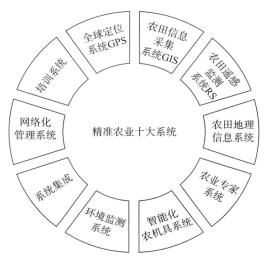

图 5　精准农业系统示意图

联网＋"是利用信息通信技术及互联网平台，让互联网与传统产业进行深度融合，创造新的发展生态。"互联网＋"农业是指将互联网技术与农业生产、加工、销售等产业链环节相结合，实现科技化、智能化、信息化的农业发展方式。

2. "互联网＋"农业：加出现代农业新高度

2011 年 2 月，美国农业部发布的报告表明，年销售额 25 万美元以上的美国农场，有 70％以上在农场业务中使用互联网，更小的农场则有 41％使用互联网。农场主们将自己农场的照片贴在脸书网站上，每周更新网页内容，感兴趣的顾客通过电子邮件与农场主联系。在美国，互联网对许多小农场意味着生存，如果你只有一个有机农场而没有网站，那么没人愿意去了解你。

2016 年 1 月 22 日，中国互联网络信息中心（CNNIC）发布第 37 次《中国互联网络发展状况统计报告》，截至 2015 年 12 月，我国农村网民占比达28.4％，规模达 1.95 亿人，农村互联网普及率达 33％。农村、农民、农业、网络、网民、网购六者构成了"互联网＋"农业最核心元素，农业要紧跟互联网的发展，这几个要素就必须同步发展。当农村的一切插上互联网翅膀的时候，"互联网＋"农业将会真正拔地腾飞。

"互联网＋"代表着现代农业发展的新方向、新趋势，也为转变农业发展方式提供了新路径、新方案。"互联网＋"农业是一种生产方式、产业模式与经营手段的创新，通过便利化、实时化、物联化、智能化等手段，对生产、经营、管理、服务等农业产业链环节产生了深远影响，为农业现代化发展提供了新动力。以"互联网＋农业"为驱动，有助于发展智慧农业、精细农业、高效农业、绿色农业，提升农业质量效益和竞争力，实现由传统农业向现代农业转型。

### 3．"互联网＋"农业：三种模式和四大功能

**三种模式**

第一，互联网技术深刻运用的智能农业模式。以计算机为中心，集感知、传输、控制、作业为一体，推进农业的标准化、规范化，不仅节省了人力成本，也提高了品质控制能力，增强了自然风险抗击能力。

第二，互联网营销综合运用的农村电子商务模式。它是以农业生产为基础的一种电子化交易活动。其中包括农业生产的管理，农产品的网络营销，电子支付，物流管理等。通过构架类似 B2B、B2C 的综合支持平台，提供从网上交易、拍卖、电子支付、物流配送等功能，主要从事与农产品产、供、销等环节相关的电子商务服务。

第三，互联网与农业深度融合的产业链模式。将互联网与农业的生产、加工、销售等环节充分融合。用互联网技术改造生产环节提高生产水平，管控生产经营过程确保产品品质，创新产品营销设计，打通传统隔离的农业一二三产业环节，形成完备的产业链。

**四大功能**

第一，打破时间、空间限制，推动农特产品供需双方的直接对接，助推农业实现个性化生产与集约化生产相结合。

第二，充分利用移动互联网、大数据、云计算、物联网等新一代信息技术，与农业跨界融合，有效解决农业生产中的技术服务问题，可实现精准化生产、智慧型生产。

第三，可以促进农村一二三产业之间的融合渗透和交叉重组，带动农村经济集约化发展。

第四，实现农产品质量安全追溯，让消费者扫码即可了解该产品产前、产中、产后的全链条信息。

各级政府要加快农村信息化建设，让"互联网＋"成为带动农村发展的新动力，成为推动农业转型升级的重要力量，让越来越多的农民从互联网中受益。

**4."互联网＋"农业的三个维度**

第一个维度是全产业链叠加加上农业产业链的四个环节，即生产、经营、管理、服务。

"互联网＋生产＝精准农业"，即农业的精准化。"互联网＋经营＝扁平流通"，特点：一是扁平化，信息化把流通扁平了，取消了原来的中间环节；二是透明化；三是公平化。"互联网＋管理＝效率政府"，加强农业电子政务建设。"互联网＋服务＝满足农民个性需求"，为农户提供了个性化服务。

第二个维度是农业经济六类资源要素数据化集成。

"互联网＋农户与企业＝新兴力量"，"互联网＋土地与资源＝规模效益"，"互联网＋资本与金融＝农业不差钱"，"互联网＋市场与信息＝新兴渠道"，"互联网＋技术与人才＝新兴范式"，"互联网＋法律与体制＝新兴农业管理模式"。

第三个维度是农业六大传统行业在线化改造。

传统种植业的重点是高效农业物联网大田种植重点推广节水、节药、节肥、节劳动力的物联网技术，在"一控两减三基本"行动中取得突破；畜牧业将在规模化标准化养殖场推广应用精准饲喂、在线监控动物疫病、二维码识别等物联网技术；水产业将物联网设备、技术应用于养殖水质实时监控、工厂化养殖监测、专家在线指导等；饲料工业鼓励饲料企业运用大数据、电子商务等技术；农机化行业着力提高农机装备信息化水平，加大物联网和地理信息技术在农机作业上的应用力度；农垦具有规模化、标准化、企业化优势，力争在物联网、电子商务、智能机器人应用上有所突破；农产品加工业要支持龙头企业发展电子商务，同时要重点发展乡村旅游和休闲农业的电子商务。

（九）品牌农业

**1.从两组数据看品牌农业的重要性**

一组数据：2015年中国农产品区域公用品牌价值有效评估378个品牌，

总价值超过了 5000 亿元，平均品牌价值约 13.47 亿元。涪陵榨菜、烟台苹果等 14 个农产品品牌价值在 50 亿元以上。其中，涪陵榨菜和烟台苹果的品牌价值超过了 100 亿，分别为 138.78 亿元和 105.86 亿元。

另一组数据：近年农村电商快速发展，然而数据显示，全国 4000 多家生鲜电商企业，只有 1% 实现盈利，4% 持平，88% 亏损，剩下的 7% 是巨额亏损。

两组数据从正反两面反映了品牌农业的重要性。第一组数字从正面反映，当品牌做得很好时，它的产品就不仅仅只有它自身的价值了，品牌的价值还被附加到它的产品上，可以比其他普通的产品卖出更高的价格。第二组数字从反面反映了我国农产品品牌发展还处于初级阶段，还不适应现实发展的需要。

## 2. 品牌农业的内涵

品牌农业是具有质量和安全健康保证的品质农业；是按照量化标准产生和加工的、产品始终如一的标准化农业；是通过恰当的筛选、包装和加工进行原料升值的价值农业；是摒弃一家一户落后的生产经营状态，以规模获得高效益的规模农业；是打通一二三产业，甚至全产业链掌控、实现质量与安全可追溯的大食品业。总之，品牌农业就是要彻底改变传统农业生产、加工和经营的思想和方式，引入工业化先进的管理思想、技术、品牌营销模式和人才，把农业产品像工业品那样加工和经营，以全新的方式振兴和发展。在市场上表现为厨房餐桌食品全面走向品牌化。

品牌农业是现代农业的第一抓手。如果从市场的角度研究现代农业，从食品企业和农业产业化经营的角度切入现代农业，现代农业的所有工作可以聚焦为一点，这就是"品牌农业"。品牌农业是农业走向市场的手段和落脚点，是打通食品工业和农业的媒介，是农业和农业企业走向现代化的标志。

## 3. 品牌农业的重要特征

生态化：按照"尊重自然、循环发展"的理念，从事农产品的培育和生产，加工和销售安全、健康、优质的农副产品。生态化是品牌农业之灵魂。

价值化：引入品牌营销模式，通过品牌定位、产品创新、产品核心价值、品牌形象设计以及传播推广等手段，提升产业、企业和产品附加值，实现增收增效和可持续发展。价值化是品牌农业之根本。

标准化：引入现代经营管理理念和手段，对农业经营组织的种养、加工过程和环节，进行规范化、系统化改造和建设，改变传统农业经营的粗放、随意和人为性，形成可量化、可控制和可复制的农业。标准化是品牌农业之基础。

产业化：实现农业与第二第三产业高度融合与产业整合，形成完整农业产业链，进行良性联动和互动。公司—基地、公司—合作社—农户、农户—合作社—超市、农村—金融、农场—家庭、鼠标—家庭，都是"从田间到餐桌"的产业化形式。产业化是品牌农业之策略。

资本化：根据农业投资风险大、利润回报低、投资周期长、市场前景广的产业特点，积极主动先期导入现代投资和资本运营理念、模式和路径，用资本的杠杆和力量撬动、助推现代农业跨越式发展。资本化是品牌农业之血液。

### 4. 用品牌改变农业

对于行业来说，品牌保障了对质量安全的信心。在消费者心中，品牌化农产品代表着信赖、安全和高品质。要坚持"有标贯标，无标制标，缺标补标"的原则，针对具有区域特色的农产品，有计划地制定涵盖生产全过程的完善的标准体系；对农业标准实施情况进行全程监管，严格农民依"标"种植，企业依"标"生产、按"标"加工，从根本上改变农产品无标生产、无标上市、无牌销售的状况，确保生产出的农产品符合现代市场需求。

建设品牌农业可以从以下几个方面努力。一是引导土地、资金、技术、劳动力等生产要素向优势产品产区、品牌农产品集中，实现资源的合理配置，促进农业结构不断调整、上档升级。二是建立联动工作机制，形成"政府推动、部门联动、企业主动、市场拉动"的良性互动格局。三是落实政策扶持机制，制定、完善和落实扶持农业品牌发展的各项优惠政策，严格品牌奖励兑现，加大对发展农业品牌的投入，充分调动企业和生产经营者创建农产品品牌的积极性和主动性。四是加快"互联网"与品牌农业联姻，通过"互联网"，从金融、种养、加工、渠道、传播等各个节点加快传统农业转型升级，并塑造出受众更广的互联网农业品牌。

农产品品牌是一种难能可贵的无形资产，承载着历史、文化、责任、诚信、安全等内涵，只有挖掘好、运用好、保护好它，才能让农产品品牌这块"金字招牌"实至名归，才能安天下、稳民心。

### （十）休闲农业

#### 1. 休闲农业的含义

休闲农业是利用农业自然环境、田园景观、农业生产、农业经营、农业设施、农耕文化、农家生活和农村风情风貌等资源条件，通过科学规划和开发设计，为游客提供观光、休闲、度假、体验、娱乐、健身等多项需求的农业经营活动。

休闲农业一词来源于英文的 Agritourism/Agro. Tourism，由农业（Agriculture）和旅游（tourism）两个词组合而成，因而也有都市农业和乡村旅游的说法。

#### 2. 休闲农业的三个结合和三大融合

**三个结合**

"三农"结合：以农业生产为基础，以农民为主体，与新农村建设相结合。

"三产"结合：实现了一二三产业的结合，把农业同旅游服务业、商业、农村体育、文化等产业结合起来。

"三生"结合：实现农业生产、生态和满足城乡人民的生活相结合。

**三大融合**

产供销一条龙的融合创新：将种植业、加工业与服务业融合起来，形成体验经济，实现多元化收益。

"农、旅、文"三种业态的融合创新：以农业为基础，以旅游为手段，以文化为灵魂，打造全新的综合业态——"农旅文综合体"。

"乡土意境与时尚度假"的融合创新：以乡土意境再造乡愁，以时尚度假满足市场，通过新乡土度假产品的打造实现休闲农业的升级。

#### 3. 休闲农业的独特功能及类型

**休闲农业的独特功能**

（1）乡土性。由于各地农耕历史、民风民俗不同而产生不同的农耕文化、乡土文化，不同的农业条件、生态环境产生不同的土特产品。人们选择乡村休闲旨在寻找曾经失落的净化空间、绿色文明以及尚存的传统淳朴的民俗文化氛围。

（2）过程体验性。游客通过接触乡土文化可以开阔视野、增长知识，通过乡土特产了解优势农产品及其地域性，获得和消费优质农产品，通过亲自采摘、加工和品尝等体验农业生产过程和农村风情，享受其中的乐趣。休闲农业的市场定位在城市人群，要有针对性地按季节特点开设观光休闲旅游项目，如在春季体验种植，在秋季体验采摘，在夏季体验森林疗养，在冬季体验狩猎。

（3）消费经济性。通过亲自采摘果品、蔬菜可以购买到新鲜、价廉物美的农产品，相对而言休闲农业园区的住宿、饮食等收费较低。

（4）效益综合性。休闲农业使农业产业链延长，农村一二三产业同步发展，农民收入增加，带动农村就业、环境、交通、娱乐等的发展。休闲农业从提供产品，到提供商品，再到提供服务，最后到享受产品与服务，表现出较高的附加值。

**休闲农业的类型**

（1）观光农园。利用花园、果园、茶园、药园和菜园等，为游客提供观光、采摘、赏花、购物及参与生产等活动，让游客享受田园乐趣。

（2）休闲农园。利用农业优美环境、田园景观、农业生产、农耕文化、农家生活等，为游客提供欣赏田园风光，休闲度假，参与体验生态及文化等活动。

（3）科技农园。以现代农业生产为主，发展设施农业、生态农业、水耕栽培、农技博物馆等项目，为游客提供观光、休闲、学习、体验等活动。

（4）生态农园。以农业生态保护为目的兼具教育功能而发展的休闲农业经营形态，如生态农园、有机农园、绿色农园等，为游客提供生态休闲、生态教育、生态餐饮等活动。

（5）市民农园。将土地分成若干小块（简称一分田），将这些小块地出租给城市居民，平时由农业园人员负责经营管理，节假日城里人去参与农业生产活动。

（6）农业公园。利用农业环境和主导农业，营造农业景观，设立农业功能区，为游客提供观光、游览、休闲、娱乐等活动。

### 4. 休闲农业发展前景广阔

**理论依据**

（1）马克思休闲论。马克思认为，休闲是人们在精神上所掌握的自由时间，即休闲是用于娱乐和休息的余暇时间。休闲是人的生命活动的组成部分，是社会文明的重要标志。

（2）休闲经济理论。社会经济的时代不断向前推进，由传统的农业经济时代向工业经济时代、现代的信息经济时代、未来的休闲经济时代发展。休闲可以产生服务，可以创造价值，形成并产生经济。由休闲产业活动衍生出的休闲需求、休闲消费、休闲产品、休闲服务等汇集成的休闲产业所形成的经济，被称为休闲经济。

（3）体验经济理论。20 世纪末以来，体验经济成为世界经济发展新的价值取向。Toffler（1970）在《未来的冲击》一书中提出，差异多元化的消费体验是未来重要的消费趋势。体验农业成为世界休闲农业产业价值的新取向，不仅可以创造出新的产品，同时还可创造出新的服务，从而带动新兴产业和产业链发展。

（4）农业多功能性需求理论。农业多功能性（Multi-functionality of Agriculture）的概念较早地出现在 1999 年日本颁布的《食物·农业·农村基本法》中，强调农业除具有经济功能外，还同时具有社会功能、生态功能和政治功能等多种功能。

**优越条件**

中国农业自然环境优美，景观类型多样；农业资源丰富，农业类型多样，地区特色显著；农业历史悠久，农耕文化丰富；农村民俗风情多彩，农家生活富有乡土特色；城里人到农村观光休闲的人日趋增多，休闲旅游的市场需求大；各级政府的大力支持，新农村建设的要求，广大农民的心愿。

**政策背景**

发展休闲农业是发展现代农业、增加农民收入、建设社会主义新农村的重要举措，是促进城乡居民消费升级、发展新经济、培育新动能的必然选择。2015 年全国各类休闲农业年接待游客 11 亿人次，休闲农业营业收入达 4100 亿元。农业部联合发展改革委、财政部、国土资源部等共 14 部门印发了《关于大力发展休闲农业的指导意见》（农加发〔2016〕3 号），提出到 2020 年，休闲农业接待人次达 33 亿人次，营业收入超过 7000 亿元；布局优化、类型丰富、功能完善、特色明显的格局基本形成；成为拓展农业、繁荣农村、富裕农民的新兴支柱产业。

在现代化的今天，我们行走在柏油马路上，穿梭在林立高楼间，却依然向往"采菊东篱下，悠然见南山"的闲情逸致，希望拥有"故人具鸡黍，把酒话桑麻"的真挚感情，渴望获得"桑柘影斜春社散，家家扶得醉人归"的恬淡生活。休闲农业的发展可以让我们返璞归真，让我们在田园风光中流连忘返，让我们寻找失去的记忆生活。

休闲农业，经历了"春江水暖鸭先知"的摸索阶段，走过了"小荷才露尖尖角"的发展过程，必将迎来"万紫千红总是春"的灿烂明天。

**参考文献**

李克强：《以改革创新为动力 加快推进农业现代化》，《求是》2015 年第 4 期。

温铁军：《中国农业如何从困境中突围？2016 年的国际国内农业形势判断》，《中国经济时报》2016 年 2 月 18 日。

程郁：《日本发展"六次产业"的主要做法与目标》，《中国产业经济动态》2015 年第 18 期。

金盛、彭万明：《论农民的理性与农业的规模经营》，《重庆文理学院学报》（自然科学版）2006 年第 4 期。

朱立志：《"三型"农业是新时期农业的发展方向》，《理论探讨》2015 年第 6 期。

# 破解"三农"问题的路径抉择：农业工业化、农村城镇化、农民职业化[*]

**摘　要**：解决农业、农村、农民问题始终是全党工作的重中之重。大而不强的咸阳农业，必须用工业化的理念举措来转型提升；散而不美的咸阳农村，必须用城镇化的思维路径来改造优化；忙而不富的咸阳农民，必须通过职业化的方向方法来增收致富。咸阳市着眼工业反哺，大力推进产业项目向园区集中，资源要素向农业倾斜；着眼城镇带动，大力推进农民向城镇（社区和中心村）集中，公共服务向农村延伸；着眼专业分工，大力推进土地向规模集中，培训向农民靠近。咸阳的实践启示我们，破解"三农"问题必须把"重中之重"作为基本方针，把"三化同步"作为总体要求，把"三个集中"作为根本路径，把"三个进程"作为现实目标。

**关键词**：农业工业化；农村城镇化；农民职业化

解决农业、农村、农民问题始终是全党工作的重中之重。近年来，咸阳市认真贯彻中央关于"三农"工作的新方针、新要求，着眼工业化、城镇化、农业现代化"三化同步"要求，以推进项目向园区、农民向社区、土地向规模"三个集中"为抓手，不断加快农业工业化、农村城镇化、农民职业化"三个进程"，积极探索具有鲜明咸阳特色的"三农"发展之路，

---

[*] 本文曾发表于《陕西工作交流》2013 年第 5 期。

在农业增产、农民增收、农村建设上取得了显著成效。

# 一 为什么要推进农业工业化、农村城镇化和农民职业化

（1）大而不强的咸阳农业，必须用工业化的理念举措来转型提升。从产业规模看，咸阳无疑是一个农业大市，2009 年，全市总人口 501 万人，其中 70% 从事农业，全年粮食播种面积 630.4 万亩，产量 208.1 万吨，蔬菜种植面积 117.7 万亩，总产 315.5 万吨。水果总产量 458.2 万吨，其中苹果378.1 万吨，年末大牲畜存栏 40.5 万头，其中奶牛存栏 19.7 万头，生猪存栏 155.3 万头，粮、果、菜产值、产量均居全省第一，畜牧业产值居全省第二，农业产值在全市生产总值中的比重 17.5%，高于全省 8 个百分点。但用现代农业的标准来衡量，咸阳又很难算一个农业强市。一是农业装备滞后。有效灌溉面积只有耕地总面积的 60%，农业机械化水平只有 50%；设施蔬菜面积 43 万亩，仅占全市蔬菜总面积的 1/3。二是农业组织化程度差。大型骨干龙头企业不多，农业产业化龙头企业有 230 家，国家级龙头企业只有 3 家，多数龙头企业与农户利益联结不紧密，专业合作组织只覆盖全市行政村总数的 25%，覆盖农户数只占全市农户总数的 15%，大部分农民专业合作社和中介组织还处在起步发展阶段，难以真正把分散的农户组织起来实施专业化生产、市场化运作、产业化经营。三是农业专业化水平低。优势主导产业板块小，聚集度不高，除苹果以外，全市还没有一个真正的"一县一业"甚至"一乡一业"，已建成的"一村一品"专业村只占全市行政村总数的 5%。四是农产品加工转化不足。农产品初级产品多，精细产品少，以果品为例，鲜果销售占 70%，只有 30% 被加工转化为浓缩果汁。五是农业社会化服务体系不够健全。基层特别是乡镇一级农业技术推广、动植物疫病防控、农产品质量监管等公共服务机构体制不顺、机制不活、队伍不稳、人才不多、保障不足等方面的问题越来越突出。六是农业知名品牌少。除苹果以产地全国知名外，无一农产品品牌在全国有知名度。因此，咸阳必须要跳出"就农业抓农业"的传统思维模式，用抓工业的思路、理念、机制和办法抓农业，顺应市场经济形势，运用现代工业化技术、现代

经营管理理念以及科学组织方式来管理农业的生产和经营，将农产品生产和加工集中化、企业化、规模化，实施全程标准化经营，从根本上提升农业的资源利用率和综合效益，实现农业与工业、农村与城市一体化经营和发展。

（2）散而不美的咸阳农村，必须用城镇化的思维路径来改造优化。改革开放以来，咸阳工业化和城市化进程显著加快，到2009年，全市城镇化率已达到39.6%，主城建成区面积50平方公里，聚集人口60万人，成为大西安的重要组成部分；兴平、彬县、泾阳、礼泉、乾县等一批县城规模快速扩张，成为区域的重要经济文化中心；通过实施重点示范镇建设、新农村示范村建设，有效提速了小城镇建设，改变了农村人居环境，已建成的480个设施完善、环境优美的市级新农村示范村成为农民幸福生活的美好家园。但总体而言，咸阳城镇化水平仍然偏低，全市城镇化率分别比全国、全省低7个、3.9个百分点，105个建制镇镇均0.61万人，远远低于3.23万人的全国平均水平。农村普遍存在的规划落后、居住分散、设施不足、环境不好等突出问题仍未根本改变。270万农村人口居住在3843个行政村、1万多个居民点（自然村）当中。农村街道实现硬化、有排水设施的不足1/3。沼气覆盖小，已建成的沼气户不足全市农户总数的1/10。此外，还有100多万农村人口饮水困难，5万户21万人仍居住在土窑洞、地坑院、危漏房和独居院中。严重分散的农村建设格局，既浪费了大量珍贵的建设用地资源，也显著加大了农村公共服务配套的成本，使农村人居环境很难得到根本改善。因此，必须坚持城乡统筹发展的战略思路，顺应工业化、城镇化加快推进的大趋势，加快推进县城和小城镇建设，加快推进村庄布局调整和设施改造，实现建设用地节约、公共财政节约和人居环境改善，构建以城带乡、城乡一体的建设发展新格局。

（3）忙而不富的咸阳农民，必须通过职业化的方向方法来增收致富。"三农"问题的核心是农民问题，农民问题的核心是增收问题。改革开放以来，随着工业化、城镇化和农业现代化水平的不断提高，以及各级党委政府强农惠农富农政策实施力度的不断加大，农民或者说农村人口的就业渠道越来越广，生活越来越忙，收入也越来越多。2009年，全市转移就业的农民达到95万人次，占农村劳动力总数的70%以上，农民的兼业化程度越来越高;全市农民人均纯收入 4206 元,较 2008 年增长 19.8%,是 1978 年的 609 倍。但整体而言,咸阳农民收入水平仍然较低,农民群众的生活还不富裕。2009 年,农民人均纯收入水平仅相当于西安市的 67%,低于全国平均水平 19 个百分点;全市农村消费零售总额为 63.2 亿元,仅占全社会消费品零售总额的 25.5%。从表面上看,农民贫穷是因为农业比较效益低,2009 年家庭经营收入只占到农民人均纯收入的 48%,其中农业收入只占家庭经营收入的 38.8%,全市农业总产值居全省第一,但农民人均纯收入水平居全省第五。但实际上,则是因为农业规模化程度差,农村户均耕地只有 5 亩上下、人均耕地只有 1.7 亩左右,农民很难以农业为单一职业,专业化地从事农业生产经营。而之所以农业规模化程度不高,则是因为农村转移就业频次多、不稳定,虽然每年转移就业有近百万人次,但真正能够长期稳定在城镇和第二、第三产业工作的并不多,农民工更多的是在家乡与城镇、耕地与工厂(商铺)之间候鸟般奔波,土地成为其最后的生存保障,不愿意也不能够转移给其他经营主体。另外,随着受教育程度的越来越高和在外务工时间的越来越长,越来越多的农村年轻人,尤其是二代农民工,开始不愿继续留乡从事传统农业生产,农业劳动力"3860"现象则越来越突出。同时,在城乡二元体制环境下,农村转移就业人员不断增多,农村留守儿童、留守老人等问题也日益突出,严重影响社会和谐稳定。因此,必须在加快推进工业化、城镇化的同时,推进农业现代化,让更多的农村转移就业人员携带全家在城镇落户扎根,让土地更快更多地向种田能手和农业企业集中,让留守农民和农业工人单纯依靠农业经营或者农田作物就能发家致富,成为真正意义上的职业化农民。

## 二 如何推进农业工业化、农村城镇化和农民职业化

(1)着眼工业反哺,大力推进产业项目向园区集中,资源要素向农业倾斜。一是全面启动现代农业园区建设。依托现代果业项目区、设施蔬菜基地、杂果经济林、500 万头 PIC 生猪养殖、农业综合开发、扶贫开发、农田水利等涉农重点项目,推进基础设施项目向园区捆绑配套,农业产业项

目向园区聚集。到 2012 年，全市已开工建设现代农业园区 91 个，其中被认定为省级的 18 个，市级 45 个，县级 28 个，实现了省级园区县市区全覆盖，园区内流转土地达 78 万亩，有 10 个园区规划面积突破了 2 万亩，涌现出了武功大庄、泾阳日新、礼泉肖山、乾县周城、礼泉袁家等一批先进典型。二是引进培育龙头企业，推进农产品深加工。大力实施龙头带动战略，积极发展农产品加工及物流业，推进农业向工业融合、向三产延伸，项目向园区集中，不断提升农业附加值。全市先后建成三原清河食品工业园、兴平市食品工业园、礼泉县食品工业园、永寿绿色食品工业园、旬邑太村工业园、淳化润镇工业园等以农副产品深加工为主的工业园区 8 个，吸引了香港益海嘉里、中粮集团、内蒙古伊利、广东温氏、江苏雨润、山东张裕等知名农业产业化龙头企业 65 家，规模以上农业企业总数达到 400 多家，其中认定总数达到 172 家，初步形成了果汁、乳品、粮食、食品、红酒等七大农产品加工集群，年销售收入 120 亿元，辐射农户 53 万户，安排就业 5 万多人，带动形成县域工业园区 35 个。2012 年，全市食品工业完成产值 317.2 亿元，是 2009 年的 2.3 倍，年均增长 32.1%；农副食品加工业完成产值 117.4 亿元，是 2009 年的 1.7 倍，年均增长 20.3%，食品工业成为仅次于能化化工和装备制造的第三大支柱产业。三是发展一村一品，建设优势板块。整合优势资源，扩大产业规模，聚集先进技术，促进产业升级，全市形成了北部优质出口苹果，南部设施蔬菜，果区生猪，粮区高产奶牛，城郊千万只肉鸡，永寿、长武优质核桃，泾渭清水莲菜，乾县富硒苹果，礼泉红提葡萄、御石榴，泾阳酿酒葡萄 10 个现代农业优势板块。建成省级一乡一业示范乡镇 44 个、省级一村一品示范村 743 个、休闲农业示范园（农庄）30 余处。四是大力实施科技兴农战略，提升农业科技化水平。咸阳·杨凌农业产业一体化合作不断深化，校企项目深度融合，基层农技推广服务体系建设得到加强，被确定为首批地市级全国农业机械化示范区，农民科技培训水平日益提升，为农业现代化提供了科技支撑。3 年来新增认定无公害农产品产地 66 个，认证无公害农产品 78 个；全市农机总动力达到 262 万千瓦，农业实用技术推广度达 80% 左右，农业科技贡献率达 46%。2012 年，全市农林牧渔业总产值达到 465.4 亿元，是 2009 年的 1.78 倍，始终保持农业总产值全省第一。

(2) 着眼城镇带动,大力推进农民向城镇(社区和中心村)集中,公共服务向农村延伸。3 年来,我们坚持 "规划引领、产业支撑、分类指导、试点示范、基础突破" 的二十字方针,学习借鉴成都、江苏等统筹城乡发展综合改革试验区的经验和做法,注重城镇化与新农村建设互促共进,积极推进农民向城镇(社区和中心村)集中,有效地促进了城乡融合发展。一是城乡同步规划。按照城乡统筹、"全域咸阳" 理念,和循序渐进、节约土地、集约发展、合理布局的原则,打破城乡界限和制度束缚,将县城、小城镇和村庄建设通盘考虑,将城乡产业发展、基础设施、生态环境、社会事业、公共服务等同步规划。做到规划一次到位、项目分步实施,杜绝了重复建设和劳民伤财。3 年来,先后完成了 11 个县市的县城总体规划、县域城乡一体化规划,14 个省市级重点示范镇、97 个建制镇和 200 个新农村示范村及一批新型农村社区、村庄的规划修编工作,并编制了一批专业详规,为农民向城镇(社区和中心村)有序集中奠定了良好基础。二是强力推进重点示范镇。全面启动了 4 个省级重点镇建设工作,同步规划确定 10 个市级重点镇建设工程,并享受省级重点镇相关优惠政策,每个镇按 3 年 5000 万元的标准进行重点扶持,着力完善水、电、路、气、汛等基础设施和公共服务配套,统筹解决进城农民的就业、收入、社保、子女上学等问题,吸引农民就近在小城镇安居创业。三是坚持实施新农村建设 "百村示范、千村推进" 工程。每年初向各县市区分配确定 100 个市级示范村建设任务,并鼓励支持县市区因地制宜建设其他类型和层次的示范村,加强基础设施建设和产业跟进,以点带面,推动发展,先后涌现出了旬邑县、彬县等在全省乃至全国有影响的欠发达地区新农村建设的先进典型。累计建设各层次、各类型的新农村示范村 1850 个,其中市级重点村 1340 多个,分别占全市行政村的 74% 和 48%。四是全力实施扶贫 "三告别" 工程。从 2009 年开始,举全市之力,对居住条件较差的边远农村贫困群众,实施了以 "告别土窑洞、告别危漏房、告别独居户" 的 "三告别" 工程,通过 "移民搬迁建新村、整合土地搞发展" 的办法,把边远小村、零散居住的农民集中到社区或中心村居住创业,累计投入各类资金 47.2 亿元,搬迁贫困群众 5.4 万户 22 万人,腾出土地 8 万多亩,使贫困群众生产生活条件得到根本改善。五是推进新型农村社区试点。按照省委书记赵正永提出的 "推进城镇化，不仅要做好中心城市、县城、集镇，还要建设好新型农村社区"要求，从 2011 年开始，按照规划先行、就业为本、量力而行、群众自愿原则，在彬县、旬邑积极稳妥开展新型农村社区建设试点，全市建设新型农村社区 17 个，涌现出彬县炭店镇河西社区、旬邑王家社区等新型农村社区典型。六是启动实施城乡一体化试点。在 13 个示范镇基础上，选定了 22 个村进行城乡一体化建设试点示范，每个镇按每年 300 万元、每个村按每年 50 万元的标准给予财政扶持，加快小城镇居民住宅小区和新型社区建设，建立园区引领、乡村旅游、新型社区、土地流转、移民搬迁等示范模式，为全市城乡一体化发展积累经验、探索路子。在示范选点布局上，做到"三个尽量靠近"：尽量靠近城市，尽量靠近中心城镇，尽量靠近产业集聚区。尽可能重点选择镇政府所在村、地处交通要道的大村以及撤村并居的新型社区进行建设，突出优势特色，提升档次功能，注重辐射带动作用的发挥。七是加快农民转户进城。积极推进城乡户籍一元化改革，加快城乡养老、医疗等社会保险制度的衔接并轨，在城镇为进城农民建设普通商品房小区，大力推进人口城镇化特别是农民工进城落户，重点推进解决举家迁徙及新生代农民工落户问题，鼓励人口向中小城市和小城镇集中，累计办理进城落户农民 49.7 万多人。2012 年全市城镇化率达到 45.2%，较 2009 年提高 5.3 个百分点；行政村总数减少到 2767 个，居民点（自然村）数较 2009 年减少了 30%。

（3）着眼专业分工，大力推进土地向规模集中，培训向农民靠近。按照农业产业化、规模化、集约化发展的要求，重点进行了四个方面的探索。一是加速推进农村土地流转。土地流转是促进产业连片规模经营和农民分工分业，实现收益最大化的有效途径。在依法自愿有偿的原则下，通过转包、出租、互换、转让、股份合作、土地入股等形式，稳步推进农村土地经营权流转，加速土地向农业龙头企业、农民专业合作社、种养大户、家庭农场等新型经营主体流动，促进了适度规模经营，提升了农业效益。市政府还制定出台了鼓励土地流转的相关优惠政策，健全了土地流转市场体系和有关制度，建立了县级土地流转纠纷仲裁机构，规范了土地流转行为，加快了流转步伐。截至目前，全市土地流转面积达到 89.5 万亩，占耕地总资源的 16.7%。二是大力发展农民专业合作组织。按照自愿入社、因地制宜、引导扶持的原则,鼓励农民积极发展专业合作经营组织,在合作社内部实行技术培训、生产标准、操作规程、产品质量、农资供应"五统一"制度,提升了参与市场竞争和抵御风险的能力,有效解决了农户分散经营与市场对接的难题。截至2012年底,全市共发展农民专业合作社2073家,入社农户达到17.5万户,带动农户57.4万户,分别占农户总数的18.7%和61.3%。三是积极培育新型农民。把培育"有文化、懂技术、会经营"的新型农民作为一项基础性工程来抓,进一步整合培训资源,完善培训体系,突出外出创业务工人员技能培训、农业适用技术培训和新型职业化农民培训三大重点,贴近农民务工、务农的实际需要,不断增强培训的针对性和实效性,有效地提升了进城务工人员和留乡务农人员的专业素质。3年来,全市完成农村劳动力转移就业技能培训42万人,打造了"咸阳足疗"、"电子轻工"、"纺织女工"、"果业农工"等一批劳务品牌;完成农民职业技术职称培训1万多人,完成农业实用技能培训100万人次,使普通群众户均基本掌握了1~2门实用技术。全市农民人均纯收入达到7464元,是2009年的1.77倍,年均增长20.7%,连续3年高于城镇居民实际增速。四是着力培育职业农民。农民的知识化、职业化是实现农业现代化的前提和条件,现代农业迫切需要职业农民。我们在全市进行了职业农民培育试点。由市委新农办牵头,市统计局、农业局、市扶贫办等相关部门协助,依托县乡村三级组织,广泛开展了职业农民调查摸底活动,并按照所在地域、技术特征和从事产业,建档立卡,分类造册,建成一个全市性的职业农民信息库。围绕咸阳市粮、果、畜、菜四大农业主导产业,着力培育一批产业带动型职业农民团队。一个产业设置一个职业农民团队,一个团队确定一批理论和实践丰富的专家,构建专家→职业农民团队→龙头企业或合作社的组成框架,形成一个产业一个规划、一个团队带动一个龙头(加工企业或合作社)的发展良好格局。创造性地提出将职业农民分为种植能手、养殖能手、加工能手、企业经营人才、农村经纪人、农民专业合作组织带头人、技能带动型人才、文化艺术类人才8个类型,并对评选出的全市"十佳职业农民"进行了表彰奖励,形成"培养一批职业农民,带动一方百姓,搞活一片经济"的良好效应。全市目前活跃在农村基层组织的职业农民有1.2万余名,涌现出了泾阳县王桥镇北岩村的杜琦、乾县漠西乡吴村的王明录、永寿县店头镇西塬边村的樊栓红等众多优秀农村职业农民典型，成为全市新农村建设的主力军。

# 三　推进农业工业化、农村城镇化和农民职业化带来的若干思考

（1）破解"三农"问题必须把"重中之重"作为基本方针。2003年1月，党的十六大召开后的中央农村工作会议第一次提出了要把解决好"三农"问题作为全党工作重中之重的政治要求，从此，"重中之重"成为与我国"三农"发展最紧密、最重要的关键词，成为推进"三农"实现历史性跨越的重大战略思想。咸阳近年来的"三农"工作之所以能取得显著成就，最根本就在于全市上下认真贯彻落实了中央关于"三农"工作的一系列方针政策，始终把"三农"工作放在头等重要位置，坚持每年出台《县市区农业农村工作考评办法》《市统筹城乡发展领导小组成员单位职能目标分解书》，明确县市区和市级各相关部门职责任务，加强平时督查和年终奖评，并定期召开现场观摩会、重点工作汇报会，展示新成就，总结新经验，激发新干劲，对土地流转、产业化推进、农业结构调整、绿色长廊建设、"三告别"等紧迫任务更是坚持一月一汇报。这种加压紧逼的工作态势，最终升华为推动农业和农村发展的不竭动力。虽然在今后相当长的时期内，农业份额会下降、农村人口会减少，但农业在国民经济中的基础作用不会改变，"三农"问题在全局中的重要地位不会改变，必须继续坚持和不断强化"重中之重"的方针要求，越是"三农"发展的黄金期，越要强调"重中之重"的核心支撑，越要丰富拓展"重中之重"的内涵和外延。不仅要体现在号召上，更要落实到行动上，在全社会形成重视支持"三农"工作的浓厚氛围。

（2）破解"三农"问题必须把"三化同步"作为总体要求。"三化同步"是党的十七届五中全会提出的重要方针，也是现代化建设的普遍规律。"三化"之间紧密联系，辩证统一。农业现代化为工业化和城镇化提供原料、生活品和劳动力，是工业化和城镇化的基础；工业化、城镇化扩大农产品需求，带动农村劳动力转移就业，促进农业规模经营，为农业现代化

提供市场空间和技术支撑,三者之间必须统筹安排,协调推进。在相当长的时期内,由于片面强调工业和城镇的主导作用,农业现代化进程远远滞后于工业和城镇发展,成为现代化建设的瓶颈制约。以咸阳为例,从1999年到2009年,工业总产值年均增长16.6%,而农业总产值仅年均增长11.5%,城乡居民收入比从2.36:1扩大到3.9:1。因此,推进"三化同步"的重点和难点就在于加快农业现代化,补齐农业短板,改变农村面貌。这几年,咸阳在加快推进工业化和城镇化的同时,大力度地推进农业发展和农村建设,有效地实现了经济社会协调、跨越发展,从2009年到2012年,年均城镇化率较前几年提高0.5个百分点,年均工业增速较前几年提高2个百分点,城乡居民收入比由3.9:1降低到3.45:1。因此,坚持农业现代化和工业化、城镇化"三化同步",不仅是经济社会发展的整体需要,也是农业和农村发展的基本原则和有效手段。

(3)破解"三农"问题必须把"三个集中"作为根本路径。党的十八大指出,推进城乡一体化发展是解决"三农"问题的根本途径,而城乡一体化的实现路径又是什么呢?咸阳推进农业工业化、农村城镇化、农民职业化,构建城乡发展一体化大格局的基本做法,归结起来就是"三个集中"。"三个集中"成功化解了工业化、城镇化、农业现代化过程中人口、土地和其他生产要素过于分散的问题,有利于提高"三化同步"质量,使它们协调推进,构建城乡一体化发展的合理空间格局。推进项目向园区集中,使农村更像农村,山清水秀,景色宜人,集中发展生态、高产、优质、高效的现代农业,并成为城镇居民休闲旅游的好去处。而农民集中居住,也使农村更像城市,不仅是进城进镇农民,而且居住在新型农村社区的农民,也可以享受城市的现代文明,促使农村服务业快速发展,城市文明加速向农村延伸,可以初步实现教育、卫生、文化、体育、科技、法律、计生、就业、社保、社会治安、社会福利等政府服务全覆盖,很多事情群众不出社区就能办好。通过土地向规模经营,有效提高了农业的集约化、标准化、机械化水平,解放了农业劳动力,成为工业化和城镇化的有效支撑。总之,通过"三个集中",一个布局合理、功能完善的城乡空间格局必将会呈现在我们面前,形成城乡经济社会发展一体化新格局。

(4)破解"三农"问题必须把"三个进程"作为现实目标。"三化同步"是经济社会发展的总体要求，落实到涉农部门和县乡基层，落实到具体工作上，就是推进农业工业化、农村城镇化和农民职业化的"三个进程"。其中，以农业工业化为主导，农民职业化为基础，农村城镇化为载体，形成三者互相促进、协调发展的格局。"三个进程"从哪里着手，农业工业化是突破口，农业工业化既能转变农业生产经营方式，形成产供销互促、一二三产联动的产业体系，又能促进农民从一产走向二产、三产，从田间走向车间，宜农则农、宜工则工、宜商则商，开辟广阔的致富之路，更好地实现以工哺农、减少农民、富裕农民的目的。农村城镇化是整个社会城镇化的有机延伸和重要组成。只有农村人口、产业、设施等各种要素不断向城镇、中心村（社区）集聚，才能尽快形成布局合理、功能配套、资源节约、经济繁荣、城乡一体的现代化村镇体系，全面改善农村生产生活条件和人居环境，促进城乡经济社会全面协调可持续发展。职业农民是发展现代农业、建设美丽乡村的主体力量。"有文化、懂技术、会经营"的新型职业农民，通过专业化的生产方式和经营方式从事农业生产和服务，为农业现代化提供了重要人力和智力支撑。因此，推进农业工业化、农村城镇化、农民职业化"三个进程"，正是同步推进工业化、城镇化和农业现代化的具体方式和现实目标。

# "三化"同步的理论依据与互动关系研究

## ——以陕西咸阳市为例*

**摘　要：**探索农业现代化与工业化、城镇化的关系是推进"三化"同步发展的关键。本文首先对"三化"关系的理论依据进行了分析，接着根据陕西咸阳的"三化"发展相关数据建立向量自回归（Vector Auto Regression，VAR）模型以及向量误差修正（Vector Error Correction，VEC）模型来估计与分析，采用单位根和格兰杰因果检验，通过脉冲响应分析和方差分解等方法实证分析了 1990～2011 年该区域的工业化、城镇化和农业现代化同步发展的关系。在此基础上得出了"三化"互动关系的相关结论。

**关键词：**农业现代化；工业化；城镇化

# 一　引言

工业化、城镇化和农业现代化（文中简称"三化"）同步发展是党中央做出的与时俱进的战略决策。"三化"同步发展的本质就是要在工业化、城镇化进程中处理好工农关系、城乡关系，缩小工农业发展差距和城乡区域发展差距。"三化"同步发展的关键在于改变农业现代化滞后于工业化和城镇化的局面。本文以陕西咸阳为例，通过建立模型分析工业化、城镇化和农业现代化发展三者之间的关系，从而得出相关结论。

---

\*　本文曾发表于《统计与决策》2012 年第 23 期。

# 二 "三化"关系研究的文献梳理与理论依据

## （一）文献梳理

党的十七届五中全会提出，在工业化、城镇化深入发展中同步推进农业现代化。2011 年中央农村工作会议再次强调，"三化"同步是"十二五"期间"三农"工作的重大战略部署。此后，关于"三化"关系的理论研究和实践探索越来越多。中国农业经济学会 2011 年年会曾专题召开了"三化"同步发展的学术研讨会，在政策措施上提出了四个方面 14 条建议。陈景华在《工业化、城镇化、农业现代化关系研究》一文中提出"工业化、城镇化、农业现代化的关系，有互相促进、互相平衡、互相阻碍三种"，"互相促进关系是工业化、城镇化、农业现代化最佳的关系目标选择"。戴啸涛、贾丹华在《农业现代化与工业化、城镇化的内在关系研究》一文中认为："农业现代化发展对工业化的深入发展和城镇化水平的加速发展有着重要的协助、推动作用；农业现代化能够为工业化提供充足的劳动力和原始资本，能为城镇现代化提供市场，是城镇化的基础，因此农业现代化与工业化、城镇化之间是一种协调互动的关系。"崔慧霞在《工业化、城镇化和农业现代化同步发展内在机制与相互关系研究》一文中提出："城镇化、工业化和农业现代化之间是一种相互联系、相互促进的关系，具有共生共荣特征。""工业化是城镇化的加速器，城镇化是工业化发展的必然结果，农业现代化是实现工业化的基础，城镇化促进农业现代化的发展，农业现代化刺激了城镇化的发展。"蔡键、张岳恒在《工业化、城镇化与农业现代化发展——基于农业生产要素角度的推拉效用分析》一文中从农业生产要素的角度对"三化"互动关系进行了研究，得出：工业化将为农业现代化发展提供充足的资金和高新的技术，对其将产生一定的推力作用；城镇化将推进农业劳动力转移以及农地维持稀缺状态，对农业现代化将产生一定的拉力作用。基于农业要素进行分析，"三化"之间的关系可以简化为一个推拉框架。姜会明、王振华在《吉林省"三化"统筹机制的实证分析》一文中从"三化"统筹的角度，提出工业化创造供给，城镇化创造需求，农业现代化创造保障，三者相互促进、相辅相成，有着内在的逻辑关系。工业化是"三化"的前提和动力，农业现代化在"三化"中处于基础地位，城镇化是工业化和农业现代化统筹的桥梁和纽带。

## （二）理论依据

### 1. 马克思的地域分工论

马克思的地域分工理论是对区域经济中空间问题研究的重大贡献。关于地域分工的内容，马克思指出："一切发达的、以商品交换为媒介的分工的基础，都是城乡的分离。""某一民族内部的分工，首先引起工商业劳动和农业劳动的分离，从而也引起城乡的分离和城乡利益的对立。"从地域上看，一个区域是现代产业集聚的现代城市；另一个区域是农业、农村，包括传统农业和现代农业、传统农村和现代农村。城乡对立的运动永久存在，改变的不过是分工的具体内容。马克思的地域分工论表明了城乡在经济社会发展中具有不同的功能，也发挥着不同的作用，而且表明了城乡对立与融合的历史必然性。通过地域分工论，马克思为我们描述了城乡不同的生产形式：城镇将以大工业为中心实行集中生产，而乡村将以农业为中心实行分散生产。这种划分并非绝对，但表明了工业生产对城镇发展的重要性。从城乡对立到城乡融合，农村经济发展不可能脱离农业的发展，反而要加强农业在国民经济中的基础地位，以支持城镇工业的发展。同时，地域分工论表明，城镇具有人口聚集功能，乡村人口必然向城镇集中，城镇还具有生产工具、公共服务、资本、享乐和需求中心的优势，也为现代服务业的发展奠定了基础。马克思的地域分工论是我国统筹城乡发展的重要理论基础，也是指导"三化"同步发展的重要理论依据。

### 2. 缪尔达尔的"循环累积因果关系理论"

循环累积因果关系理论，是由瑞典经济学家缪尔达尔（Gurmar Myrdal）在 1957 年提出的，后经卡尔多、迪克逊和瑟尔沃尔等人发展并具体化为模型。"循环累积因果关系理论"充分论证了城镇化对区域经济社会发展的影响和作用。该理论认为，社会经济发展过程主要涉及产出和收入、生产和生活水平、制度和政策等因素。在经济发展过程中，这些因素互为因果，相互影响，某一经济因素的变化会通过因果关系影响另一经济因素的变化，第二次变化反过来会加强第一次变化的效果，如此循环累积下去。缪尔达尔认为，在经济发展过程中，某一区域受到资金、技术、信息、区位及创新优势等因素的影响，其经济发展水平会形成领先优势，这种领先优势吸引周边弱势区域的各种经济要素向其流动，是为"回波效应"（Back-wash Effect），在"回波效应"作用下，落后区域的经济发展会更加落后；相反，具有领先优势的区域，将自身具有经济优势的要素向周边弱势地区扩散，是为"波及效应"（Spread Effect），在"波及效应"下，弱势地区经济会受到刺激并发展，与优势地区经济发展形成良性循环。自家庭联产承包制实施以来，我国出现了农村人口向城镇聚集和城镇扩张的现象，这促进了城镇化的发展，但在一定程度上出现了农业的萎缩和农村的相对落后。然而，在发展到一定程度后，工业反哺农业、城市支持农村的条件具备，又会促进农业、农村向更高层次发展。

**3. 哈肯的"协同理论"**

协同论（Synergetics）又称"协和学"或"协同学"，是系统科学的重要分支理论，它是由德国物理学家哈肯（Hermann Haken）于 20 世纪 70 年代创立的。所谓协同，就是系统中诸多系统相互协调、合作或同步的联合作用与集体行为，协同是系统整体性、相关性的内在表现。协同论认为，千差万别的系统，尽管属性不同，但在整个环境中，各个系统间存在着相互影响而又相互合作的关系。哈肯在协同论中，描述了临界点附近的行为，阐述了慢变量支配原则和序参量概念，认为事物的演化受序参量的控制，演化的最终结构和有序程度决定于序参量。协同理论认为，协同效应是指由于协同作用而产生的结果，是指复杂开放系统中大量子系统相互作用而产生的整体效应或集体效应。协同作用是系统有序结构形成的内驱力。任何复杂系统，当在外来能量的作用下或物质的聚集态达到某种临界值时，子系统之间会产生协同作用。这种协同作用能使系统在临界点发生质变产生协同效应，使系统从无序变为有序，从混沌中产生某种稳定结构。协同效应说明了系统自组织现象的观点。协同论认为，所有系统的宏观有序性都由组成它的子系统间的协同作用决定，即所有系统宏观性质的改变，都是协同作用的结果。尽管社会经济系统的各种子系统，如城镇化、工业化、农业现代化有各自的发展规律，但协同作用是普遍存在的，即"三化同步"存在内在的联系。

### 4. 刘易斯拐点

刘易斯拐点，即劳动力由过剩向短缺的转折点，是指在工业化过程中，随着农村富余劳动力向非农产业的逐步转移，农村富余劳动力逐渐减少，最终枯竭。由诺贝尔经济学奖得主刘易斯（W. Arthur Lewis）在人口流动模型中提出。刘易斯在《劳动无限供给条件下的经济发展》一文中提出了自己的"二元经济"发展模式。他认为，经济发展过程是现代工业部门相对传统农业部门的扩张过程，这一扩张过程将一直持续到把沉积在传统农业部门中的剩余劳动力全部转移干净，直至出现一个城乡一体化的劳动力市场为止。20 世纪 60 年代，刘易斯从城市发展的立场出发，深刻地指出："城与乡，不能截然分开；城与乡，同等重要；城与乡，应当有机结合在一起，如果问城市与乡村哪一个更重要的话，应当说自然环境比人工环境更重要。"这个论述很具启迪性，也是"三化同步"的重要观点。刘易斯拐点为我们描述了一个"三化同步"发展的经典框架，也是一个发展中国家如何实现从一个落后的传统农业社会向一个发达的现代工业社会转变的框架。刘易斯认为实现上述转变的基础是工业发展，没有工业发展就没有现代工业社会的产生，就没有现代城市的产生，更不会有农业现代化的出现。

## 三 "三化"发展关系的实证分析

国内关于三者之间关系的实证研究以工业结构和农业经济发展为变量展开得比较多。杨万江、吴囡以统计学常用的三种分析比较时间序列数据的绝对值、定基发展速度、环比发展速度方法为基础，确立了三种差异度指标，进而对"三化"同步性程度进行测算。李志萌、杨志诚用劳动生产率比较法、产业结构与就业结构偏离度比较法、城乡居民收入水平比较法三个方法测定"三化"同步发展程度，这三种测定方法既相互联系又相互补充，能较好地反映工业化、城镇化和农业现代化之间的同步、协调程度。马远、龚新蜀（2010）在建立 VAR 模型的基础上，采用协整分析、脉冲响应、方差分解的方法对"三化"关系进行实证研究。改革开放以来，在工业化、城镇化、农业现代化的推动下，一方面，我国经济高速增长，GDP持续增加，人民收入水平不断提高，经济结构、产业结构、就业结构不断优化。但另一方面，经济发展中结构不平衡性矛盾突出，农业发展缓慢。城乡发展不协调、产业结构不合理、就业压力大等问题依然存在。同时，随着现代化的不断推进，出现了新的经济社会问题：未来 20 年将有 3 亿多人从农村进入城镇，我国正经历有史以来最大规模的城镇化；农村劳动力结构发生明显改变，农村劳动力已经进入总量过剩和结构性短缺并存阶段；我国工农城乡之间互动关系增强，"三农"的发展对工业和城市的支撑或制约作用和城乡基本公共服务不均等对"三农"发展的制约作用日益凸显；工业反哺农业、城市支持对"三农"的拉动作用日益明朗。面对这些问题，究其最终原因，就是我国农业现代化进程远远落后于工业化和城镇化，"三化"间发展不平衡。本文根据陕西省咸阳市的"三化"发展相关数据建立向量自回归（Vector Auto Regression，VAR）模型以及向量误差修正（Vector Error Correction，VEC）模型来估计与分析，采用单位根和格兰杰因果检验，通过脉冲响应分析和方差分解等经济分析手段研究1990～2011 年该区域的工业化、城镇化和农业现代化同步发展的关系。

（一）指标选取、数据来源及其统计性描述

本文选取陕西省咸阳市 1990～2011 年工业化、城镇化和农业现代化的统计数据为研究样本。

**1. 指标选取**

本文结合陕西省咸阳市的实际，设定工业化水平指标为 IR，采用工业化率，即工业增加值占全部生产总值的比重来衡量工业化水平。设定城镇化水平指标为 UR，采用城镇化率，即城镇人口占总人口比重来表示城镇化水平。假设农业现代化水平为 AG，本文根据相关学者的研究成果并综合有关统计数据，考虑到数据的可获得性，采用农业机械总动力来衡量咸阳市的农业现代化水平。

**2. 数据来源及其统计性描述**

由图 1 可知，从 1990～2011 年，咸阳市工业化水平、城镇化水平和农业现代化水平不断提高。其中城镇化发展较为明显，城镇化水平由 1990 年的 26.42% 到 2011 年的 42.56%，年均增长 0.73 个百分点；特别是 2009 年以后，咸阳市的城镇化进程飞速发展，城镇化速度突然加快。工业化水平从 1990 年的 34.64% 增长到 2011 年的 45.77%，年均增长 0.51 个百分点，发展呈螺旋上升的态势。咸阳市农业现代化水平总体上呈现平稳式增长的趋势，年均增长 0.17 个百分点，相对于城镇化和工业化发展水平还是比较滞后的。

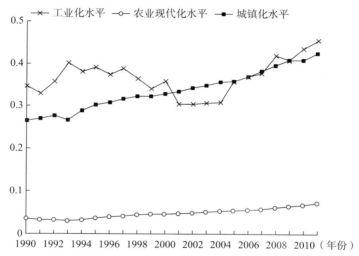

**图 1　1990 ~ 2011 年咸阳工业化水平、城镇化水平和农业现代化水平趋势**

数据来源：计算工业化水平的工业增加值和生产总值的相关数据，计算城镇化水平的咸阳市城镇人口和总人口数据，以及农业机械化总动力数据等来源于《陕西省咸阳市统计年鉴 2012》。

## （二）实证分析

### 1. 时间序列的平稳性检验

a. 时间序列的平稳性检验

1987 年 Engle 和 Granger 提出了协整理论，指出一些同阶的非平稳经济变量的线性组合如果是平稳序列，说明这些变量之间存在一种长期稳定的均衡关系，即协整关系，在经济意义上，这种协整关系的存在意味着可以通过一个（些）变量来影响另一个（些）变量的变化。虽然一些经济变量本身是非平稳序列，但是它们的线性组合有可能是平稳序列。由于源数据易受经济波动影响，会造成指标数据的平稳性变差、异方差等问题。为避免以上问题的出现，文中对 AG、IR、UR 分别取对数，以 ln $AG$、ln $IR$ 和 ln $UR$ 形式进行研究，经处理后的指标并不影响原序列的协整性。

单位根检验。由图 1 可以定性地判断 AG、IR、UR 不是平稳序列。为避免非平稳序列可能产生的虚假回归现象，本文采用增广 DF（ADF）单位根法来检验时间序列数据的平稳水平，通过的变量实行一阶差分进行 ADF 检验，滞后阶数的确定采用 SC 准则。检验结果（本文计算采用 Eviews 6.0 软件）如表 1 所示。

**表 1　平稳性检验结果**

| 变量 | 检验形式（C，T，K） | 边际显著性水平（P 值） | 结论 |
|---|---|---|---|
| ln$IR$ | （C，N，2） | 0.8279 | 不平稳 |
| ln$UR$ | （C，N，0） | 0.9907 | 不平稳 |
| ln$AG$ | （C，N，4） | 0.9998 | 不平稳 |
| $\Delta$ln$IR$ | （C，N，1） | 0.0008 * | 平稳 |
| $\Delta$ln$UR$ | （C，N，0） | 0.0004 * | 平稳 |
| $\Delta$ln$AG$ | （C，N，1） | 0.0778 ** | 平稳 |

注：表中检验形式中 C 表示单位根检验方程中的截距项，T 代表时间趋势，K 表示滞后阶数；N 表示不含截距项 C 或者不含时间趋势 T，*、** 分别表示在 5% 和 1% 水平下明显。

从表 1 可以看出，各序列在 5% 的水平下均为不平稳序列，一阶差分后在置信度为 95% 的置信区间内平稳，所以这些对数序列都是一阶单整序列。由此表明，三者之间可能存在协整关系。

b. 建立 VAR（2）模型

向量自回归（VAR）模型常被用于预测相互联系的时间序列系统以及分析随机扰动对变量系统的动态影响。VAR 模型通过把系统中每一个内生变量作为系统中所有内生变量的滞后值的函数来构造模型，从而回避了结构化模型的需要。本文根据实际采用 Johansen 协整检验，且使用 LR 统计量（5% 的显著水平）、FPE 最终预测误差、AIC 信息准则、SC 信息准则和 HQ（Harman-Quinn）准则 5 个指标做判断，选取"三化"关系模型滞后阶数为 2，对无约束的 VAR（2）模型进行协整约束后，根据咸阳的相关数据建立

VAR（2）方程，使用 Eviews 6.0 软件计算整理后得到 VAR 模型如下：

$$\ln UR = -1.4135\ln AG(-1) + 0.46904\ln AG(-2) + 0.04724\ln IR(-1)$$
$$+ 0.003615\ln IR(-2) + 0.83864\ln UR(-1) + 0.43505\ln UR(-2)$$
$$- 0.05587 \tag{1}$$

$$\ln IR = 10.1144\ln AG(-1) + 0.67657\ln AG(-2) + 0.91743\ln IR(-1)$$
$$+ 0.04454\ln IR(-2) - 0.3624\ln UR(-1) - 2.26188\ln UR(-2)$$
$$+ 0.39796 \tag{2}$$

$$\ln AG = 0.002417\ln AG(-1) - 0.04016\ln AG(-2) - 0.004531\ln IR(-1)$$
$$+ 0.01371\ln IR(-2) + 0.16024\ln UR(-1) + 0.09814\ln IR(-2)$$
$$- 0.04396 \tag{3}$$

其中，（1）式至（3）式滞后期为无约束 VAR（2）模型一阶差分变量的滞后期，值为1，由 VAR（2）模型的几个方程检验结果表明，（1）式的拟合度为 0.9820，（2）式的拟合度为 0.6849，（3）式的拟合度为 0.9948。这里我们选择具有最优拟合度的（3）式为研究模型。从协整检验结果可得，在 1% 的显著水平上变量之间存在 1 个协整关系，即三者之间存在正长期的稳定关系。

**表 2　协整检验结果**

| 原假设的协整方程个数 | 特征根 | 迹统计量 | Prob. ** |
|---|---|---|---|
| None * | 0.678964 | 21.58783 | 0.0431 |
| At most I | 0.232175 | 5.019666 | 0.7393 |
| At most II | 0.056320 | 1.101397 | 0.2940 |

注：*、** 分别表示在 10% 和 5% 的显著水平上拒绝原假设。

　　从（1）式可得：从 1990 年到 2011 年，咸阳市的城镇化、工业化和农业现代化是同步推进的，工业化和农业现代化对城镇化水平的提高有正向的影响。"三化"关系协整方程系数表明：在其他条件不变的情况下，咸阳的工业化水平每提高 1 个百分点，城镇化水平提高 1.03 个百分点，而农业现代化水平每提高 1 个百分点，其城镇化水平提高 0.31 个百分点；农业现代化水平每提高 1 个百分点，其工业化水平提高 0.35 个百分点。说明工业化比农业现代化推进城镇化速度快，同时农业现代化的发展对于推进城镇化和工业化的作用不可低估。

C. 向量误差修正模型

由以上分析可知，咸阳市的"三化"之间具有长期的协整关系。但是，为了研究短时期内农业现代化水平与工业化水平、城镇化水平是否存在同向作用关系，及当城镇化水平的短期波动偏离长期均衡时，其回调速度的情况，本文构建其误差修正模型来进行检验。向量误差修正模型如下：

$$\Delta\ln UR_t = -0.187\Delta\ln IR_{t-1} - 0.292\Delta\ln UR_{t-1} - 0.051\Delta\ln AG_{t-1}$$
$$- 0.093ECM_{t-1} + 0.0651$$

该模型的 $R_2$ 为 0.8765，AIC 为 -7.7566，SC 为 -7.4023，模型的整体效果较好。由该模型可知，城镇化水平的短期变动可分为四部分，分别为：工业化的短期影响、城镇化自身的短期影响、农业现代化的短期影响及城镇化偏离长期均衡的影响。$ECM_{t-1}$ 反映了"三化"之间长期均衡关系，也是误差修正向量。其中模型的均衡调整系数为 -0.093，表明当城镇化水平的短期波动偏离长期均衡时，将以 -0.093 的调整力度把非均衡状态拉回到均衡状态。此外，短期内工业化水平和农业现代化水平对城镇化水平的弹性为负数，即 -0.187 和 -0.051，与长期协整方程的弹性系数相反，这说明在短期内农业现代化水平和工业化水平的提升对城镇化水平的提升具有阻滞效应。

**2. 格兰杰因果检验**

格兰杰（Granger）因果检验是检验对于目标变量来说某个内生变量是否可以被看作外生的。假如某个内生变量有助于预测目标变量而不能有助于解释次内生变量，就认为此内生变量是目标变量的格兰杰原因。对咸阳市的工业化、城镇化与农业现代化进行格兰杰因果检验，滞后期为2，结果见表3。

从表3中可知：①农业现代化不是工业化的格兰杰原因，主要原因是咸阳市轻重工业结构不平衡，局部区域主要以重工业为主，工业与农业关联度不是很密切；工业化不是农业现代化的格兰杰原因，煤炭等资源工业的快速发展需要使用该地区大量的土地，产生了大量农村剩余劳动力问题，而工业的发展需要技术工人，对于文化水平较低的农民来说提高收入水平更加困难。②农业现代化是城镇化建设的格兰杰原因，农业现代化为城镇化建设提供了必要的劳动力和生活必需品基础，同时创造了消费市场；城镇化不是农业现代化的格兰杰原因，近几年的城镇化发展速度过快，使得部分农民进城，农村的优势资源（包括人力、财力）无法有效地在农业方面发挥，因此，城镇化对拉动农业现代化的发展作用不明显。③工业化是城镇化的格兰杰原因，城镇化不是工业化的格兰杰原因。

表3　咸阳市"三化"格兰杰因果检验结果

| 原假设 | 自由度 | Prob. | 结论 |
| --- | --- | --- | --- |
| lnAG 非 lnIR 格兰杰原因 | 20 | 0.5919 | 接受原假设 |
| lnIR 非 lnAG 格兰杰原因 | 20 | 0.1671 | 接受原假设 |
| lnAG 非 lnUR 格兰杰原因 | 20 | 0.0036 | 拒绝原假设 |
| lnUR 非 lnAG 格兰杰原因 | 20 | 0.6180 | 接受原假设 |
| lnIR 非 lnUR 格兰杰原因 | 20 | 0.0425 | 拒绝原假设 |
| lnUR 非 lnIR 格兰杰原因 | 20 | 0.5875 | 接受原假设 |

### 3. lnAG、lnIR 和 lnUR 的脉冲响应分析和差分分解

a. 脉冲响应分析

脉冲响应函数刻画的是在扰动项上加上一个标准差大小的冲击，对内生变量当前值和滞后值的影响，对一个变量冲击直接影响这个变量，并通过 VAR 模型的动态结构传递给其他所有的内生变量。利用性质良好的 VAR（2）模型，分别给 lnAG、lnIR、lnUR 一个 Cholesky 标准差冲击，可以通过 EVIEW 6.0 软件计算一个标准差大小的 lnAG、lnIR、lnUR 冲击对 lnAG 的影响。脉冲响应见图2、图3、图4。

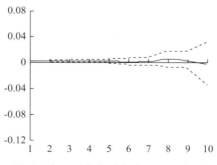

图2　农业现代化对自身的路径响应

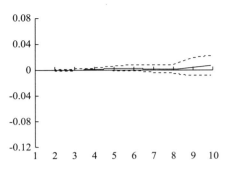

图 3  农业现代化对工业化的路径响应

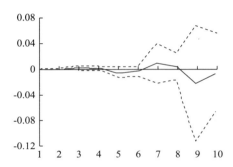

图 4  农业现代化对城镇化的路径响应

表 4  ln$AG$ 对 ln$AG$、ln$IR$ 和 ln$UR$ 累计脉冲响应

| 年份 | ln$AG$ | ln$IR$ | ln$UR$ |
|------|--------|--------|--------|
| 1990 | 0. 01333 | 0. 0000 | 0. 0000 |
| 1991 | 0. 001118 | 0. 0262 | 0. 021 |
| 1992 | 0. 001098 | 0. 0285 | 0. 0115 |
| 1993 | 0. 001862 | 0. 0491 | 0. 0104 |
| 1994 | 0. 000701 | 0. 0530 | 0. 0314 |
| 1995 | 0. 001430 | 0. 0583 | 0. 0436 |
| 1996 | 0. 004213 | 0. 0649 | 0. 0575 |
| 1997 | 0. 002534 | 0. 0737 | 0. 0723 |
| 1998 | − 0. 002732 | 0. 0846 | 0. 0880 |
| 1999 | 0. 002159 | 0. 0972 | − 0. 1041 |
| 2000 | 0. 012915 | 0. 01109 | − 0. 1204 |
| 2001 | 0. 001018 | 0. 1252 | − 0. 1367 |

| 年份 | ln*AG* | ln*IR* | ln*UR* |
|------|--------|--------|--------|
| 2002 | − 0.019356 | 0.1397 | − 0.1529 |
| 2003 | 0.010033 | 0.1543 | − 0.1689 |
| 2004 | 0.048727 | 0.1688 | − 0.1847 |
| 2005 | − 0.020182 | 0.1830 | 0.2003 |
| 2006 | − 0.089909 | 0.1970 | 0.2157 |
| 2007 | 0.069715 | 0.2108 | 0.2309 |
| 2008 | 0.190676 | 0.2244 | − 0.2459 |
| 2009 | − 0.170001 | 0.2378 | − 0.2608 |
| 2010 | − 0.363374 | 0.2391 | − 0.2678 |
| 2011 | − 0.1021 | 0.2513 | − 0.2792 |

从图 2 可知，农业现代化水平受自身影响较大，对其自身一个标准差的冲击，开始呈现正负向交替效应，影响效果逐步增强。前 5 年、10 年、21 年累计效应分别约为 − 0.00143、0.12915、− 0.1021。这说明农业现代水平受自身及往期影响波动较大，意味着农业现代化是一个逐年缓慢变化的过程。

从图 3 可以看出，农业现代化对工业化的响应，其脉冲响应模式图相反。农业现代化对工业化一个标准差正向的冲击效应，在前 5 年、10 年、21 年的累计效应分别为 0.05、0.09 和 0.25。这表明工业化每提高 1 个百分点，将使农业现代化水平累计上升 5.83%、9.72% 和 15.13%。这可能是工业化水平提高，导致第二产业增长，从而拉动第一产业农业投入的增加，农业现代化水平有所上升。本文认为，在工业发展过程中工业化对农业的补偿效应逐年提升。

从图 4 可得，农业现代化对城镇化一个标准正向冲击后呈现负向效应，前 2 期效果不明显，从第 3 期开始负向效应增强。前 5 年、10 年、21 年累计效益分别为 0.04、− 0.12 和 − 0.27。这可以看出城镇化过快对农业现代化长期发展有一定的阻滞效应。城镇化有利于传统农业向现代农业的发展模式改变，但是大量农民转变为城市居民，导致农村大量优势资源流失，对传统农业的投入降低，从事农业劳作的强健劳动力大量流失，这些对农业现代化的发展极为不利。

b. 方差分解

方差分解分析是通过分析每一个结构冲击对内生变量变化（通常用方差来度量）的贡献度，进一步评价不同结构冲击的重要性。

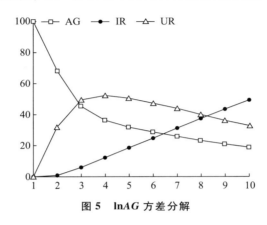

图 5　ln$AG$ 方差分解

从图 5 可知，ln$AG$ 的预测方差主要来自自身的冲击，从第 3 期开始下降变化趋缓，基本保持在 20% ~ 40% 的范围。ln$IR$ 的冲击对 ln$AG$ 从开始直到第 2 期一直是上升的趋势，上升速度基本保持。ln$UR$ 的冲击对 ln$AG$ 影响也很大，直到第 4 期都一直处于上升，而后下降，随着预测的延长而逐渐呈下降趋势。分析结果得出咸阳市在城镇化带动农业化方面仍然不足。

总结以上分析，从 1990 年到 2011 年，咸阳市的工业化、城镇化和农业现代化之间存在长期的协整且呈同向发展趋势，城镇化对工业化和农业现代化的发展起到一定的促进作用，在未来一段时间内，仍然继续推动工业化，尤其是农业现代化的进一步发展，且对两者发展的贡献率会不断增加。根据以上研究结论，推进"三化"协调发展，要遵循工业化、城镇化和农业现代化之间的内在规律，从关键点和薄弱环节出发，制定相应的发展策略和支持政策体系。

# 四　结论

第一，"三化"同步发展体现了中国社会主义现代化建设理论创新和实践创新的最新成果。国内外正反两方面的经验教训揭示，农业现代化是整个国家现代化建设的重要内容，"三化"同步是推进现代化建设必须遵循的普遍准则。

第二，工业化、城镇化和农业现代化相互影响、相辅相成，工业化、城镇化可以带动和装备农业现代化，农业现代化则为工业化、城镇化提供支撑和保障。工业化、城镇化不发展，农业现代化就缺乏动力，而农业现代化如果跟不上工业化、城镇化发展的步伐，也会导致工业化、城镇化发展受阻，影响整个现代化建设进程。

第三，对咸阳的实证研究表明，从长期来看，工业化、城镇化对农业现代化的影响具有正效应；短期工业化对农业现代化具有负效应，短期内将资本要素过多投入工业将会导致对农业投入的减少。

第四，关于"三化"发展现状的评价。我国的"三化"发展正处于关键时期，正逐渐向"三化"同步发展演变。当前，解决 2 亿农民工真正在城镇落户并落地问题是推进"三化"同步发展的关键步骤。我国的"三化"发展虽然取得了长足进步，且处于上升趋势，但整体协调度低，"三化"同步发展形势依然严峻。

第五，上述实证分析证实了我国农业现代化的发展远远落后于工业化及城镇化，现代化建设过程中应着重加强农业现代化建设。无论是长期还是短期，工业化将对农业现代化产生一定的推力作用，而城镇化则对农业现代化产生一定的拉力作用。

**参考文献**

崔慧霞：《"三化"同步发展的内在机制与相互关系》，《现代经济探讨》2012 年第 6 期。

尹成杰主编《"三化"同步发展：在工业化、城镇化深入发展中同步推进农业现代化》，中国农业出版社，2012。

徐大伟、段姗姗、刘春燕：《"三化"同步发展的内在机制与互动关系研究——基于协同学和机制设计理论》，《农业经济问题》2012 年第 2 期。

夏春萍：《工业化、城镇化与农业现代化的互动关系研究》，《统计与决策》2010 年第 10 期。

# 实施能人带动战略是发展现代
# 农业的关键<sup>*</sup>

**摘　要：** 实施能人带动战略是发展现代农业的关键。咸阳在新农村建设中实施"一推四带"战略，"一推"就是要不断加大各级党政组织的行政推动力度，所谓"四带"，就是要充分发挥"能人、龙头企业、市场、典型"的示范带动作用。特别是能人带动战略的实施，使一大批有炽热公心的农村经济能人走上乡村领导岗位，给农村经济社会发展注入强大活力。实施能人带动有利于提升农村产业层次、有利于提升农民组织化程度、有利于提升农村公共服务水平、有利于提升农村经济发展动力。要放宽视野"找"能人、多元举措"育"能人、不拘一格"引"能人。充分激发经济能人的社会奉献意识；着力完善能人带动农村发展的组织领导渠道；依托经济能人推广先进科技，提升产业层次；完善政策，加大经济能人领创办产业的服务支持。

**关键词：** 经济能人；发展战略；咸阳

思想见识、社会技能和人格威信突出的农村能人特别是经济能人是农民群众中的优秀人才，在群众中具有较高的感召力和影响力，是组织带领农民建设新农村的骨干力量。2007 年，在充分调研基础上，咸阳提出了要在新农村建设中实施"一推四带"战略的思路，"一推"就是要不断加大各级党政组织的行政推动力度，所谓"四带"，就是要充分发挥"能人、龙头

---

＊　本文是作者 2012 年为《咸阳市新农村建设先进人物风采录》一书所写的序言。

企业、市场、典型"的示范带动作用。从近年的实践看,"一推四带"战略的实施取得了明显成效,特别是能人带动战略的实施,使一大批有炽热公心的农村经济能人走上乡村领导岗位,给农村经济社会发展注入强大活力。全市目前活跃在农村基层组织的经济能人有 1.2 万余名,其中进入了村两委会班子人员 3000 余人,占全市村级干部总数的 1/3,涌现出了泾阳县王桥镇北峪村党支部书记杜琦、乾县漠西乡吴村村委会主任王明录、永寿县店头镇西塬边村党支部书记樊栓红等众多优秀农村能人典型,许多乡村走上了建设开发快车道,整体面貌发生巨大变化,成为全市新农村建设和统筹城乡发展的先行军,收到了扶持一个人、带动一大片的良好效果。《咸阳市新农村建设人物风采录》,就是这方面的典型反映。

当前,工业化、城镇化、市场化、国际化潮流汹涌推进,贯彻党的十八大精神、加快统筹城乡发展任务繁重,实施能人带动战略的重要性和紧迫性更加凸显。要提高认识,理清思路,完善措施,进一步激发农村能人超越自我、带动乡亲的积极性和创造性,推动更多的农户、更多的乡村迈入经济社会发展新境界。

## 一 更加深刻地认识能人带动的重要意义

实施能人带动有利于提升农村产业层次。加快农村建设、促进农民增收的根本前提是优化产业结构、提升农业层次。我国农民普遍受教育程度低,朴实谨慎,没有眼见为实,就不轻易相信外部经验,没有十足把握,就不轻易投资陌生领域,农业结构调整难度较大。县乡党委政府在发展新产业、推广新技术时经常遇到群众不理解、不支持,能赢不能输的尴尬。农村经济能人文化素质高,市场意识强,新技术、新品种、新门路、新方法总是最先被他们掌握,是活跃在农民群众身边的佼佼者,其致富经验,农民看得见、信得过、爱效仿。各级党委政府向农村注入资金、技术、信息等先进生产要素、促进农村产业提升,农村经济能人无疑是最好的"载体"和媒介,也最容易形成"一带十,十带百"的示范扩张效应,带动农民尽快掌握先进技术,发展新兴产业,加速农民增收。

实施能人带动有利于提升农民组织化程度。农业生产的细小、分散,使得广大农民在面对错综复杂的市场竞争时非常脆弱。农村经济能人一方面市场把握能力较强，能够有效地促进农业生产和市场需求的衔接，促进农产品的流通，另一方面有组建农民专业合作组织、联结农民共同闯市场的能力和威望。就咸阳来看，全市现有的 784 个农村专业合作组织，80% 以上是由一些农村经济能人牵头组建的。他们通过专业协会、合伙经营、股份合作经营等合作经济组织，改变广大农民以往的"各自为战"、不适应市场的小生产状况，帮助提供科技、信息、市场服务，与广大农民形成一种符合市场经济要求的、以"诚信"为纽带的利益连接机制，起到了外连广阔大市场、内连千家万户小生产的"桥梁"作用。

实施能人带动有利于提升农村公共服务水平。在市场经济条件下，各级党委政府的最重要职能是带领群众发展经济、脱贫致富。面对纷繁复杂、激烈竞争的大市场，家庭分散经营、从事小规模生产的广大农民群众，迫切需要来自各级党委政府尤其是身处一线的乡镇党委政府和村两委会组织的市场信息、生产技术、物资供销、纠纷调处等支持服务。但由于历史因素尤其是受长期计划经济体制的影响，农村基层干部行政能力强、市场知识少、管理倾向重、服务意识差的问题比较突出，很难适应农民的实际需要。农村能人普遍思路开阔、文化素质高，市场意识和自主能力强，是农村经济发展中宝贵的人才资源。坚持"请贤返乡、能人治村"理念，积极支持农村能人通过选举进入村两委会班子，加大从优秀村干部选拔乡镇干部的力度，将有力优化乡村干部的知识能力结构，更新乡村干部的工作理念和习惯，提高乡村组织的经济服务水平，真正成为带领群众脱贫致富奔小康的"领头雁"，收到"用好一个人，带活一个村"的发展效果。

实施能人带动有利于提升农村经济发展动力。投资是建设的前提。企业是发展的龙头。加速农村建设发展，需要社会各方面的投资，尤其是企业投资。出身乡土的广大农村经济能人，尤其是较有实力的农村经济能人，就是其中最具建设热情的投资主体。当前咸阳市一些引进资金项目较多、土地规模经营较好、现代农业发展较快、转移就业比例较高、村庄面貌变化较大的乡村，如泾阳县北峪村、乾县吴村、礼泉县袁家村、渭城区南朱刘村等，都是通过本村经济能人招商引资，并主要依靠本村经济能人的工商企业或者其关系企业投资运营的。只有实施能人带动战略，加大对能人经营实体、能人从事事业的支持服务,使其不断做大做强,才能使农村建设的投资动力更强,也才能更多更好更快促进现代农业发展,推动农村工业化和城镇化进程。

# 二 努力培育壮大农村经济能人队伍

放宽视野"找"能人。由农工办牵头,依托县、乡、村三级组织,广泛开展农村经济能人调查摸底活动,通过基层组织推荐、广大群众议论、新闻媒体报道、专人走村入户访问等多种途径,尽可能地把活跃在广大农村的知识技能突出、发展成就较大、示范带动明显的各类经济能人,包括种植能手、养殖能手、企业经营人才、农村经纪人、农民合作组织带头人、技能带动型人才、文化艺术类人才等,都查找出来,并按照所在地域、技术特征和从事产业,建档立卡,分类造册,建立档案,详细介绍其政治素质、致富能力、社会影响等情况,以村为单位,输入市、县、乡电子数据库和政务信息网,建立一个全市性的农村经济能人信息库。同时,建立正常性的农村能人选拔制度,变"伯乐相马"为"赛场赛马",定期举办各类技术比武、市场经济知识竞赛、农产品成果展示、科技项目招标等活动来发掘人才,及时更新能人数据信息库。

多元举措"育"能人。农村经济能人是源于基层和实践的。农村群众素质越高,农村能人数量才会越多。目前大多数农村经济能人专业知识、政策法律、市场信息甚至心理素质都有欠缺,必须进一步提升其素质。一要加强农业科技培训。围绕各地农业特色产业发展,举办多种形式的文化技能培训班,提高农民群众在设施农业、标准化生产、产品营销等方面的综合素质,使他们更多更好地经营管理。二要加强创业就业技能培训。整合教育部门"人人技能工程"、农业部门"阳光工程"、扶贫部门"雨露计划"、人社部门"劳动力转移培训计划"等项目资金,有计划地组织农村初高中毕业生学习各种就业创业技能,促其成为农业产业化发展的生力军。三要加强农村干部和能人专项培训。把培育农村能人、发挥能人效应作为新形势下农村基层组织建设的重要内容,大力实施"能人科技培训工程",有计划地选择一大批农村经济能人,作为发展新产业、推广新技术的示范户进行扶持培养，采取"请进来、走出去"的方式，聘请农业、经济等方面专家为农村能人授课，选拔能人代表外出参观考察，帮助他们提高素质，增强信心，开阔视野。依托县乡党校和村级组织活动场所，广泛开办"农村干部大讲堂"等培训活动，尽可能地把党员干部培养成经济能人、把优秀经济能人培养成党员干部。对于有发展意向的乡土人才，应主动培养，确保能人"脱颖而出"。力争通过 2 ~ 3 年的努力，全市每个村都有 3 ~ 5 名经济能人后备干部，每个村级班子中都有至少 3 名经济能人，提高农村基层干部整体素质，促进农村经济又好又快发展，形成"培养一批能人，带动一方百姓，搞活一片经济"的良好效应。

不拘一格"引"能人。坚持用思想引导请人留人，对于农村在外创业的企业家，以乡土之情引导他们回乡回村创业，反哺乡亲。坚持用政治待遇吸引人，注意把当地出身、在外发展的优秀农民企业家等经济能人推选为人大代表、政协委员和省市劳模，增强他们兴村富民、造福桑梓的积极性和创造性。坚持"请贤返乡、能人治村"的理念，广泛深入地开展"找能人、请能人、选能人回村任职兼职"活动，有力提升基层组织的"带富"能力。加大县乡机关驻村指导和跨村任职工作力度，对于基层班子薄弱村、经济发展后进村，在本村缺乏合适人选的情况下，乡镇党委要通过考察、评定、公示等环节，选派优秀机关干部、上挂培养成熟的后备干部到村担任支部书记，强力注入能人资源。坚持实施在优秀高校毕业生中公开选任"村主任助理"或支部副书记制度，让大学生村干部在农村建设发展的丰富实践中锻炼成长，以知识和成就赢得广大农民群众的信赖和喜爱，造就一批有现代科学文化知识的新型经济能人。积极吸引外界能人发展本地事业，从经营场所、生活居住、子女上学等方面给予特殊照顾，确保引得来、留得住。

## 三　拓展平台，创造条件，更充分地发挥经济能人的带动作用

经济能人是农村经济发展的有力杠杆。为更好激发能人在带动经济发展上的积极性和主动性，全面推动"能人带动"战略的有效实施，我们要

积极为广大能人提供宽松的发展环境，开拓更好的发展空间，提供合适的工作岗位，让他们有为有位，充分施展才华。

充分激发经济能人的社会奉献意识。要定期举办优秀农村经济能人评选表彰活动，树立一批先进农村经济能人典型。加大优秀能人典型的舆论宣传力度，多形式、多渠道地宣传报道他们带动本乡本村经济发展的新成果、新经验、新事迹，形成农村欢迎能人、社会褒奖能人的良好氛围，激发能人的社会荣誉感。利用春节等便于人员集中的节假日，通过"我为家乡建一言"、"家乡的发展是我们共同的责任"、"春晖行动——我与家乡共发展"等主题座谈会形式，加强对农村经济能人的思想教育，使农村能人们在畅谈家乡发展，表达决心愿望的同时，加深对家乡的热爱，牢固树立"服务家乡、回报家乡"的强烈意识。有计划地邀请组织创业成功人士到先进村参观学习，让大家设身处地感受先进村发生的巨大变化，进一步激发他们改变本村落后面貌的巨大热情。

着力完善能人带动农村发展的组织领导渠道。更加积极地推行能人治村。村干部既是农村经济发展的直接参与者，又是最基层的领导者，更是带领农民群众脱贫致富奔小康的"领头羊"。要加快农村发展、促进农民增收，必须让工作能力强、综合素质高的农村能人担任村干部。要大力推行村委会的公推直选和村党支部的"两推一选"，利用村"两委"换届选举的契机，在本村党员致富能人中选举产生一批"双强型"带头人。对于表现较为突出的能人村干部，要给予政治待遇，培育为工作典型，充分调动他们建设新农村的热情和魄力。不断拓宽农村经济能人参政议政渠道。对条件具备、本领明显、得到群众公认的农村经济能人，通过群众举荐、个人自荐和组织推荐等途径，将他们选为党代表、人大代表、政协委员，使他们有更多的机会参与讨论发展大计，更好地带领群众找富路、奔小康。广泛推行"支部+协会"、"公司+种植大户+基地+农户"等运作模式。引导村干部、致富能人等带头成立各种协会，依托协会这一平台，形成"镇有能人示范基地、村有能人示范点、组有能人示范户"的发展格局。积极实施能人党员"设岗定责"。对农村无职务的能人党员，根据个人特长，坚持"人岗相宜"，科学合理地为他们设置"致富信息岗"、"科技示范岗"、"产业调整岗"等岗位，让他们充分发挥示范带动作用。实施强村带弱村、富村带穷村共建机制。引导担任村干部的经济能人拓宽视野，联合行业相近、结构相似的村居，扩大产业规模，提高经济效益和抵抗市场风险的能力。实施经济能人与贫困户结对帮扶机制，让他们带领贫困群众共同致富。

依托经济能人推广先进科技，提升产业层次。深入持久地开展创建党组织科技示范基地和党员科技致富示范户活动。把能人创办的合作社或公司作为一线培训基地，以能人为教员、群众为学员，在生产季节对技术操作要领进行现场培训，在冬闲季节对发展意识和现代技术进行图文并茂的讲解。积极组织农村能人成立"现身说法站"、"流动技术服务站"。利用远程教育站点和乡镇党校，组织能人开展致富报告会、流动技术服务、技术培训等活动。围绕咸阳市粮、果、畜、菜四大农业主导产业，着力培育一批产业带动型能人团队。一个产业设置一个能人团队，一个团队确定一个理论和实践丰富的首席专家，构建专家→能人团队→龙头企业或合作社的组成框架，形成一个产业一个规划、一个团队带动一个龙头（加工企业或合作社）的良好发展格局。首席专家必须是高级职称以上，且受大家公认的理论高、经验多、思路新的专业人士；能人团队从现有合作社、公司、园区和企业中被推举产生，团队人数占到行业现有能人的60%，把思路清晰、创业精神强、有魄力的能人吸纳到团队中，形成能人充分发挥带动作用的团体智囊。

完善政策，加大对经济能人创办产业的服务支持。对于在外经商、办实业的企业老板，通过多种渠道，为他们提供优惠条件，鼓励他们回村带领群众干事创业。制定优先申报项目、倾斜资金扶持的优惠政策，鼓励能人连片开发荒地，引进技术和资金，加强资源利用，带动农民就业或创业。发挥能人才智，研究适合产业发展的小型实用机械，提高劳动生产率。培育高技术型乡土能人，促进科技成果的转化应用，提高土地产出率。支持能人与农民的结合，为经济能人大规模流转土地发展现代农业提供政策优惠和资金补助。对首席专家、能人团队、龙头企业或合作社给予扶持和奖励政策，通过严格的考核，对任务完成好、带动作用强、业绩突出的兑现奖励资金。细化能人扶持措施。能人发展种养业，就在种苗、技术、物资方面给予扶持；能人发展商业经营，就在选点、办证、信贷方面给予扶持；能人发展规模产业，就支持他们向上跑项目、向外跑市场，甚至带他们到上级去找部门、认领导，市场出现变化，就帮助他们分析调研、做群众思想工作，甚至请专业机构提供咨询服务。要加强农民群众与经济能人的生产经营联系，引导千家万户的群众对接市场时主动找能人要订单、要价格、要销量，并与能人一道分享收益、承担风险，结成紧密的利益共同体。对在某一产业方面积极性高、干得比较出色的能人，要给予扶持，国家优惠政策要向他们倾斜，让群众在能人的生活变化中看到产业发展的好处，产生"学习能人、争做能人"的强烈意愿。

# 关于咸阳苗木花卉产业追赶
# 超越的思考

**摘　要：**本文作者通过对鄢陵县和常州市苗木花卉产业的考察学习，总结了两地苗木花卉产业种植规模化、营销市场化、发展集约化、功能多元化的特点和六方面的启示。在与两地对比的基础上，分析了咸阳发展苗木花卉产业发展水平不高、产业结构不优、示范带动能力不强、社会服务体系不够完善的"四个不足"和"三个差距"。提出了咸阳苗木花卉产业追赶超越的"一个目标、两条产业带、四个融合、四个政策支持"的"1244"发展思路和"一个规划、一套政策、一支专业队伍、一个展销节、一个展销中心、一个苗木花卉培育中心、一批三产配套设施、一套工作推进机制"的"八个一"发展对策。

**关键词：**苗木花卉；产业发展；咸阳

苗木花卉产业作为集社会效益、经济效益、生态效益等多重功能于一体的现代朝阳产业，具有十分广阔的发展前景。作为由传统农业大市向现代农业强市转型的咸阳，大力发展苗木花卉产业，对于绿化美化环境、调整产业结构、增加农民收入、扩大社会就业、提高人民生活质量和促进经济社会发展、生态文明建设与城乡协调发展具有重要意义。结合赴许昌市鄢陵县、常州市考察学习情况，就咸阳发展苗木花卉产业进行了思考，并提出追赶超越的对策建议。

# 一  追赶一流，鄢陵、常州苗木花卉产业的特点和启示

鄢陵县花木栽培始于唐、兴于宋，素有"花都"、"花乡"的美称，享有"鄢陵蜡梅冠天下"的盛誉。鄢陵县先后被授予"中国花木之乡"、"中国蜡梅文化之乡"、"中国花木之都"、"全国花卉生产示范基地"、"全国重点花卉市场"等称号。常州花卉苗木栽培历史悠久，20世纪90年代政府开始引导支持其发展，产业规模逐步壮大，是江苏省最具特色、规模最大的苗木花卉产区，在国内已占有重要地位。

## （一）发展特点

### 1. 种植规模化

鄢陵县坚持"政府引导、市场运作"的原则，建成了名优花木新品种驯化、优质花木种苗繁育、花木标准化生产展示、鲜花盆花生产和花木生产服务体系建设五大示范基地。全县花木面积已发展到60万亩，占全县耕地总面积的2/3，形成了绿化苗木、盆景盆花、鲜花切花、草皮草毯四大系列2400多个品种。2015年，花木销售额57亿元，花木主产区农民年人均纯收入达22180元。常州市2016年花木种植面积42万亩，花木销售产值30亿元，花木种植品种1200余个，其中观赏苗木3.66亿株、鲜切花2000万支、盆栽植物1.84亿盆、草坪8.8万亩，花木生产全省领先。

### 2. 营销市场化

鄢陵县依托龙头企业、中介组织和遍布全国27个省份的8000名花木经纪人，建立了庞大的花木交易和信息交流体系，实现了内引外联、跨省销售。依托"国家级电子商务进农村示范县"发展电子商务，目前该县有花木专业网站700多个。实施市场化战略，建成了"中原花木交易市场"，形成了"前店后场"的生产销售模式。常州市较早在全国形成了以生产基地为依托、经纪人为纽带、公司为龙头、市场为窗口的产供销一体化格局。有一支市场开拓力强、信息渠道广、人数超过万名的本地花木经纪人队伍，足迹遍布全国各地，使本地的花木品种、园林工程声名鹊起，享有了极高

的知名度。以夏溪花木市场为例，市场周边拥有 50 万亩的基地，500 多家园林企业，近 3 万名苗木经纪人，是全国 20 多个省市苗木主产区的集散地、华东地区苗木价格的风向标，被中央电视台财经频道确定为全国唯一的苗木花卉价格观测点，仅 2016 年，交易额就达 180 亿元。

### 3. 发展集约化

鄢陵县 2007 年启动建设花木产业聚集区，总面积 120 平方公里，耕地面积 15 万亩，整合农业、林业、水利等农业项目资金建设基础设施，做到"六通"。2010 年被评为"国家优秀农业标准化示范区"。2012 年被列为河南省首批三个现代农业产业化集群示范点之一，2015 年升级为"省级花木产业集聚区"，已累计完成投资 65 亿元，入驻企业 220 家。常州市形成两大花木经济板块，其中以武进区嘉泽县、湟里镇，金坛区尧塘为中心的花木主产区，连片花木种植面积达 25 万亩，是全省最具特色、规模最大的花木产区之一；茅山和天目湖丘陵山区新型花木生产区，面积约 13 万亩，形成了区域内连片集中、规模发展的趋势。同时，嘉泽的红叶小檗、红花檵木，夏溪的大叶樟、马褂木，湟里的垂柳、合欢、花灌木，东安草坪等特色品种全国闻名。

### 4. 功能多元化

鄢陵县依托花木产业奠定生态基础，大力实施"花木 + 旅游"、"花木 + 养老"、"花木 + 地产"项目，建成国家花木博览园等 3 个国家 4A 级旅游景区和鹤鸣湖风景区等 40 多个景区景点，策划推出了"花都之春"、"林海清凉"、"花博盛会"、"蜡梅文化节"、"郁金香文化节"等一年四季特色旅游活动，形成了花卉观赏、温泉旅游、休闲度假、健康养生等主题鲜明的旅游品牌，先后荣获"全国休闲农业与乡村旅游示范县"、"中国长寿之乡"、"全国全域旅游示范区创建单位"等称号。2015 年，旅客接待量达到 376 万人次，实现旅游综合收入 13.7 亿元。常州市通过举办中国花卉博览会、中国花卉产业论坛、中国（夏溪）花木节、国际家庭花卉园艺展暨中国花卉零售业交易会等全国性大型花事活动，以及年宵花卉展、郁金香节、向日葵节等形式多样的地方花卉主题活动，充分挖掘花卉文化内涵，将花卉主题展览展示与花卉产业园区建设、休闲观光旅游相结合，促进花卉消费。

（二）发展启示

**1. 解放思想是先导**

20世纪90年代，鄢陵县委、县政府通过解放思想大讨论，确立了"以花富县、以花名县"的发展战略，找到了"举办花博会、发展会展经济"的破题之策。1995年，要求县处级领导干部承包30亩、乡科级10亩、一般干部3亩左右的土地发展苗木花卉产业，奠定了花木产业发展基础。20世纪90年代初，常州通过解放思想，提出苗木花卉产业完全可以成为一个富有活力的高效产业，一个前景广阔的朝阳产业、绿色产业，正是伴随着思想的与时俱进，才赢得了苗木花卉产业发展的先机，率先建成了全国最大的苗木花卉产业基地。

**2. 科学谋划是前提**

鄢陵县紧密结合本地实际，始终坚持速度、数量、质量相结合，尤其在名优花木生产科技园区的建设中，统筹把握群众工作、土地流转、项目招商、企业进驻、管理服务等各个环节。常州市制定了《常州市农业区域布局规划》，明确主攻方向、重点布局和建设目标，提出建设洮滆平原花木板块17.9万亩、茅山花木板块13.8万亩、常州城西花木板块2.8万亩、常州城北花木板块2.5万亩。实践证明，只有既把握和遵循市场经济规律又科学谋划规划，才能不断增强发展的预见性、科学性、协调性。

**3. 科技创新是支撑**

鄢陵县始终坚持请进来走出去方针，实施"11122"战略，即：与一所高校即北京林业大学签订协议、建立一所国家级研发中心即鄢陵协同创新中心、与一个教育学院即北京林业大学继续教育学院鄢陵分院合作、扶持20家花木企业、组织2万人外出学习苗木花卉知识，培养了一批优秀花木实用人才，解决了花木生产中的技术难题。这为苗木花卉产业的发展提供了强有力的技术支撑和人才支撑。常州市坚持把花卉列为科研攻关项目，加大花卉科研投入，加快新品种的引进和培育，注重加强产学研合作。在嘉泽镇"大树王"戴锁方的"大树王国"艺林园，将"大树超市"转型为以名、特、优、珍为主打的"树博园"，从过去的"种树"发展为"做树"，从"卖材料"发展为"卖艺术品"。新增加的苦丁茶、秋步塔、橄榄树等 30 多个名贵品种，填补了常州林木图谱的空白。

### 4. 示范带动是引导

通过扶持培育龙头企业、建设示范基地，提高龙头企业和示范基地对广大农户的示范引导作用，带动了一批花木种植户、花木种植专业村的产生。这是产业形成、发展、壮大的必由之路。鄢陵县拥有国家园林一级资质企业 12 家，国家级研发中心 2 个。常州市拥有大中型花木生产企业 302 个，花木从业人员 25 万人，花木经纪人 1.63 万人，较大规模花木专业合作经济组织 55 个，花木专业村 50 余个。

### 5. 政府推动是关键

鄢陵县成立了苗木花卉产业发展办公室（正县级），履行产业规划、市场引导、行业管理等职能；同时在花木主产区内做到"六通"，也就是通水（每 50 亩地 1 眼井）、通电（每 500 亩地 1 台变压器）、通路、通电话、通宽带网络、通有线电视。通过加强基础设施建设，推动了苗木花卉产业的发展。

### 6. 坚持不懈是核心

一个产业的培育、成长和壮大，非一朝一夕之功，需要坚持不懈、持之以恒。鄢陵县苗木花卉产业发展自 20 世纪 80 年代开始，80 年代常州市把苗木花卉产业确定为主导产业，90 年代政府开始引导支持其发展，产业规模逐步壮大，是历届党委、政府传承接续、久久为功、一任接着一任干、一张蓝图绘到底的结果。

## 二 审视现状，咸阳市苗木花卉产业发展基础较好

### （一）现状与差距

咸阳市苗木花卉产业经历了发展提高和调整转型的阶段，苗木花卉产业规模发展平稳，生产格局基本形成，科技创新得到加强，市场建设初具规模。全市苗木花卉面积 92682.5 亩，占全省苗木花卉面积的 18.9%，具有一定规模的各类苗木花卉企业、园、场、圃 219 个，其中国营苗圃 16 个、民营企业 122 家，具有国家一级园林绿化资质企业 5 家、二级园林绿化资质

企业 40 多家，全市苗木花卉销售年收入 1.2 亿元。

对照鄢陵县、常州市，咸阳市苗木花卉产业发展的问题表现为"四个不足"，呈现出"三个差距"。

"四个不足"。一是产业发展水平不高。苗木花卉生产大多为小规模分散经营和露地种植，现代化的栽培设施和灌溉设施投入不足，生产和经营主要依靠单兵作战，生产方式落后，协调化、集团化的现代生产营销模式尚未成为主流。二是产业结构不优。苗木花卉品种以传统园林绿化树种居多，缺乏地域特色、文化特色，同质化产品多，特色产品少，花卉尤其是高档花卉生产规模小，鲜切花比重低。三是示范带动能力不强。近年来引进的几家大型苗木花卉企业，仍处于发展期，对周边散户和农民的带动作用仍未显现。四是社会服务体系不够完善。市场流通体系、技术推广服务体系、金融信贷服务体系、林农花农组织体系不够健全。

"三个差距"。一是产业规模的差距。咸阳市苗木花卉总面积只有 92682 亩，不到 10 万亩，而且布局分散。而仅鄢陵县苗木花卉面积已达 60 万亩，常州市为 42 万亩，且已形成规模化的区域布局。二是农民收入的差距。2015 年，咸阳市农民人均纯收入为 9690 元，鄢陵县为 13336 元，常州市为 21912 元。三是环境质量的差距。2016 年，咸阳市空气质量优良天数为 170 天，鄢陵县为 275 天，常州市为 258 天。特别是鄢陵县苗木花卉主产区空气负氧离子总量超过世卫组织规定的"清新空气"标准近 10 倍，是"国家级生态示范区"、"全国生态文明先进区"和"省级生态县"。

## （二）发展前景分析

### 1. 基础条件优越

咸阳市作为农业大市，发展苗木花卉产业具备诸多优势。一是区位条件优越。咸阳市是中国大地原点所在地，古丝绸之路的第一站，"一带一路"的桥头堡，中原地区通往大西北的要冲，关中—天水经济区的核心区域，大西安都市圈核心圈层，区位条件得天独厚。二是交通快速便捷。咸阳市拥有国内六大航空港之一和西北地区最大的航空港及出口产品内陆港，毗邻亚洲在建最大的火车站，全国 9 条铁路、6 条高速路在此纵横贯穿，咸阳市将形成到其他重要城市的陆路"一日交通圈"。三是自然资源丰富。全市耕地面积 678 万亩，可开发利用荒地 140 万亩，水浇地面积占总耕地面积的 48.3%。全市尚有天然次生林 5 万公顷，林木总蓄积量为 436.5 万立方米，草场 11.47 万公顷。四是文化底蕴厚重。咸阳市有"华夏第一都"之称，全市境内文物景点多达 4951 处，被誉为"中国的金字塔之都"。这些优势可以最大化推动苗木花卉产业发展壮大，为实现苗木花卉产业经济、社会、生态等综合功能的叠加效应提供有力支撑。

**2. 发展前景广阔**

一是消费潜力巨大。花木消费主要集中在大中城市及相对发达地区，农村花木消费几乎为空白，中小城市消费也比较少。近年来，随着我国城乡居民收入和文化生活水平的提高，花木消费逐步进入家庭，进入老百姓的日常生活，其市场需求仍有很大发展空间。二是市场需求旺盛。鲜切花、高档盆花的需求快速增长。目前我国年人均鲜花消费不到 10 元，仅为世界平均水平的 1/10。按世界经济发展规律，当人均 GDP 达到 2000 美元后，人们消费理念和方式将发生质的变化。2016 年咸阳人均 GDP 已超 8000 美元，加上西安大都市 1000 多万庞大的人口基数和快速增加的人均消费，为苗木花卉产业发展提供了广阔的市场空间。三是园林苗木需求巨大。随着城市的扩大、城市人口的增加，园林绿化建设苗木一直保持旺盛的需求态势，乔、灌、草、花相结合的复层绿化模式得到广泛应用。特别是大量的中小城镇、新农村建设都是潜在的花木市场，预计绿化苗木需求将继续呈上升趋势。

**3. 政策机遇难得**

在国家层面，党的十八大把生态文明建设纳入中国特色社会主义事业"五位一体"总体布局，首次把"美丽中国"作为生态文明建设的宏伟目标。绿色发展底色日益亮丽，加强生态文明制度建设，这正是苗木花卉产业发展的最大动力。在省级层面，"美丽陕西"是陕西省关于生态文明建设内容的高度概括。建设美丽陕西就是坚持绿色、循环、低碳发展，这将为苗木花卉产业提供更大的发展契机。在市级层面，咸阳市第七次党代会提出建设富强人文健康新咸阳，将生态文明建设放在了全局工作重中之重的战略位置，"健康咸阳"就是构建绿色的空间格局、产业结构、生产生活方式，使咸阳大地成为天蓝、水碧、地绿的新乐土，这将为苗木花卉产业发展提供强大的战略支撑。

# 三 明确目标，咸阳市苗木花卉产业发展的思路和对策

## （一）发展思路：着力抓好"1244"工程

### 1. 一个目标

把咸阳市打造成"西北地区最大的苗木花卉生产培育和销售交易中心"。咸阳市是"一带一路"的第一驿站，是向西开放的前沿阵地，区位优越，交通便利，有发展花卉苗木的传统和基础，另有西北农林科技大学的科技支撑，完全可以在西北地区苗木花卉市场中占一定份额，并被逐步打造为西北地区最大的苗木花卉生产培育和销售交易中心。

### 2. 两条产业带

根据咸阳市"北部森林化、中部果林化、南部园林化"的绿化战略，"一城、两河、三区、三带、十线、多点"的绿化布局，结合咸阳市实际，市委、市政府将全力打造总面积34万亩的两个苗木花卉产业带。一是五陵塬苗木花卉产业带。在咸阳市北塬上，东至渭城区阳陵，经秦都区平陵，西至兴平市茂陵，东西长40公里，以五陵塬路为轴心，南北跨度3公里。该区域为汉帝陵保护区，不允许被建设开发，是发展苗木花卉的最好区域。渭城区以发展花卉为主，约12万亩。秦都、兴平苗木花卉并举发展，约7万亩。二是渭河北岸苗木花卉产业带。东至秦都曹家寨、西至武功和杨凌交界，东西长68公里。按照渭河生态红线城区200米、郊区及农村1500米的标准要求，将建南北宽幅2公里的苗木花卉产业带。武功8万亩、兴平7万亩，这个产业带面积约15万亩。

### 3. 四个融合

第一，坚持生产培育和销售交易相融合。以渭城区秦汉鲜花港为依托，建设渭城花卉交易中心，该企业正在建设16万平方米的温室大棚，加上周边北京花木、西部芳香园、张裕酒庄等苗木花卉企业的聚集，完全可以辐射周边、辐射西北。同时在兴平和武功交界区域建设兴武苗木交易中心。以两带的两个交易中心促进苗木花卉生产，实现产销融合。

第二，坚持一产、三产发展相融合。五陵塬上沉积着丰富的历史文化，有秦王宫遗址，有荆轲刺秦的故事，有汉帝陵9座，更有800多个王侯将相的陪葬墓，到处可见秦砖汉瓦，秦汉历史积淀极为深厚。咸阳市将把苗木花卉产业与五陵塬上的秦汉历史文化旅游结合起来，与生态旅游、休闲旅游、森林文化旅游结合起来。渭河北岸苗木花卉带也蕴藏着极深的旅游文化，如古渡文化、兰池宫文化、渭河文化等，也可和苗木花卉产业相互融合、相得益彰。

第三，坚持"请进来"与"走出去"相融合。通过对鄢陵县、常州市的考察，深感大企业引领是苗木花卉产业的支撑，要放眼全国知名花木企业，包括一些上市企业，加大招商引资力度，招引它们来咸阳投资兴业。而且要招引新品种、新技术和高端人才，通过"请进来"壮大苗木花卉产业发展主体。实施"走出去"战略，鼓励企业、人才、技术走向西北，鼓励咸阳的苗木花卉走出去，占领西北市场。

第四，坚持经济效益与生态效益相融合。在调研中我们发现，政府和社会需要的生态效益与苗木花卉企业需要的经济效益有一定的契合点。一些重点绿化生态项目，投资量大，如果全由政府来承担，财政压力较大。企业可以以建设苗木花卉基地的形式承担这些公益生态项目。政府有条件地提供土地，省去了绿化苗木投入；企业有标准地负责绿化，免去了土地流转支出，从而实现生态效益和经济效益的融合。

### 4. 四个政策支持

第一，土地要素的支持。咸阳市和秦都、渭城、兴平、武功都在加紧规划两个苗木花卉产业带，保障产业带内土地优先发展苗木花卉。同时根据鄢陵县经验，按照国土资源部、农业部《关于进一步支持设施农业健康发展的通知》精神，区分不同情况，将苗木花卉企业附属设施用地规模原则上控制在项目用地规模5%以内但最多不超过10亩，确保苗木企业管护用地，文化旅游、生态旅游及休闲体验用地。

第二，资金要素的支持。根据鄢陵县现在做法，新入园企业财政补贴第一年是500元、第二年300元、第三年200元，鉴于咸阳市花木企业尚处起步阶段，同时借鉴秦汉新城、渭城、秦都的操作实际，可以向招引企业补贴2年左右的流转资金，其中市级可考虑承担1年流转资金。鄢陵县普遍的做法是 1 年流转资金等于 1000 斤小麦。其余由各区县市负担。

第三,技术要素的支持。与西北农林科技大学等科研机构和院校合作开展科研攻关,着力提高苗木花卉产业科技含量。积极引进新技术、新品种,大力推广新型容器育苗、组培育苗、滴水灌溉和配方施肥等,积极实施精品战略,全面提升苗木花卉产品的品质、档次和科技含量。

第四,基础设施的支持。借鉴鄢陵县经验,在苗木花卉主产区内给予,市级补助,以县为主,加强基础设施建设,在重点产业区做到"五通",即通水、通电、通路、通电话、通宽带网络。水利部门要将农田水利基本建设和节水灌溉项目重点向苗木花卉产业区倾斜;电力部门要积极搞好苗木花卉产业区的电力配套;交通部门要围绕方便生产销售的目的,抓好苗木产业区内道路的规划和建设。

(二) 具体对策:强力推进"八个一"

### 1. 一个规划

围绕打造总面积 34 万亩的两个苗木花卉产业带,聘请有资质的国家级规划单位,在深入调研的基础上详细制订咸阳市《五陵塬苗木花卉产业带规划》和《渭河北岸苗木花卉产业带规划》,规划要体现绿色发展理念、一二三产业融合发展理念、农业多功能性发展理念,以规划引领苗木花卉产业发展。

### 2. 一套政策

加快制定咸阳市苗木花卉产业发展政策体系,重点包括:苗木花卉产业发展财政支持政策、金融支持政策、土地支持政策,特别要制定引进苗木花卉产业企业的优惠政策、吸引苗木花卉产业专业人才落户优惠政策。设立咸阳市苗木花卉产业发展基金。

### 3. 一支专业队伍

对市、县、镇三级分管领导进行一次苗木花卉产业专业知识培训,对苗木花卉产业龙头企业、专业合作社、花木经纪人队伍进行一次苗木花卉产业营销知识培训。

### 4. 一个展销节

每年 5 月,组织一场西部苗木花卉展销节,宣传省市苗木花卉发展优惠政策，打造苗木花卉产业、企业、产品宣传、销售、交流的平台。

### 5. 一个展销中心

借鉴鄢陵县国家花木博览园、常州市夏溪花木市场的经验，规划建设咸阳市西部苗木花卉展销中心，使其具备花木展示、市场交易、观光旅游、休闲度假、科普示范等多种功能。

### 6. 一个苗木花卉培育中心

学习鄢陵县与北京林业大学合作的"鄢陵协同创新中心"、常州市与南京农业大学合作的"家绿种苗技术研究中心"的经验，与西北农林科技大学合作建立"西部苗木花卉培育中心"，进行产品研发、种苗繁育，加速推广自主研发的优新品种。

### 7. 一批三产配套设施

苗木花卉产业不能仅限于卖花木，还要拓展苗木花卉产业的多功能性，要在卖生态、卖空气、卖环境上下功夫。要在两条产业带布局一批三产配套设施，如生态酒店、养老基地、生态公园、养生馆等。同时要打造水文化、竹文化、花文化、茶文化、园林文化、庭院文化等。

### 8. 一套工作推进机制

要按照陕西省追赶超越的要求，追有对象、赶有目标、超有指标、越有路径，加强政府引导、行政推动，以政府有形之手紧握市场无形之手，建立"一月一汇报、一季一通报、半年一检查、一年一观摩、年终一考评"的"五个一"工作推进机制，形成齐抓共管、八方用力、快速推进的局面。

# 第二部分

# 论农村综合改革

# 农村综合改革思路研究[*]

**摘　要**：推进农村综合改革，是社会主义新农村建设的重要保障，是加快城乡发展一体化的重要举措，是密切农村党群干群关系、增加农民收入、维护农村和谐稳定、加强农村基层组织和推进民主管理的重要途径。本文在对农村综合改革的理论背景、政策背景进行深入剖析，并对咸阳市农村改革的经验和问题进行深入调研的基础上，借鉴外地先进经验，提出了农村综合改革的思路和对策。

**关键词**：农村综合改革；思路；对策

## 一　内涵与背景

### （一）农村综合改革的内涵

#### 1. 农村综合改革的概念

农村综合改革，是在全面取消农业税之后，中央为巩固农村税费改革成果和全面建设社会主义新农村所做出的一项重大决策。农村综合改革涉及调整农村生产关系和上层建筑中不适应生产力发展的某些环节和方面，目标是逐步建立精干高效的农村行政管理体制和运行机制、覆盖城乡的公共财政制度，以及农民增收减负的长效机制，促进农村经济社会全面协调发展。

---

[*]　本文为 2014 年咸阳市"十三五"规划重大问题研究课题成果。

## 2. 农村综合改革的内涵

关于农村综合改革的内涵，当前主要存在两种观点：一种观点认为，农村综合改革是以乡镇机构、农村义务教育体制和县乡财政管理体制"三位一体"为主要内容的改革；另一种观点认为，取消农业税后的农村综合改革应包括经济体制、政治体制、文化体制和基层社会管理体制改革，重点是推进农地产权制度、民间融资机制、乡镇政府机构、农村义务教育体制、县乡财政体制、农村的农产品供给体制、农业科技推广体制和国民收入分配制度、财政制度、户籍制度、就业制度、社会保障制度等一系列的配套改革。

农村综合改革是一项系统工程，是不断发展变化的过程，在不同时期、不同阶段其内涵和重点也有所不同。本文认为，探讨农村综合改革的内涵，要与时代背景、发展阶段、国家政策紧密联系，同时要与该地区的实际紧密结合。为此，本文提出咸阳市农村综合改革的重点是，要以新型农业经营主体培育为核心，以农村产权制度改革为突破口，以财政支农投入和农村金融改革为保障，以乡村治理体系创新为载体，实现农民经营性收入、工资性收入、财产性收入、转移性收入"四个提升"和农民生产、生活方式"两个转变"。

## 3. 重点内容概念探源

在推进农村综合改革过程中，必须界定概念内涵，把握政策理论，结合咸阳市实际，突出改革重点，大胆稳妥推进，确保改革取得实效。

（1）突出新型农业经营主体构建，提高农民经营性收入水平

一般而言，农业经营主体是指承担经营任务的当事者。作为经营主体，它必须具备以下三个条件：一是拥有或者掌握一定规模的土地、设备、资金等资产和一定数量的劳动力；二是具有一定的经营知识、经验和能力；三是能自主经营、自负盈亏、独立承担法律责任。简言之，农业经营主体就是能够独立承担农业经营任务的当事者。

新型农业经营主体是指在家庭承包经营制度下，经营规模大、集约化程度高、市场竞争力强的农业经营组织和有文化、懂技术、会经营的职业农民，具体包括：家庭农场、专业种养大户、农民专业化合作经济组织、农业产业化龙头企业为代表的农业企业和职业农民。这些主体的分工和主

要作用不同,家庭农场、专业种养大户和职业农民主要从事具体的农业生产活动,农民专业合作社和农业产业化龙头企业主要承担农产品加工和流通等功能(见图1)。

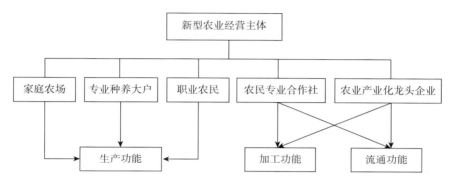

**图1 新型农业经营主体各类型承担的主要功能**

第一,家庭农场。家庭农场是以家庭成员为主要劳动力,从事农业规模化、集约化、商品化生产经营,并以农业收入为家庭主要收入来源的新型农业经营主体。家庭农场具有四个方面的特征。一是规模性。与传统小农户相比,家庭农场必须具有一定规模;《关于引导农村土地经营权有序流转发展农业适度规模经营的意见》(中办发〔2014〕61号)提出对"两个相当于"要重点扶持,即土地经营规模的务农收入相当于当地二、三产业务工收入的,土地经营规模相当于当地户均承包土地面积10~15倍的,应当给予重点扶持。每个家庭平均以7.5亩计,其实也暗示了家庭农场的规模约100亩。二是家庭性。与工商资本农场的雇工农业相比,家庭农场以家庭劳动力为主。三是稳定性。与承包农民土地的短期行为相比,家庭农场较为固定,存在周期长。四是登记制。与承包大户、专业户相比,家庭农场是农业企业的一种,要进行工商注册并登记。

家庭农场由于保持了家庭经营的特点而具有了传统农户家庭经营的所有优势,又由于经营规模的适度扩大而克服了农户家庭经营的诸多弊端。发展家庭农场有利于激发农民的科技需求和组织需求,有利于保存优秀农业文化,有利于农业生产经营方式的根本转变。因此,家庭农场是现代农业组织体系的基础,是我国未来农业经营的方向。

第二,专业种养大户。专业种养大户是指那些在种植、养殖生产规模上明显大于传统农户，且具有较强经营管理能力的专业化农户。专业种养大户在种植、养殖规模界定上目前尚没有一个严格标准，因此其边界相对其他形式新型农业经营主体较为模糊，各地区对专业种养大户的标准认定差别也比较大。

专业种养大户是推进现代农业发展的重要经营主体，直接影响到农业结构优化调整，其在吸收碎化土地、加快农村土地流转方面有着不可低估的作用。专业种养大户从事面向市场的商品化、专业化、规模化农产品生产，是具有企业家精神的现代农民，是中国农业先进生产力的典型代表。

第三，农民专业化合作经济组织。农民专业化合作经济组织是农民自愿参加，以农户经营为基础，以某一产业或产品为纽带，以增加成员收入为目的，实行资金、技术、生产、购销加工等互助合作的经济组织，主要包括农民专业合作社、土地股份合作社和农民专业协会三种形式（见表1）。农民专业化合作经济组织是资源配置的一种有效组织方式，是市场组织的构成之一。

表1 农民专业化合作经济组织三种形式的对比

| 形式 | 主体 | 经营方式 |
|---|---|---|
| 农民专业合作社 | 同类农产品的生产经营者或同类农业生产经营服务的提供者、利用者 | 自愿联合、民主管理的互助性经济组织 |
| 土地股份合作社 | "农村土地经营权"入股 | 合作社统一耕种，农户享受劳动收益，年底享受分红 |
| 农民专业协会 | 从事同类产品生产经营的专业农户 | 自我管理、自我服务、自我发展的专业性合作组织 |

第四，农业产业化龙头企业。农业产业化龙头企业是指以农产品加工或流通为主，通过各种利益联结机制与农户相互联系，带动农户进入市场，使农产品生产、加工、销售有机结合、相互促进，在规模和经营指标上达到规定标准并经政府有关部门认定的企业。

第五，职业农民。职业农民是指具有科学文化素质、掌握现代农业生产技能、具备一定经营管理能力，以农业生产、经营或服务为主要职业，以农业收入为主要生活来源，居住在农村或集镇的农业从业人员。

大力培育新型职业农民是建设新型农业生产经营体系的战略选择和重点工程，是促进城乡统筹、社会和谐发展的重大制度创新，是转变农业发展方式的有效途径，更是有中国特色农民发展道路的现实选择。

培育新型职业农民就是培育新型经营体系的核心主体。从长远来看，我国农业的从业主体，从组织形态看就是农业产业化龙头企业、家庭农场、农民专业合作社等，从个体形态看就是新型职业农民。因此，培育新型职业农民就是培育各类新型经营主体的基本构成单元和细胞，对于加快构建集约化、专业化、组织化、社会化相结合的新型农业经营体系，将发挥重要的主体性、基础性作用。

第六，新型农业经营主体间的关系及其创新路径。

专业种养大户、家庭农场和农民专业化合作社等新型农业经营主体，主要特点是生产自主、利益共赢，其经营主体是职业农民，其经营方式是合作经营，这与采取自给自足经营方式的传统农户有着本质区别，同时它又不同于农业企业的企业化经营模式（见图2）。

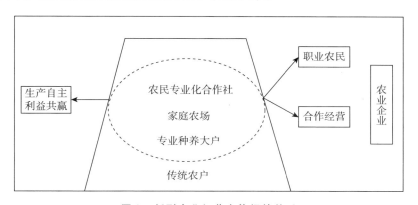

**图2　新型农业经营主体间的关系**

另外，打破传统农户自给自足的经营模式，实现农业生产经营组织创新的路径为：发展对产品进行交易的订单农业，发展对经营劳动进行交易的农民合作社，发展对生产劳动进行交易的专业种养大户，以及发展同时对产品、经营劳动和生产劳动进行交易的农业企业（见图3）。

（2）突出农村产权制度改革，提高农民财产性收入水平

农村产权制度是调节农村各种财产关系的制度总称，其中以家庭承包经营为基础、统分结合的双层经营体制是必须坚持的基本制度。农村产权制度改革的内容包括：一是开展农村集体土地所有权、集体土地使用权、

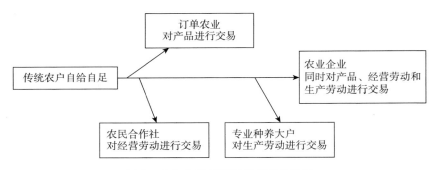

**图3　农业生产经营组织创新的路径**

土地承包经营权和房屋所有权确权登记，二是推动农村产权的流转。具体目标是建立健全归属清晰、权责明确、保护严格、流转顺畅的现代农村产权制度。

"还权赋能"和"农民自主"是农村产权制度改革的本质。一是"还权赋能"："还权"是把法律法规赋予农民的土地、房屋等要素的权益还给农民，恢复农民应有的自主权；"赋能"是让农民拥有发挥自主权的能力，使农民成为改革的主体和市场的主体，通过改革实现农村产权要素资本化，促进现代农业发展，促进农民增收致富，缩小城乡差距，推动城乡同发展共繁荣。二是"农民自主"：农村产权制度改革过程中，法律法规明确规定的，按照法律法规进行确权颁证；法律法规未明确规定的，通过以村、组为单位的农民集体民主决策机制，妥善解决改革工作中出现的问题和矛盾。农村产权制度改革后要颁发集体土地所有证、农村土地承包经营权证、集体建设用地使用证、房屋使用权证四项权证。

（3）突出财政支农投入整合和农村金融改革，提高农民转移性收入水平

第一，财政支农投入整合。财政支农是国家和地方政府财政对农业、农村、农民的支持，是国家和地方政府财政支持农业、农村、农民的主要手段。目前国家和地方政府的财政支农政策主要包括基础设施投入政策、农村扶贫政策、农业产业化投入政策、农村社会事业发展政策、粮食生产和农业结构调整政策、农业生态环境建设与保护政策、农村改革政策以及农业科技创新政策等。当前，财政支农投入存在两个问题：一是相对财政对城市的投入，支农投入仍然偏少、增幅偏小，成为城乡差距拉大的原因

之一；二是财政支农资金整合差，效益发挥不好，有撒胡椒面的现象。

第二，农村金融改革。农村金融改革包括狭义和广义两个层面，狭义的农村金融改革单指农村信用合作社改革，广义的农村金融改革蕴涵极其宽广，既包括农村政策性金融、商业性金融、国家对资金流动的引导，农村融资媒介的创新和发展，也包含农村金融机构的退出机制以及订单农业、农产品期货市场、农业保险的发展等问题。农村金融改革是农村改革的一个重要部分，单纯考虑农村信用合作社的改革难以解决农村金融市场的根本问题，必须推进农村金融体系的全面改革。

全国农业和农村经济发展"十二五"规划中明确指出，"农村资金外流、金融服务供给不足问题依然突出，加快建立城乡要素平等交换和合理补偿机制的要求更加迫切"。因此，加快农村金融发展将会成为推动我国农村经济发展的重要动力。

（4）突出乡村治理，为农民收入水平提高提供支持和保障

乡村治理是乡村公共权力主体运用乡村治理权力，对乡村社会事务的统治、管理及调控。目的是促进乡村经济繁荣，稳定乡村秩序，推动乡村的长远发展。村民自治为乡村治理提供制度保证，政府职能的转变为乡村治理提供发展可能，新型城镇化发展为乡村治理提供机遇，村民素质的转变为乡村治理提供社会基础。在农村综合改革中，应依据改革的内容和特征，构建政府、农村社区、私人部门、第三部门四位一体的乡村治理主体结构。

## （二）农村综合改革的政策背景

农村综合改革是一个不断创新的过程，特别是党的十八大以来，新一届中央领导集体就事关农村改革发展的全面性、战略性和方向性问题，提出了一系列新理念、新论断、新举措，为新阶段推进农村改革提供了基本遵循。概括起来有7个"三"。

### 1. 十八届三中全会：为农村综合改革指明了方向

党的十八届三中全会审议通过了《中共中央关于全面深化改革若干重大问题的决定》，拉开了我国各个领域改革的序幕。关于农村改革，全会提出，必须健全体制机制，形成以工促农、以城带乡、工农互惠、城乡一体

的新型工农城乡关系，让广大农民平等参与现代化进程、共同分享现代化成果。一是加快构建新型农业经营体系。坚持家庭经营在农业中的基础性地位，推进家庭经营、集体经营、合作经营、企业经营等共同发展的农业经营方式创新。坚持农村土地集体所有权，依法维护农民土地承包经营权，发展壮大集体经济。稳定农村土地承包关系并保持长久不变，在坚持和完善最严格的耕地保护制度前提下，赋予农民对承包地占有、使用、收益、流转，及承包经营权抵押、担保权能，允许农民以承包经营权入股发展农业产业化经营。鼓励承包经营权在公开市场上向专业种养大户、家庭农场、农民合作社、农业产业化龙头企业流转，发展多种形式规模经营。鼓励农村发展合作经济，扶持发展规模化、专业化、现代化经营，允许财政项目资金直接投向符合条件的合作社，允许财政补助形成的资产转交合作社持有和管护，允许合作社开展信用合作。鼓励和引导工商资本到农村发展适合企业化经营的现代种养业，向农业输入现代生产要素和经营模式。二是赋予农民更多财产权利。保障农民集体经济组织成员权利，积极发展农民股份合作，赋予农民对集体资产股份占有、收益、有偿退出的权利，及抵押、担保、继承权。保障农户宅基地用益物权，改革完善农村宅基地制度，选择若干试点，慎重稳妥推进农民住房财产权抵押、担保、转让，探索农民增加财产性收入渠道。建立农村产权流转交易市场，推动农村产权流转交易公开、公正、规范运行。三是推进城乡要素平等交换和公共资源均衡配置。维护农民生产要素权益，保障农民工同工同酬，保障农民公平分享土地增值收益，保障金融机构农村存款主要被用于农业农村。健全农业支持保护体系，改革农业补贴制度，完善粮食主产区利益补偿机制。完善农业保险制度。鼓励社会资本投向农村建设，允许企业和社会组织在农村兴办各类事业。统筹城乡基础设施建设和社区建设，推进城乡基本公共服务均等化。

党的十八届三中全会提出，城乡二元结构是制约城乡发展一体化的主要障碍。因此，农村综合改革的根本任务就是破除城乡二元体制，到 2020 年形成城乡发展一体化的体制机制。这些改革和制度安排为农村综合改革指明了方向。

### 2. "三个必须"：农村综合改革的目标要求

在 2013 年底召开的中央农村工作会议上，习近平总书记强调：中国要强，农业必须强；中国要美，农村必须美；中国要富，农民必须富。让农业强起来，让农村美起来，让农民富起来，是一个立意高远、内涵丰富的宏大命题，事关全面深化农村改革成败，事关"三农"中国梦的实现。"三农"问题的深层原因在于农业、农村、农民所处的"三个不利地位"：在市场机制的作用下，农村资金被大量抽走，农业在资源配置中仍处于不利地位；农产品价格明显偏低、农民工工资明显偏低、征占农村土地补偿价格明显偏低，农民在国民收入初次分配中仍处于不利地位；城乡二元结构矛盾突出，公共资源在城乡之间分配不均衡，农村在国民收入再分配中仍处于不利地位。因此，要实现"三个必须"的目标，改变农业、农村、农民所处的"三个不利地位"，必须从四个方面深化农村改革：一是以解决好"地怎么种"为导向，加快构建新型农业经营体系；二是以解决"农民财产权益如何保障"为导向，开辟农民增加收入的新渠道；三是以解决"钱从哪里来"为导向，提高农村公共服务水平；四是以解决"人往哪里去"为导向，有序推进农业转移人口市民化。

### 3. "三权分置"：农村土地制度的重大理论创新

习近平总书记在 2013 年底中央农村工作会议上指出：要顺应农民保留土地承包权、流转土地经营权的意愿，把农民土地承包经营权分为承包权和经营权，实现承包权和经营权分置并行。在 2014 年 9 月中央全面深化改革领导小组第五次会议上，习近平总书记进一步指出：现阶段深化农村土地制度改革，要在坚持农村土地集体所有的前提下，促使承包权和经营权分离，形成所有权、承包权、经营权三权分置、经营权流转的格局。这是指导农村改革的重大理论创新，对坚持集体对土地的所有权，保障农民对土地的承包权，用活土地经营权，具有重大指导意义。

### 4. "三个导向"：新型农业现代化道路的制度设计

2014 年中央一号文件提出了以"三个导向"为内涵的新型农业现代化道路："要以解决好地怎么种为导向加快构建新型农业经营体系，以解决好地少水缺的资源环境约束为导向深入推进农业发展方式转变，以满足吃得好吃得安全为导向大力发展优质安全农产品，努力走出一条生产技术先进、经营规模适度、市场竞争力强、生态环境可持续的中国特色新型农业现代化道路。"与过去的提法相比，新型农业现代化道路是基于当前国情农情，顺应时代要求做出的制度设计（见图 4）。

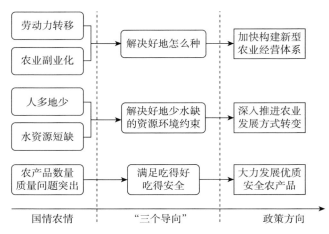

图 4 "三个导向"与新型农业现代化道路

### 5. "三权明晰"：农村产权制度改革的重要内容

《国务院关于进一步推进户籍制度改革的意见》（国发〔2014〕25 号）在完善农村产权制度中明确指出：土地承包经营权和宅基地使用权是法律赋予农户的用益物权，集体收益分配权是农民作为集体经济组织成员应当享有的合法财产权利。加快推进农村土地确权、登记、颁证，依法保障农民的土地承包经营权、宅基地使用权。推进农村集体经济组织产权制度改革，探索集体经济组织成员资格认定办法和集体经济有效实现形式，保护成员的集体财产权和收益分配权。建立农村产权流转交易市场，推动农村产权流转交易公开、公正、规范运行。进城落户农民是否有偿退出"三权"，应根据党的十八届三中全会精神，在尊重农民意愿前提下开展试点。现阶段，不得以退出土地承包经营权、宅基地使用权、集体收益分配权作为农民进城落户的条件。

### 6. "三个有利于""三个不能""三个相适应"：农村土地流转和农业适度规模经营的指导原则

2014 年 11 月，中共中央办公厅、国务院办公厅印发了《关于引导农村土地经营权有序流转发展农业适度规模经营的意见》。《意见》指出："土地流转和适度规模经营是发展现代农业的必由之路，有利于优化土地资源配置和提高劳动生产率，有利于保障粮食安全和主要农产品供给，有利于促进农业技术推广应用和农业增效、农民增收。""要因地制宜、循序渐进，不能搞大跃进，不能搞强迫命令，不能搞行政瞎指挥，使农业适度规模经营发展与城镇化进程和农村劳动力转移规模相适应，与农业科技进步和生产手段改进程度相适应，与农业社会化服务水平提高相适应。"这就要求在推进土地流转的过程中，要根据各地基础和条件，对确定合理的耕地经营规模加以引导，不能片面追求快和大，更不能忽视了经营自家承包耕地的普通农户仍占大多数的基本农情。《意见》为积极稳妥健康推进土地规模经营提出了原则要求。

### 7. "三批试验"：全国农村改革的探路之举

为贯彻落实党的十七届三中全会"大力推进改革创新加强农村制度建设"的重大部署，2011 年底，全国建立了首批 24 个农村改革试验区，启动了新一轮农村改革试验工作，涉及农村金融、农村产权制度、创新现代农业经营体制机制、城乡发展一体化、城乡公共服务均等化、创新支农资金管理体制机制、创新垦地合作发展模式七个方面改革试验任务。2013 年 4 月，国务院确定黑龙江省先行开展现代农业综合配套改革试验，提出了创新农业生产经营体制、深化土地管理制度改革、创新农村金融服务、健全农业科技创新和服务体系、创新农产品流通方式和流通业态、推进水利建设与管理体制改革、完善粮食主产区利益补偿机制、整合涉农资金统筹使用、加快城乡一体化发展九项改革试验任务，启动了由一个地方全面推进农村综合改革的试验。2014 年 11 月，为贯彻落实党的十八届三中全会"健全城乡发展一体化体制机制"的要求，将农村改革推向深入，农业部在全国新批了 34 个县市作为第二批农村改革试验区，共安排了深化农村土地制度改革、完善农业支持保护体系、建立现代农村金融制度、深化农村集体产权制度改革、改善乡村治理机制五个方面共 19 项试验任务。截至目前，全国农村改革试验区数量达到 58 个，覆盖 28 个省（区、市）。这些试验区围绕各自的试验课题，抢抓机遇，锐意创新，进行了多方面的积极探索，为推动农村综合改革提供了有益的借鉴。

## 二　现状与问题

### （一）咸阳市农村综合改革的发展现状

近年来，咸阳市围绕加快农业农村经济发展目标，以深化农村改革为动力，加强政策引导，加大工作投入，积极组织开展新型农业经营主体构建、农村产权制度改革、财政金融支持农业农村和镇村撤并等项农村综合改革，取得了一定成效。

## 1. 新型农业经营主体蓬勃发展

近年来，咸阳市各级农业部门紧紧围绕"稳中求进、改革创新"的总基调，以促进农业增效、农民增收为核心，大力培育新型农业经营主体，推进全市农业农村经济发展。目前，咸阳市已初步形成以承包农户为基础、专业种养大户和家庭农场为骨干、合作经济组织为纽带、农业产业化龙头企业和现代农业园区引领为支撑的新型农业经营体系，农业经营主体呈现多元多样的发展态势。从表2来看，截至目前，咸阳市共发展农民专业合作社3216家，其中涉及种植业1812家，养殖业1081家，技术服务业152家，民间工艺品、旅游农家乐等其他行业171家；入社农户和带动农户增加到23.1万户和30.7万户，分别占农户总数的24.7%和32.8%；荣获国家级示范合作社15家，省级48家，评选市级162家。按照农业部《关于促进家庭农场发展的指导意见》和省级文件精神，严格程序标准，积极组织开展家庭农场的申报和认定工作，咸阳市以个体工商户或私营企业名义取得法人资格的家庭农场数量已达493家，推荐省级示范家庭农场133家。按照"政府引导、政策扶持、企业参与、统一规划、分步实施"的方针，咸阳市累计开工建设现代农业园区150个，其中省级38个，市级112个。咸阳市年产值500万元以上的涉农企业达到240家，其中年产值亿元以上企业25家，国家级重点龙头企业4家，省级重点龙头企业63家，市级重点龙头企业173家。制订了《咸阳市职业农民培训三年规划（2014～2016)》，组织开展新型职业农民培育工作。咸阳市共举办职业农民培训班173期，培训职业农民10380人。新型农业经营主体的蓬勃发展，为农业农村经济发展注入了新的活力，极大促进了咸阳市农业农村经济的平稳较快发展。

表2　咸阳市新型农业经营主体统计

单位：个、人

| | 总数 | 国家级 | 省级 | 市级 |
|---|---|---|---|---|
| 农业产业化龙头企业 | 240 | 4 | 63 | 173 |

|  | 总数 | 国家级 | 省级 | 市级 |
|---|---|---|---|---|
| 现代农业园区 | 150 |  | 38 | 112 |
| 农民专业化合作社 | 3216 | 15 | 48 | 162 |
| 家庭农场 | 493 |  | 133 |  |
| 职业农民 | 10380 |  |  |  |

### 2. 农业支柱产业不断壮大

近年来，咸阳市各级农业部门按照"稳粮、优果、增畜、扩菜"的思路，进一步优化农业产业结构，大力实施粮食高产创建、果业提质增效、畜牧规模扩张、设施蔬菜栽培、农产品加工物流配送、现代农业园区引领、职业农民培育、新型经营体系推进、农产品质量安全保障、农业信息化提速农业十大工程，建设优质小麦和地膜玉米、时令设施水果、酿酒葡萄、优质出口苹果和早熟苹果、优质蔬菜、清水莲菜、高产奶牛、生猪、肉牛肉羊、休闲农业十大产业板块，加快发展畜菜果等特色产业，规模不断壮大，效益日益凸显。从表3来看2014年，咸阳市种植粮食的土地面积达588.4万亩，总产达183.5万吨；果业种植总面积420万亩，总产达564万吨，较2010年增长13.6%，其中苹果种植面积325万亩，总产达460.55万吨，较2010年增长14.7%；蔬菜种植面积135.8万亩，总产达392万吨，较2010年增长15.8%；畜牧方面肉、蛋、奶产量分别达到22万吨、12万吨、81万吨，分别较2010年增长25.7%、25%、17.9%；农民人均纯收入达到9733元，较2010年增长92.5%。

表3 "十二五"咸阳市农业发展基本情况统计

单位：万亩、万吨

| 年份 | | 2010 | 2011 | 2012 | 2013 | 2014 |
|---|---|---|---|---|---|---|
| 农业增加值 | | 203.3 | 252.5 | 283.1 | 315.44 | |
| 粮食 | 总面积 | 646.41 | 698.3 | 600.4 | 598.22 | 588.4 |
| | 总产量 | 222.6 | 186.1 | 200.2 | 189.43 | 183.5 |
| | 夏粮面积 | 346.38 | 341 | 342.6 | 336.29 | 335.5 |
| | 夏粮产量 | 109.5 | 94.8 | 102.7 | 88.91 | 95.8 |
| | 秋粮面积 | 300.03 | 357.3 | 257.8 | 261.93 | 252.9 |
| | 秋粮产量 | 113.1 | 91.3 | 97.5 | 100.52 | 87.7 |

续表

| 年份 | | 2010 | 2011 | 2012 | 2013 | 2014 |
|---|---|---|---|---|---|---|
| 蔬菜 | 面积 | 123.2 | 120.2 | 130.74 | 134.44 | 135.8 |
| | 产量 | 338.5 | 346.8 | 368 | 387.28 | 392 |
| 畜牧 | 肉 | 17.5 | 19.3 | 20.5 | 21.38 | 22 |
| | 蛋 | 9.6 | 10.4 | 10.7 | 11.22 | 12 |
| | 奶 | 68.7 | 73.7 | 74.6 | 79.06 | 81 |
| 果业 | 总面积 | 394.89 | 406.2 | 411.6 | 415.98 | 420 |
| | 总产量 | 496.5 | 532.8 | 546.4 | 545.81 | 564 |
| | 苹果面积 | 306.98 | 315.2 | 318.9 | 321.57 | 325 |
| | 苹果产量 | 401.53 | 440.1 | 455 | 453.87 | 460.55 |

### 3. 农村产权制度改革加快推进

以农村土地制度改革为核心的农村产权制度改革，是发展现代农业、建设新农村的基础和前提。近年来，咸阳市积极组织开展农村集体土地确权颁证、土地流转、城乡建设用地"增减挂钩"、集体林权制度等项产权制度改革，取得了一定成效。

（1）农村集体土地确权颁证工作有序进行

开展农村集体土地确权登记颁证，是贯彻落实党的十八届三中全会精神及省委省政府决策部署的一项重要任务，也是赋予农民更多财产性收入的重要途径。近年来，咸阳市坚持"领导重视到位，宣传发动到位，部署安排到位，政策细化到位，经费落实到位，质量标准到位，督促指导到位"原则，将确权到组作为主要着力点，妥善调处土地纠纷，积极化解工作经费短缺等困难，在农村土地确权颁证工作中进行了有益探索。截至2013年底，已开展地籍调查总面积844712.7公顷，确权登记到组的发证率为98.07%，农村村民宅基地发证率为71.85%，集体建设用地发证率为54.61%。2014年7月，咸阳市农村土地承包经营权确权颁证工作全面启动，按照全省3个1/3的要求，2014年咸阳市完成北部5县的整县推进和南8县35个镇办的整体推进任务，2015年上半年全面完成确权颁证任务，咸阳市确权登记颁证面积953.4万亩，其中耕地529.2万亩，园地235.7万亩，草地173.4万亩，其他土地15.1万亩。目前咸阳市各县市区农村土地承包经营权确权颁证工作正在积极开展。

（2）农村土地流转工作步伐加快

为进一步规范农村土地流转行为，农业部制定出台了《农村土地承包经营权流转管理办法》。目前，咸阳市农村承包地流转管理工作制度和程序已初步建立，其中三原县和泾阳县成立了土地流转服务中心、镇服务站，设置了重点村流转管理员，形成了县镇村三级农村承包地流转服务体系和服务平台。咸阳市累计流转土地面积 125.8 万亩，占耕地总资源（549.1 万亩）的22.9%，是 2010 年的 2.6 倍，土地流转率位于陕西省第 4 位（见表 4）。

表4　2014 年陕西省各地市土地流转情况一览

单位：万亩，%

| 地区 | 家庭承包经营耕地面积 | 流转面积 | 流转率 | 排名 |
|---|---|---|---|---|
| 杨凌区 | 6.6 | 4.9 | 74.2 | 1 |
| 安康市 | 422.2 | 124.7 | 29.5 | 2 |
| 韩城市 | 25.4 | 6.1 | 24.0 | 3 |
| 咸阳市 | 549.1 | 125.8 | 22.9 | 4 |
| 榆林市 | 1252.5 | 192.1 | 15.3 | 5 |
| 渭南市 | 731.2 | 109.1 | 14.9 | 6 |
| 西安市 | 358.9 | 45.0 | 12.5 | 7 |
| 汉中市 | 340.1 | 36.4 | 10.7 | 8 |
| 延安市 | 423.5 | 44.1 | 10.4 | 9 |
| 商洛市 | 196.8 | 18.4 | 9.3 | 10 |
| 宝鸡市 | 437.4 | 38.8 | 8.9 | 11 |
| 铜川市 | 100.1 | 8.5 | 8.5 | 12 |
| 陕西省合计 | 4843.8 | 753.9 | 15.6 | |

（3）城乡建设用地"增减挂钩"成效显著

近年来，为推进土地集约节约利用、促进城乡统筹发展，咸阳市积极组织开展城乡建设用地"增减挂钩"试点工作。目前已在 10 个县市 18 个项目区开展，周转指标 16363.9 亩，其中安置区用地 2211.5 亩，建新留用区面积 14152.4 亩。项目区已完成拆旧复垦耕地面积 4500 亩，安置群众1920 户约 8000 人，建新区已安排项目用地 3882 亩。

表5　咸阳市土地"增减挂钩"项目区情况

单位：亩

| 序号 | "增减挂钩"项目区 | 项目区设置 | | | | 批复时间 |
|---|---|---|---|---|---|---|
| | | 拆旧区 | 建新区周转指标 | | | |
| | | | 合计 | 安置区 | 留用区 | |
| 1 | 泾阳县泾干镇 | 1156.7 | 1070 | 210.2 | 859.8 | 2010年4月31日 |
| 2 | 彬县新民镇 | 1465.5 | 1400 | 127.9 | 1272.1 | 2010年4月30日 |
| 3 | 礼泉县烟霞镇 | 1274.1 | 1000 | 140.8 | 859.2 | 2011年12月8日 |
| 4 | 长武县亭口镇 | 1355.5 | 1000 | 118 | 882 | 2011年9月2日 |
| 5 | 兴平市西吴镇 | 1046.7 | 1000 | 226.8 | 773.2 | 2011年12月8日 |
| 6 | 旬邑县太村镇 | 834.2 | 800 | 74.2 | 725.8 | 2012年6月21日 |
| 7 | 永寿县监军镇 | 650.3 | 500 | 76 | 424 | 2012年6月21日 |
| 8 | 淳化县润镇 | 1071.8 | 1000 | 7 | 993 | 2012年11月29日 |
| 9 | 三原县城关镇 | 1063 | 1000 | 51.1 | 948.9 | 2012年11月30日 |
| 10 | 旬邑县城关镇 | 1153.4 | 1000 | 150 | 850 | 2013年5月20日 |
| 11 | 礼泉县城关镇 | 1085.6 | 1000 | 218.6 | 781.4 | 2013年8月1日 |
| 12 | 三原县陵前镇 | 1093 | 1000 | 60.9 | 939.1 | 2013年8月1日 |
| 13 | 永寿县监军镇 | 722.4 | 700 | 106.3 | 593.7 | 2013年8月1日 |
| 14 | 乾县城关镇 | 693.1 | 643.9 | 62.3 | 581.6 | 2014年2月18日 |
| 15 | 礼泉县西张堡镇 | 970.4 | 900 | 73 | 827 | 2014年6月16日 |
| 16 | 礼泉县城关镇 | 1085 | 1000 | 400 | 600 | 2014年6月17日 |
| 17 | 永寿县永平镇 | 364.3 | 350 | 35 | 315 | 2014年7月25日 |
| 18 | 泾阳县泾干镇 | 1135.3 | 1000 | 73.4 | 926.6 | |
| 合计 | | 18220.3 | 16363.9 | 2211.5 | 14152.4 | |

（4）集体林权制度改革扎实开展

咸阳市集体林权制度改革工作2007年在彬县先行试点，2009年、2010年分两批在全市全面推开。截至2010年底，咸阳市13个县市区全面完成集体林权制度改革主体改革任务。累计完成勘界确权面积481.53万亩，签订承包合同74258份，签订合同面积481.53万亩，核发林权证117664本。2014年，在巩固完善主体改革成果的基础上，全面推进集体林权制度配套改革工作。截至目前，咸阳市办理林权抵押贷款46笔，林地抵押面积9300

亩，贷款金额 310 万元，全市流转林地总面积 4.79 万亩，流转宗地数 86 宗，涉及流转金额 480.92 万元。已建立林业专业合作社 44 个，注册资金 3560 万元，发展会员 6821 人。

### 4. 财政金融支农力度不断加大

财政金融支农资金是农业基础地位政策的体现和农业投入的具体实现形式，为改善农业发展环境，提高农业综合实力，促进农业可持续发展起到了至关重要的作用，奠定了坚实的基础。近年来，从中央到地方，都进一步加大了对"三农"的支持力度，支农资金量不断增多，先后实施了以农业税、农业特产税等减免、种粮直补、农资综合直补、良种补贴，农机具购置和家电下乡补贴，及农村综合改革为主要内容的支农惠农政策，各级金融机构也出台了一系列政策规定，在信贷投向上向农村农民倾斜，为新农村建设、农业发展、农民增收发挥了积极作用。

（1）涉农项目资金总量不断增长

按照资金性质和投入使用方向进行归类梳理，2012 年咸阳市涉农资金总量 57.6 亿元，其中补贴补助类 16.2 亿元，基础建设及公共服务类 35.1 亿元，生产发展类 6.3 亿元；2013 年咸阳市涉农资金总量 64.8 亿元，其中补贴补助类 18.4 亿元，基础建设及公共服务类 37.4 亿元，生产发展类 9.0 亿元（见图 5）。

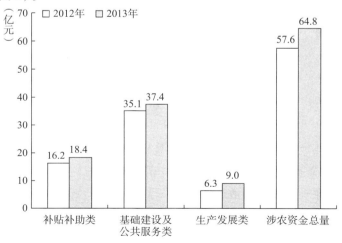

**图 5　2012～2013 年咸阳市涉农项目资金投入状况对比**

（2）"一卡通"改革成效初显

陕西省将"一卡通"的兑付范围从惠农资金拓展到了惠民资金，兑付项目由原来的 10 多项提升到 40 多项。咸阳市将礼泉县和彬县作为试点县，积极开展惠民补贴资金"一卡（折）通"兑付方式改革。截至目前，礼泉县"一卡通"发放到户 8.2 万余张，首次纳入的三大类 31 小项补贴项目通过"一卡通"资金发放做到全覆盖，发放补贴资金约 2.4 亿元；彬县依托粮食直补系统，将原发放项目扩大到 35 项，截至目前已发放补贴资金 1.12 亿元，涉及项目 21 项，"一卡通"改革成效初步显现。

（3）农村金融支持全方位开展

近年来，咸阳市先后制定下发了金融支持新型农业经营主体发展、金融支持中小企业融资、改善农村支付环境等一系列政策规定，引导金融机构不断创新金融产品和服务方式，在信贷投向上向农村农民倾斜，全方位、多层次开展对农村领域的金融支持。中国人民银行咸阳市中心支行累计向上争取支农再贷款限额 6.8 亿元，申请开通了金融机构再贴现业务办理窗口，争取再贴现限额 1 亿元。对 4 家农行县域机构存款准备金率降低 2 个百分点执行，通过执行优惠存款准备金率为金融机构腾出 2 亿多资金支持县域经济发展。近 3 年累计向秦都、渭城等 9 家法人金融机构发放支农再贷款 7 亿多元。2013 年 5 月 17 日，全市首家村镇银行——乾县中银富登村镇银行正式开业，抵押担保形式多样，农户贷款期限最长达 5 年，最高可贷 300 万元。截至 2014 年 9 月底，该行各项存款余额 3088.94 万元，贷款余额 2371.01 万元，存贷比 76.75%，存款客户数量 1260 户，贷款客户数 121 户。全市金融机构信贷增长明显加快，"三农"贷款增速明显提升。截至 2014 年 10 月末，全市金融机构各项存款余额 1956.79 亿元，较 2010 年增加 814.29 亿元，增长了 71.3%；各项贷款余额 889.48 亿元，较 2010 年增加 434.78 亿元，增长了 95.6%（见图 6）。在存款增速趋缓的情况下，贷款增速明显加快，全市金融机构涉农贷款余额达 464.57 亿元。

**5. 镇村综合改革深入推进**

深化镇村撤并及机构改革，是贯彻落实党的十八大和十八届三中全会精神的重要内容，是创新基层社会治理体系、提高社会治理能力的客观需要，也是保障和改善民生、打通联系服务群众"最后一公里"、实现城乡居民公共

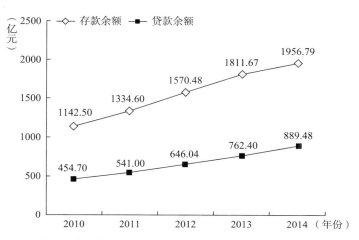

**图 6 咸阳市金融机构 2010～2014 年存贷款余额对比**

服务均等化的迫切要求，对推动基层民主管理、激发农村发展活力、促进城乡一体化发展具有重要意义。咸阳市 2011 年在全市开展了乡镇机构改革，13 个县市区共撤并镇 3 个、乡 28 个，镇改办 9 个，撤并比例达到了 24.1%，撤并后共有镇办 151 个，其中镇 126 个、街道办事处 25 个。2014 年，陕西省启动了新一轮镇村综合改革。省委、省政府《关于镇村综合改革的指导意见》要求，关中地区不再保留 2.5 万人以下且面积在 100 平方公里以下的乡镇，重点撤并 1500 人以下的村。目前，全市划入撤并范围的镇共 44 个，占镇总数的 35%；全市共有行政村 2759 个，其中 1500 人以下的村 1576 个，占村总数的 57.1%。撤并后全市共有镇办 136 个，其中镇 99 个，街道办事处 37 个；行政村总数为 1821 个，村平均人口为 2200 人以上（见表 6）。

**表 6 咸阳市镇村撤并情况**

单位：个

| 年份 | 乡级 | | | | 村级 |
| --- | --- | --- | --- | --- | --- |
| | 合计 | 乡 | 镇 | 街道办事处 | |
| 2001 | 181 | 61 | 107 | 13 | 3686 |
| 2011 | 151 | 0 | 126 | 25 | 2759 |
| 2014 | 136 | 0 | 99 | 37 | 1821 |

注：《咸阳市城乡发展一体化战略规划（2014～2030）》在此基础上，又将 1821 个村规划为 563 个新型农村社区、186 个传统民俗文化村落。

### 6. 农村改革试点示范稳步开展

市委、市政府专门成立了咸阳市农村改革专项小组，制定了《咸阳市农村体制改革任务分解方案》，将改革工作细化分解为 25 项具体任务，明确每一项任务的牵头单位和参与部门，夯实了各成员单位职责。定期召开农村改革专项小组会议，通报进展情况，研究解决问题，协调推进全市农村改革工作。按照示范引领、循序渐进的原则，把试点示范作为重要手段，先行先试，探索路径，分层次推进农村改革。从 2012 年开始，咸阳市确定了 13 个示范镇和 24 个示范村先行建设，每年市财政拿出 5000 万元支持示范镇、村建设（示范镇 300 万元、示范村 50 万元）。2014 年，咸阳市进一步加大了试点示范力度，在全市筛选确定了 21 个新型农村社区小村并大村集聚式发展试点、24 个传统民俗文化村和 16 个农村改革试验区示范点，以点带面，梯次推进。特别是突出农村改革主题，在全市确定了 16 个改革示范点，共涉及农村产权制度改革、农村集体建设用地确权登记、农民宅基地确权颁证登记、土地承包经营权流转、新型农村社区管理体制创新、殡葬改革、扩权强镇改革、农村公共服务均等化八个方面的改革试验任务，积极开展改革试验，涌现出渭城区新型农村社区管理体制创新和殡葬改革、泾阳县云阳镇土地承包经营权流转等先进典型，为全面推进咸阳市农村综合改革提供了借鉴。

### （二）咸阳市农村综合改革存在的问题分析

#### 1. 新型农业经营主体普遍存在规模偏小、运作不规范、市场竞争力不强的问题

当前咸阳市新型农业经营主体规模相对较小，领办人的文化技术和管理水平低，组织、协调、带动能力明显不强，在生产、管理、销售等各个方面还处于低端水平。一些农民专业合作社运作不规范，发展活力不强，缺乏竞争力、吸引力、带动力。龙头企业规模较小，实力较弱，创新能力不足，产品附加值不高，竞争力不强，辐射面不广。贷款融资难成为制约新型农业经营主体发展壮大的共同难题。

#### 2. 农村产权制度改革受现行政策法律影响，步子较慢，力度不大

2014 年中央一号文件明确提出了农村集体经营性建设用地入市，土地承

包经营权向金融机构抵押融资，农民住房财产权抵押、担保、转让等改革政策，但配套的实施方案没有及时出台，加之《物权法》、《土地承包法》、《担保法》等相关法律未及时修订跟进，致使农村产权制度改革措施没有大的实质性推进。目前咸阳市土地确权登记颁证基本完成了集体土地所有权确权登记到组的工作，关系农民群众切身利益的宅基地、集体建设用地确权登记颁证工作还未完成，农村承包地确权颁证工作启动半年来整体工作进展缓慢。基层干部群众对现阶段农村产权制度改革的重要性和紧迫性缺乏充分认识和理解，思想上不够重视，工作积极性不高，主动性不强，等、靠、要思想严重，改革力度不大。在东南沿海各省普遍开展的农村集体资产股份权能改革在咸阳市还未被提上议事日程。据农业部 2013 年度报表统计资料，截至 2012 年底，全国共有 30 个省（区、市）的 3.2 万个村开展了产权制度改革（主要集中在北京和东南沿海各省，其中已完成改制的村23092 个），占全国总村数的 5.3%。改制村当年股金分红 188.5 亿元，农民人均分红 387.9 元。而咸阳市只有类似秦都区古渡街道办事处杨家台村大力发展集体经济，年终对集体经济收入进行人均分配，增加群众收入这样的探索，还没有真正意义上的农村集体资产股份权能改革。

**3. 财政支农项目管理不统一，地方配套跟不上，资金监管力度小**

支农项目管理部门多且难统一，涉及发改、财政、农业、科技、水利、林业、国土、交通、民政等诸多部门和涉农单位，由于"资"出多门，"条条"管理，支农投资安排时往往发生撒"胡椒面"现象，顾及方方面面，造成支农资金使用分散，农业项目点多面广，单个项目投资额小，资金的整体效益得不到应有的发挥。中央和省级下达许多支农投资项目，规定市县都要有一定比例的资金配套。但由于咸阳市及所属各县市区地方财力十分有限，无法承受太多的资金配套要求。各部门普遍存在重项目轻管理的现象，对支农资金监督检查力度不够，在项目建设过程中违规使用资金现象还时有发生。

**4. 农村金融改革进展缓慢，对"三农"领域信贷支持力度不够，难以满足广大农户与农村企业的金融需求**

目前，在农村设立营业场所的金融机构大致包括：中国农业银行、中国农业发展银行、中国农村信用合作社、中国邮政储蓄。其中中国农业银行属于商业银行，商业资本的逐利性促使其陆续淡出农村领域，转向县域金融；农发行作为唯一一家专业支农的政策性银行，由于业务单一已经逐渐演变成"粮食收购银行"；农信社几乎成为农村金融市场上唯一的正规金融组织，但其经营存在明显的地域限制，加上包袱沉重，实力薄弱，无力满足农村发展的金融服务需求。在农村实际上形成了农信社"一家独大"的局面，尚没有形成针对不同客户、不同需求，提供差异性金融服务的农村金融体系，导致农村金融供给总量不足、金融产品单一、服务质量较差。国务院发展研究中心调查结果显示，农民真正能够从正规机构得到贷款的只有 20% 左右，而且额度偏小，从事生产经营活动的资金需求远远得不到满足。

**5. 镇村撤并后管理服务难度增大，镇办机构职能转变不到位**

咸阳市虽处在关中地区，但兼具了关中平原、渭北台塬和陕北高原沟壑区的特征。北部五县沟壑纵横，镇、村比较分散，交通不发达，人口密度小，镇与镇之间距离较远，撤乡并镇给群众带来了困难；南部县市区人口密度过大，村庄比较密集，合并后人数过多，群众矛盾纠纷处理问题复杂，管理服务难度增大。撤乡并镇后虽然都按要求调整了机构设置，但仍普遍存在职能转变不到位的问题，没有及时由管理型政府向服务型政府转变，在为基层群众提供公共服务方面作用发挥得不突出。

# 三　经验与借鉴

## （一）新型农业经营主体培育——安徽宿州模式

### 1. 宿州市新型农业经营主体培育的实践

"现代农业产业联合体"是宿州市在推进全国农村改革试验区建设的实践中提出的。实践表明，现代农业产业联合体是一种新型的农业生产经营组织模式，它的创建极大地促进了农业集约化、专业化、组织化、社会化生产。其具体做法如下。

（1）落实财政资金支持政策

市委、市政府制定了《宿州市促进现代农业产业联合体试点建设若干政策意见（试行）》，从财政支持、金融服务、项目支持、人才支持、建设用地等方面提出了具体扶持政策。

（2）积极开展金融创新

宿州市有 7 个联合体的龙头企业为 192 个家庭农场担保贷款 7325 万元，形成了龙头企业领保模式。

（3）提高农业保险标准

宿州市将粮食政策性保险提标试点范围扩大到全市 462 家粮食生产家庭农场，土地面积 17.3 万亩。

（4）搭建土地流转平台

为服务产业联合体的家庭农场、合作社流转土地，宿州市县区级均已建立土地流转服务中心和农村土地承包仲裁委员会。

（5）加强项目支撑

宿州市发改委牵头成立了现代农业产业联合体项目组，整合各类项目向产业联合体倾斜。

（6）强化服务保障

宿州市现代农业办公室制定了《关于推进现代农业产业联合体综合服务体系建设的意见》，建立了农业科技、农机装备、农村金融、教育培训四大服务体系。

**2. 宿州市新型农业经营主体培育的经验**

（1）合同订单联结模式

产业联合体各方通过签订生产合同、协议、订单，确立农产品、生产资料的买卖关系。

（2）生产要素融合模式

联合体各成员之间以资金、资产、技术、品牌、劳动力等资源要素融合形成利益联结方式。

（3）服务联结模式

联合体既是联合体经营的组织形式，也是相互服务的平台。联合体成员之间有相互服务的需求，形成了服务联结机制。

**3. 宿州市新型农业经营主体培育的启示**

（1）要有利于促进农业经营产业化

联合体的组成，串联了农业产前、产中、产后各生产环节，覆盖了从原料基地到加工、流通各产业，有利于形成相对完整的产业链条，推动了从生产到销售的一体化发展。

（2）要有利于培育发展新型经营主体

联合发展解决了经营主体单独经营无法克服的许多困难，解除了家庭农场的许多后顾之忧，对新型经营主体的培育和发展起到了促进作用。

（3）要有利于促进土地规模化、集约化

为保障农产品质量，龙头企业就要建立供应稳定，能掌控农资投入和生产管理的原料基地，必然要求规模连片。

（4）要有利于促进农业服务社会化

联合体内经营主体发挥各自优势，开展全程社会化服务，其内容涵盖了产前、产中、产后的各个环节，基本满足了不同经营主体对社会化服务的需求。

（5）要有利于促进农民收入多元化

联合体框架内的农民，进行土地流转，可以获得租金收入；通过家庭农场从事田间管理、作业服务等，可以获得工资性收入。

## （二）农村产权制度改革——宁夏平罗模式

### 1. 平罗县农村产权制度改革的实践

（1）打好一个基础，完成确权颁证

通过广泛宣传、实地丈量、三榜公示、农民确认、依法颁证，明晰了农村集体土地所有权、农民土地承包经营权、农民集体荒地承包经营权、农民宅基地使用权和农民房屋所有权"五项"权属。

（2）坚持两个原则，保持农村稳定

一是始终坚持严守土地所有权集体农民所有、承包关系长久不变和遵守严格耕地保护制度三条红线，二是始终坚持农村改革农民自愿原则。

（3）开展四项探索，创新经营机制

一是探索建立了农村集体土地规范化管理机制，二是探索建立了农村土地流转规模经营机制，三是探索建立了农村产权抵押贷款机制，四是探索建立了农民"三权"自愿有偿转让机制。

### 2. 平罗县农村产权制度改革的经验

（1）积极探索农民以土地经营权入股发展股份制经营

在流转土地发展农业产业化经营时，适当降低承包经营费，提高分红比例，或者选择保底，降低分红比例，试点开展土地承包经营权入股。

（2）积极探索农村集体"三资"股份制管理机制

按照"资产折股，量化到人，按股分红"的方法，将村集体"三资"进行折股量化后一次性配置给集体经济组织成员，建立起产权清晰、权责明确、管理科学的农村集体资产管理制度，落实农民对集体资产股份的占有、收益、分配、有偿退出及抵押担保和继承权。

（3）积极探索老年农民以地养老、以权养老的问题

以农村没有子女的老人的土地承包经营权、宅基地使用权、房屋产权的流转或退出转让收益，支付养老院集中养老服务，或缴纳养老保险进行养老安置。

（4）积极探索建立农村集体产权流转交易市场

依托农村产权交易中心，健全交易制度，搭建信息平台，加快构建归属清晰、权责明确、保护严格、交易顺畅的现代农村产权体系，推动农村资产资本化，实现农村资源市场化。

### 3. 平罗县农村产权制度改革的启示

第一，在土地确权过程中要解决好二轮承包前后农民开垦荒地面积不均、土地零碎化、人均实际占有耕地不均衡等问题。

第二，农村产权抵押贷款的价值评估要由第三方专业化的评估机构进行，确保评估价格具有法律效力。

第三，确保农村土地和房屋产权自愿永久退出后补偿资金的及时到位，且退出规模不受限制。

第四，切实解决农民退出土地后的社会保障问题，特别是60岁以上老年人退出土地后的养老问题。

第五，确保农村产权交易中经营性建设用地上市交易不受政策限制，充分调动企业、社会组织和个人投资发展农产品加工、畜禽养殖、民办养老院等事业的积极性。

（三）财政支农政策创新——贵州毕节模式

**1. 毕节市创新财政支农政策的实践**

毕节市 2011 年开展创新支农资金管理体制机制试验以来，工作取得了预期效果，其在创新支农资金管理体制机制方面的做法如下。

（1）创新资金整合机制，实现了"集中财力办事"

毕节市创新以项目整合规避体制障碍为核心的支农资金整合机制，根据建设环节的不同需求向上争取政策和资金，以项目整合来带动资金整合，保证了集中财力办大事。

（2）创新资金投入机制，实现了"区域经济发展"

毕节市创新资金投入机制，资金投向主要调整到试点区域内水、电、路、讯（信）等农业农村基础设施的建设上，以改善农村硬环境，带动区域经济发展。

（3）创新资金链接机制，实现了"四两拨千斤"

毕节市通过制定支持以重大产业、重大民生事项为主的财税贴息、补助、优惠等政策举措，注重财政资金和社会资金的"链接"，引导社会资本更多、更好、更快地投入试点区域。

（4）创新资金监查机制，实现了"基层机制创新"

毕节市创新以资金监管扩大效能为核心的支农项目监察体系机制，在支农项目资金监管上，构建了有效的支农项目监督检查体系，推动了基层部门工作运行机制的实践创新。

（5）创新农业发展机制，实现了"带富一方群众"

毕节市创新农业发展机制，着力在创新"公司+基地+农户"，以及农民向企业出租土地的租金、用土地入股的股金、到企业务工的酬金"三金"等机制上下功夫，发展一方产业，带富一方群众。

**2. 毕节市创新财政支农政策的经验**

（1）强化组织领导

毕节市建立了市级联席会议制度，以市委、市政府、市纪委相关领导为召集人，下设办公室负责联系、指导、督促课题试验工作，并由市财政每年安排专项工作经费。

（2）精准设计方案

在方案制定上，毕节市及黔西县、七星关区的改革试验方案多次征求意见，并请省直有关部门，甚至农业部有关专家召开改稿会，进行把脉修改。

（3）组织群众参与

市、县（区）把调动广大农民的积极性作为创新支农资金管理体制机制试验的出发点，发挥农民的主体作用，使支农资金真正变成农业产业兴盛、农民发家致富、农村繁荣兴旺的创业钱。

（4）突出统筹兼顾

市、县（区）在推进试验工作中，打破行业界限和部门分割，整合中央、省、市财政支农专项资金，发挥项目资金的积聚优势，优化投资结构，形成引导效应。

**3. 毕节市创新财政支农政策的启示**

（1）完善体制机制是保障

毕节市在创新支农资金管理体制的过程中，建立了财政资金支农项目立项、资金拨付、资金管理、监督检查等方面的体制机制，为确保财政支农资金的效益最大化提供了有力的制度保障。

（2）抓好统筹推进是关键

在试点工作中，将支农资金管理体制机制的创新工作与土地流转、行政管理等改革探索紧密结合，注重统筹协调各职能部门，调动了各方参与支农资金管理体制机制创新的积极性。

（3）尊重农民意愿是重点

毕节市在项目实施过程中，按照"以国家投资为先导，以群众出资为主体，以社会资金为补充"的项目建设思路，撬动社会资本投入，大力提高了财政资金的使用效益，提高了项目建设的质量和效益。

## （四）农村金融改革——吉林九台模式

**1. 九台市农村金融改革的实践**

九台市是全国最早6个农村金融改革试验区之一。两年来，九台市积极开展金融制度、产品和服务创新，形成了"以体系建设为基础，以加大财政资金投入为支点，以扩大信贷资金投入为目标，以增强惠农保险为保障"的

"四位一体"多层次、广覆盖、可持续的农村金融改革模式。其具体做法如下。

（1）扶持培育多种类型金融机构

九台市政府完成了村镇银行的筹建及网点增设工作，组建了龙嘉村镇银行并增设4个分支机构，实现了重点区域全覆盖。同时，小额贷款公司运作模式也初步建立。

（2）积极引导金融服务下乡进村

两年来，中国农业银行九台市支行等金融机构配合当地政府开展了农村社会信用评级，使九台市成为吉林省县域信息采集面最广、农户建档最多、内容最齐全的县级市。在此基础上，中国农业银行还创新性地推动"三农"服务，实现金融服务下乡。

（3）探索尝试助农融资担保服务

2012年以来，九台市财政出资建立了九台市中小企业信用担保有限公司，为相对比较大额的农业贷款提供了担保服务。同时，九台市政府还探索开展了农村产权交易试点前期准备工作，努力盘活农村存量资产。

**2. 九台市农村金融改革的经验**

（1）发展金融机构网点，延伸金融服务触角

九台市成立了九台龙嘉村镇银行股份有限公司，积极在乡镇设立分支机构，大大满足了农民对资金的需求。另外，九台市还建立了小额贷款公司运作模式，小额贷款公司在银企金融合作中发挥了积极作用。

（2）利用惠农政策，创新贷款抵押方式

九台市采取利用农民直补资金担保向银行贷款的方式，解决了农民贷款缺少有效抵押物的难题。

（3）发挥政府主导作用，积极打造试验平台

充分发挥政府主导作用，在政策、资金和项目建设上，全力扶持改革试验区。九台市政府出台了《关于支持镇域经济发展的若干意见》和《关于支持镇域经济发展的补充意见》，通过免税、贴息、奖励等政策，调动了金融机构服务"三农"的积极性。

**3. 九台市农村金融改革的启示**

（1）农村金融改革须与农业产业发展互为支撑

在推动农村金融改革创新与发展过程中，需要培育农村金融有效需求，

特别是培育和释放新型农业生产主体的金融需求。

（2）坚持市场化运行是农村金融发展的基本方向

政府构建的良好的农村金融发展环境，对相关农村金融服务给予适当的奖补，而产品创新、信贷投放等业务工作，完全由金融机构和贷款公司根据市场情况自主选择、自负盈亏，实行市场化、商业化运作。

（3）农业行业部门全面参与是不可或缺的技术保障

在农村金融改革过程中，只有农业和金融两个部门密切配合，才能实现金融与农业发展的良性互动。

### （五）乡村治理创新——陕西西安农村片区化中心社区建设

#### 1. 西安市农村片区化中心社区建设的实践和经验

（1）"农村片区化中心社区"的概念、内涵和特征

"农村片区化中心社区"，即在保持原有村庄行政架构和农民生产生活方式不变的情况下，通过在中心村新建和改扩建公用服务中心，整合城乡资源优势，为居住在一定范围内若干个行政村的农村居民，提供以生活服务优先，集生活服务、文化服务、产业服务、政务服务为一体的综合服务载体和平台，从而实现城乡公共服务均等化、农村生活便利化市民化、农民就地城镇化。农村片区化中心社区的基本特征是按照片区化思路建设农村中心社区，一个中心村服务四五个行政村，服务人群平均五六千人，辐射半径一般为两公里。基本内涵：一个平台，就是农村片区化中心社区公用服务中心；两大举措，一是把镇政府服务职能下延到农村社区，二是把农村中心村服务功能做大做强；三项目标，一是加速农村公共服务的城镇化，二是加速农村"人"的城镇化，三是加速农民的就地市民化；四类服务，一是为农村居民提供生活服务，二是为农村居民提供文化服务，三是为农村居民提供产业服务，四是为农村居民提供政务服务。

（2）基本目标

西安市在2014年4月提出把全市2991个行政村建设成1000个左右的农村片区化中心社区。市财政计划利用5年时间（2014～2018）总支出约10亿元，分期分批建设683个农村片区化中心社区。财政按照"成熟一个，建设一个，验收一个，奖补一个"的原则，已先期启动建设108个。

（3）主要做法

第一，搭建平台，补齐农村公共服务的"短板"。通过中心村新建和改扩建公共服务中心，打造集生活、文化、产业、政务等服务为一体的综合服务载体和平台。

第二，服务优先，着力打造"升级版"的新农村。提出了"六室四配套"建设标准。"六室"是指社区要有管理办公室、综合会议室、司法工作室、文化活动室、教育培训室、卫生服务室，"四配套"是指要配套文化活动广场、幼儿园和学校、养老服务站、公交停靠站。

第三，尊重群众，把利民为民的民生工程建好用好。主要是尊重群众意愿，建设不求洋气但接地气。不搞形式主义和样子工程，不搞大拆大建，以改扩建为主。

第四，强化监督，确保质量。由班子成员牵头，成立了农村片区化中心社区工作指导组，实行片区工程建设领导责任制。做到"四个强化"，即强化程序监管、强化资金监管、强化质量监管、强化倒查机制。

第五，政策保障。西安市先后出台了《西安市农村片区化中心社区建设实施意见》、《项目管理办法》、《日常运行管理指导意见》、《项目建设资金管理办法》等文件。

第六，财政保障。在建设经费上，从市统筹城乡专项资金中切块支出，不给区县增加财政负担，不让基层形成新的债务。市财政依据社区服务农民人口覆盖规模划分为3个层次，再根据"六室四配套"所规定的改（扩）建建筑面积实施财政奖补。具体标准为：人口规模在1500～3000人（不含3000人），财政奖补额度最高可达80万元；人口规模在3000～5000人（不含5000人），财政奖补额度最高可达100万元；人口规模在5000人以上的，财政奖补额度最高可达120万元。农村片区化中心社区财政奖补标准："六室"依据改（扩）建面积每平方米按照1100元奖补标准执行；"四配套"除公共交通停靠站点在社区区域内每布设1个站点按5000元定额补助之外，其余3项配套依据改（扩）建的达标面积按每平方米财政奖补100元的标准执行。

**2. 西安市农村片区化中心社区建设的启示**

（1）要充分尊重群众意愿

建设农村片区化中心社区就是为了更好地服务农民群众，无论采取什么形式、用什么办法做这些工作，最终目的都是给农村增加公共服务设施，提升农村公共服务水平，让广大农民群众享受更便捷、更广泛的公共服务。

（2）要注重社区的服务功能

建设农村片区化中心社区就是要搭建服务群众的载体和平台，通过公共服务中心向农民群众提供城镇化的生活服务、文化服务、产业服务和政务服务。

（3）要因地制宜突出自身特色

每个农村片区化中心社区的实际情况不一样，群众的需求也不一样。社区建设从硬件建设和软件建设两个方面，都要突出本社区的特色。服务项目要与时俱进，不僵化、不教条、不脱离实际。

（4）要做好与镇村综合改革的对接

在推进农村片区化中心社区工作中，由统筹、民政、财政、建设、规划等相关部门按照村庄合并规划共同协商确定，与镇村综合改革无缝对接，避免造成无序和浪费。

# 四　思路与对策

## （一）咸阳市农村综合改革的基本思路

深入贯彻党的十八大和十八届三中、四中全会精神，以城乡发展一体化为统揽，以积极稳妥、有序推进、重点突破为指导原则，以"三个必须"为目标，以"三个导向"为要求，全面深化农村综合改革，加快构建新型农业经营体系，走中国特色新型农业现代化道路；加快推进农村产权制度改革，赋予农民更多财产权利，激发农村经济社会活力；加大财政金融支农力度，为农业农村经济发展提供资金保障；进一步深化镇村综合改革，改善乡村治理机制，提升公共服务能力和水平，促进城乡共同繁荣，为实现"四强三领先"、"咸阳梦"、全面建成小康社会打下坚实的基础。

## （二）咸阳市农村综合改革的目标任务

### 1. 新型农业经营主体全面培育

创新农业经营方式，积极发展家庭经营、集体经营、合作经营、企业经营等多种形式的规模经营，加快培育新型农业经营主体，突出抓好农民专业合作社、家庭农场以及股份制企业运作模式，到 2020 年，全市农业产业化龙头企业达到 290 家，农民专业合作示范社 3500 个，培育家庭农场 5000 个，发展现代农业园区 200 个，培育职业农民 3 万人以上。

### 2. 现代农业体系基本确立

到 2020 年，全市努力建成科学合理、富有活力、更具效率、西部领先的现代农业体系。农业产出效益明显提高，农民组织化程度明显提高，农业产业化经营明显壮大，农业设施装备明显进步，农业生态环境明显改善，农业支持保障明显增强。发展壮大一批产业规模、技术创新水平、行业带动能力处于全国同行业前列的大型龙头企业，农产品深加工率和增值率大幅提升。省级以上农业龙头企业产值大幅提升，农产品加工产值明显提高，农业生产经营主要指标实现进位赶超。全市农民人均纯收入超过全国平均水平，年均增幅高于全国平均水平。

### 3. 农村产权制度改革扎实推进

农村产权制度改革，涉及权衡各方利益分配，涉及根本制度和社会稳定，在国家顶层设计和涉农法规修改没有出台之前，需要成立专门的研究机构，抽调各方力量，结合咸阳市实际，参考国家部署试点地区的成功做法和经验，用足用活现有法规和党的十一届三中全会释放的政策导向，制定详细的工作方案，谋定而后动。咸阳市"十三五"期间要按照明晰所有权、放活经营权、落实处置权、保障收益权的原则，以"还权赋能"为核心，以农村土地所有权、承包权、经营权"三权分置"，农民土地承包经营权、宅基地使用权、集体收益分配权"三权激活"为目标，在全面完成农村土地确权登记的基础上，大力推进农村产权制度改革，构建归属清晰、权责明确、保护严格、流转顺畅的农村集体经济组织产权制度，促进农村资产资源权属明晰化、配置机制市场化、产权要素资本化、管理监督规范化，为农业农村经济加快发展提供制度保障。

### 4. 农村金融制度稳步推进

深化农村金融体制改革，完善农村金融服务体系，加快信贷产品和金融服务方式创新，努力扩大农村融资渠道，加大农村信贷投放力度，为农业农村发展提供强有力的金融支持。一是加大货币信贷投放力度，咸阳市涉农银行业金融机构的"三农"贷款，要确保每年信贷投放保持 10% 递增速度。二是加大涉农贷款投放力度，构建与"三农"发展相适应的金融服务模式，确保涉农贷款增量不低于上年，增速不低于各项贷款的平均增速，力争县域法人金融机构新增存款 70% 被用于当地贷款项目。三是加大小微企业金融支持力度，确保实现对小型微型企业贷款增量不低于上年，增速不低于全部贷款平均增速。四是加大农村金融服务覆盖面，优化网点布局，增强网点功能，强化网点服务质量，实现城乡金融均等化发展。改善农村支付结算环境，不断提高农村支付结算服务水平。加快村镇银行建设步伐，力争到 2020 年咸阳市每个县市区有 2 家以上村镇银行。

表 7　咸阳市"十三五"现代农业发展主要指标

| 指标 | 2015 年 | 2020 年 | 年均增长（%） |
| --- | --- | --- | --- |
| 粮食播种面积（万亩） | 590 | 575 | |
| 粮食综合生产能力（万吨） | 187 | 185 | |
| 水果面积（万亩） | 425 | 430 | |
| 　其中：苹果面积（万亩） | 327 | 330 | |
| 水果总产（万吨） | 560 | 570 | |
| 　其中：苹果总产（万吨） | 460 | 465 | |
| 优果率（%） | 82.3 | 84 | |
| 蔬菜种植面积（万亩） | 138 | 148 | 1.5 |
| 　其中：设施蔬菜面积（万亩） | 57 | 65 | 2.5 |
| 现代农业园区（个） | 150 | 200 | |
| 家禽存栏（万只） | 1180 | 1368 | |
| 生猪存栏（万头） | 219 | 254 | |
| 奶牛存栏（万头） | 25 | 32 | |
| 肉类总产量（万吨） | 23 | 26 | |
| 禽蛋总产量（万吨） | 13 | 15 | |
| 奶类总产量（万吨） | 84 | 97 | |
| 无公害农产品认证数量（个） | 168 | 268 | |
| 无公害农产品产地认证数量（个） | 223 | 323 | |
| 无公害农产品标识推广量（万枚） | 800 | 1800 | |
| 农产品质量安全例行监测总体合格率 | 96% 以上 | 96% 以上 | |

| 指标 | 2015 年 | 2020 年 | 年均增长（%） |
|---|---|---|---|
| 科技进步贡献率（%） | 54.7 | 59.8 | 1.0 |
| 农业产业化龙头企业数量（个） | 240 | 290 | |
| 农民专业合作示范社数量（个） | 3300 | 3500 | |
| 家庭农场（个） | 1000 | 5000 | |
| 农村清洁能源普及率（%） | 22.4 | 29.5 | 1.42 |
| 农业增加值增长率（%） | 3.6 | 3.2 | |
| 农村居民人均纯收入（元） | 10710 | 18875 | 12 |
| 农村土地流转面积（万亩） | 120 | 150 | |
| 农业信息平台服务覆盖率（%） | 20 | 50 | |

### 5. 镇村社会治理全面创新

按照省委、省政府《关于镇村综合改革的指导意见》要求，积极推进镇村综合改革，确保 2016 年全面完成镇村撤并任务。进一步明确职能定位，强化镇办的服务功能，改变过去职能错位、越位、不到位的现象，把工作的重点真正转移到维护农村社会稳定、发展农村经济、提供公共服务、完善基层民主上来。按照《咸阳市新型城镇化规划（2014~2020 年）》，大力推进县域副中心、重点镇和新型农村社区建设，在新型农村社区同步规划建设社区服务中心，承担社会公共服务和村（居）民自治服务功能。到 2020 年，咸阳市建成 200 个左右标准化新型农村社区，实现农民就地城镇化 50 万人。

### （三）咸阳市农村综合改革的推进措施

### 1. 积极构建新型农业经营主体

培育新型农业经营主体，是转变农业发展方式，提高农业综合效益和市场竞争力的迫切需要，也是构建农业发展支点，推进咸阳市由农业大市向农业强市跨越的必然要求。未来的咸阳农业需要更多、更强、更具活力的新型农业经营主体。

（1）发展家庭农场

家庭农场以农民家庭成员为主要劳动力，以农业经营收入为主要收入来源，利用家庭承包土地或流转土地，从事规模化、集约化、商品化农业生产，坚持家庭经营的基础性地位，是农户家庭承包经营的升级版，已成为引领适度规模经营、发展现代农业的有生力量。要正确把握家庭农场特征，从实际出发，根据产业特点和家庭农场发展进程，通过政策扶持、示范引导、完善服务，引导其健康发展。要建立家庭农场档案，从当地实际出发，明确家庭农场认定标准，对经营者资格、劳动力结构、收入构成、经营规模、管理水平等提出相应要求，增强扶持政策的精准性、指向性。要积极开展示范家庭农场创建活动，建立和发布示范家庭农场名录，引导和促进家庭农场提高经营管理水平。要将家庭农场纳入现有支农政策扶持范围，并予以倾斜，重点支持家庭农场稳定经营规模、改善生产条件、提高技术水平、改进经营管理等。

（2）壮大农业产业化龙头企业

农业产业化龙头企业是新型农业经营主体的骨干力量，推进农业产业化经营，关键是壮大农业产业化龙头企业。引导农业产业化龙头企业通过品牌嫁接、资本运作、产业延伸等方式进行联合重组，着力培育一批产业关联度大、辐射带动能力强的大企业，支持农业产业化龙头企业开展技术改造，开发新技术、新产品、新工艺，加强技术集成和商业模式创新，以科技创新提升企业素质、发展质量和经济效益。积极探索建立农业产业化龙头企业、合作社与农户的多种利益联结机制，实现农业产业化龙头企业与农民专业合作社深度融合，使家庭承包经营、企业化经营和合作经营的优势得到充分叠加。

（3）发展农民专业合作社

发展农民专业合作社是提高农业组织化程度的一种有效形式，也是构建新型农业经营体系的重要内容。解决小生产与大市场、小规模与大经营、分散经营与统一服务的矛盾，把千家万户的农民组织起来，要靠发展农民专业合作社。推进农民专业合作社发展既要重视增加数量、扩大覆盖面，又要注重提升发展水平和发展质量，进一步增强农民专业合作社的自身实力和发展活力，提高辐射带动和服务能力。鼓励农民专业合作社按产业链、产品、品牌等组建联合社，着力打造一批大社强社。支持农民专业合作社兴办加工流通项目，完善生产设施，扩大产销对接，提高生产经营、市场开拓和组织带动能力。鼓励有条件的农民专业合作社兴办资金互助社，拓展服务功能。

（4）培育新型职业农民

新型职业农民是现代农业的生产经营主体，也是农民中的精英群体。培育新型职业农民是提升农业劳动者素质，切实解决"谁来务农"和"怎样务农"问题的根本出路。要建立新型职业农民人才管理制度，规范新型职业农民资格认证，分层级建立职业农民数据库，实行动态管理，确保认证质量。要稳步推进从业资格准入，把持有职业农民资格证书作为农业从业资格准入的基本条件，作为获取政策扶持的主要凭证。要以提升农民的科学素养、职业技能和经营能力为重点，加强新型职业农民教育培训，造就一支综合素质高、生产经营能力强、主体作用发挥明显的新型职业农民队伍，加快推进农民向职业化方向发展。金融部门要强化对新型职业农民的信贷支持，尽快开启信贷支持通道，探索开展职业农民信用担保贷款、土地经营权抵押贷款等试点，吸引农村有志青年学习农业、投身农业。要加大对新型职业农民的政策支持，把培育职业农民作为涉农部门的基础性、长期性工作，把持有职业农民证书作为申报农业项目的核心指标之一，实施涉农项目优先覆盖到职业农民、先进模式率先应用于职业农民、扶持资金首先兑付给职业农民，切实提高资格认证和资格证书的含金量，让职业农民切身感受到获证和准入带来的政策利好。

（5）健全农业社会化服务组织

培育服务主体，健全服务组织，建立健全新型农业社会化服务体系，是现代农业发展的必然要求。健全农业社会化服务组织，能够完善统分结合的双层经营体制，弥补农村基本经营制度的不足；能够提供产前产中产后各领域、各环节的系列化服务，把千家万户联结起来，纳入社会化大生产轨道；能够激活生产要素，优化资金、技术、劳动力等资源要素配置。在强化公共服务机构建设的同时，发挥市场机制的作用，着力发展经营性服务组织，鼓励集体经济组织、农民专业合作社、农业产业化龙头企业、家庭农场、专业化农业服务公司、专业化服务队、农民经纪人等参与农业社会化服务，打造多元化的农业社会化服务主体。加快构建便捷高效、保障有力、机制灵活的农业社会化服务新机制，全面提升农业社会化服务层次和水平。

### 2. 加快现代农业发展步伐

（1）大力发展粮果畜菜四大支柱产业

基本思路是：稳粮、优果、增畜、扩菜。一是稳粮。按照"良种引路，良法跟进，依靠科技，主攻单产"的工作思路，突出抓好小麦、玉米两大作物，全力打造关中优质小麦、高产夏玉米和渭北春玉米三个优势粮食产业带。二是优果。按照"稳定现有规模，着力提质增效，转变生产方式，推进果畜结合"的思路，优化调整果业结构、引进新品种、推广新技术、提高机械化。扩大优生区、改造次生区、调减非适宜区，使主要果品向优生区集中，形成区域布局科学，早、中、晚熟，鲜食、加工品种比例搭配合理的生产经营格局，建设北部晚熟苹果、核桃产业带，南部以油桃、蜜桃、猕猴桃、樱桃等为重点的时令设施水果产业带，旱腰带以葡萄、石榴、柿子等为重点的特色时令水果产业带。三是增畜。奶牛以标准化规模奶牛牧场建设为重点，推行标准化技术，提高生产水平。生猪方面南部县区大力发展规模化养猪场和万头生猪村，推广"果畜沼"、"畜沼菜"养殖模式；北部果业基地县建设 PIC 肉猪产业板块，促进果畜循环。家禽生产大力推广正大、石羊标准化养殖模式，建设标准化规模场。肉牛肉羊方面，肉牛以建设存栏 200 头规模养殖场、发展存栏 20 头规模养殖户，肉羊以建设存栏300 只规模养殖场、发展存栏 100 只规模养羊户为主。四是扩菜。按照"区域化布局、规模化种植、标准化生产、产业化经营"的发展思路，以秦都、渭城、兴平、武功、泾阳、三原、礼泉、乾县为发展重点，打造南部 130 万亩优质蔬菜板块。设施蔬菜按照"规模发展、板块推进"的思路，主推泾阳云阳发展模式，重点建设一批百亩以上的标准化设施蔬菜示范园、千亩设施集中连片生产区和万亩设施集中连片生产基地。清水莲菜建设主要以兴平、武功、秦都为重点，依托渭河滩涂地开发利用，重点打造 6 万亩百里清水莲菜长廊。

（2）重点建设十大特色产业板块

精心组织实施优质小麦和地膜玉米、时令设施水果、酿酒葡萄、优质出口苹果和早熟苹果、优质蔬菜、清水莲菜、高产奶牛、生猪、肉牛肉羊、休闲农业十大产业板块建设（见表 8），以促进农业增效、农民增收为核心，以构建新型农业经营体系为主线，以推进高效农业规模化、农业经营产业化为重点，把咸阳市建成大西安的菜篮子、果园子、米袋子，到 2020 年，初步建成西部农业强市。

**表 8　咸阳市现代农业十大特色产业板块目标任务**

①优质小麦和地膜玉米板块。重点打造以泾阳、三原、兴平、武功、乾县为主的南部灌区优质小麦生产基地，以旬邑、淳化、长武、彬县、永寿为主的渭北旱塬地膜玉米生产基地。到 2020 年，优质小麦种植面积发展到 120 万亩，玉米 80 万亩。

②时令设施水果板块。重点打造三原樱桃，兴平油桃，淳化葡萄，礼泉、秦都、渭城草莓、桃 1.5 万亩。

③酿酒葡萄板块。重点在泾阳、三原、乾县每年新建 2 万亩左右酿酒葡萄基地。到 2020 年，总面积达到 15 万亩，产量达到 14 万吨。

④优质出口苹果和早熟苹果板块。重点打造礼泉、乾县、永寿、彬县、旬邑、长武、淳化、三原 150 万亩优质出口苹果板块和早熟苹果板块。

⑤优质蔬菜板块。建设五大蔬菜品种生产基地，即以泾阳、三原、兴平、武功、秦都、渭城为主的南部设施蔬菜基地，以兴平、武功为主的辣蒜基地，以三原、泾阳为主的大白菜、甘蓝、芹菜基地，以兴平、泾阳、三原为主的食用菌基地，以兴平、武功为主的清水莲菜基地。到 2020 年，蔬菜基地发展到 130 万亩。

⑥清水莲菜板块。重点打造渭河一带的万亩百里清水莲菜长廊，到 2020 年，建成清水莲菜基地 6 万亩，其中兴平 5 万亩、武功 8000 亩、秦都 2000 亩；建成清水莲菜现代农业园区 5 个，其中兴平市 3 个、武功 1 个、秦都 1 个。

⑦高产奶牛产业板块。依托光明乳业、银桥乳业等大型乳企，以建设现代畜牧产业园区为重点，推广标准化生产技术和先进生产设备，促进奶牛产业提档升级。按照"品种优良化、养殖设施化、生产规范化、防疫制度化、挤奶机械化、粪污无害化、经营产业化"的思路，积极转变奶业生产方式，重点打造 130 万吨高端奶基地。

⑧肉牛、肉羊产业板块。依托陕西省优质秦川肉牛生产基地建设项目和扶持肉羊产业的机遇，重点打造北部 10 万头肉牛、100 万只肉羊生产基地。

⑨生猪产业板块。按照"良种繁育、龙头带动、规模养殖、板块推进"的思路，在南部县区大力建设规模化标准化养殖场，发展万头生猪示范村，培育规模养殖大户。在北部县区建设 PIC 肉猪产业板块，重点打造 500 万头 PIC 商品肉猪基地建设项目。

⑩休闲农业板块。重点打造五类休闲农业示范区，即建设以清水莲菜、设施果蔬、时令水果等为内容的休闲农业示范区，以农家风情和关中民俗体验为特色的休闲农业示范区，以文物和乡村旅游、农业观光为主的休闲农业示范区，以手工布艺、刺绣插花、编织剪纸等为主的手工艺休闲农业示范区，以安吴青训班、爷台山战役旧址、马栏革命遗址等为主的红色旅游休闲农业示范区。

### 3. 加快农村产权制度改革

### （1）全力推进农村土地确权颁证

土地确权登记颁证是深化农村土地制度改革的前提和保障。习近平总书记在 2013 年底召开的中央农村工作会议上指出："建立土地承包经营权确权登记颁证制度，是实现土地承包关系稳定的保证，要把这项工作抓紧抓实，真正让农民吃上'定心丸'。"推进农村产权制度改革，首先要加大人员、经费投入，克服一切困难，强化工作措施，全力推进咸阳市农村承包地、宅基地、集体建设用地确权颁证工作，为推进农村土地制度改革奠定基础。

（2）有序推进农村土地流转

要按照《关于引导农村土地经营权有序流转发展农业适度规模经营的意见》要求，规范流转农村土地承包经营权，促进土地规模经营、产业集约发展。按照党的十八届三中全会精神，农村经营性的建设用地可以上市交易和流转，但必须经省以上人民政府、国务院或相关部委授权，地方政府制定的管理制度和实施细则须经上述机关批准才能实施，2014 年 1 月 14 日全国上市交易的农村经营性建设用地只有深圳一宗，目前咸阳市缺乏政府对交易流转活动的指导意见、规范程序和交易细则，所以必须借鉴全国试点地区的成功经验，尽快拟定出台农村产权交易和土地流转管理办法，加快建立农村产权交易市场和土地流转服务中心，建立市县两级服务平台，健全交易规则，明确交易品种，完善运行机制，促进农村集体产权流转交易公开、公正、规范运行，确保公共利益及农民群众和受得人的权益。

（3）扩大搞好城乡建设用地"增减挂钩"试点

首先，党的十八届三中全会要求"建立城乡统一的建设用地市场""使市场在资源配置中起决定性作用"，而市场配置资源的重要前提是土地利用规划必须更科学，其可行性和约束力必须更强。其次，中央城镇化工作会议提出，既要促进新型城镇化发展，又不能重走过去大量占用耕地、破坏环境的老路，这需要土地利用规划更好地发挥作用，不仅要控制建设用地规模，也要控制布局和结构。最后，第二次全国土地调查结果表明，耕地保护工作非但不能松口气，还应进一步加强。这也意味着必须强化土地利用规划调控，否则会带来一系列后续问题。要统筹增量和存量。在增量有所减少的情况下，做好"增减挂钩"这篇大文章，利用咸阳市镇村改革与关中旱腰带移民搬迁及土地利用总体规划中期评估的大好时机，合理布局，严格按照程序调整规划，划定"三界"，积极做好"多规合一"的工作，最终形成一个市县一张蓝图。坚持和完善最严格的耕地保护制度，维护全市粮食安全。

（4）实行不动产统一登记

党的十八届三中全会明确提出，"使市场在资源配置中起决定性作用"，要想实现这一目标，产权清晰是基本前提。不动产物权是重要的财产权，只有通过不动产统一登记，明晰不动产的归属，市场交易的效率和安全才有保证，下一步改革也才能向纵深有序推进。由于不动产登记工作分散在多个部门，不动产信息成了部门独占资源，造成了"信息孤岛"。不仅企业、群众在办理相关手续过程中，需要在多个部门间跑腿，而且其他部门要想共享信息资源，也常遭遇扯皮困局。另外，分散登记造成了权属界限不清、权利归属不明等问题，导致纠纷频发，扰乱了不动产交易市场秩序。此外，在分散登记体制下，大量登记信息集中在县市级登记部门，很多信息保存方式还停留在纸质阶段，即便信息化建设已完成的部门也面临着系统不同、数据参数格式各异的问题，如何将这些信息有机地统一在一个平台上，需要在探索中研究解决。2014 年 11 月，国务院公布《不动产登记暂行条例》，自 2015 年 3 月 1 日起施行。要按照《条例》要求，加快全市不动产登记管理步伐，推动咸阳市不动产统一登记平台软件建设，进一步完善集体土地所有权确权登记的建库软件，为农村集体土地"六权"确权登记工作提供基础数据，搭建统一的工作平台。为了减少土地征收和流转前后的权属纠纷，13 个县市区应以县级为统计单元，在确权登记、明晰产权工作中，要一个控制，一个规程，一个分类标准，"一张图"建设，"一张图"管理。下一步，要整合农业、国土、住建、林业等部门的产权产籍登记管理职能，建立不动产统一登记制度，构建信息共享、监管联动的产权登记信息管理平台和依法查询系统，明晰产权，为市场交易的安全提供保证。

（5）慎重稳妥推进农民宅基地使用权、住房财产权、土地经营权租赁、抵押、担保、转让和有偿退出

农民宅基地使用权、住房财产权既有居住功能，又具有社会保障功能，也具有福利功能，相应对受得人的身份在法律法规上有严格的限制，其交易流转，目前法律有禁止性的规定，目前国家通过试点正在进行顶层设计和法律完善，中央农村工作会议也有明确的要求，只能在现有法规规定情况下，按照中央要求，尽快明晰产权。所以必须借鉴全国试点地区的成功经验，在现有法规规定情况下，慎重稳妥推进农民宅基地使用权、住房财

产权的租赁、抵押、担保、转让和有偿退出，不可以急于求成。当前，要尽快制定出台咸阳市农村宅基地管理办法，对农村宅基地的审批、登记、退出进行明确规定。

（6）从严合理供给城市建设用地，提高城市土地综合利用率和空间承载力

建立有效调节工业用地和居住用地合理比价机制，提高工业用地价格。在优化使用新增建设用地方面，一般工业企业和商贸企业能进标准化厂房、商业综合体的原则上不再单独安排批供建设用地，从严审核各类项目用地面积，制定新的用地标准，鼓励地上地下立体开发，县及县以下都要全面推行标准化厂房。在盘活存量建设用地方面，要进一步加大批而未用土地清理力度，按陕政发〔2013〕78号文件调整用地项目。加大闲置土地处置力度，该收回的坚决收回。加大低效用地再开发力度。将盘活存量土地纳入工作考核。探索试点农村宅基地退出机制，通过多种方式收回多余、空闲宅基地。对于基准地价的调整，严格按照国土部和省国土厅的修订要求，两年一修订，保障被征地农民权益。

（7）稳步推进征地制度改革

征地制度改革的主要内容是缩小征地范围，规范征地程序，鼓励留地安置、物业安置，探索"土地股份制"，让被征地农民分享更多土地增值收益。2010年，国土部在全国选取了11个城市开展征地制度改革试点，从目前的试点情况看，缩小征地范围的改革面临许多问题，困难重重。一是征与不征的标准难以划定；二是在总需求不变的前提下，减少征地，必然加大流转，市场与制度体系不能同步，多方利益格局冲突调整难以平衡；三是土地征收权的泛用与滥用，无疑损害了农民利益，现有法律对公共利益并无明确界定；四是缩小征地范围，无疑预示着土地财政的大幅缩水。这些问题只有等待国家顶层设计出台之后才能解决。当前，应选择对全国试点地区的成功做法进行考察，对咸阳市的实际情况进行调研，有计划、有步骤地开展试点工作，逐步规范征地程序，鼓励留地安置、物业安置，探索"土地股份制"，让被征地农民分享更多土地增值收益。

**4. 积极探索开展农村集体资产股份权能改革**

农村集体资产股份权能改革是集体经济组织在坚持农民集体所有的前

提下，按照股份合作制的原则，将集体资产折股量化到人，由农民共同共有转变为农民按份共有的产权制度改革，其目的是"还政于民"，构建"归属清晰、权责明确、保护严格、流转顺畅"的农村集体经济组织产权制度。

现阶段推进农村集体经济组织产权制度改革应分三步走。一是对农村集体经济组织进行清产核资和资产评估。这是推进农村集体经济组织产权制度改革的基础性、前置性举措。在县镇村不同层级设立工作小组，负责指导、协调和实施农村集体经济组织的清产核资工作，妥善处理账物不符、坏账核销等遗留问题，并明确清产核资、资产评估以及资产评估报告的确认等相关程序和具体规则，为推进农村集体经济组织产权制度改革奠定基础。二是认定农村集体经济组织成员，开展"农龄"（是指农民为集体经济组织工作的时间。"农龄"是由"工龄"衍生而来的，其长短反映了农民对社会和农村集体贡献的大小和知识、经验、技术熟练程度的高低）统计。为确保农村集体经济组织产权制度改革"起点"公平，得到广大群众的认可和拥护，必须明确集体经济组织成员的范围。应以"特定时间集体经济组织所在地农业户口和对集体资产贡献大小"作为依据，认定农村集体经济组织成员资格。三是农村集体资产股份量化到人，明晰产权。对集体资产因地制宜地采取全部资产折股量化、部分资产折股量化或者土地承包经营权折股量化等形式量化到人。以"农龄"为股份设置主要依据，适当考虑其他因素，同时将人与户更有效地结合，以户为单位发放社员证，并相应明确户内每个成员的股权（份额）。农户量化后的资产股份，根据情况采取全额入股、按成员资格全额或部分入股、按"农龄"分档入股、存量资产和增量资产合并入股等不同形式，入股改制后的农村集体经济组织，这样，农村集体经济组织的成员真正成了股民。

### 5. 加强财政支农资金整合使用

（1）完善涉农项目资金整合使用机制

要积极推进涉农资金管理体制和管理机构改革，以提高资金使用效益，集中财力办大事为目标，完善涉农项目资金整合使用机制，从根本上解决支农资金使用分散的问题。支农资金整合不是简单调整和归并，也不是单纯将某一部分资金划归一个部门或机构管理，而是形成一个有机的管理系统。按照省财政"省市为动力，下放审批权；县区为平台，项目为载体；

绩效为导向，钱随项目走"的整体思路，制定全市财政涉农资金整合方案，改变管理机制上纵横交织的网状结构，使资金流动按照有序方向来进行，减少资金使用上的交叉和重复，从而使有限的资金形成"拳头"，对农村社会经济发展中的重点和关键领域给予有力的支持。

（2）加大支农资金整合清理力度

支农资金整合并不是将各种渠道的资金简单归并，而是要通过整合明确支农资金的重点投向，提高资金的使用效益。可根据发展规划和重点项目对现有资金进行适当归并，并以主导产业或重点建设项目打造支农资金整合平台，通过项目的实施带动支农资金的集中使用。一要严格把握政府支农投资使用方向。将支农资金集中用于广大农民普遍受益的农林水利和农村水、电、路、气、通信等基础设施建设，生态环境建设以及农业科技推广等。二要下放县级资金分配权。针对农业和农村建设项目点多面广、涉及千家万户、投资规模相对较小、监管难度较大等特点，可考虑减少上级主管部门资金分配权，明确规定转移支付资金的使用范围、比例，将农业建设项目的决定权、资金分配权下放给县级人民政府，避免脱离实际、盲目立项的现象，有利于因地制宜、统筹安排，提高资金的使用效益。三要明确支农资金整合范围，适当归并资金分类。由于整合支农资金涉及相关农口部门的利益，工作中必然出现一些难度和阻力，在推进支农资金整合时，财政部门要起到牵头作用，在坚持不调整原有管理体制、不改变资金原有性质的前提下，着重寻找资金整合的切入点和着力点，努力构建资金整合的载体。比如，可将农村基础设施建设作为一个整合载体，把农业基建投资、农业综合开发、一事一议、水利建设基金、农村小型公益设施、农村基础教育、医疗卫生和文化等方面的资金，按照统一的规划投入到重点区域，统筹安排使用；长远打算应通过调整机构和职能实现农业资金整合。按照"减少交叉、权责一致、强化协调、增强服务"的原则，切实改变目前支农投资多头管理的局面。重点是理顺投资主管部门和财政主管部门在政府财政性建设资金分配管理方面的职能定位，改变单个部门既要管项目又要管资金的格局，建立两部门间合理分工、共同协商、相互制衡和有效监督的机制，从源头上改变投资渠道多、使用分散的状况，提高资金使用效率。

（3）建立财政支农资金项目库

各县市区结合本地实际，建立财政支农资金项目库，支农专项资金的管理实行项目申报制度，项目申报材料应包括项目规划、年度实施计划、项目预（概）算、资金来源、可行性报告及效益预测。对较大的项目建设，在立项之前，应由实施单位组织调研，并提出可行性意见，必要时，聘请有一定资质的专业人员或专家论证，建立项目库。所有财政资金支农项目从项目库中筛选上报实施。当项目被上报批准确定后，各部门各司其职做好本职工作，确保项目顺利实施。同时，对项目实施情况进行绩效评价，并把评价结果作为下一年度项目申报实施的主要依据。

### 6. 不断深化农村金融改革

（1）推动发展农村金融机构

一是鼓励民营企业、民间资本参与银行、保险、证券期货的地方金融机构的新设、重组、增资扩股。二是鼓励民间企业、资本入股农村中小金融机构。三是加快培育村镇银行、小额贷款公司、融资性担保公司、农村资金互助社等新型金融组织，鼓励在县域新设村镇银行，增加支农机构数量，提升支农服务质量。

（2）加大金融服务农村工作力度

强化制度创新，各涉农银行至少要对1家农村新型经营主体进行"领养"式扶持，提供全套金融服务。各金融机构要积极做好金融服务工作，满足城镇化建设及现代农业发展中的资金需求。搭建农村产权登记、评估、流转和处置的服务平台，扩大林权、土地承包经营权和农房（宅基地）使用权"三权抵质押"试点，创新符合农村特点的抵质押担保方式。进一步加大农村支付环境建设力度，着力推进普惠金融政策的落实工作。加强农村信用体系和农村金融基础设施建设，拓展应用功能，提高农村金融公共服务水平。

（3）营造良好农村金融生态环境

一是加快社会信用体系建设。要以中国人民银行的企业和个人信用信息基础数据库为基础，以社会成员信用信息的记录、整合和应用为重点，以深入开展中小企业和农村信用体系建设为中心，建立健全覆盖全社会的征信系统，全面推进社会信用体系建设。扩大征信系统使用范围，征信系统向全市融资性担保机构、再担保机构开放，实现担保机构、再担保机构与银行信用信息共享。二是健全农村金融支持政策体系。首先要加快出台支持农村金融机构发展和吸引高层次金融人才等方面的政策，建立健全金融机构支持农村发展的激励机制。其次要合理调整和完善现有各项支持政策，强化部门协作，加强督导检查，提高服务效率，确保支持政策落实到位。最后要建立财政支持金融创新的财政激励机制，对创新性突出、经济社会效益和引领示范作用显著的金融组织予以奖励。三是完善农村金融风险防控机制。加快完善金融风险预警监控机制、金融市场舆情快速反应机制、金融突发性事件应急和处置机制，完善工作预案，加强对民间融资风险和恶意逃废银行债务风险的防范和处置，加大对网络金融、网络借贷等新兴金融业态的运行监测、风险研判和预案处置，确保农村金融安全。

### 7. 积极推进镇村综合改革

要以合理调整镇村规模、加快职能转变为重点，进一步深化乡镇体制改革，创新农村管理体制，建设功能完善、服务高效的乡镇机构和农村新型社区，提高基层组织社会治理和服务能力。

（1）开展扩权强镇改革

在咸阳市14个省、市重点示范镇改革试点的基础上，进一步全面开展和深化改革，按照"权责一致、依法下放、能放即放"的原则，将县级产业发展、项目投资、规划建设、社会管理、市场监管以及干部考核等经济社会管理权限，通过委托或交办的方式下放到所有镇（办）。

（2）转变乡镇政府职能

乡镇政府的职能定位，一是服务经济发展，增加农民收入；二是加强社会管理，创造良好环境；三是发展公益事业，提供公共服务；四是加强综合治理，维护社会稳定；五是宣传法律政策，促进村民自治。明晰乡镇政府职责，切实转变政府职能，建立健全事权与机构、人员、财力相匹配的运行体制，提高乡镇政府发展经济、社会管理和服务群众的能力。要进一步强化镇办公共服务职能，在县级职能部门权限下放后，在各镇（办）建立便民服务中心，对涉及民生的劳动就业、社会保险、农村合疗、大病统筹、社会救助、婚姻登记、户籍管理、庄基受理、粮食直补、计划生育等服务审批事项实行"一厅式"办公，推行首问负责制、限时办结制、办事代办制，公开服务内容，规范办理程序，提高服务质量。同时，在各行政村建立便民服务站，建立县、镇、村三级便民服务网络，方便群众办事。

（3）理顺镇（办）行政管理体制

按照权责一致的原则，强化镇（办）管理和服务职能，健全条块结合、以块为主的镇（办）行政管理体制，除法庭、公安派出所（含森林派出所）外，其他具有管理职能的驻镇（办）的司法所、财政所、国土资源所、工商行政管理所、畜牧兽医站（动物卫生监督所）、食品药品监督管理所（农产品质量安全监督管理站）等单位，由县业务主管部门派驻管理调整为镇（办）管理，由县级归口部门负责业务指导和监管。对于法庭、地税、公安等按区域设置以条为主的派驻机构，县级职能部门要充分授权，下放管理审批权限，在镇（办）便民服务中心设立服务窗口，实行"一站式"办公。进一步精简完善镇（办）机构设置，镇（办）一般设置"六办三站"，"六办"即党政办公室（财政所）、人大主席团办公室（人大工作委员会）、经济发展办公室（农业综合服务站、畜牧兽医站、农产品质量安全监督管理站）、社会事务办公室（便民服务中心、民政工作站）、维护稳定办公室（司法所）、宣传科教文卫办公室（文化综合服务站），"三站"即安全生产监督管理站、村镇建设环保管理站（国土资源所）、市场和质量监督管理站（整合原镇街道办食品药品监督管理所、工商行政管理所的机构和职能，组建市场和质量监督管理站，加挂食品药品监督管理所牌子）。

（4）改善乡村治理机制

一要健全基层群众自治机制，增强基层社会自治功能，扩大群众参与范围，丰富自治内容和形式，深入推进村务公开、政务公开和党务公开，努力实现民事民议、民事民办、民事民管。二要加强和改进城乡社区建设，注重发挥社区作用，规范和提升居民自治和村民自治水平。规划建设社区服务中心，健全社区管理和服务体制，为群众提供方便快捷的公共服务。三要大力推动社会组织参与社会治理，建立政府与社会组织之间的平等合作关系，按照方便农民群众生产生活、提高公共资源配置效率的原则，健全农村基层管理服务体系，提高社会组织自治与服务社会的能力。鼓励有条件的村通过组建村集体资产经营管理有限公司，对村、组的集体资产进行股份制改革，量化确股到户，统一经营管理，增加村集体和农民财产性收入。加快推进改制后的农村基层组织实行"政经分离",即行政职能、公共服务职能和经济职能的相互分离。村内集体资源、资产等经济事务则由村资产经营管理公司负责。村委会和村党支部承担行政管理职能,不再负责村内集体资源、资产等经济事务管理。

# "三农"问题的表象和"靶心"[*]

**摘　要**：文章认为农业是"三险"为一的弱质产业，农民是呈四个"仍然"特征的弱势群体，农村是存在"三个现象"的落后地区，农民工问题使中国社会呈现三元体制的特征，如果把"三农"问题看作农村改革的"靶"的话，那么农民就是"三农"问题的"靶心"。

**关键词**："三农"问题；表象；"靶心"

推进农村改革是全面深化改革的重要内容。中国的农村改革内容繁多、任务繁重，突出表现为"三农"问题，这也就要求从农业、农村、农民三个层面来认识和推进农村改革。"三农"问题已经成为制约中国经济发展的突出问题。其突出表现如下。

## 一　农业是"三险"为一的弱质产业

第一，自然风险。农业生产的对象是生命体，农业生产有一个自然生长过程，农业生产是在大自然环境条件下进行的，农产品具有鲜活的特点。

第二，市场风险。农产品的市场特征：①农产品价格弹性很小。农产品需求相对比较稳定，但生产是不稳定的。只要农产品生产多一点，价格就会下降比较多，农产品只要减产一点点，价格就会涨得非常多（丰收悖论）。②农产品市场属于完全竞争市场，在中国尤其如此。土地承包制下的

---

　　＊　本文是 2013 年作者在陕西省新农村建设座谈会上的发言稿。

中国小农经济，决定了任何一家普通农户根本不可能操纵农产品价格，他们只能被动地接受农产品价格的升降。农产品价格取决于市场的供求关系，甚至是国家的宏观调控价格也难以奏效。在大宗农产品供需基本平衡阶段，增产常会导致农民减收，每增产1%，农产品价格可能下降2%~5%。改革开放以来周期性出现的紧缺和滞销问题，在所有农产品中都存在。

第三，发展带来的风险。1950~1978年，中国的农业人口比重和农业产值在国内生产总值中所占比例相当，在85%左右；改革开放30多年来，中国的农民占总人口比例大约为70%，而生产的农业产值所占比例不到国内生产总值的10%。

## 二　农民是呈四个"仍然"特征的弱势群体

第一，中国的农民仍然很多。到2014年底，全国常住人口城镇化率是54.77%，看上去留在乡村的人不到半数了，但7.5亿城镇常住人口中还有2.5亿流动人口，归根结底农民还是最大群体。

第二，中国的农民仍然不富裕。城乡居民收入倍差仍有2.75，城里人挣1元钱，农村人只挣0.36元。

第三，中国的农民仍然很辛苦。种地还不能完全摆脱"看天吃饭"，农业现代化程度还不高。

第四，中国的农民仍然很纠结。谁来种地？谁能进城？留在村里，各方面服务行不行？进了城，过得好不好？都是难题。

## 三　农村是存在"三个现象"的落后地区

二元体制使城乡差距拉大，农村经济社会发展可概括为"十大现状"：①门庭冷落，杂草丛生，文化沙漠。②人情关系金钱化、社会关系陌生化、代际关系疏离化。③传统文化后继无人，手工绝活已经失传。④小病拖大病，大病等着死。⑤教育设施异常缺失，家乡人才远走他乡。⑥因为社会福利无从谈起，所以不生儿子不罢休。农村男性多于女性，男光棍多。⑦老弱妇孺是农村主力，遭盗窃打劫等无人管。⑧农民信访不信法。⑨老一代感受不到温暖，孙一辈体会不到母爱。⑩ "垃圾靠风刮，污水靠蒸发，家里现代化，屋外脏乱差" 已成为我国部分农村生活环境的写照。

农村普遍存在 "三个现象"。一是 "两多两少" 现象。所谓 "两多"，即外出务工就业人员多、留守人员 "老小病弱" 多。所谓 "两少"，即学龄儿童少、青壮年劳动力少。二是 "两闲两散" 现象。所谓 "两闲"，即房屋闲置、岗位闲置。所谓 "两散"，即村民居住散、党员分布散。三是 "两归两缺" 现象。所谓 "两归"，即外出人员回村方式有 "候鸟式迁徙" 和 "无序回巢" 的特点。所谓 "两缺"，即入党积极分子缺乏、后备干部缺乏。

# 四　农民工问题使中国社会呈现三元体制的特征

长期二元体制下的中国城市化造就了大量的农民工，他们难以在较短时间内转化为城市居民。他们既不同于农村居民，也不同于城市居民，构成了转型期中国社会的第三元。所以，当前中国不是改革二元体制的问题，而是改革三元体制的问题（见表1），核心是解决2.69亿农民工的问题。

表 1　三元社会结构基本情况

|  | 城市居民 | 城市农民工 | 农村居民 |
|---|---|---|---|
| 就业行业 | 多在国有企业 | 多在非国有企业，或自我雇用 | 农业 |
| 收入来源 | 制度性工资与单位福利 | 市场性工资、无单位福利 | 农业、养殖业或副业 |
| 失业保障 | 有 | 无 | 无 |
| 劳动保障 | 有 | 无 | 无 |
| 养老 | 社会养老 | 家庭养老 | 家庭养老 |
| 住房 | 福利分房或在政府供购房补贴情况下购买商品房 | 租用、单位提供或购买商品房 | 自建 |
| 医疗 | 公费医疗 | 自费 | 自费 |
| 教育 | 义务教育 | 要交赞助费 | 义务教育 |

综上分析，农村的深层次问题呈现 "两个掩盖"。一是农民工资性收入掩盖了农民增收现状。剔除工资性收入，农民从农业中获取的收入非常少。二是国家惠农补贴掩盖了农业低效甚至是负效的真相，呈现 "两个拉大"

现象。一是城乡居民收入差距拉大；二是农村居民内部收入差距拉大。农业发展转型的困难和问题是：中央强调粮食安全，地方注重经济发展和财政增收，农民看重种养效益，三者少有交集，难以形成合力，更难以满足三方面不同的需求。

如果我们把"三农"问题看作农村改革的"靶"的话，那么农民就是"三农"问题的"靶心"。我们所有的农村改革探索，都是在射"三农"这个靶，每次都会有一个得分，这个得分就是因解决"三农"问题而取得的实效。靠近靶心越近，分值越高，射中靶心"农民"，就会得满分。关键是如何射中靶心？认准靶心很重要。

# 盘活农村"两权"促进"三区共建"[*]

**摘　要：**本文是作者2016年10月27日在第四届陕西省村干部论坛上的发言。作者认为农村要走产业园区、农村社区和旅游景区"三区共建"的路子。首先必须认清两个形势，即乡村旅游很火，但乡村旅游发展的状况并不乐观。原因是大部分的村级组织普遍存在两缺：缺组织、缺资金。资金从哪里来，作者提出必须盘活农村的土地承包经营权和宅基地使用权两个资源，并介绍了盘活土地承包经营权的"沙洋创新"和盘活宅基地使用权的"联众模式"两个典型，供大家借鉴。

**关键词：**三区共建；两权；沙洋创新；联众模式

非常高兴在美丽的汉中城固县与大家再次相会。这次论坛的主题是：集思广益，探索如何打造一条产业园区、农村社区和旅游景区（休闲农业）"三区共建同步发展"的路子。下面我从如何盘活农村土地承包经营权、宅基地使用权方面谈点认识，和大家共同探讨。

## 一　认清两个形势

第一，发展乡村旅游的形势。总体看，一句话，就是发展快、潜力大、后劲足、形势好。《中国休闲农业与乡村旅游深度调研与投资战略规划分析前瞻》数据显示，2012年底，全国休闲农业和乡村旅游接待游客8亿人次，

---

[*]　本文为2016年10月27日作者在第四届陕西省村干部论坛上的发言，根据录音整理。

营业收入超过 2400 亿元,到了 2015 年,接待游客超过 22 亿人次,营业收入超过 4400 亿元,从业人员 790 万人,其中农民从业人员 630 万人,带动 550 万户农民受益。再看陕西,全省现有休闲农业经营主体 1.1 万个,从业人员 11.6 万人,带动农户 9.6 万户。2015 年接待游客超过 8000 万人次,营业收入 61 亿元,其中农副产品销售收入 25.4 亿元,实现利润 12.6 亿元,从业人员年平均劳动报酬 1.8 万元。休闲农业和乡村旅游呈现"发展加快、布局优化、质量提升、领域拓展"的特点,成为经济社会发展的新业态、新亮点。

第二,乡村旅游发展的形势。乡村旅游挣钱吗?客观地说,除了已成功打造成旅游目的地的一部分村镇外,大部分乡村旅游(休闲农业)并不挣钱。当然,那些"醉翁之意不在酒",套取国家补贴资金、圈占农村集体土地、侵占农民权益的"假把式"除外。不挣钱的原因,主要是乡村规划粗糙、经营理念落后、设计风格雷同,生态文化、乡土文化、乡村民俗等文化内涵深度挖掘不够。农家乐经营户大多是个体农户,他们缺乏长远打算和规划,加之农家乐又带有明显的季节性和兼业性,农民增收效果并不明显。有的乡村旅游景点由政府包办,或者"拉郎配",做形象工程。湖北省黄冈红安县永佳河镇的喻畈村是政府搞的一个美丽乡村,我从网上看到,很美、很向往,慕名开车去的,有道是"酒香也怕巷子深",环境确实美,但由于缺乏产业、缺乏旅游产品包装,群众并未因"景"得富。可见,乡村旅游(休闲农业)的发展形势也是严峻而富有挑战的,如何走好"三区共建同步发展"的路子,值得我们的重视和反思。

## 二 盘活两个资源

具体乡村旅游怎么搞?咸阳的袁家村给我们探索出了一条路子,做出了成功示范。我把袁家村成功的原因总结为六个好:一是有一个好班子,好的带头人带来发展新理念,这个是关键;二是有一个好路子,走集体经济的道路使产业转型有经济基础;三是有一套好机制,一、二、三产业融合机制保证了发展的可持续性;四是有一个好方式,利益共建共享的分配方式保证了群众利益和共同富裕;五是有一个好办法,严管重罚的管理办法保证了农产品质量；六是有一个好平台，一个大众创业万众创新的平台保证了乡村活力。与袁家村相比，我们大部分的村级组织普遍存在两缺：缺组织、缺资金。农村要发展，特别是要走"三区共建"的路子，首先要有一个强有力的村级组织，才能号召群众、组织群众、带领群众干事创业谋求发展。我这里讲的缺组织，不是我们缺村级组织，缺书记、村主任，而是我们的村级组织缺乏组织群众的能力。另外一个就是缺资金，我们大部分的村庄，集体经济发展慢，集体没有积累，加之农村金融供给不足，金融机构"嫌贫爱富"，财政资金只能保运转，而难以促发展，"三区共建"有想法、没钱没办法。今天在座的村党支部书记、村委会主任，都是全省的优秀村干部，相信在你们的带领下村级班子是能组织群众的、有凝聚力的、有战斗力的。因此，"缺资金"就成为大家共同面对的问题。

资金从哪里来？我的观点是：盘活农村资源，吸引社会资本。农村有哪些资源呢？应当说农村所有能创造价值的东西都可称为资源，比如说农村的地理特点、区位优势、民俗特色、自然景观、人文历史、生态条件、民风民居等，但这些都属于有形资源，而且能开发的开发了，能卖的卖掉了。如何盘活这些有形资源，大家比我办法多。我这里只讲如何盘活农村的"两权"土地承包经营权和宅基地使用权。长期以来，这"两权"没有给农民带来实实在在的财产权益，属于死资产，成为农村产权制度改革的瓶颈。但党的十八大以来，"两权"改革相继破冰。2015年8月，国务院印发《关于开展农村承包土地的经营权和农民住房财产权抵押贷款试点的指导意见》（国发〔2015〕45号），"两权"抵押贷款试点正式启动。232个县级行政区获准试点农村承包土地的经营权抵押贷款，59个县级行政区获准试点农民住房财产权抵押贷款。但《物权法》和《担保法》关于耕地、宅基地等集体所有的土地使用权不得抵押的相关法律条款是个障碍。2015年12月27日，十二届全国人大常委会第十八次会议审议通过了相关决定，对"两权"抵押贷款试点地区进行了法律授权。2015年11月，中共中央办公厅、国务院办公厅印发的《深化农村改革综合性实施方案》，在土地承包经营权方面，提出"三权分置"，即顺应农民保留土地承包权、流转土地经营权的意愿，将土地承包经营权分为承包权和经营权，实行所有权、承包权、经营权分置并行，着力推进农业现代化。在宅基地制度改革方面，提出探索宅基地有偿使用制度和自愿有偿退出机制，在明确界定农民住房财产权的基础上，探索住房财产权抵押、担保、转让的有效途径。探索宅基地的有偿使用制度和自愿有偿退出机制，在十八届三中全会赋予农民住房财产权抵押、担保、转让权利的基础上又进了一步。土地是农村最大的资源，这些政策的突破给我们探索利用土地资源、吸引社会资本投资农业提供了保障。

# 三　推广两个模式

不是土地政策突破了，社会资本、工商资本就主动来了。因为资本都是逐利的，社会资本在农村"种庄稼"，投资一产，利润不大，积极性不会高；社会资本在农村"种工厂"（办工厂），投资二产，土地政策不允许。目前，最好的路子是吸引社会资本投资三产，投资乡村旅游，在农村"种景区"。这就又回到了我们今天论坛的主题。如何有效盘活农村"两权"，实现"三区共建"？放眼全国，许多村庄已经做出了探索，树立了榜样，我们只要结合村情复制就行。在这里给大家介绍两个模式：一个是盘活土地承包经营权的"沙洋创新"；一个是盘活宅基地使用权的"联众模式"，供大家借鉴。

盘活土地承包经营权的"沙洋创新"。"沙洋创新"是湖北省荆门市沙洋县探索的承包权稳定不变、承包地合理互换、经营权有序流转、财产权有效实现，"田成片、渠相连、路相通、旱能灌、涝能排"的按户连片耕种模式。

"沙洋创新"的"1233"路径。"1"即一个方式，对地块进行互换调整。"2"即两个集中，土地向单一的农户连片集中，向生产大户等新型经营主体集中。"3"即三个稳定，家庭承包的体制稳定、农户承包面积稳定、农户承包的期限稳定。"3"即三个步骤。第一步，地方政府加大高标准连片农田建设力度，加强基础公用设施建设，提高土地收益。第二步，以小组为单位制订按户连片耕种方案。操作方式：一是重新分地、面积不变，其实质是集体统一组织进行"承包经营权交换"；二是农户间协商，承包权不变，只流转经营权，即以原有较大的地块作为基础，通过协商把邻近的小地块经营权流转到自家来；三是根据绝大多数村民意愿，采取依据家庭人口数量重新分配土地的办法，达到使农户耕种土地连成一片的目的，最大限度地实现家庭规模经营。第三步，丈量土地、确定面积，通过商定的方案确定各户承包地的位置，按照应承包面积确定具体地块界线，办理土地承包经营权证。

"沙洋创新"的核心是解决承包地细碎化的问题，促进土地流转。细碎化土地经营的弊端概括起来是"一个浪费、两个阻碍、三个不利于"。一个浪费是浪费了耕地资源，统计显示，田埂浪费了中国农地面积的 3% ~ 10%；两个阻碍是阻碍了农业机械化的发展，阻碍了农业生产规模效益的发挥；三个不利于是不利于农田水利基础设施建设，不利于农业新品种、新技术的推广普及，不利于开展农业社会化服务。

盘活宅基地使用权的"联众模式"。"联众模式"是浙江联众乡村资源开发有限公司首创的，是在农村建房，专门供城里人休闲度假的投资方式。联众公司寻找环境优美、交通便利的乡村，与农户签订整体合作协议，在不需要农民投入资金的前提下，对整个村庄进行重新规划、建设，利用现有的宅基地重建新的 4 层小楼，统一组织经营。这种不需要农民投资、不占用耕地资源、不破坏生态环境的商业经营模式被称为"联众模式"。

"联众模式"的主要做法。一是农户提供宅基地，社会资本出资开发建设。联众公司在村委会的见证下，一户一宅地与农户统一签订合作开发合同，由企业出资在原址对房屋进行重建改造，并负责建设相应的配套设施，比如停车场、公厕、道路、广场和绿地等。二是房屋产权归农户，社会资本拥有 30 年经营权。改造重建后的产权归农户所有，1 楼使用权归房主，由农民自己经营，2、3 楼部分房屋归农户使用，剩余房屋由公司统一对外经营 30 年，到期后，所有房屋"物归原主"，4 层小楼全归农民。另外村庄景区建成对外开放以后，按照公司 60%、村委会或村民 40% 分配收入。三是利用对外经营帮助村民解决就业问题。聘请房主为管理员，每月支付一定的管理费，聘期为 30 年。企业整理出部分土地，开发生态农业，扩大村民就业渠道。四是拓展农业多种功能。依靠农家乐等新的旅游休闲形式，为城市人提供"采菊东篱下，悠然见南山"的生活方式。

"联众模式"的两种房屋租赁创收方式。一是分时度假，即人们在农家乐度假地购买房产时，只购买部分时段产权，几户人家共同拥有一处房产，共同维护、分时使用。二是异地养老，利用城乡间的级差地租，为市民的异地养老提供廉价住房，这是抓住老龄化趋势的一种创收经营模式。

我国改革已进入深水区，农村改革也是一样，要盘活农村资源，实现"三区共建"，只有向改革、向政策、向创意、向理念要发展。要按照"法无禁止皆可为"的原则，树立"你发财我发展"、"不求所有、但求所在"的理念，借鉴"沙洋创新"和"联众模式"，积极开展改革试点，创造条件、主动吸引社会资本投资农村。

最后，祝愿在大家生活更加富裕，农村的明天更加美好！

# 财产性收入是城乡居民收入差距
# 扩大的主要因素[*]

**摘　要：**党的十七大报告提出"创造条件让更多群众拥有财产性收入"。本文认为财产性收入是导致城乡、区域、行业贫富差距不断扩大的主要因素，从土地收益、住房收益、资金收益分析来看，增加居民财产性收入重点对象是农民。提高农村居民财产性收入要加快推进农村土地制度改革，深化农村集体经济产权制度改革，实行差别式税收制，加强农村金融体系建设，建立健全社会保障制度，加大扶贫开发力度。

**关键词：**财产性收入；农民；原因分析；路径

党的十七大报告首次提出"创造条件让更多群众拥有财产性收入"，"十二五"规划建议完善了这一提法，提出"创造条件增加居民财产性收入"，这一新提法用"居民"替换了"更多群众"，就是要让全体公民都能拥有财产性收入，要让财产性收入在城乡普遍化，其实质是让全体老百姓都能来分享经济发展和经济改革的成果。这充分体现了发展为了人民、发展造福人民、发展成果由人民共享的科学发展理念，是党和国家增加城乡居民收入，改善民生的重大举措。

## 一　财产性收入是导致贫富差距不断
## 扩大的主要因素

导致贫富差距不断扩大的主要因素不可能是劳动收入，而只能是财产

---

\* 本文曾发表于《西安商报》2011 年 6 月 27 日"城乡统筹周刊"栏目。

性收入。据有关资料，目前我国城乡居民的收入差距、最高省与最低省的收入差距以及最高行业与最低行业的收入差距大约都在 3 倍或更多一些。但是，由于所有制结构和财产关系的日益多元化，最富裕阶层和最贫穷阶层在财产占有上以及由此产生的收入上的差距，很可能是以百倍甚至万倍来计的。劳动收入的差距与财产性收入的差距相比，只是小巫见大巫。由于财产性收入是以居民富余的财产为投资基础的，"钱生钱"、"物生钱"效应是财产性收入的内在增长机制，用于财产性投资的资产数量越大，所获得的利润就越多。因此，从财产性收入的人群分布来看，它更多地集中在高收入群体。国家统计局城市司的一份调查资料显示，目前我国收入最高的 10% 家庭的财产总额占城镇居民全部财产的比重已经接近 50%，收入最低的 10% 家庭财产总额所占比重约为 1%。由于高收入阶层手中拥有大量"余钱"，他们已成为投资理财的主要群体，自然也是财产性收入的主要流入地。这无疑会导致财产性收入增长越快，贫富差距也将越严重的现象。因此，政府提出让全体居民都能增加财产性收入，就具有十分重要的现实意义。

## 二　增加居民财产性收入重点是农民

1990 年至 2009 年，在全国城镇居民家庭人均可支配收入中，财产性收入增长了 21.7 倍，呈现高速增长态势。而农村居民的人均财产性收入与城镇居民的人均财产性收入相比，在绝对数量上有很大差距。如，1997 年，农村居民人均财产性收入为 23.61 元，城镇居民人均财产性收入则为 124.39 元；2006 年，农村居民人均财产性收入为 100.5 元，城镇居民人均财产性收入则增至 244.01 元；2009 年，农村居民人均财产性收入仅为 167 元，而城镇居民人均财产性收入增至 500 多元。农村居民财产性收入主要来源于土地、房屋和资金三方面。来自土地的财产性收入主要是通过土地征用和土地承包经营权流转获得的收入；来自住房的财产性收入主要是通过房屋出租、出售和拆迁补偿等方式获得的收入；来自资金的财产性收入主要是通过储蓄、民间借贷和投资股票、债券、证券等获得的收入。

第一，从土地收益来看，土地作为农民最重要和最主要的财产，产权主体不清晰，产权内容不明确，导致土地市场化功能不能充分发挥。在土地征用过程中，相比土地增值总额，农民得到微不足道的收入和补偿。有资料显示，土地用途转变增值的权益分配中，地方政府得到 60%～70%，村集体组织得到 25%～30%，失地农民只得到 5%～10%，甚至更少。由于土地流转程序缺乏制度规范，土地流转规模不大，农民自发流转收益难以保障，土地撂荒现象严重。

第二，从住房收益来看，农村现行的宅基地制度使农民房产难以形成财产性收入。《土地管理法》限制了农村住宅的商品性。城市的房产，居民都有房产证，可以转让，可以抵押，有完全的产权功能，但是，数量庞大的农民家庭拥有的房产资源就是一种死的资产。当前有一种怪现象就是，城里有钱人有几套房子闲置，外出打工的农民农村的房子也常年闲置，这两种闲置都是资源的浪费，但有着重要的差别。城里有钱人的房产虽然不住，价值却在增长。农民的房产不住就白白闲在那里，任凭风吹雨打及老鼠打洞。因为农民宅基地是按人口分的，不要白不要。农户新建住宅不拆旧宅，住新占旧现象大量存在，一户多宅的问题十分突出，据在咸阳市礼泉县农村的调查，村庄规模在 200 户左右的村子，闲散的空宅院和按规定应该收回的宅基地都在 50 户以上，每户宅基地按 0.4 亩计算，每村可以腾出 20 亩地。由于一些农民长期在城市打工，其宅基地和房屋长期闲置，形成了不少空心村，这实际上是地产和房产的浪费。在农村住房出租方面，目前对象仅限于城郊农民。

第三，从资金收益来看，金融性财产性收入是以金融票据、证券契约等形式将财产资本化的所得，但在农村，目前缺乏合适的金融市场与金融工具以将未来收入做票据化、证券化变现的情况下，农民很难获得这部分收入。一是农民存款不多。农民存款所占比例不到 30%。二是农民资产规模小、专业知识不够、承受风险能力差。考虑到银行利率逐年下降、农村金融市场发展缓慢等因素的综合影响，农民想要获得丰厚的投资回报收入在现阶段是困难的。股票、证券、债券等投资，主要集中在大中城市和沿海经济发达地区的周边农村，多数农村基本上还属于未开垦的处女地。

# 三　提高农村居民财产性收入的建议

一是加快推进农村土地制度改革。在稳定农民对承包地拥有长期物权的前提下，促进土地流转和变现，使农民获得稳定的收入。清晰界定农户宅基地产权属性，推进宅基地流转、置换方式创新，让农户分享土地升值的收益。

二是深化农村集体经济产权制度改革。要进一步健全完善农村集体资产管理体系，加快建立集体资产产权界定和登记制度、流转和评估管理制度，使集体资产增值收益成为农村居民财产性收入的重要来源。

三是实行差别式税收制。我国广大农村居民的财产收入比较单一，主要是银行利息，对这种有可能使农村居民获得数量有限的财产性收入的途径，建议政府考虑免收税费。而对那些更有可能为富人获得数量庞大的财产性收入的渠道，政府则宜于根据暴利程度的不同采取累进税率，比如限制炒房收入。

四是加强农村金融体系建设。积极引导社会资金在农村设立各类新型金融组织。继续深化农村信用社改革，支持有条件的农民合作组织开展信用合作，规范和引导民间借贷健康发展。积极鼓励金融机构进行农村金融产品和金融工具创新，根据农民资金额小、金融知识有限、风险承受能力不强等特点，开发出符合农民理财需要的金融理财产品，为农民提供更多、更安全的投资渠道。

五是建立健全社会保障制度。由于社会保障体系不健全以及教育、医疗、建房等费用的不断攀升，农民只能通过预防性储蓄和手持现金来规避风险，以提高自我保障的安全感，这导致金融资产过度集中在储蓄上。通过大力实施脱贫攻坚工程和扩大公共财政支出范围等措施，建立新型的覆盖城乡的社会保障体系，扩大社会保障覆盖面，提高保障程度，一方面使得低收入阶层能够积累财产，另一方面可以为低收入阶层参与资本市场获取财产性收入提高风险承受能力，从而使农民能够获取更多的财产性收入。

六是加大扶贫开发力度。增加贫困人口财产性收入的首要任务在于增加这一群体的财产。无财产就无所谓财产性收入。就目前1500元标准计算，全国贫困人口总数将达9000多万甚至上亿。加大对这一群体的扶贫力度，就显得尤为重要。建议国家对居住在土窑洞、危漏房等地的贫困户，和边远独居户实行大搬迁，提高补助标准，彻底改变他们的居住条件。

# 深化农地经营权流转的政策设计

## ——基于陕西的三个案例分析 *

**摘　要：**本文在剖析陕西三个农村土地经营权流转案例的基础上，分析了农村土地经营权流转实践中存在的四个问题，提出了深化农地经营权流转的九个方面的政策设计。

**关键词：**农地流转；政策设计；案例剖析

# 一　农地经营权流转案例剖析

## （一）陕西乾县城关镇南街村二组的土地流转模式

### 1．基本情况

咸阳市乾县城关镇南街村二组有 112 户，420 人，耕地面积为 400 亩，人均耕地 0.95 亩。1997 年土地二轮承包后，随着市场经济的发展，商贸流通日趋活跃。该组大部分群众弃农经商，全组一半以上的土地被粗放经营，甚至撂荒。少数农户则由于土地分散无法进行规模化经营，土地利用率不高。

### 2．土地流转形式

1999 年南街村村委会经过讨论研究，按照国家土地二轮承包三十年不变的政策，提出了"实行土地有序流转"的方案，并在南街村二组全面试点。首先，村上把各户愿意流转的零散土地登记造册，通过调地、互换，调整为集中连片的土地。其次，由村委会与农民签订土地流转合同，按照土地优劣

---

＊　本文曾发表于《调研世界》2012 年第 2 期

以每年每亩 300～500 斤小麦的价值（时值价格）为租金，把农户手中的土地经营权有偿转让给村集体，再由村委会以同等条件转包给有经验、懂技术的崔悟性等 5 户农户。全组共流转土地 376 亩，流转率占 94%。其中本组村民崔悟性承包土地 136 亩，发展苹果、红仙桃生产；村民吴峰承包土地 64 亩，发展红仙桃生产；村民高小荣承包土地 126 亩，发展苹果、酥梨生产；村民袁新平和付斌斌承包土地 50 亩，发展苗木花卉种植，并进行花卉出租。村两委会一班人负责监督承包户按期给农户兑付租金。目前，南街村二组的村民从事农耕种植的 5 户，经商办厂的 26 户，从事个体经营的 53 户，其他的外出务工或从事其他行业。2009 年，该组全年总产值达 630 万元，人均纯收入超过 1.2 万元，尤其是 5 户种植户户均纯收入在 7.8 万元以上，实现了种地与经商共赢。

### 3. 经验与存在的问题

南街村二组的土地流转属于在村委会组织下的转包，其土地经营权流转路径为：农户→村委会→农户，从而使土地向种田能手集中，提高了土地利用效率。在土地流转的利益分配机制上，转出土地的农户收取土地租金和国家补偿金，转入农户获得在土地上的经营收入，村委会只是作为土地流转的服务者和监督者，并不提取集体积蓄。南街村二组土地流转后，生产要素得到了优化组合，使得富余劳动力摆脱了土地束缚，从事多种经营活动。土地集中到 5 户种田能手之后，激发了他们发展农业的积极性，增加了对土地的投入，他们不仅修复了村上的水渠等农业基础设施，而且联合成立了"果业协会"和"农业科技小组"，实现了农业的专业化生产和科技化生产。但是，南街村二组的土地流转存在着问题：该组的土地流转 1999 年实施至今已有十余年，土地流转的规模并没有扩大，流转也没有扩展到整个南街村，其示范性的推广效应并不突出，此外，在土地集中后，种田能手都选择了种植比较收益更大的经济作物，在该案例中土地集中对增加粮食作物的种植效果不明显。

## （二）北峪村"企业＋能人＋基地"的土地流转模式

### 1. 背景

北峪村位于咸阳市泾阳县城西北 20 公里，属于典型的渭北旱腰带地区，地貌复杂，常年干旱。全村有 157 户，576 人，1300 多亩耕地，其 1200 多亩为沟坡旱地。昔日的北峪村是典型的贫困村，一年种植一季作物——小麦或者玉米。村民生活极苦，多在塬边崖畔挖个简陋窑洞安家，居住散乱，缺水缺电，道路难行。改革开放后，该村办起了砖瓦厂，发展了运输业，村民生活有了好转，但靠天吃饭、收益不高的农业现状并没有改变。2006年北峪村被咸阳市县两级确定为新农村建设示范村后，在县乡党委支持引导下，北峪村土生土长的企业能人、日新建材公司的经营者——杜琦被村民推上村党支部书记岗位。他抓住国家西部大开发、地震灾后重建、扩大内需等政策机遇，发挥当地黏土资源丰富的优势，科学经营，精细管理，使企业规模效益不断扩张，先后兼并了周边村的2个中型砖瓦厂，拥有机砖生产线2条、机瓦生产线4条、彩瓦生产线1条，年产值1000多万元，员工从300人增加到近800人，成为西北有名的砖瓦企业，带动全村运输专业户增加到76户，各类运输车辆达83台。党的十七届三中全会召开后，他瞅准张裕（泾阳）葡萄酿酒有限公司扩大生产、需要原料的良好商机，投资设立了日新农业开发公司，并通过农地股份合作制的形式，把北峪村的沟坡旱地都集中起来，建成了占地1万亩的现代化酿酒葡萄种植园，为北峪村产业开发和村民增收注入了活力。

**2. 土地流转经验**

北峪村的农地流转，创新性地结合了农地入股和土地转租两种土地流转模式的利益分享机制。

村民先将土地承包经营权以合同形式转让给村委会（村葡萄生产合作社），再由村委会（村葡萄生产合作社）以土地入股，与日新公司建设葡萄种植园。在公司股权分配上，村民以土地的经营权入股，其所占比重按转让土地面积计算；村集体以土地所有权入股，分得的红利作为村集体收入。根据合同约定，村民分红约占公司总盈利的35%，其中30%按各户入股承包地面积分给村民家庭，5%作为集体积累，用来兴办村公益事业。

日新农业开发公司通过对村民种植收入的调研，以村民每年种植亩均最高收入为标准，付给村民土地租金，企业用工也优先雇请本村村民。这样，每年的土地租金，保证了村民独自经营的最高土地收益；每年的股权分红，顾及了村民的长远利益分享。

村委会在土地流转中发挥着制约和监督的作用：一方面，作为集体土地所有者和土地发包方，约束村民行为，防止村民随意中断合同，稳定企业经营；另一方面，作为村庄管理者和村民利益代表，监督企业行为，防止企业改变土地集体所有性质，改变土地用途，侵犯村民应得收益。

### 3. 土地流转效果

北峪村农地流转后，取得了显著的成效，概括而言，主要体现在以下四个方面。

第一，提高了农业科技水平。日新农业开发公司接手土地后，立即投巨资进行整理开发，雇了4台挖土机平整沟坡，从养殖场购买了大量农家肥改良土质，通过西北农林科技大学专家采购到优质树苗，从泾惠渠引来灌溉水源，同时建设了滴水灌溉设施，还聘请多名专业科技人员驻地指导，使北峪村农业从小户经营的分散农业凝聚成企业经营的规模农业，从完全靠天吃饭的自然农业升华为由现代设施技术支撑的现代农业，经营水平发生了质的跃升。

第二，提高了土地产出。北峪村的沟坡旱地，水肥严重不足，昼夜温差大，不宜种植喜水喜肥的小麦、玉米等粮食作物，每亩年均净收入从来没有超过200元。而该村土壤和气候适宜种植优质酿酒葡萄，亩产最低5000公斤，即使按张裕（泾阳）葡萄酿酒有限公司与泾阳县政府签订的每公斤2元的最低保护收购价计算，亩年均收入也会达1万元，净利在5000元以上，约是过去分散种粮的25倍。

第三，提高了农民收入。日新农业开发公司的大型现代化葡萄种植园成立后，需要大量的劳动力来植树、栽杆、除草、施肥、疏花、套袋、浇水、打药、采摘、装运等，这不仅使北峪村的剩余劳动力实现了就地就业，而且吸纳了邻近村的部分劳力。这拓宽了当地农民的收入渠道，大幅增加了农民收入。仅2009年，北峪村民就从日新农业开发公司那里得到园区劳务薪金收入总计140多万元。

表1　北峪村土地流转前后农民人均纯收入对比

单位：元

| 年份 | 农民人均纯收入 | 其中 | | | |
|---|---|---|---|---|---|
| | | 经营性收入 | 工资性收入 | 财产性收入 | 转移性收入 |
| 2006 年 | 3124 | 1124 | 1850 | 150 | — |
| 2009 年 | 8500 | 2800 | 5040 | 610 | 50 |

从表1来看，土地流转前的2006年北峪村人均纯收入为3124元，而流转后的2009年达到8500元，增长了近2倍；2009年农民人均纯收入中工资性收入达5040元，是2006年的2.7倍。如村民刘文学家，3口人，原耕种旱地2亩，水地2亩，年人均纯收入1100元，2亩旱地流转后，夫妻在基地务工，月收入1800元，年人均纯收入达9200元。村民张锋家，5口人，原耕种旱地5亩，年人均纯收入4000元，土地流转后，专门从事汽车修理，年人均纯收入11000元。目前，全村80%以上农户存款在5万元以上，其中一半农户存款在10万元以上。由于集体积累有了稳定来源，北峪村每年重阳节都召开隆重的尊老敬老大会，给村上所有60岁以上老人按每月120元、所有80岁以上老人按每月200元的标准发放生活补助。

第四，带动了周边村发展。土地流转和规模经营带给北峪村的显著变化，引起了周围许多村村民的注意和羡慕。一些村开始积极联系其他企业进驻本村开展土地流转和规模经营，更多村则是直接邀请日新农业开发公司到他们那里去租赁土地、扩大经营。北峪日新农业开发公司已签约租赁了与北裕村的旱地相邻连片的王桥镇北张村2500亩、兴隆镇张李村750亩旱地扩大酿酒葡萄种植。北峪日新农业开发公司还计划投入资金600万元，在北峪村北两架沟里新建一个存栏10万只土鸡、野鸡的特种养殖场，配套建设沼气池，走"果、畜、沼"循环发展的产业路子，把本村和附近几个村的经济发展再推上一个层次。

（三）"高、刘现象"——民营企业与民间资本参与发展现代农业的模式

1. 基本情况

高乃则生于1961年，陕西省府谷县武家庄乡高庄则村人，著名慈善家、企业家，陕西兴茂侏罗纪煤业镁电（集团）有限公司董事长。高乃则以2890万元的捐赠额，位列胡润慈善榜第91位，同时也是唯一上榜的陕西富豪；2009年获中国扶贫开发典型人物荣誉称号。高乃则致富不忘乡亲，慷慨解囊扶贫济困，赞助公益事业，其中用于新农村建设的有13045万元，地方通信建设资金55万元，教育文化事业364万元，医疗卫生和村级机构建设1320万元，修公路28万元，人畜饮水工程235万元，农村电力66万元，

为农民打井约 111 万元，文物保护和文化事业 218 万元，资助贫困大学生、特困户、重病户 153 万元，社会慈善事业 103 万元等，获得地方党政领导和群众的好评。高乃则本人先后获得"榆林市学雷锋先进个人"、"陕西省优秀企业家"、"榆林市十佳劳模"等荣誉称号。2007 年，府谷县政府组建府谷县煤业集团，高乃则被推选为董事长。2008 年，府谷县政府将高庄则村列入农业综合开发项目区，并确定为新农村建设示范村。项目计划总投资 7050 万元，其中国家农业综合开发项目投资 375 万元，扶贫重点村投资 50 万元，高乃则个人计划投资 6625 万元，涉及 3 个行政村，8 个自然村，290 户，1058 人。项目规划建设面积 8 平方公里，建设蔬菜大棚 300 亩。

**2．主要做法**

高乃则在农业开发上的做法是以入股的形式，把农民的土地集中起来，统一建成现代化的高效设施农业，农民作为农业产业工人，享受股份分红的同时在农场打工挣钱，企业免费为农民提供生活设施和公共设施。高庄则村建设的内容包括五个方面。

第一，大田生产区。把规划区内 6500 亩耕地建设成为现代化农业生产区，统一种植无公害绿色食品。

第二，蔬菜生产区。新建日光大棚 80 棚，占地 80 亩，主要以种植蔬菜为主，预计年产蔬菜 100 万公斤。

第三，加工养殖区。新建精制淀粉加工或黄豆加工厂 1 座，豆腐坊 1 个，油料作坊 1 个，养殖基地 1 个，预计年可出栏生猪 300 头、羊 2000 只。

第四，公益人居区。无偿为村民新建民居 160 套，建小学 1 所，集"两委"办公室、医务室、文化室、会议室等功能为一体的综合楼 1 座和兽医门诊 1 处，新修通村水泥道路 3.3 公里，配套辐射井 3 眼，统一供水，集中供暖。该区总占地面积 72 亩，建筑面积 1.6 万平方米。

第五，生态建设区。造林 3500 亩，道路两旁景点种植常绿树 500 亩，人工种植紫花苜蓿 1000 亩。项目建成后，高庄则村将成为设施一流、功能齐全、环境优美，同时具有强大产业支撑的社会主义新农村，也将成为生态农业的示范区和优美的观光农业区。

另一民营企业家刘彪和高乃则一样。府谷县保榆煤焦公司董事长刘彪拿出 5000 多万元，把家乡新民镇芦草畔村建成高标准的新村，从事现代农业开发，建设社会主义新农村。

### 3. "高、刘现象"的意义

在我国中西部一些资源富集地区，近年来出现了"财政富、少数人富和农村依旧贫困"的现象。在面临这种难题的陕北地区，为了缩小贫富差距、加快农村发展，一批"富人群体"在政府的引导鼓励下出资建设新农村，既缓解了新农村建设的资金"瓶颈"问题，又为资源富集区发展现代农业走出了新路。他们的做法揭示了陕北走现代农业道路的可能性和必要性。"高、刘现象"的出现，给我们提供了解决困扰现代农业发展的资金和管理问题的思路。一是引导民营企业家把在工业上获得的资金积累投入农业，使现代农业成为他们扩张的产业体系，从而促进农业发展，推动社会主义新农村建设。二是民营企业运用利益机制组织农村土地合理流转，实现农业资源的集约经营。农民在自己入股的农业企业打工，随着身份的转变，思想观念也在发生着转变。三是企业化经营农业，提高了农业的组织化程度。社会平均利润没有形成之前，农村人口向工业、城市流动是必然的。只有提高了农业的效益和组织化程度，才能赢得人才和劳动力。四是企业经营农业，要提高效益，必然用现代物质条件装备农业，用高新科技改造农业，用现代产业体系提升农业，这和中央一号文件的精神和要求是完全一致的。

## 二 案例剖析带来的问题与思考

问题1：关于外部企业进入农业和农业经营主体的变化。在本文的案例中，无论是泾阳县北峪村，还是"高、刘现象"，一个明显的变化是外部企业进入农业，改变了农业生产的经营主体；而乾县南街村二组，虽然没有外部企业进入，但成立了经济合作组织，经营主体也发生了类似的变化，由原来的小农经营变为企业经营，农民不再是经营主体，而变成了产权主体和农业工人。经营者角色的变化，不仅带来了农民身份地位的变化，也在一定程度上解决了传统农业下经营主体的女性化和老龄化问题。如何看待外部企业进入农业，不仅政府文件中有不提倡企业到农村包地的提法，很多人也担心，外部企业的进入会侵犯农民利益。笔者认为，外部企业进入农业可以带来技术和资金，改造传统农业，对之简单地做出禁止性规定是否合适，值得商榷。这里的关键在于：一是，企业获得的土地是不是农民自愿流转出来的，如果地方政府为了加快土地流转和招商引资，对土地流转采取强制性做法，则是不允许的，要明确加以禁止；二是，企业给予农民的土地租金是不是经过双方相互协商的，农民的土地承包权在让渡给企业后，是否能保证土地租金的获得是公平的、有保障的；三是，企业在农村获得的土地是否真正被用于农业，对于企业用于农业以外的用途是否有可执行的监管和处罚；四是，对于企业在租约期内使用土地是否会破坏耕作层，则是一个要求管理部门加以监管和约束的问题。

问题2：关于农民身份地位的转换。在以上几个案例中，都发生了农民身份地位的变化，农民变成股民、社员或者农业工人，农户的收入构成也发生了变化，都有了两种收入或者三种收入，即租金收入＋劳动收入，或者租金收入＋劳动收入＋分红收入。目前看到的情况还是比较乐观的，土地流转以后，农民的收入没有减少，反而明显增加。不仅如此，农民自由支配的闲暇时间多了，可以发展和满足其他多样化的需求。因此，农业经营主体和农民身份的变化，必然带来农地承包者和经营主体的分离，政策关注的焦点应该集中于这种变化的趋势和范围，探索未来农业经营者的主体，以及这一变化对农户收入的影响和相应的政策安排。

问题3：关于农村产业结构的变化和粮食经营。本文的案例表明，土地的规模流转促进了农村产业结构的调整，改变了传统农业的生产和各种家畜家禽的养殖方式。不仅如此，整个生产过程的机械化程度提高了，科技投入增加了，市场意识增强了，产前、产中和产后服务体系开始建立。由于实行了土地的集约化利用和产业化经营方式，走上了集约化、产业化和标准化的发展道路。传统农业的产业结构往往是单一发展，主要是种植粮食，而土地流转和规模经营以后，不仅专业化的水平大大提高，而且种养殖的品种也大大增加。从现有案例来看，大多数是种蔬菜、花草苗木，生产生物能源的原料，以及产业化经营，土地的产出率大大地提高了。所有实施土地流转和规模经营的案例，土地产出率都成倍提高。但是，在现实中，确实很难找到专业经营粮食生产的案例。很明显，这与粮食经营的比较效益低下有关。对于新型农业经营者来讲，利润最大化的目标必然使他们将资源配置于附加值更高的作物。如何解决现代农业条件下的粮食生产问题，笔者认为需要专门政策的引导和切实有效的政策措施的实施。

问题4：关于新型农村集体经济组织的发展。实行土地流转和规模经营以后，有的建立了土地（股份）合作社，有的发展了各种专业合作社，有的建设了设施农业和各种专业生产基地，有的引进了外部资金、技术和企业，采取了公司＋农户的合作方式，真正引进和生长出了合作经济的要素，形成新型合作经济组织，原来分散的农户又成了利益相关的共同体。原来空壳子的集体经济有了实际内容，实力壮大了，乡、村组织机构和干部也有力量增加对公益事业的投入，改善了村集体与村民的关系。有的合作社完全独立，与乡、村机构分离开来，按照合作经济组织的章程运行，通过利益纽带的联结，加入合作经济组织的村民也开始真正成了该组织的主人，参与到合作组织的决策和管理中来。新型合作组织在农业经营中起到怎样的作用，如何成长，是一个要关注的问题。

# 三　深化农地经营权流转的政策设计

第一，落实农村土地承包制度"长久不变"，为农村长治久安提供制度基础。农村土地承包制度，是经过农民自己的努力、党的农村政策的不断深化，最终经法律赋予农民物权，即财产权。农民土地权利之所以经常受到侵犯，其中一个原因是保障这一权利的制度服务不足。要落实农村土地承包制度"长久不变"，必须做到以下几点。①进行农民承包地、宅基地、林地、荒地等的确权、登记和颁证工作。②以村社为单位、由农民民主确认集体社区成员权资格和始点，固化农民与土地及其他财产的关系。③尊重历史和现实，划定土地集体所有权主体和边界，明确集体土地所有者内部权属关系，进行集体所有权确权、登记和颁证。

第二，完善农民土地产权权能，保障和实现农民对土地的财产权利。核心是确保农民土地承包权，搞活土地经营权，赋予农民土地处置权。农村改革以来，农民土地承包权和经营权的关系是变化着的。实行包产到户的头几年，土地收成好，非农就业机会少，农民土地承包权和经营权基本上是合一的。乡镇企业发展以后，农民非农就业成为收入主要途径，农业成为兼业，土地承包权和经营权发生了部分分离。在农民跨地区流动后，土地承包权和经营权发生了长时期的分离。利用集体土地从事非农产业时，土地承包权变为股权，土地经营权被让度。由于城市化的推进，农民土地被征用时，土地承包权和经营权一同丧失。因此，除了政府主导的城市化征用农民土地的情形以外，不变的是土地承包权，变化的是土地经营权。农村基本经营制度不变，其核心是土地承包权不变，"长久不变"的核心是农民拥有土地承包权的基本制度长久不变。实现农民的土地财产权利，就必须要在确保农民土地承包权不丧失的前提下，搞活土地经营权，赋予农民土地处置权。未来的政策，需要引导建立保障土地转出方长远收益的相关机制。在土地流转集中过程中应坚持的一个基本原则是，流转必须建立在自愿基础上，地方政府不能强制性将土地集中。而且只有当规模经营的效益大于分散经营的效益之和时，地方政府才允许土地向规模经营户集中。

第三，设置土地流转的制度底线，制定防范侵犯农民权益的排他性政策安排。近几年来，土地流转在一些地方有加快之势，这里既有地方政府的推动，也有农村结构变革对新的土地经营方式提出的要求。在中西部地区，农村劳动力的跨地域流动，导致农业经营者老龄化和女性化。目前和今后劳动力流动人口年龄结构发生重大变化，对于以80后、90后为主的劳动力流动人口是否会在城里打工若干年后，像他们的父辈一样回到老家种地的问题，确实存疑。因此，除去地方政府介入土地流转的因素，村庄内部在人口大量外出后也有土地流转和适度集中的需求。在企业进入农业的政策引导上，建议采取设置农民权益底线，制定排他性条款的方式。①土地无论以什么形式流转，流转给谁，必须由土地使用者与拥有承包权的农户签订合同。②地租必须全部归土地承包权拥有者。③规定一定年期内的地租上升幅度。④农村集体经济组织只能充当中介服务者的角色，不能当地主吃租。⑤土地承租主体不得将土地转作非农使用，制定农地非法非农化的法律处置办法，同时加强农民集体对这种行为的监督。⑥土地租用者在租约期内不得破坏土地耕作层。

第四，设计与城镇化相适应的土地权利退出机制。核心是土地承包权和宅基地的退出机制设计。①明确土地承包权和宅基地权是农民的基本权利，农民享有社保是他们作为公民的基本权利，两者不存在任何置换关系。②对于进城农民工，流入地的地方政府应当通过土地制度创新，解决农民工的居留问题。目前农民工居住的地方，基本是由城乡接合部农民集体以宅基地和集体剩余土地等灰色市场提供的。可以尝试由地方政府将城乡接合部集体建设用地辟出若干片，纳入土地利用总体规划，建廉租房合法出租给外地农民工。这样既保证了集体土地的集约利用和农民集体分享土地收益，又在一定程度上缓解了农民工居留城乡接合部的社会管理问题。③对于长期在外工作、居留和生活的农民，允许他们处置原来的土地承包权和宅基地。村集体可以以优先购买的方式获得这些土地。④城乡接合部地区通过股份制改革，让进城农民以土地股份分享集体土地收益。

第五，提高农户在规模流转决策中的主体地位和主导作用，提升土地流转和规模经营的市场化操作水平。土地流转和规模经营的标的是土地承包经营权，而不是土地的所有权，流转的主体是农户，而非农村集体经济组织，更不是农村的政府机构。这一点在中央的文件中已经有了明确规定，各个地方也在设法实践，问题是如何进一步落实，探索出一套操作规程。民主程序是重要的，操作的办法也需要积累和提高，流转的方式更重要，目前由于大规模流转主要集中在离城市不远的地方，企业的进入是主要的，但长期来看，合作组织的建立和发展有可能会成为主要方式。因此，这方面的探索和研究更值得重视。如果能够形成以农村本土企业为主，外来企业、家庭农场、种植大户共同合作的企业结构和产业结构，土地流转和农业现代化将会被比较顺利地推进。

第六，既要发挥政府在推动土地流转和规模经营中的作用，又要规范政府的行为。在中国的条件下，没有政府的参与和推动，很多事情都无法进行，特别是土地制度的二元分割和政府管制，土地规模流转和现代化经营更少不了政府的参与，然而，政府的主导和参与往往以替代和削弱农户的主体地位为代价，搞得不好，会直接侵犯农民的权益，有可能使土地流转进程发生扭曲。所以规范政府在土地流转中的行为，明确政府的角色定位，规范土地流转的地租分配，加强民主和社会监督，就非常必要和重要。地方政府在土地流转过程中的责任应该是两个，一是天然地具有保护小农利益的责任，因为地方政府如果是向着大农，小农的利益根本无法保证，二是地方政府在土地流转过程中所充当的角色应该是服务和中介的角色，不能充当地主和招商引资的角色。所以，地方政府首先是要搭建土地流转的平台，建立土地承包经营权流转的市场。

第七，培养职业农民。工业化和城市化带来人口流动后，农村劳动力的老龄化、女性化问题突出；新一代农民身份的人口大多数不愿意务农。未来中国农村的耕作者将是具有农业知识和技术的新型农民，未来"农民"不再是一种身份而是一种职业，培养职业农民是解决农村劳动力老龄化、女性化问题，发展现代农业的重要途径。

第八，创新农村抵押担保物，解决土地规模流转和农村发展的融资问题。中国经济发展的一大问题是金融发展滞后，无法满足经济发展对融资的需求，这一点在农村表现得更为突出。在农村，正规金融只能满足资金需求的 1/3 左右，其余都是靠民间非正规金融融通的，但民间非正规金融始终处于非法的地位。土地大规模流转以引进外部企业为主，也与其能够解决融资问题有很大关系。既然承认土地承包经营权是物权，那么，它就可以成为抵押贷款的担保物，但是，农村现有的金融机构是不承认，也不能做的。因此，融资问题是阻碍土地流转和规模经营的重要障碍之一，核心是解决土地承包权与农民房屋和宅基地的可抵押可贷款问题。

第九，支持和发展农民合作组织和家庭农场，探索以种植粮食为主业的土地规模流转问题。以种植粮食为主业的土地流转不多，这既与种粮的收益太低有关，也与现行的鼓励政策不当有关。解决这一问题的主要途径是，采取给予耕地保护补贴、种粮补贴和提高粮食价格等办法提高种粮的收益，使种粮的收益率逐渐接近当地的平均收益率。此外，支持和发展农民合作经济组织、家庭农场和国有粮食企业，推动粮食产区的土地流转和规模经营也是一个重要选择。为此，可以考虑对种粮的合作组织和家庭农场采取某些特殊的支持措施，除给予政府采购上的优先和方便以外，政府的各种种粮补贴应当被补给种粮的主体，而不应补给把土地流转出去的农户，这就会起到鼓励土地流转的作用。

**参考文献**

徐珍源、蔡斌、孔祥智：《改革 30 年来中国农地制度变迁、评价及展望》，《中共济南市委党校学报》2009 年第 1 期。

冯金宝：《改革开放以来中国农村土地制度研究述评》，《安徽农业科学》2006 年第 24 期。

刘虹：《农村土地承包经营权流转初探》，《现代农业科技》2008 年第 5 期。

刘守英：《土地流转经营关系到整个农业现代化》，中国经济体制改革研究会举办 "第六届中国改革论坛" 纪念中国改革开放 30 周年，2008 年 12 月 6 日。

《中国共产党第十七届中央委员会第三次全体会议公报》，中国共产党第十七届中央委员会第三次全体会议通过，2008 年 10 月 12 日。

徐凤真：《论土地承包经营权流转的制约因素与完善建议》，《农村经济》2007 年第 11 期。

第三部分

# 论扶贫策略

# 扶贫模式演进与新时期扶贫对策探析<sup>*</sup>

**摘　要:** 贫困(Poverty)作为世界上普遍存在的现象,是人类共同面对且又不懈努力追求破解的永恒主题。人类社会发展的历史其实就是一部人类的扶贫历史,消除农村贫困、实现城乡协调发展是中国政府扶贫的长期目标,也是当今中国构建社会主义和谐社会的重要手段之一。在长期的扶贫探索和实践中,我国创造出许多行之有效的模式。2011年12月,《中国农村扶贫开发纲要(2011—2020年)》正式发布实施,中国进入新一轮的扶贫阶段,新时期农村扶贫模式下的扶贫对策选择成为一个值得研究的课题。本文以梳理我国扶贫模式的演进为出发点,试图通过对扶贫模式演进的特点研究,探析新时期反贫困模式下的扶贫对策。

**关键词:** 扶贫;模式;反贫困;对策

## 一　扶贫模式演进

扶贫模式(Support Poverty Model),应当是一种以消除绝对贫困和减少相对贫困为目标的,扶持农村贫困人口(贫困地区)摆脱贫困的"反贫困"范式。具体包括扶贫决策目标、扶贫资源传导方式、扶贫实施主体、扶贫手段方式,以及对整个扶贫过程和结果的监测评估等基本环节。中国扶贫模式的演进是一个与扶贫目标任务相适应的变化过程。

---

*　本文曾发表于《西部学刊》2013年第2期。

（一）以消缓社会绝对贫困为目的的救济式扶贫（1949—1985）

新中国成立初期，我国经济发展水平极低、社会普遍贫困，40%—50%的人口处于生存贫困状态。基于此，我国开始实施以解决大多数人基本生存困境为目的救济式扶贫。这一目标任务下的扶贫模式都是典型的输血式救助，即以政府为责任主体，以国家财政为经济基础，通过财政补贴或实物救济等途径保障贫困群体最低程度的生活水准。这种输血式扶贫在赤贫人口生存困境中只能起到暂时性缓贫作用，并不能真正培养起贫困群体自我"造血"的能力。

### 1. 临界生存需求推动的救济式扶贫模式（1949—1977）

以平均分配制度和城乡分割体制相结合为显著特征的救济式扶贫。在城市，主要通过工业汲取农业，依托保障充分就业，公平享有住房、教育、医疗卫生等公共服务，严格价格控制和定量供应，以及相对完善的社会保险、社会福利和社会救助体系等手段，带动国民经济增长，提高人们的生活水平；在农村，主要通过三级所有的人民公社体制，依托重新分配生产资料，实行农业合作化，建立合作医疗制度等措施，来解决人们的基本生存问题，实现减贫。这一方面切实保障了普遍贫困状态下多数城市居民的临界生存需求，另一方面却严重阻碍了广大农村地区的发展。截至1978年，农民年人均收入只有134元，人均收入增速仅为1.9%；贫困人口规模高达2.5亿人，农村贫困发生率达30.7%。

### 2. 体制改革主导的救济式扶贫模式（1978—1985）

十一届三中全会后，以家庭联产承包责任制为主、统分结合的双层经营体制逐步取代人民公社的集体经营制度，以生存救助为主的无偿救济开始转向生产帮助兼有的部分有偿救济。体制变革彻底打破了平均分配主义，极大地激发了农民的生产积极性，并迅速缓解了农村贫困状况。1985年，农民人均年收入增长到397元，年增长率高达16.5%；绝对贫困人口数量减少到1.25亿人，贫困发生率下降到14.8%。社会普遍性的绝对贫困状况基本解决。

（二）以解决温饱为目的的开发式扶贫（1986—2010）

针对国家区域性贫困和结构性贫困的状况，国家"七五计划"把扶贫开发工作纳入了国民经济和社会发展的整体布局，开始了生产救助与生活救助相结合、以解决贫困人口温饱问题为主要目标的开发式扶贫。这一目的下的扶贫模式是典型的发展型援助。在扶贫主体上，成立了各级专门的扶贫开发领导机构；在扶贫方式上，仍然是以经济扶贫为主，但改变了单纯生活救济的办法，致力于在贫困地区进行基础设施建设，改造生产条件，帮助贫困地区形成新的生产能力；在扶贫资源的传导上，改变单纯由财政渠道拨款救济，扶贫资金无偿使用的方式，转向以财政支付和银行贷款相结合，无偿与有偿相结合的扶贫资金投资。

**1. 县级瞄准的扶贫开发模式（1986—1993）**

1986 年 6 月，国务院贫困地区经济开发领导小组成立，决定以县作为扶贫开发的基本单元，并划定了 331 个国家级贫困县，通过国家财政扶贫资金、以工代赈和贴息贷款三种资源传导方式，以组织劳务输出、改善贫困地区基础设施、定点对口扶持等手段集中全社会力量缓解特定地区贫困。这种以"县"为重点的开发式扶贫，实现了从传统分散向区域经济型扶贫的转变。1986 年至 1993 年，国家重点贫困县的农民人均纯收入从 206 元提高到了 483.7 元，绝对贫困人口由 1.25 亿人下降到 8000 万人，贫困发生率由 14.8% 进一步下降到 8.7%。

**2. 八七扶贫攻坚开发模式（1994—2000）**

从 1991 年起，农村贫困人口减少的速度明显减缓，1991—1993 年平均每年只解决了 250 万人的温饱问题。贫困人口主要集中在地域偏远、农业资源匮乏、生态失调、文化教育落后、生产生活条件极为恶劣的地区。针对这种情况，中央召开第一次全国扶贫开发工作会议，并颁布了我国历史上第一个扶贫开发行动纲领——《国家八七扶贫攻坚计划（1994—2000 年）》，重新划定了贫困县的标准和范围，调整了国家扶贫资金投放的地区结构，提出了一系列具体有效的脱贫措施，农民人均收入提高到 1347 元，农村尚未解决温饱问题的贫困人口减少到 3000 万，贫困发生率下降到 3%。

**3. 综合扶贫开发模式（2001—2010）**

2001 年《中国农村扶贫开发纲要（2001—2010 年）》将扶贫工作的重点从以县级瞄准转向村级瞄准，在全国确定了 14.8 万个贫困村，以整村推进为切入点，以产业化调整农业结构，提高扶贫开发目标的瞄准性，实现了基础建设、社会服务、文化培训等各方面的融合发展；2006 年起免征农业税、2007 年实施两项制度衔接、2008 年进一步提高了低保补助水平、2009 年实行了 1196 元的新扶贫标准，随着中央一系列强农惠农支农政策的出台和实施，我国贫困人口进一步减少。截至 2010 年，按照年人均纯收入 1274 元的扶贫标准，全国农村贫困人口已从 2.5 人亿减至 2688 万人，农村贫困人口的比重下降到 2.8%。

（三）以实现"两不愁，三保障"为目的的开发式扶贫（2011—2020）

2010 年，随着综合扶贫开发模式下扶贫任务的圆满完成，我国农村地区的温饱问题已基本全面解决，我国扶贫开发已经从以解决温饱问题为主要任务的阶段转入巩固温饱成果、加快脱贫致富、改善生态环境、提高发展能力、缩小发展差距的新阶段，进入一个更加注重扶贫对象自我发展能力、更加注重基本公共服务均等化、更加注重解决制约发展突出问题的扶贫开发新时期。《中国农村扶贫开发纲要（2011—2020 年）》（以下简称《纲要》）明确提出了"两不愁，三保障"（到 2020 年，稳定实现扶贫对象不愁吃、不愁穿，保障其义务教育、基本医疗和住房）的扶贫目标任务。在扶贫主体上，强调调动全社会力量，构建大扶贫格局；在扶贫方式上，改变了以生活救济为主的"输血式"扶贫，强调生活救助和能力扶贫的"两轮驱动"，并把社会保障作为解决温饱问题的基本手段；在扶贫资源的传导上，除继续加大财税和信贷支持力度外，更加注重以金融服务体制的完善、金融产品和服务方式的创新、民间借贷的规范发展、征信体系的建设等为重点的金融服务环境的打造。

这一扶贫模式主要表现出以下三个方面的特征。

第一，拓宽扶贫范围，实现更多人口受惠。随着过去十年国家扶贫开发工作确定的目标和任务的全面完成，《纲要》提出了"两不愁，三保障"的扶贫目标，并根据这一目标任务，将农民人均纯收入 2300 元（2010 年不变价）作为新的国家扶贫标准。新的扶贫目标的提出以及扶贫标准的相应调整，将绝对贫困人群和低收入人群统一纳入了我国新时期扶贫开发的对象范围，表明新时期我国的扶贫不再仅仅局限于脱贫领域，而是要实现在脱贫基础上的稳步致富。这一方面为更多急需帮助的人群能够得到国家扶持提供了保证，另一方面也反映出我国扶贫任务核心向保障公平分配，以及给予贫困人口更有尊严的生活转变，对我国今后十年的扶贫开发工作提出了更加严峻的挑战。

第二，突出扶贫重点，聚焦连片特困地区。经过近几十年的规模化、系统化扶贫，新时期，我国贫困人口主要集中于部分生产生活条件十分恶劣的连片特困地区。针对这一现状，《纲要》提出了要把连片特困地区作为新时期扶贫开发主战场，并在民生保障、特色优势产业培育、基础设施建设、生态建设和环境保护等方面明确给予相应的政策倾斜。以连片特困地区为主战场，集中力量组织扶贫攻坚，是党中央根据全面建设小康社会总体目标做出的重大决策，也是针对新时期扶贫开发面临的新任务、新要求做出的重大部署。这将从根本上促进我国基本公共服务均等化的实现，加速改变连片特困地区的落后面貌。

第三，提升扶贫层次，强调形成大扶贫格局。在实现四个"更加注重"的总体要求以及"两不愁、三保障"目标任务的大背景下，我国扶贫工作已经从过去相对狭义的开发性扶贫进入相对广泛的大扶贫领域。在《纲要》中，这种"大扶贫"格局主要表现在两个层面。一是扶贫对象"大"，即以"中央标准＋地方标准"确定扶贫对象。《纲要》明确要求各地要"因地制宜制定扶贫政策……"，事实上地方各级政府在保民生、保稳定的过程中，也确实因地制宜地采取了不同的扶贫措施，其扶贫对象数量远大于中央政府确定的扶贫对象数量。二是扶贫力量"大"，即《纲要》明确提出了构建"专项扶贫＋行业扶贫＋社会扶贫＋国际援助"的"三位一体"的大扶贫格局，并就如何充分调动政府扶贫机构、政府所属各部门、社会非政府组织以及其他财富拥有者等力量共同参与新时期扶贫开发工作进行了详细的阐述。

# 二　新时期扶贫模式视角下贫困成因分析

## （一）新时期扶贫模式的特点

### 1. 扶贫形势：从绝对贫困到转型性贫困

改革开放以前，我国农村地区受经济、社会、历史、自然、地理等方面制约，特别是人民公社的体制严重制约了广大农民的生产积极性，广大农村地区处于绝对贫困的状态。而新时期的贫困，不管是个体呈现的差异，还是不同地区呈现的差异，在很大程度上是由工业化转型造成的。改革开放以后，一些地区受政策倾斜就先发展起来了，而另一些自然条件比较差，又一时难以受惠于开放政策的地区，就变得贫困了。过去十年是中国城市化最快的十年，这使得中国转型性贫困大量涌现，比如留守儿童、留守妇女、贫困转移等问题。本来一些人口在农村不算贫困人口，可到城市后，成了城市的贫困人口。我们过去的扶贫政策、扶贫战略是在低收入状态下，针对绝对贫困人口和相对很低收入群体的一套战略。制定新时期的扶贫战略要考虑我国目前所存在的快速转型的变化——我国已进入中等收入社会，面对的是以收入不平等为特点的转型性贫困。过去扶贫工作着力解决"绝对贫困"、"极端贫困"带来的低层次的基本衣食问题，未来要以"提高发展能力"、"缩小发展差距"等更高的标准来解决贫困问题，更好地结合对弱势群体的保护进行开发性扶贫。

## 2. 扶贫方式：从外源式发展到内源式发展

通常情况下，一个区域的发展动力主要来自两个方面，一是地区内部要素作用的结果，二是依靠外来要素推动。前者被称为内源式发展，后者被称为外源式发展。对于一个相对落后的贫困地区而言，通常被认为存在内部发展动力不足，缺乏经济发展的要素条件和活力，表现出过于传统、缺乏企业家、缺乏技术、因循守旧等特征。因而，外部援助推动落后地区的发展是必不可少的，即通过嫁接、移植先进地区的现代化发展模式，促进落后地区迅速实现现代化。内源式发展的核心理念是主张一个地区的发展应在内部寻找发展的源泉和根本动力，强调发展最终必须是从各自社会内部中创发出来的，而不是简单地从外部移植过来的。内源式发展是一个本地社会动员的过程，其最终目的是发展本地在技能和资格方面的能力，它使得发展的过程由本地控制，发展的选择由本地决定，发展的利益保留在本地。扶贫不等于单纯地给钱，贫困地区必须明确自己的发展目标，寻找适合自身情况的发展模式；扶贫不仅仅要导入物质资本，还要注重人力资本、自然资本、社会资本的导入，否则贫困人口会从生活贫困走向另外的贫困，比如生态贫困或是能力性贫困，这将比原来的情况更糟糕。未来扶贫方式需要充分考虑到贫困村之间的差异性、村落内部不同群体的异质性等问题,将外在的扶贫资源与贫困村的文化属性、人口特征、资源禀赋等结合起来,寻找适合村落特点的扶贫发展模式。

### 3. 扶贫目标:从单一目标到多元目标

过去根据我国农村经济发展的阶段性特征,我国的扶贫任务主要是以解决广大农民的温饱问题为目标的,党和国家启动的全国范围的有计划、有组织的大规模开发式扶贫,取得了举世瞩目的成就,基本解决了广大农民群众的温饱问题。在新的历史阶段,《纲要》提出了"两不愁、三保障"的多元目标,要求不仅提高农民群众的收入水平,还要保障教育、医疗、住房服务等,实现扶贫开发和农村最低生活保障制度的有效衔接,表明我国扶贫工作从过去相对狭义的开发性扶贫进入相对广泛的大扶贫领域。保障义务教育、基本医疗和住房是强调基本公共服务均等化的体现,未来中国经济发展将更加注重转变经济发展方式和统筹发展,实际上是缩小差距,使经济发展惠及包括低收入人群在内的所有人,最终完成"贫困地区农民人均纯收入增长幅度高于全国平均水平,基本公共服务主要领域指标接近全国平均水平,扭转发展差距扩大趋势"的任务。

### 4. 扶贫路径:"输血"—"造血"—"输血和造血协同互动"

扶贫路径正确与否将直接影响到农村的扶贫进展和效果。基于农村社会发展的客观差异和认识的深化,农村的扶贫模式及其实践由"输血"模式转向了"造血"模式,再向"输血和造血协同互动"转变。实践表明,单一实施这两种模式都具有一定的局限性。"输血"模式主要是指各级政府及相关部门出钱物对贫困者直接进行救济,以求得暂时的温饱,其本质是"一种社会救助",但"输血"模式已经不能适应改革开放带来的社会新变化,不仅农村返贫率较高,而且不能从根本上帮助贫困者有效脱贫。"造血"模式是指"扶贫主体通过投入一定的扶贫要素(资源)扶持贫困地区和农户改善生产和生活条件、发展生产、提高教育和文化科学水平,以促使贫困地区和农户生产自救,逐步走上脱贫致富道路的扶贫行为方式,也被称为'开发式'扶贫模式",该模式最大的优点是通过激发贫困地区和贫困人口自身的积极性和创造力,使其走上自我发展的良性循环道路。但"造血"模式基本上是一种区域扶贫,很容易忽视贫困户的个体差异,因而真正贫困的农户很难获得一定力度的扶贫。基于农村社会经济发展仍然落后和90%的贫困人口仍然在农村的客观现实，实现"输血和造血协同互动"的模式就成为新时期我国农村扶贫的必然选择。我们一方面仍要进一步搞好"开发式扶贫、产业化扶贫、科技文化扶贫"等"造血"扶贫工作，实现农村社会整体的较快发展；另一方面，要有针对性地实施"输血"模式，通过"以点带面"的效应来实现农村社会的稳定和谐发展。

## （二）新时期贫困成因分析

研究贫困的致因是实施反贫困的前提基础，只有弄清新时期贫困发生的机理，才能"对症下药"。

第一，扶贫目标对象瞄准偏差。我国扶贫资源和项目的配置受市场和政府双重约束。在市场机制作用下，扶贫资源和项目配置客观上偏好取向基础条件相对充分的区域和自有资源相对丰富的贫困户，往往不利于向自然环境相对恶劣、社会经济状况贫穷落后的区域，以及缺乏资金、技术、经营能力等的贫困人口；在压力型政府体制下，扶贫资源和项目往往很难最终到达那些自有资源贫乏的贫困农户以及特困群体。政府官员为寻求政绩，迅速攫取政治资本，在扶贫开发的实际过程中，会选择置换掉原定的扶助贫困对象，而将扶贫资源和项目投入能够带来重大经济效益的产业上，或者分配给那些能够在短时间内利用扶贫款迅速改善生产和生活状况的农户；部分官员甚至会在逐利思想的影响下，将贫困资源和项目配置给有一定经济和政治资本的寻租者，加剧扶贫对象瞄准的偏差甚至偏离。

第二，利益主体间的不当博弈。中央政府、地方政府（特别是县级政府）、扶贫部门以及企业和农民是扶贫开发工作中主要涉及的利益主体。这些不同主体应当是利益共同体，在我国的扶贫工作中互相合作、共享成果。但是在实际的扶贫过程中，不同主体之间往往因利益不同而存在各种矛盾，主要表现为：中央政府以减少贫困人口、维护社会公平与稳定为目标的扶贫与地方政府以地方财政收入最大化为目标的扶贫之间的矛盾；地方政府之间为争取扶贫资金和项目竞争甚至是不当竞争而产生的矛盾；专门扶贫部门与中央要求的对口扶贫部门之间因部门利益驱使而产生的矛盾；地方政府在扶贫过程中与企业和农民不当争利而产生的矛盾等。这些分歧和矛盾的存在往往会使中央政府确定的扶贫对象、扶贫资源以及扶贫项目在反贫困行动中难以合理配置和协调落实，从而出现削弱其至抵消扶贫绩效的现象。

第三，扶贫资金有效供给欠缺。资金是生产要素中比较短缺的要素，扶贫资金的有效供给对贫困地区的经济社会全面发展起着不可替代的作用。但是，从供给对象来看，地方政府往往只重视扶贫资金的经济收益，致使农村教育、养老、医疗等公共服务资源占有量太少且质量不高，进而造成贫困地区发展困难；从供给结构来看，银行风险规避特性使贴息贷款更多被投向工业企业，这种对农民的排挤效应对地区经济增长和贫困减少都起到了负面作用。以工代赈在工程技术不断革新、劳动工具不断进步的条件下，更多地异化为一般公共工程，兑现的劳务报酬越来越偏离政策瞄准的贫困对象。政府虽然逐年加大对贫困地区的财政供给，但是由于农村贫困人口的分布越来越趋于分散化，扶贫资金更多的是被机械地进行条块分割，再加上资金使用监管力度不够等，影响了扶贫资金减贫脱贫效用的发挥。

第四，贫困主要根源认识不足。构成生产力要素的劳动者的素质严重影响着生产力的发展。贫困人口的身体健康、思想观念、教育水平、文化技能等综合素质得不到持续有效的提高，在扶贫开发过程中，就很容易受知足常乐、安于现状等传统观念的影响，养成不作为的"等、靠、要"思想；在农业生产中，也往往只能且只愿沿袭传统的自给自足式农耕作业，进而陷入"贫困—教育水平低—主体素质低—生产能力低—贫困"的恶性循环。因此，能力贫困是束缚贫困地区经济发展，致使贫困人口脱贫后又返贫的主要根源。但是，在以往的反贫困实践中，无论是宏观决策者还是决策执行者，都过分强调资金、基础设施等物质资本投入是改变贫困状况的主要途径，忽视了贫困主体素质积累和提高对消除贫困的根源性作用，这种对贫困认识上的失误必然难以培育贫困地区发展的内生动力，必然导致脱贫效果的不理想。

第五，社会保障体系不尽完善。农村社会保障体系滞后、社会保护不足是贫困发生的又一重要致因。新农合虽然在一定程度上缓解了农民看不起病的窘境，但仍存在筹资水平低、长效筹资机制缺乏、医疗机构过度市场化等问题，农民医疗费用负担仍较重，贫困地区"因病致贫"、"因病返贫"现象依然十分严重；农村养老保险制度目前仅限于在部分农村地区试行，覆盖范围小、保障层次和社会化程度低，无法满足我国农村因家庭养老功能的不断弱化而产生的社会养老需求；就业援助政策往往仅是强调通过就地提高生产能力来脱贫，而没能积极地为贫困劳动力人群融入市场化、工业化、城市化提供针对性的扶助。而那些在城市就业的农村人口，也往往因为文化水平、社交能力等的限制，从事的一般都是技术含量低、重体力的工作，替代性大、稳定性差，很难改变其贫困状况，甚至这种状况还延续为代际传递现象。

第六，自然生态环境相对脆弱。人类赖以生存的环境资源是贫困地区实现脱贫的自然前提，也是贫困地区经济社会发展的根本依托，发挥着稳定和调节的功能。贫困人口大多分布在干旱半干旱、高寒、荒漠等地貌复杂多样、自然灾害频发的地区。自然环境的劣势往往会引致经济发展的落后。贫困带来的生存危机会迫使人们放弃可持续的自然循环规律，不惜以严重破坏生态环境为代价，寻求地区经济发展落后和贫困面貌的改变。而环境的破坏又会导致自然灾害的发生，增加地区经济发展的资源投入成本，使贫困地区陷入"贫困—生态环境破坏（过耕、过牧、过采）—自然灾害（水土流失、土地沙化、泥石流及洪涝灾害等）—资源投入增加—返贫"的陷阱之中，难以冲出"贫困—脱贫—返贫"的怪圈。

# 三　新时期反贫困模式下的扶贫对策

## （一）强化政府责任，积极实施扶贫开发战略

扶贫开发是一项系统工程。各级政府及相关扶贫部门要从改善国家及地区宏观发展环境的高度，提高对扶贫工作重要性的认识；要把扶贫开发纳入地区经济社会发展战略及总体规划，在各自的职能范围内切实履行责任，加强对地区致贫原因、地理地貌、产业特色的研究，不断完善规划制定、扶贫项目引进与落实以及基础设施建设等工作，制定切合实际的财政补贴、资金投入分配、信贷支持、税收优惠等具体扶持政策，以及科学合理完善和创新地区扶贫机制体制等，努力搭建好政策服务平台，形成完整的政府扶贫支持体系；各级政府要切实落实好扶贫开发目标责任制和考核

评价制度，通过建立贫困户卡片档案，逐级签订对口扶贫责任书等方式，将各级机关、企事业单位以及党政干部与扶贫开发工作密切联系在一起，提高地区扶贫开发效率。

**（二）细化贫困类别，提高政策措施的针对性和有效性**

新时期扶贫政策的制定，应当充分考虑贫困地区和贫困人群的特点，采取差异化的政策措施，避免"撒胡椒面"和同质化政策，切实有效地提高扶贫开发的边际效益。细化贫困群体，针对劳动能力受限的贫困人口，要力争做到应保尽保，通过救济式扶贫解决其基本生活问题；针对有一定自我发展能力的贫困人口，通过给予资金扶持、产业指导、转移培训等方式促使其脱贫致富；针对自我发展能力较强的贫困人口，则通过提高城乡劳动力市场一体化程度，减少户籍等体制机制障碍等方式，增进其整体福利水平。细分贫困地区，对于生态脆弱地区，要加大转移支付力度，建立生态补偿机制保障并引导超载人口有序转移，积极挖掘地方经济发展潜力和优势；对于资源较富集地区，则要创造条件、合理开发，通过调整产业结构、发展特色优势产业等方式改变地区贫困落后的面貌。

**（三）培育优势产业，推进产业化扶贫进程**

产业的培育和扩张是扶贫开发的着力点，贫困地区应当依托当地自然资源等，在市场差异化中确定支柱产业，做大做强特色优势产业，形成特色的产业集群，并不断向前、向后延长产业链条，切实提高产业化水平；应当建立和完善农产品行业协会以及农业生产合作社等组织，鼓励做大做强龙头企业，将产业化扶贫与农民组织化程度提高相结合，提高农民现代市场的主体地位，增强其谈判能力和竞争力；应当不断加强农技服务体系建设，推动其向公益性服务与经营性服务相结合转变，建立覆盖全过程、综合配套、便捷高效的科技服务体系；此外，产业化扶贫还应与地区城镇产业支撑体系建设相融合，通过发展第二、三产业吸纳更多的农业劳动力实现转产就业，拓宽贫困人口增收减贫渠道。

**（四）健全保障体系，实现基本公共服务均等化**

做好基本公共教育、基础设施建设、基本医疗卫生服务、基本社会保障服务等，使多元利益主体均衡受益，让贫困群体共享经济发展成果，是实现公共服务均等化的基本保障。建议加大义务教育转移支付力度，大力发展贫困地区的基础教育、职业教育和技术培训教育，并建立各类教育经费的分级分担制度；完善以铁路、国道和高速公路为骨架，县镇公路为动脉，通村公路为网络的路网体系，搭建贫困地区与重要经济节点间的连接平台；设立贫困农村医疗救助基金，实行以预防为主的公共卫生计划，并建立鼓励医学毕业生、城市医生深入贫困地区提供医疗服务的长效机制，切实提高贫困地区医疗卫生服务能力；逐年增加中央财政投入及补贴比例，建立社会保障资金合理增长机制，并逐步扩大农村养老保险制度覆盖范围，不断减轻农民个人保障负担；搭建电子政务、智能交通、地理信息、远程教育、远程医疗等信息服务平台，通过信息技术的应用，加速贫困地区脱贫减贫。

（五）重视智本投入，培育发展内在动力

瞄准贫困户劳动力资源实施智能开发，重点改变有劳动能力的贫困人口及其家庭的知识、技能存量和就业资本存量状况，是促成有劳动能力的贫困人口提高能力、摆脱贫困的根本途径。要积极开展宣传工作，切实改变贫困户的"等、靠、要"思想，帮助农户培养竞争意识，树立教育投资效益最大化理念；要切实贯彻落实国家有关义务教育方针，并建立向贫困地区适度倾斜教育投资的长效机制，逐步实现贫困地区学前教育、义务教育、中等职业教育的全额政府埋单；要进一步加大财政投入力度和补贴力度，确保每年财政对人力资本投资投入的增速高于其财政收入的年增速；要充分利用各类科技资源，实施以农村实用技术和劳务技能培训等为主要内容的科技培训，并通过订单、定向、定点、外出、网络等方式，抓好劳动力的转移培训，提高贫困人口向非农产业转移的就业能力。

（六）完善机制体制，提升扶贫服务水平

构建扶贫机制体制是促进贫困人口融入经济社会正常循环体系，实现永久脱贫的重要保障。要建立以绩效为导向的考核机制和扶贫资金分配机制，解决扶贫资源和项目瞄准或使用上偏离扶贫目标群体的问题；建立扶贫资金项目公示制度以及扶贫资金签收反馈制、扶贫资金管理问责制等，完善扶贫资源监管体系；实行扶贫干部纵向、横向交流挂职制度等，强化扶贫队伍建设；通过按比例逐年增加中央专项转移支付、规定一定比例地方财政投入扶贫工作等方式，完善财政扶贫投入机制；继续挖掘农业银行、农村信用社等机构的扶贫能力，支持发展村镇银行、农村资金互助社，规范发展小额贷款公司，逐步建立起传统金融机构、新型农村金融机构和农村小型金融组织相辅相成的，可适应贫困地区多层次金融需求的金融扶贫机制；同时以培育农村信用体系建设为依托，逐步建立起扶贫担保机制、扶贫贴息贷款风险补偿机制等，改进农村地区金融生态环境。

（七）调动社会力量，形成扶贫开发合力

社会扶贫是针对政府财政扶贫而言的，是指动员和组织一切社会力量开展的所有扶贫活动和扶贫行为的总和。由于政府有限的扶贫资源投入远远不能满足广大贫困人口的脱贫需求，因此，财政扶贫只能作为扶贫开发的引子，起到"黏附效应"，充分利用各种社会力量，全面捆绑各类扶贫资源，有效发挥资源的聚合效应和整体使用效益，建立政府引导、全社会共同参与的大扶贫格局是扶贫工作得以进展的有效保证。要通过大力宣传扶贫的目的和意义等，培养全社会的扶贫责任和志愿精神；要通过公开扶贫工作的各个环节，增强扶贫资源使用的透明度，取信于扶贫参与者；要通过建立与各类社会组织的协商和沟通机制，使各类扶贫参与者熟悉参与扶贫的程序，掌握与扶贫有关的各种信息；要不断完善扶贫政策体系，保障扶贫参与者的各种权益；同时，也要给予参与者必要的物质激励和精神激励，持续激发各种社会力量的扶贫积极性。

（八）改善生态环境，缓解生态贫困

扶贫开发必须与生态环境建设紧密结合、同步推进。要倡导优生优育，通过控制人口数量和质量，使人口的变动和发展同经济、社会、资源、环境的变动和发展相适应，从而缓解人口对资源和生态环境的压力；要依据资源承载能力和环境容量，规定资源的利用方向、方式和限额等，加强自然资源管理，把资源开发利用同保护管理结合起来，确保资源的保值和增值；逐步增加资源开发的技术含量，以提高开发效率，减少对环境的不利影响；要建立、完善合理的资源保护利益补偿机制，将处于自然环境保护区的以发展农业经济为主业的传统农民转变为以保护和恢复生态为主业的生态农民，由国家支付其利益损失，并保证其生态补偿收入高于原有的农业收入；对于一些不适宜人类生存发展的地区，要按照先难后易的顺序，有计划、有步骤、分期分批地实施移民式扶贫，将贫困人口安置到自然资源比较富裕和生态环境好的地区，通过改变生产和生活环境，改善其贫困状况。

## 参考文献

刘维忠：《新阶段新疆农村扶贫开发模式与对策研究》，新疆农业大学博士学位论文，2010。

董晓波：《农村反贫困战略转向研究——从单一开发式扶贫向综合反贫困转变》，《社会保障研究》2010 年第 1 期。

林乘东：《中国扶贫战略的演变与反思》，《中央民族大学学报》（社会科学版）1998 年第 5 期。

王朝明：《中国农村 30 年开发式扶贫：政策实践与理论反思》，《贵州财经学院学报》2008 年第 6 期。

韩广富：《当代中国农村扶贫开发的历史进程》，《理论学刊》2005 年第 7 期。

《生发创造力 推进共同富裕的美好蓝图——解读〈中国农村扶贫开发纲要（2011—2020 年）〉》，《品牌》2012 年第 2 期。

杨丽：《农村内源式与外源式发展的路径比较与评价》，《上海经济研究》2009 年第 7 期，第 25～26 页。

赵昌文等：《贫困地区扶贫模式：比较与选择》，《中国农村观察》2000 年第 6 期。

谭贤楚：《"输血"与"造血"的协同——中国农村扶贫模式的演进趋势》，《甘肃社会科学》2011 年第 3 期。

王丽华：《贫困人口分布、构成变化视阈下农村扶贫政策探析——以湘西八个贫困县及其辖下乡、村为例》，《公共管理学报》2011 年第 2 期。

许源源：《"道德人"还是"经济人"：中国扶贫制度中的人性困惑》，《西部论坛》2011 年第 2 期。

罗楚亮：《农村贫困的动态变化》，《经济研究》2010 年第 5 期。

张新文、罗倩倩：《基于社会政策视角下的农村贫困致贫探讨》，《广西青年干部学院学报》2011 年第 2 期。

杜青华、窦国林：《青海东部干旱山区扶贫对策研究——基于乐都县李家乡自我发展能力视角的实证分析》，《青海社会科学》2011 年第 1 期。

# 社会发展视野下西部地区
# 反贫困的路径选择

—— 陕西省咸阳市实施"三告别"工程的思考*

**摘　要：** 陕西省咸阳市"三告别"工程的实施探索出了一条开发式扶贫的新路径，体现了以人为本的科学发展观。本文基于社会发展理论，运用实证研究方法，剖析了咸阳市的扶贫开发模式和路径依赖，认为扶贫开发只有坚持城乡统筹，才可以实现可持续发展。

**关键词：** 社会发展；扶贫开发

从新中国成立到 1986 年以前，中国政府的扶贫政策是对特殊贫困人口群体实行救济。改革开放以来，中国经济高速发展，城乡人口中原有由于体制原因而产生的贫困迅速消失，贫困人口越来越集中到具有共同自然环境特征的特定地区。因此，从 1986 年以后，中国政府开始从救济式扶贫转向以促进特定地区贫困人口提高自我发展能力的"开发式扶贫"。这种以帮助贫困地区农民发展农业生产的"开发式扶贫"政策实施以来，中国贫困人口迅速减少，但是，诸如水土流失、土地荒漠化等问题日益暴露。由此，必须探索扶贫式开发的新路径。

近年来，咸阳市委、市政府坚持以科学发展观为指导，以开发式扶贫为主线，以实施让贫困农民告别土窑洞、告别危漏房、告别独居户的"三告别"工程为抓手，成功探索出了一条具有区域特色的扶贫开发新路子。工程自

---

\* 本文曾发表于《中国国情国力》2011 年第 12 期，原标题为《咸阳市实施"三告别"工程的思考》。

2009 年 8 月启动到 2010 年底，全市已搬迁"三告别"户 2.59 万户，10.9 万人，其中特困户 9600 户，4.8 万人，分别占总任务的 46.3% 和 81.7%，为扎实推进新阶段扶贫开发、有效加快城乡统筹发展步伐提供了可资借鉴的有益经验。本文以社会福利为切入点，从社会发展视角透视西部地区反贫困的现实路径。

# 一　社会发展的意蕴与旨向

发展不仅涉及"是什么"的问题，还隐含着"做什么"的问题；不仅包括一种客观现实，也包含着价值判断与选择。18 世纪以来，西方的一些学者，诸如亚当·斯密、大卫·李嘉图、西斯蒙第等人认为社会发展的主要内容和标志就是经济增长，所以国家应该限制竞争和干预经济，实行公平赋税，控制人口生育等，以保障人们的生活和幸福。而空想社会主义者圣西门、傅立叶和欧文则认为发展的目的是实现人的解放，发展的核心不是经济增长而是社会变革，通过社会变革建立和谐社会，使所有人享受最大自由和福利。这两种截然相反的发展观对社会发展都产生了重大影响。

马克思主义的发展观一方面继承和发展了空想社会主义把人的解放和发展作为社会发展目标的观点，同时也强调经济发展的重要性，强调社会发展应该建立在经济发展的基础之上。马克思认为，社会发展的程度取决于人的解放与发展的程度。社会发展的实质就是促进人的全面发展，人的全面而自由的发展，不仅是社会发展的必然要求，而且是社会发展的终极价值目标。人的发展需要经历三种形态，即"人的依赖关系，是最初的社会形态，在这种形态下，人的生产能力只是在狭窄的范围内和孤立的地点上发展着。以物的依赖性为基础的人的独立性，是第二大形态，在这种形态下，才形成普遍的社会物质交换，全面的关系，多方面的需求以及全面的能力的体系。建立在个人全面发展和他们共同的社会生产能力成为他们的社会财富这一基础上的自由个性，是第三阶段"。

米奇利认为，社会发展是一种规划的社会变化过程，旨在与经济发展的动态过程协同促进整体人口的福祉。"对社会发展的倡导有赖于经济和社会领域的融合，有赖于旨在促进社会福利的各种战略的结合"，"要成功促进社会发展，国家必须在融合经济与福利制度，在动员市场、社区和公共部门的过程中起主要作用"。

基于以人为本的发展观，本文认为，扶贫开发应该本着在经济发展的基础上，以城乡统筹为着力点，通过社会变革使原本生活在自然环境不利于人的生存和发展的地区的居民共享经济发展的成果。

## 二 社会发展视角下的扶贫开发模式

### （一）扶贫开发主体："受控制的多元化"

在扶贫开发过程中政府起着主导力量，政府的主要作用在于：融合经济与福利制度，动员市场、社区和公共部门参与扶贫过程。咸阳市委、市政府探索出了"政府主导、社会参与、统筹规划、资源整合、连片开发、整村推进"的扶贫新路，制定了6年引导扶持居住在偏僻危困环境下的20多万名群众告别危险、告别贫穷、告别落后，放弃落后的生产生活方式的规划，每年投入1000万元以上，并对有搬迁改善群众居住条件职能的扶贫办、发改委、民政局等部门资源，按照"渠道不乱、用途不变、各尽其力、各计其功"的原则，进行有机整合。而且整合了县区资源，采取以城带乡、以富帮穷的方法，动员经济发展较好的区市与"三告别"任务较重的县，结成帮扶对子，开展对口支援。

以社会化方式链接体制资源是扶贫开发的重要思想。"以社会化方式链接体制资源"隐含着在动员社会力量参与扶贫开发时，政府采用了"准组织化的动员方式"，这种动员方式虽然带有行政性，但是在社会化的框架中进行的。这种动员方式对于迅速破解扶贫开发资金不足起到了助推器的作用。为了加快集聚扶贫开发资金，咸阳市组织动员147个市级单位包抓147个村的"三告别"，每个单位再包建2~5户特困户。积极动员争取在咸阳扶贫的中国银行总行、南通市和香港嘉里集团，建立"三告别"扶贫标志工程，对口扶持长武、永寿、旬邑、淳化（北部）4县实施"三告别"，形成了全市动员、各方参与、目标一致、合力推进"三告别"工程的局面。

## （二）扶贫开发目标：可持续发展

脱贫与返贫同时并存的问题是阻碍我国扶贫开发进程的顽疾。走出"贫困—脱贫—返贫"的怪圈，促使贫困地区的经济开发与社会、资源、环境协调一致，实现贫困人口持续脱贫、贫困地区持续发展是扶贫开发的终极目标。咸阳市委、市政府在开展村庄和农户住房布局、规划选址、土地调整、实施建设等基础工作的同时，坚持统筹规划、因户制宜，分类指导、区别对待的原则，采取"五类方式"灵活安置，确保移民扶贫户搬得出、稳得住、能致富、发展快。

第一，向县城搬迁安置。对有一技之长的贫困户，鼓励其向县城搬迁，发展产业，促进增收，融入城市，摆脱贫困。如礼泉县将3个乡镇，5个村，45户群众，采取在县城附近村子购买旧民房的形式安置在县城，有的群众做起了小买卖，有的打工，有的跑运输，不仅改善了居住条件，而且拓展了就业空间，增加了收入。

第二，向中心城镇（乡镇政府所在地）搬迁安置。对于中心城镇有集体空地的，采取土地置换的方法向中心城镇集中安置。如彬县车家庄乡依托原农场140亩土地，按照"政府主导土地、农民自主建房、面向全乡开发统一规划管理"的原则，建起了惠农小区，对地处河川沟坡地带的6个村"三告别"户集中安置，使搬迁户走上了"离山建家、近街安居、兼业增收、百业致富"的新路子。

第三，建移民新村统一安置。对有30户以上搬迁规模的村，采取在中心村建设移民村的方式，进行搬迁安置。对分布零散的单庄独户，采取投亲靠友、向中心村组集中等方式进行搬迁。目前全市"三告别"工程规划建设移民新村（点）近300个，共搬迁安置群众1.5万多户。

第四，修建免租房安置。对享受搬迁补助政策后仍无力建房搬迁的特困户，采取集体统一修建免租房的方式，实施"交钥匙"工程，进行搬迁安置。永寿县对确实无搬迁能力的特困户，由乡村负责垫资统建，特困户免费租住，房产归集体所有，全县采取修建免租房的方式搬迁安置特困户297户，727人。

第五，其他方式灵活安置。长武、旬邑等县对于鳏寡孤独老人和丧失劳动能力的"三告别"户，采取动员入住敬老院的方式集中安置；对分布零散的单庄独户，采取插花的方式在中心村组安置。

灵活务实的安置方式，不仅充分考虑了困难群众的实际情况，而且照顾到了不同层次、不同群体的利益，得到了"三告别"群众的普遍认同和欢迎。目前，全市已累计安置 2.59 万户，10.9 万人，其中县城 194 户，787 人，中心城镇 1260 户，5306 人，移民新村 14915 户，64881 人，免租房 1168 户，2783 人，敬老院 252 户，252 人，其他 8114 户，34842 人。

# 三　咸阳市扶贫开发的路径依赖

## （一）扶贫开发的制度约束

第一，建立领导责任机制。咸阳市委、市政府主要领导坚持调查研究，其他市级领导也多次深入包扶村调查研究，现场推进。有"三告别"任务的 9 个县，所有县级领导都包乡包村，全市上下形成了领导重视、带头包抓的局面，有力地推动了此项工程的开展。

第二，健全推进机制。成立了专门的组织机构，出台了《关于加强扶贫开发工作的意见》、《关于实施"三告别"工程的规划》和《市级党政军机关企事业单位"两联一包"参与实施"三告别"工程的通知》等一系列文件，对工作的总体思路、任务分解、项目实施等，提出了明确的要求。

第三，规范实施机制。一方面，严把搬迁对象审核关。按照"户申请、村评议、镇审核、县审批"的程序，建档立卡，评议审查，确定补助标准并张榜公示，努力做到公开、公正、公平，接受群众监督。另一方面，坚持建房质量至上。在群众自建、自愿的前提下，充分发挥"三告别"户自主监督作用，从工程设计、材料选择、施工人员资质等方面严格把关，确保建房质量。对集中安置的"三告别"点，由乡村聘请工程监理进行技术指导和监督的同时，采取农村能工巧匠、搬迁户代表、县乡包抓干部和村干部参与监督等多种方式，加强质量监督和检查验收。

第四，强化监督考核机制。把"三告别"任务作为"硬指标"纳入各级部门年度目标责任考核，对重点县实行"三告别"工程一票否决制。推行"一月一例会、一月一通报"制度，定期听取汇报，掌握工作动态，解决存在问题。为所有贫困人口建立了"三告别"电子档案，实行动态监督，全程跟踪服务。组织市人大代表、市政协委员对"三告别"工程进行视察。

### （二）扶贫开发的路径

第一，坚持产业培育同步推进。以实施农业四大主导产业提升、百万亩经济林建设、百万农村劳动力转移就业"三大工程"为突破口，采取项目支持、小额贷款等方式，扶持贫困群众发展种养和劳务产业。根据旱腰带地区和北部县实际情况，因地、因村制宜，引导群众大力发展石榴、柿子、杂豆、马铃薯等经济作物的种植。

第二，坚持社会服务体系同步完善。把"三告别"工程与新农村建设、城镇经济适用房建设相结合，加快推进城市基础设施建设和公共服务向贫困地区延伸，突出抓农村水、电、路、气、讯（信）"五通"和村两委会办公室、卫生室、文化室、学校、商业网点"五配套"建设。同时大力发展贫困地区各项社会事业，努力完善社会保障体系，促进教育、卫生、保障等公共服务均等化，使贫困群众的幸福指数不断提高。

第三，坚持农民素质同步提升。始终把提升农民素质作为实施"三告别"工程的根本，不断加大农民培训力度，在扶贫的基础上更加注重扶智。充分发挥职教中心、农广校及农民夜校的作用，大力实施农民科技培训工程，普及农业先进实用技术，让每个农民都能掌握一两门实用技术，掌握致富本领。教育引导贫困群众树立艰苦奋斗的创业意识，充分发挥主体作用，自力更生，不等不靠，通过自己的双手创造美好生活。突出提高农民现代文明素质，广泛开展健康、礼仪知识教育，引导农民革除陋习，加快转变生产生活方式，自觉养成良好的生活习惯。

## 四　咸阳市扶贫开发的思考

实施参与式反贫困战略，推动社会发展，是西部地区着力改善民生的重要方略。咸阳市委、市政府以统筹城乡发展为理念，采取大规模移民扶贫方式，把集中连片贫困地区的基本生存和发展问题"托底"，用公共财政使困难群体共享改革发展成果的做法，在理论和实践上均值得思考。

思考一：实施扶贫移民"三告别"工程，必须科学决策。"三告别"工程是涉及方方面面的一项庞大的系统工程。咸阳市在发展理念上，坚持把移民扶贫作为贯彻落实科学发展的最大实践，作为最需履行的职责和德政工程；在实施步骤上，坚持高点规划、注重质量、讲求效益、稳步推进；在工作方式上，坚持移民扶贫与城市建设和新农村建设有机结合，为彻底让贫困群众摆脱贫穷奠定了坚实的基础。实践证明，只有统筹谋划，前瞻布局，科学实施，有序推进，才能少走弯路，减少成本，打赢大规模移民扶贫这场攻坚战。

思考二：实施扶贫移民"三告别"工程，必须把改善居住条件作为改善民生的基础。居住问题始终是关乎老百姓切身利益的重大问题，也是最现实的民生问题。咸阳市坚持从农民群众最关心、最现实的住房问题入手，切实解决群众的燃眉之急，最大限度地维护和保障弱势群众的利益，并整合节约了大量土地资源。据统计，全市仅"三告别"工程一项，就可腾出旧庄基地15万亩。实践证明，只有跳出给钱给物的传统思维，改变传统的扶贫方式，借助改造传统居住方式，加快转变贫困群众的生存生产生活方式，从基础上解决弱势群体的生计问题，才能缩小城乡和区域发展差距，提升发展水平，改变落后面貌。

思考三：实施扶贫移民"三告别"工程，必须把强化产业支撑作为促农增收的根本途径。自然条件差，经济发展制约因素多，农民收入水平低，是"三告别"群众的共同特点。咸阳市坚持一手抓搬迁建设，一手抓产业发展，努力实现从"输血式"扶贫向"造血式"扶贫的转变，确保了贫困群众搬得出、住得稳、富得快。2010年搬迁群众人均可增加财产性收入4800元，使贫困群众收入大幅度增加，收入构成更加多元化。实践证明，只有坚持把脱贫致富作为实施"三告别"工程的最终目标，把产业发展作为最根本的支撑，才能使贫困群众真正得到实惠，促进扶贫开发迈上新台阶，城乡统筹发展迈出新步伐，和谐发展实现新突破。

思考四：实施扶贫移民"三告别"工程，必须把整合资金作为关键环节来抓。充足的资金是移民扶贫的保证。咸阳市在移民扶贫资金的整合和聚集上，坚持以财政资金为黏合剂和酵母，将部门整合捆绑、社会帮扶、银行贷款、土地复垦资金置换、群众自筹等相结合，想方设法拓宽投入渠道，严格规范资金使用，有效地解决了移民搬迁资金不足的难题。实践证明，只有坚持以政府为主导、多渠道筹措资金的优化机制和正确方法，充分发挥财政资金"四两拨千斤"的作用，有效调动社会和群众投入的积极性，才能为"三告别"工程顺利实施提供强有力的支撑和可持续推进。

思考五：实施扶贫移民"三告别"工程，必须把建立多级联动、高效运行的组织领导体系作为有力保障。只有以强有力的组织领导做保障，才能形成抓落实的强大合力。咸阳市为了打好"三告别"工程这场攻坚战，按照"市协调、县统筹、乡实施"的推进机制，成立专门领导机构，落实领导包联包抓责任，严格进行目标责任考核，深入一线狠抓落实，真正做到认识、人员、措施、项目、资金五到位。实践证明，只有充分发挥党和政府在移民搬迁中的政治优势和资源优势，铭记共产党员的良心和人民公仆的职责，把情为民所系、利为民所谋、权为民所用具体落实到每个群众的腰包里和饭碗里，扑下身子抓落实，诚心实意解民忧，才能真正把大规模移民扶贫这项民生工程办成放心工程、满意工程，有效探索出一条统筹城乡发展、加快新农村建设、实现全面小康的新路子。

## 参考文献

詹姆斯·米奇利：《社会发展——社会福利视角下的发展观》，苗正民译，上海人民出版社，2009，第 11 页。

孙立平、晋军等：《动员与参与——第三部门募捐机制个案研究》，浙江人民出版社，1999。

# 精准扶贫要精准处理好六个关系 *

摘　要：习近平的精准扶贫思想是党和政府今后一个时期内贫困治理工作的指导性思想，是习近平治国理政的重要抓手。在世界反贫困史、世界移民史、世界社会保障史、新中国历史上，这一扶贫攻坚战，可以用"四个前所未有"来形容。要完成这一任务，必须正确认识精准扶贫的特点，精心处理好六个关系：在扶贫方式上要处理好输血与造血的关系，以输血为基础，造血为根本；在扶贫目标上要处理好脱贫与全面小康的关系，以实现脱贫为基础，全面小康为根本；在扶贫对象上要针对不同对象处理好政策扶贫与制度保障的关系，以扶贫政策为基础，制度保障为根本；在扶贫内容上要处理好移民搬迁与产业扶贫的关系，以移民搬迁为基础，产业扶贫为根本；在扶贫主体上要处理好贫困群众与政府组织的关系，以贫困群众为基础，政府组织为根本；在扶贫策略上要处理好用好政策与深化农村改革的关系，以用好政策为基础，深化农村改革为根本。

关键词：精准扶贫；扶贫模式；辩证关系

## 一　深刻把握习近平精准扶贫思想

贫困（Poverty）作为世界上普遍存在的现象，是人类共同面对且又不

---

*　本文系作者 2017 年 1 月 16 日在中国小康建设研究会"小康暖心行"活动湖北孝昌启动仪式上的发言。

懈努力追求破解的永恒主题。人类社会发展的历史其实就是一部人类的扶贫历史，扶贫攻坚、实现城乡协调发展是治国理政的重要手段之一。精准扶贫就是要求实施精细化的扶贫方式，"从扶贫机制上由主要依赖经济增长的'涓滴效应'到更加注重'靶向性'对目标人群直接加以扶贫干预的动态调整"。因此，精准扶贫思想就是要帮助每一个贫困人口摸索出适合的致富路线。习近平总书记在 2013 年 11 月在湖南湘西考察时，首次提出了"精准扶贫"的概念：扶贫要实事求是，因地制宜；要精准扶贫，切忌喊口号，也不要定好高骛远的目标。随之，中共中央办公厅印发《关于创新机制扎实推进农村扶贫开发工作的意见的通知》，国务院机构出台《关于印发〈建立精准扶贫工作机制实施方案〉的通知》、《关于印发〈扶贫开发建档立卡工作方案〉的通知》，对精准扶贫工作模式的顶层设计、总体布局和工作机制等方面都做了详尽规制。提出精准扶贫思想以来，习近平在各地调研时多次提及这一理念，并于 2015 年 6 月在贵州提出，扶贫工作要做到"四个切实"："切实落实领导责任、切实做到精准扶贫、切实强化社会合力、切实加强基层组织"，并将精准扶贫思想概括为"六个精准"、"五个一批"。"六个精准"：扶贫对象精准、项目安排精准、资金使用精准、措施到户精准、因村派人精准、脱贫成效精准。"五个一批"：发展生产脱贫一批、易地扶贫搬迁脱贫一批、生态补偿脱贫一批、发展教育脱贫一批、社会保障兜底一批。应当说，习近平的精准扶贫思想是党和政府今后一个时期对于贫困治理工作的指导性思想，是治国理政的重要抓手，将对中国扶贫起到决定性作用。

2015 年 11 月 27 日至 28 日，中央扶贫开发工作会议在北京召开。在这个堪称"史上最高规格"的扶贫会上，习近平等中共中央政治局常委与地方党政主要负责人全部出席，吹响了消除绝对贫困、决胜小康社会的最强劲号角。2015 年 12 月 31 日，习近平在发表 2016 年新年贺词时说道："让几千万农村贫困人口生活好起来，是我心中的牵挂。我们吹响了打赢扶贫攻坚战的号角，全党全国要戮力同心，着力补齐这块短板，确保农村所有贫困人口如期摆脱贫困。"2017 年新年之际，习近平谈到最牵挂的还是困难群众，将这一期许具体到"他们吃得怎么样、住得怎么样，能不能过好新年、过好春节。我也了解，部分群众在就业、子女教育、就医、住房等方面还面临一些困难，不断解决好这些问题是党和政府义不容辞的责任"。习近平吹响的打赢扶贫攻坚战的号角，可以用"四个前所未有"来形容：一是在世界反贫困史上，第一次实施了最大规模的减贫工程，用 5 年的时间，使 7011 万贫困人口全部脱贫，无论是规模还是速度，这都是前所未有的；二是在世界移民史上，第一次实施了最大规模的人口搬迁计划，用 5 年时间，把"一方水土养不起一方人"的 1000 万农村贫困人口全部搬出，同时还有 600 多万人口进行同步搬迁，这种有目的、有计划、有组织、有保障的人口迁徙工程，前所未有；三是在世界社会保障史上，第一次用社保手段对完全丧失劳动能力和部分丧失劳动能力的农村贫困人口，实施社保政策兜底脱贫，大约有 2000 万农村贫困人口，通过最低生活保障实现脱贫，也是前所未有的；四是在新中国历史上，第一次实施了由中西部 22 个省、自治区、直辖市党政一把手同时具名向中央立下责任书，承诺到 2020 年，保证带领本地区农村人口全部脱贫，贫困县全部摘帽，这种军令状，在中华人民共和国成立以来，甚至建党以来，也是前所未有的。"四个前所未有"，说明了精准扶贫是一个牵一发而动全身的大战略，是统揽全面小康的总抓手，是全面战争，不是局部战役，需要我们综合施策，全党上下，全民动员，向中央的基准看齐，撸起袖子大干一场。没有这样的认识和担当，精准脱贫的战争将难以取胜，全面小康的目标将难以实现。

## 二 精准扶贫要处理好六个关系

### 1. 在扶贫方式上要处理好输血与造血的关系，以输血为基础，造血为根本

古人说："授人以鱼，不如授之以渔。"对贫困户来说，给钱给物仅仅是一次"输血"，如果没有"造血"功能，一旦停止"输血"，最终只能是"原地踏步走"。只有用一次次的"输血"来培养"造血"功能，从而引起质的改变、质的飞越，才能从根本上改变贫困现状。实现"造血"式扶贫，要改变过去单一的以解决温饱为目的的输钱输物的"输血"理念和方式，要为贫困户输思想、输技术、输教育、输金融。

输思想，就是要运用灵活多样的宣传、教育手段，教育引导贫困群众树立战胜贫穷、改变落后面貌的信心和决心，克服"等靠要"的思想，树

立自我致富、劳动致富、市场经济的观念。输技术，就是要依托"雨露计划"等培训工程，开展各类职业技术培训，实现贫困群众掌握一技之长转岗转产；依托农业专家、当地种养大户，大力开展实用技术培训，确保每一户贫困户至少有一人参加并掌握一种以上种养技术，增强贫困群众自我发展、自我"造血"的能力。输教育，就是要大力实施教育扶贫"拔穷根"。习近平总书记多次强调，把贫困地区孩子培养出来，这才是根本的扶贫之策。让贫困家庭的孩子有一技之长，才能确保"拔穷根"，阻断贫困代际传递。因此，要抓住贫困群众下一代接受教育这一"拔穷根"的关键，为贫困家庭的子女构建到户、到人的教育精准资助扶贫脱困体系，通过奖励补助、协助贷款、勤工俭学、减免学费等扶持政策给予多元资助让其完成学业，同时加强贫困户子女技能教育，并帮扶其顺利就业。输金融，就是要改革农村金融体制，为贫困户发展产业、完善基础设施建设、创业创新提供资金保障。金融是农村发展的血液，贷款难是农村发展的老大难问题，缺金融是贫困地区的短板。因此，要积极创新农村金融服务、创新农村金融产品。要整合财政扶持资金，通过农村公共财政直接投资以改善农村投资环境，要逐步完善农村社会保障体系，促进农村金融机构的市场化运作。增加贫困群众政策性收入最好的政策是政府针对贫困者的小额贷款及贴息，这个具有普适性和持续性。

**2. 在扶贫目标上要处理好脱贫与全面小康的关系，以实现脱贫为基础，全面小康为根本**

扶贫开发直接关系中国数千万人民的福祉，关系 2020 年全面建成小康社会目标的实现。正如习近平总书记在关于制定"十三五"规划建议的说明中所说的那样，"我们不能一边宣布全面建成了小康社会，另一边还有几千万人口的生活水平处在扶贫标准线以下，这既影响人民群众对全面建成小康社会的满意度，也影响国际社会对我国全面建成小康社会的认可度"。2012 年党的十八大报告提出到 2020 年全面建成小康社会的目标。全面小康，核心在全面。这个"全面"，体现在覆盖的人群是全面的。它是不分地域的全面小康，是不让一个人掉队的全面小康。全面小康要做到这三点。一个都不能少：13 亿人的小康，56 个民族的小康，960 多万平方公里每一寸土地上的小康。一步都不能迟：2020 年之前，发达地区、欠发达地区、贫困落后地区实现同步小康。一项都不能少：经济、政治、文化、社会、生态五个领域一项都不能少。

"全面建成小康社会"的宏伟目标是精准扶贫思想产生的现实需求。如果说"全面小康与中国梦相互激荡，凝聚为全社会的'最大公约数'"，那么，扶贫、脱贫则是全面小康的"最后一公里"。必须确保如期脱贫、杜绝返贫，因此需要精细化的扶贫思想，促使贫困地区整体脱贫、全面脱贫。这还不够，整体脱贫、全面脱贫仅仅是基础，到2020年，贫困地区、贫困人口实现同步小康才是终极目标。

**3. 在扶贫对象上要针对不同对象处理好政策扶贫与制度保障的关系，以扶贫政策为基础，制度保障为根本**

贫困户贫困和返贫的原因很复杂，要精准识别，分类施策，才能做到精准施策。首先要区别两组概念。一个是扶贫对象和救济对象。扶贫对象就是那些通过扶持生产和就业、易地搬迁安置、生态保护、教育救助等形式，能够走出贫困，达到脱贫的目的的对象。救济对象则是那些自身失去劳动能力的身残智障者、重病患者、孤老或孤残儿童，无论经济发展到何种程度，都不可能与其他人群同步迈入小康。对扶贫对象要通过扶贫政策，使他们尽快脱贫，对救济对象则需要建立社会救助保障制度，由政府兜底，以制度保障其进入全面小康，过上小康生活。其次是精准扶贫和基本公共服务供给。精准扶贫本质上是帮助贫困人口提高收入，使家庭人均收入在贫困线以下的达到小康水平。而农村的水、电、路、气、讯（信）等基础设施不到位，则属于基本公共服务供给的范畴，属于政府的基本职能。不属于精准扶贫的范畴，政府也要做。搞清这两对概念，要求政府在精准扶贫上，首先做到扶贫的制度和政策要精准。对扶贫对象要在提高收入上聚焦政策，对救济对象要在社会保障上建立制度。同时不要"精准扶贫是个筐，啥都往里装"，不要把完善农村的基础设施建设的分内之事看作精准扶贫，从而冲淡精准扶贫的效果。

**4. 在扶贫内容上要处理好移民搬迁与产业扶贫的关系，以移民搬迁为基础，产业扶贫为根本**

判断贫困户脱贫与否，收入是重要和关键指标。仅有收入增长还不够，还须实现"两不愁、四保障"，这就要保证贫困户观念得到根本转变、自我发展能力得到明显提高、具有稳定的收入来源和增收渠道，只有这样才能跳出"贫困陷阱"，实现稳定脱贫。移民搬迁仅仅是解决贫困群众住房问题的一种手段，它不是解决精准脱贫问题的根本手段。根本手段是产业扶贫，就是让贫困户有事干、能就业、有钱花。过去我们在新农村建设中，一些地方搞了大量的移民搬迁，群众的住房条件得到明显改善，但生产和居住地相隔较远，同时就业问题没有得到解决，使许多移民搬迁村成为贫民窟。这个教训值得好好吸取。这些年房地产的无序发展使城镇产生了大量的空置房，有些专家和国家部委也提倡农民进城买房，但应者寥寥，这说明住房不是农民进城落户的先决条件，先决条件是就业。因此，精准扶贫重点在产业扶贫，要将现代农业发展要求与扶贫对象自身特点相结合，更好地发挥政府的作用与市场配置资源决定性的作用，走一条"资金跟着穷人走，穷人跟着能人走，能人穷人跟着产业项目走，产业项目跟着市场走"的精准产业扶贫路子。

**5. 在扶贫主体上要处理好贫困群众与政府组织的关系，以贫困群众为基础，政府组织为根本**

在谁是精准扶贫主体上，一直有一个错误的观点，这就是政府主导，可以不发挥群众的主体作用，这容易造成养懒汉现象，让贫困户形成"靠着墙根晒太阳、等着政府送小康"的等靠要思想。笔者认为这一认识对于精准扶贫极其有害，也是形式主义扶贫和扶贫委屈论的根源。扶贫对象是贫困群众，扶贫主体当然是政府、企业和社会组织，理由有三：一是到2020年实现全面脱贫、全面小康，中央和各级政府层层签订军令状，要求各级政府完成这一目标；二是习总书记提出的六个精准都是政府行为，特别是因村派人精准、精准包抓、驻村包抓；三是习近平总书记2017年新年致辞时讲道他最牵挂的是困难群众，明确解决他们的问题是党和政府义不容辞的责任。因此，做好精准扶贫工作，在引导贫困群众自我奋斗的基础上，要广泛动员全社会帮扶。扶贫开发是一项系统工程，需要全社会共同努力。既要动员党政机关、事业单位、"三送"干部以及科研院校进行"一对一"定点定人定责对口帮扶，又要积极引导民营企业、社会组织、扶贫志愿者乃至热心慈善事业的创业成功人士开展多种形式的扶贫帮扶活动，努力营造人人参与精准扶贫的社会氛围。要处理好干部帮扶与干部帮助的关系。干部结对帮扶是精准扶贫的一大特点，也是精准扶贫的重要举措，是落实各级军令状的根本保证。"干部帮助"是一个时间点，只强调干部的即时付出，"干部帮扶"是一个时间段，既强调干部的付出，又强调干部付出后贫困户的脱贫效果，所谓"不脱贫不脱钩"讲的就是这个道理。

**6. 在扶贫策略上要处理好用好政策与深化农村改革的关系，以用好政策为基础，深化农村改革为根本**

形成完善的精准扶贫政策体系是精准脱贫的保证。精准扶贫政策涉及易地搬迁、发展产业就业、生态补偿、发展教育脱贫、社会保障兜底、公共服务设施建设、脱贫开发用地保障、科技和人才保障、财政保障支持、金融保障支持政策等，落实习近平精准扶贫思想的主要抓手要形成完整的精准扶贫政策体系。要处理好精准扶贫政策与一般惠农政策的关系。精准扶贫政策的精准程度、扶持强度都要远超一般惠农政策。不能简单地把两者画等号，用一般惠农政策替代精准扶贫政策。

在加大扶贫政策执行力度的同时，从长远发展来看，要向深化农村改革要出路。农村改革将是未来中国发展的基本动力。特别是党的十八大以来，党和国家出台了关于农村改革的一系列新理念、新论断，这是指导农村发展的根本。如培育新型农业经营主体、三权分置、农村集体经济产权制度改革等。向改革要发展、要脱贫，更靠得住、可持续。笔者一直有一个观点：城乡居民收入差距扩大的根源在于财产性收入的差距。农村改革的重点在于农村产权制度改革，目的是提高农民的财产性收入。笔者主要讲三点。

第一，新型农业经营主体政策。汪洋副总理指出，培育新型经营主体，发展农业适度规模经营，是推进农业供给侧结构性改革的重大举措，是加快农业现代化的战略选择。长远看来，我国农业的从业主体，从组织形态看就是龙头企业、家庭农场、合作社等，从个体形态看就是新型职业农民。农民将从单一生产者身份为主向生产者、经营者、投资者多元化身份发展，成员异质性进一步增强。为此，要灵活运用扶贫资金，为贫困户谋取更多更长远利益。如扶贫资金可以用于扶持引导贫困群众通过土地流转、土地入股、劳动入股等形式创办合作社和各类基地；可以作为贫困群众的股份投入龙头企业、专业大户，通过"公司＋基地＋农户"的形式帮助贫困群众获得三金——土地租金、股金、薪金，变一次性年度扶贫资金为稳定收入来源。典型做法就是贵州省六盘水市的农村"资源变资产、资金变股金、农民变股东"的"三变"改革。其总体思路是：资源变资产，就是村集体将集体土地、林地、水域等自然资源要素，通过入股等方式加以盘活；资金变股金，就是在不改变资金使用性质及用途的前提下，将各级财政投入，量化为村集体或农民持有的股金投入各类经营主体，享有股份权利；农民变股东，就是农民将个人的资源、资产、资金、技术等，入股经营实体，参与分红。

第二，宅基地使用权方面的合作建房政策。国务院办公厅印发的《关于支持返乡下乡人员创业创新促进农村一二三产业融合发展的意见》（国办发〔2016〕84 号）中指出："支持返乡下乡人员依托自有和闲置农房院落发展农家乐。在符合农村宅基地管理规定和相关规划的前提下，允许返乡下乡人员和当地农民合作改建自住房。"通俗地说就是：农民有地，城里人有钱，政策允许他们共建房屋。典型做法就是浙江联众乡村资源开发有限公司创造的"联众模式"。"联众模式"是一种在农村建房，专门给城里人休闲度假的投资方式。联众公司寻找环境优美、交通便利的乡村，与农户签订整体合作协议，在不需要农民投入资金的前提下，对整个村庄进行重新规划、建设，利用现有的宅基地重建新的四层小楼，统一组织经营。这种不需要农民投资、不占用耕地资源、不破坏生态环境的商业经营模式被称为"联众模式"。主要做法：一是农户提供宅基地，社会资本出资开发建设；二是房屋产权归农户，社会资本拥有 30 年经营权，到期后，所有房屋使用权"物归原主"，四层小楼全归农民，另外村庄景区建成对外开放以后，收入按照公司 60%、村委会或村民 40% 分配；三是利用对外经营帮助村民解决就业问题，聘请房主为管理员，每月支付一定的管理费，聘期为30 年，企业整理出部分土地，开发生态农业，扩大村民就业渠道；四是拓展农业多种功能，依靠农家乐等新的旅游休闲形式，为城市人提供"采菊东篱下，悠然见南山"的生活方式，引领国内休闲旅游。

第三，所有权、承包权、经营权三权分置，经营权流转的政策。党的十八届五中全会提出，稳定农村土地承包关系，完善土地所有权、承包权、经营权分置办法。中共中央办公厅、国务院办公厅下发了《关于完善农村土地所有权承包权经营权分置办法的意见》，明确指出"三权分置"是继家庭联产承包责任制后农村改革又一重大制度创新。"三权分置"的重点是放活经营权，核心要义就是明晰赋予经营权应有的法律地位和权能。典型做法就是盘活土地经营权的"沙洋创新"。"沙洋创新"是湖北省荆门市沙洋县探索的承包权稳定不变、承包地合理互换、经营权有序流转、财产权有效实现，"田成片、渠相连、路相通、旱能灌、涝能排"的按户连片耕种模式。"沙洋创新"的"1233"路径。"1"即一个方式，对地块进行互换调整。"2"即两个集中，土地向单一的农户连片集中，向生产大户等新型经营主体集中。第一个"3"即三个稳定，家庭承包的体制稳定、农户承包面积稳定、农户承包的期限稳定。第二个"3"即三个步骤：第一步，地方政府加大高标准连片农田建设力度，实施基础公用设施建设，提高土地质量；第二步，以小组为单位制定按户连片耕种方案，操作方式一是重新分地、面积不变，其实质是集体统一组织进行"承包经营权交换"，二是农户间协商，承包权不变只流转经营权，即以原有较大的地块为基础，通过协商把邻近的小地块经营权流转到自家来，三是根据绝大多数村民意愿，采取依据家庭人口数量重新分配土地的办法，使农户耕种土地连成一片，最大限度地实现家庭规模经营；第三步，丈量土地、确定面积，通过商定的方案确定各户承包地的位置，按照应承包面积确定具体地块界限，办理土地承包经营权证。"沙洋创新"的核心是解决承包地细碎化的问题，促进土地流转。

我国改革已进入深水区，农村改革也是一样，要盘活农村资源，实现精准扶贫，只有向改革、政策、创意、理念要发展。要按照"法无禁止皆可为"的原则，树立"你发财我发展"、"不求所有、但求所在"的理念，借鉴"六盘水三变改革"、"沙洋创新"和"联众模式"，积极开展改革试点，创造条件，主动吸引社会资本投资农村，实现精准脱贫目标。

# 关于全面小康的一点断想<sup>*</sup>

**摘　要：** 本文共五个方面，分别论述了"小康"的概念，全面小康的内涵，贯穿全面小康的又好又快的发展观，建设全面小康社会重点在"三农"，全面小康和和谐社会建设的关系，既层层递进，又互相补充，对全面小康建设做了全面阐述。

**关键词：** 小康；全面小康；和谐社会

## 一

"小康"一词最早见于《诗经·大雅·民劳》："民亦劳止，汔可小康。"意思是百姓真劳苦啊，请给他们短暂的安康。真正把"小康"作为一种社会形态来描述的是经学家戴圣编纂的成书于战国与秦汉之际的《礼记·礼运》。《礼记·礼运》认为，小康是"大道既隐，天下为家"的理想社会的初级阶段，是对现实社会的表达，大同是"大道之行也，天下为公"的理想社会。作为一种社会理想，小康源于古代文明而被赋予现代内涵，它上承温饱社会而下启基本实现现代化，有着广泛的社会基础和深厚的文化底蕴。

## 二

全面小康是基于理想和现实的维度对社会发展的观照，它首先是一种

---

＊　本文曾发表于《中国小康》杂志 2012 年第 3 期。

理想，是一个完满的绝对的圆，存在于人们的理念之中，代表了人们对美好生活的形而上的追求。但它更是现实的运动。在时间维度上，它是以总体小康为起点不断向基本实现现代化的终点渐进的过程；在空间维度上，它是一个包括政治、经济、文化、社会和生态等全面发展的空间结构和城市差别、区域差别、行业差别逐步缩小的空间布局。物质文明、政治文明、精神文明和生态文明是一个具有严密内在逻辑关系的有机整体，它们相互作用，相互支持，互为目的，互为平等，统一于全面小康社会建设的实践过程。西尔斯指出，"从长远的观点看来，经济增长对穷国来说是减少贫困的一个必要条件，但它不是充分条件"。由"总体小康"到"全面小康"，一个重要的变化就是，社会发展由过去对经济主导性方面的强调，逐步走向一种对社会各子系统之间有机联系的强调，以追求整个社会协调发展的目标。这既是社会实践发展的必然结果，也是人们认识水平提高使然。

## 三

贯穿全面小康的发展观："又好又快"。2007 年中央经济工作会议第一次提出"又好又快，好字优先"。从"又快又好"到"又好又快"呈现两种不同的境界。快，指发展速度而言，是事实判断；好，指发展质量而言，是价值判断。"又快又好"更多是对速度的关注，然而事实判断是不能必然地推导出价值判断的。而"又好又快"更多地关注发展质量，也就是关注发展的意义和价值。在现实生活中，不难看到，为了一个"快"字，环境不惜被污染，土地不惜被浪费，农民权益不惜被侵占，长远利益不惜被抛弃。正如美国学者威利斯·哈曼博士所说："我们的发展速度越来越快，但我们却迷失了方向。""好"与"快"两字之调意义深远，反映的是经济发展理念的一大转变。"又好又快"是全面小康社会的必然要求，体现的是一切为了人民群众的根本宗旨。通过"又好又快"发展，才能真正做到权为民所用，利为民所谋，情为民所系，政为民所掌，才能实现经济增长速度与人民收入水平、GDP 增速与财政收入增速两个同步增长，才能真正做到国富民也富。

# 四

建设全面小康社会重点在"三农"。综观我国目前经济社会发展的全貌，"三农"问题已成为我国实现全面小康的最大障碍，要实现全面小康，就必须突破"三农"瓶颈，否则全面小康就变成片面小康、局部小康或城市小康。2000 年全国农民人均纯收入是 2253 元，城乡居民收入比为 2.79∶1；2010 年全国农民人均纯收入为 5919 元，城乡居民收入比为 3.23∶1。在这 10 年之间，一直把缩小城乡收入差距、统筹城乡发展作为发展的战略方针和要求，从 2004 年起政府连续下发了 8 个中央一号文件，把"解决好农业、农村、农民问题始终作为全党工作的重中之重"。但是事实是城乡居民收入差距不是缩小而是扩大了。距离党的十六大提出到 2020 年城乡居民收入比 2.25∶1 的目标仍有差距，今后十年加强"三农"工作任重道远。2010 年 12 月 21 日国家统计局在其网站上发布的中国全面小康社会进程统计监测报告显示，中国全面小康社会进展顺利，实现程度由 2000 年的 59.6% 提高到 2010 年的 80.1%。这一数据让人颇有猜疑，怀疑农民"被小康"，而不是全面小康。小康社会一个重要的标准就是共富。过去搞的先富论，允许一部分地区、人群和城市先富起来，然而，还没有富的大多数是农民，今后 10 年，全面建设小康社会，难点不在城市而在农村，不在大多数居民而在大多数农民。要关注农村、关爱农民、关心农业，切实让全面小康的阳光普照城乡。

# 五

和谐社会作为一种理想的社会发展状态，可以体现在不同的社会形态中，也可以体现在同一种社会形态的不同发展阶段上，它是人类孜孜以求的一种社会理想，更是一种包括中国共产党在内的马克思主义政党不懈追求的社会理想。"我们所要建设的社会主义和谐社会，应该是民主法治、公平正义、诚信友爱、充满活力、安定有序、人与自然和谐相处的社会。"和谐社会的这些特征与 21 世纪头 20 年全面建设小康社会在现实起点、目标任务、实践过程等方面都是一致的。到 2020 年，全面小康目标实现了，我国社会主义和谐社会将进入新的境界，有新的特征和要求。建设全面小康社会和构建社会主义和谐社会二者相互包含、相辅相成。首先，和谐社会是全面小康的重要内容之一。党的十六大提出要全面建设惠及十几亿人口的更高水平的小康社会，并把全面小康的目标简要概括为"六个更加"，其中包括"社会更加和谐"。党的十六大还提出要努力形成全体人民各尽所能、各得其所而又和谐相处的局面，巩固和发展民主团结、生动活泼、安定和谐的政治局面。可见全面小康内在地包含了社会更加和谐的要求，这是我们党提出构建社会主义和谐社会的起点。其次，和谐社会是全面建设小康社会的重要条件和必然要求。提出构建社会主义和谐社会的直接依据恰恰就是全面建设小康社会的现实需要。在全面建设小康社会的这 20 年内，由于我们要加快工业化、城镇化进程，因而矛盾和问题将更加凸显，所以要通过解决当前发展阶段中存在的突出问题，消除社会发展中的不和谐因素，促使全面建设小康社会的目标在和谐发展的状态中实现。

# 第四部分

# 论新型农村社区

# 论新型农村社区建设[*]

**摘　要：**本文首先明确界定了新型农村社区的基本内涵，接着详细论述了为什么要建设新型农村社区，怎样建设新型农村社区（规划先行、科学选址、提高标准、政策引领、尊重群众、规范管理、加强协调、搞好服务），其次论述了如何破解新型农村社区建设中的用地难题、资金难题、就业和收入问题、农民权益保障问题等。最后介绍了建设新型农村社区的主要模式和应防止的问题，对陕西建设新型农村社区提出了五点建议，总结了五点结论。

**关键词：**新型农村社区；内涵；模式

## 一　什么是新型农村社区

2003 年 10 月，党的十六届三中全会的《中共中央关于完善社会主义市场经济体制若干问题的决定》，第一次在中央文件中使用了"农村社区"这一概念。

2006 年 10 月，党的十六届六中全会通过的《关于构建社会主义和谐社会若干重大问题的决定》，做出了"积极推进农村社区建设，健全新型社区管理和服务体制，把社区建设成为管理有序、服务完善、文明祥和的社会生活共同体"的重要部署，指明了农村社区建设的目标模式，也掀开了各地探索建设新型农村社区的序幕。

---

[*] 本文收录于《居安思危——中国粮食安全的忧思与出路》一书，原标题为《把新型农村社区建设作为粮食生产区推进域乡发展一体化的重要载体》。

2010 年以来，中央一号文件多次强调把农村社区建设作为进一步完善符合国情的农村基层治理机制的重要内容，提出要开展农村社区建设创建活动，培育发展社区服务性、公益性、互助性社会组织。

"新型农村社区"的正式提出，来自国务院 2011 年 9 月 28 日发出的《关于支持河南省加快建设中原经济区的指导意见》。这个文件共 46 条，其中第 20 条专讲新农村建设，要求"统筹城乡规划，优化村庄布局，建设富裕、民主、文明、和谐的社会主义新农村。按照规划先行、就业为本、量力而行、群众自愿原则，积极稳妥开展新型农村社区建设试点，促进土地集约利用、农业规模经营、农民就近就业、农村环境改善"。

2015 年 5 月 31 日，中共中央办公厅、国务院办公厅印发了《关于深入推进农村社区建设试点工作的指导意见》，提出了"打造一批管理有序、服务完善、文明祥和的农村社区建设示范点，为全面推进农村社区建设、统筹城乡发展探索路径、积累经验"。

总结各地实践，可以看出，所谓新型农村社区，就是指打破原有的村庄界线，把一个或几个自然村或行政村，经过统一规划，按照统一要求，在一定的期限内搬迁合并，统一建设新的居民住房和服务设施，统一规划和调整产业布局，组建成新的农民生产生活共同体，形成农村新的居住模式、服务管理模式和产业格局。

新型农村社区究竟"新"在哪里？

第一，新在标准。它是真正的农村地区，是用城市社区的标准建设的农村社区，是以城镇化的理念改造农村，以公共服务均等化覆盖农村，以现代产业体系支撑农村，进而实现城乡统筹。

第二，新在功能。它不再是传统意义的农村，而是城市生活的"简易读本"，是现代城市的"微缩版本"，具备教育、医疗、产业、就业、社区服务等城市基本功能。

第三，新在方式。它让祖祖辈辈面朝黄土背朝天的农民，"既不离土也不离乡"，就地转变生产、生活方式，过上城镇生活，共享现代文明。它犹如一条扁担，一头挑的是新型工业化，一头挑的是农业现代化，是推进"四化"协调，强化新型城镇化引领的着力点和突破口。可以说，建设新型农村社区是继家庭联产承包责任制之后农村发展的"第二次革命"。

# 二 为什么要建设新型农村社区

建设新型农村社区，是城乡经济社会体制和城乡空间格局、利益格局、资源格局的重大变革，顺应了工业化、城镇化和农业现代化快速发展的趋势，反映了广大农民群众改善生产生活条件的愿望，有着重大的现实意义和深远的历史意义。

### 1. 建设新型农村社区是全面建成小康社会的必然要求

"四个全面"是以习近平为总书记的党中央治国理政的全新布局。2012年党的十八大报告提出到2020年全面建成小康社会的目标。全面小康，核心在全面。这个"全面"，体现在覆盖的人群是全面的。它是不分地域的全面小康，是不让一个人掉队的全面小康。全面小康要做到以下三点。一个都不能少：13亿人的小康，56个民族的小康，960多万平方公里每一寸土地上的小康。一步都不能迟：2020年之前，发达地区、欠发达地区、贫困落后地区实现同步小康。一项都不能少：经济、政治、文化、社会、生态五个领域一项都不能少。占全国粮食总产量73.64%的800个产粮大县，一直都是我国粮食生产的主力军，在保证国家粮食安全上始终占据不可替代的地位。同时，它们又大都是财政穷县，地位和发展水平相悖。面对产粮大县贡献大、处境难的严峻现实，推进它们的全面小康，不仅直接关乎全国粮食的安全，更关乎全面建成小康社会战略目标的如期实现。

### 2. 建设新型农村社区是推进城乡发展一体化的重要抓手

当前，我国已进入破解城乡二元结构、加快城乡发展一体化的重要时期。十七届三中全会强调"把加快形成城乡经济社会发展一体化新格局作为根本要求"，党的十八大明确提出"城乡发展一体化是解决三农问题的根本途径"。通过建设新型农村社区，促进城市基础设施加速向农村延伸，公共服务加速向农村覆盖，城市文明加速向农村传播，城市资源加速向农村流动。可以说，建设新型农村社区是实现城乡发展一体化的具体途径和有效载体。

### 3. 建设新型农村社区是实现公共服务均等化的基本路径

统筹城乡发展的目的是让农民能和城里人一样享受均等化的公共服务，

而实现公共服务均等化，客观上要求改变以原始自然村落为基本单元的传统城乡布局，实现城乡人口相对集聚。村庄小而分散，农民居住不集中，分别搞基础设施建设成本高，许多公共服务设施建不了也用不起，造成资源的巨大浪费。而建设新型农村社区，统一修建基础设施和公共服务设施，可以有效地节约资金，提高资源利用率。

**4. 建设新型农村社区是缓解土地供需矛盾的必然选择**

新型农村社区集中连片进行规划建设，可以有效改变长期以来存在的农村建房点多、面广等状况，也有利于彻底解决"空心村"问题，做到科学、合理地使用土地，节约出的大量土地可以复垦为耕地或调整为建设用地。以咸阳市为例，在全市 6 个县市区 26 个村进行了抽样问卷调查，调查结果显示：目前农村闲置宅院占全市宅基地总数的 13%，其中永寿县下来村是闲置率最高的一个村，全村共有 178 户，749 人，宅基地 234 处，闲置宅基地 56 处，闲置率高达 23.9%。咸阳市农村户均宅基地约为 195 平方米，超出国家规定最高限 45 平方米。据此推算，如果通过并村建社区和土地综合整治，把农村户均宅基地压缩到国家规定下限的 80 平方米，全市农村最少可腾出建设用地 25 万亩。

**5. 建设新型农村社区是实现土地规模经营的必然结果**

中国人多地少，中国人的饭碗必须掌握在自己的手中，这就需要加快适度规模经营来提高土地利用率。据党国英调查，种粮户规模达到百亩以上，土地利用率会提高 10% 以上。如果全国都实现了规模经营，即可能增加 1 亿多亩的土地，可以增加粮食产量 8% 以上。粮食主产区大都土地肥沃，适于规模经营。规模经营者比分散农户对科技和机械化的追求更有动力，经济效益比一般农户平均要高出 25% 以上。粮食主产区的农民把土地流转给种植大户后，可以从事第二、三产业，建设新型农村社区、实现生活方式转变也就成了必然结果。

**6. 建设新型农村社区有利于加快城镇化进程**

如何加快城镇化进程、有效激活农村社会发展要素，这是推进现代化面临的重大课题。传统的城镇化道路强调把人口和就业从一产向二、三产转移，从农村向城镇转移，而传统的城镇体系只包括大、中城市和县、镇 4 个层级，把地域广袤、人口众多的农村排除在外，这在一定程度上固化了城乡二元结构。新型农村社区第一次把城镇规划、城市文明及社会公共服务延伸到农村，实现了对传统城镇模式（农民进城）的重大创新。

**7. 建设新型农村社区有利于刺激内需拉动消费**

新型农村社区建设，一方面可以直接扩大农村基础设施投资需求和建房消费需求，带动钢铁、水泥、电力、交通等多个行业的发展，拉动农村经济增长；另一方面由于环境改善，各项保障措施逐步健全，可以有效刺激社区居民的消费升级，把农村潜在的巨大消费需求转化为现实购买力，活跃农村经济。据测算，新型农村社区建设投资拉动比例为 1 : 23，1 个 1 万人左右的社区可以拉动基础设施投资和配套投资 3000 万元，可以撬动 7 亿元左右的农村消费。每增加 1 个社区居民，可带动 3 倍于农民的消费支出。

**8. 建设新型农村社区有利于改善农村人居环境**

通过村庄合并，组建成规划科学、布局合理、功能齐全、环境优美、管理完善的新社区，有利于改善农民居住环境，彻底改变农村"脏、乱、差"局面，使农民享受和城市居民基本相同的居住条件和公共服务，使广大农民的居住环境、生活条件、文明程度得到有效改善和提高，享受和城里人一样的服务和待遇，较快地提高农民生活质量和幸福指数。

**9. 建设新型农村社区有利于创新农村社会管理**

新型农村社区组织健全，法律服务、普法宣传等各项服务到位，社区都成立了警务室，加强了社会治安综合治理，形成了专群结合、群防群治、覆盖面广、防范有效的工作体系。同时，由于居住相对集中，管理严密、有序，便于监控，可以有效地防范偷盗、抢劫等犯罪案件的发生。通过村庄合并，人多了，人才也多了，就能够选出思想好、能力强的村干部，组建成搭配合理、具有较强带动能力的村级领导班子。同时，新的住宅模式也打破了旧的村与村、组与组以及家族、宗族的传统居住格局，消除了长期以来造成的邻里矛盾、家族矛盾，形成了"广入住、大融合、谋发展、促和谐"的新的人际关系，有利于构建和谐农村。

总而言之，建设新型农村社区是统筹城乡发展的接合点，是城乡一体化的切入点，也是农村发展的增长点，符合科学发展观和构建和谐社会的内在要求，因此带有强烈、鲜明的方向性意义。

# 三　怎样建设新型农村社区

如何走出一条生态、生产、生活契合，就业、服务、管理并举，自然、文化、历史和谐的新型农村社区健康发展之路，要把握以下八个原则要求。

## 1. 规划先行

制订规划要立足实际，立足人与自然和谐，坚持基础设施、产业发展、社会事业规划同步安排、同步推进。要依据当地经济、社会和人口等客观实际，坚持传统与现代理念相结合、外观与环境相协调，突出地域特色，做到形式多样、格调新颖。重视社区规划建设的文化艺术品位。注重规划的科学性和可行性，避免重蹈"整治—乱建—再整治—再乱建"的恶性循环。要坚持因地制宜，量力而行，不盲目攀比，不强求一致，不搞不切实际的"政绩工程"。

新型农村社区本着"一代人建房、几代人居住"的原则，规划设计一步到位、力争一流，结构上注重合理，外观上注重艺术，配套设施上注重完善，理念超前，布局科学，设计新颖，基础设施建设完善，又经济又节省土地，与农民过去旧的住宅形成鲜明的对比。

## 2. 科学选址

新型农村社区建设要尽量靠近城市，尽量靠近中心城镇，尽量靠近产业集聚区，实施合村并城、合村并镇、合村并点，尽量将城郊村、镇区周边村、远离产业集聚区的村合并靠拢到城、镇和产业集聚区附近，以便将来与城、镇和产业集聚区自然连为一体。

"三个尽量靠近"，包含了对经济社会发展规律的认识和把握，体现了发展着眼长远、面向未来、方便群众、服务群众，满足群众多方面需求的务实精神。

## 3. 提高标准

坚持用城市化的思维和办法谋划新型农村社区建设，确保新型农村社区拥有比较完善的基础设施和公共服务。社区内不仅道路、供电、供水、通信、网络、有线电视、垃圾污水处理等各类基础设施基本齐全，而且教育、医疗卫生、文化体育、商业网点、金融邮电和市政公用等各种公共服务设施也应有尽有，可以保证农民现代生产和生活的需要。

新型农村社区不仅追求农民生活条件的改善，而且致力于构建祥和的环境、优美的生态，致力于社区公共服务的完善，促使农村服务业快速发展，可以初步实现教育、卫生、文化、体育、科技、法律、计生、就业、社保、社会治安、社会福利等政府服务全覆盖。

### 4. 政策引领

要通过制定和完善财政、信贷、规费减免等配套政策，引导农村人口向社区集聚，引导各类有实力的企业和社会资本积极参与新型农村社区建设，促进产业向集聚区集中、耕地向规模经营集中。

加快土地、户籍、公共服务等管理体制改革，尽快消除各类生产要素在城乡之间自由流动的障碍。在农村土地流转、房产确权交易等方面出台新的政策，确保农民能够充分享受到土地流转带来的收益，扩大和保障农民的财产性收入。

### 5. 尊重群众

要切实保障农民的利益，把农村土地整理开发的增值收益更多地留给农民。土地承包经营权、宅基地使用权、集体收益分配权是法律赋予农民的财产权利，任何人都不得侵犯。要依托电视、报纸、网络等新闻媒体，通过全方位、多角度的宣传，使广大农民群众更多地了解建设新型农村社区的意义和政策。规划布局、建设方式、监督管理要让老百姓全程参与，让老百姓自己选择，让老百姓的权益切实得到保障，让老百姓满意。

要充分发挥党的政治优势，做好耐心细致的思想工作，既要引导乡、村两级干部算清算好"四化"协调发展战略、土地集约节约利用这本涉及群众长远利益的"大账"，增强他们参与运作的自觉性，又要帮助群众算清算好财产保值增值、收入增加受益以及生活水平提高这本涉及群众切身和具体利益的"小账"，提高他们参与和支持社区建设的积极性。

### 6. 规范管理

规范有序是推进新型农村社区建设的基本要求和重要前提。无论是新型农村社区的规划设计、项目招投标、建筑安装施工，还是宅基地置换、土地流转、居民城镇户口办理、房屋所有权证核发等项工作，都要严格依法依规进行。

要不断拓展新型农村社区建设的思路，创新新型农村社区建设的理念，在规划上拓展创新，在试点示范上拓展创新，在推进的机制、模式、举措上拓展创新，进一步提升新型农村社区建设水平。

### 7. 加强协调

新型农村社区建设是一个系统工程，涉及面广、配合方面多、影响因素复杂，党委政府和相关部门要加强互动联动一体运作，服务协调、配套推进，充分调动上上下下的积极性，形成方方面面的合力。强化各类规划的协调与衔接，避免规划间"彼此打架"、"朝令夕改"的现象发生。注重项目、载体、产业、机制的互动联动，使人才、资金等各种要素充分流动、有效集聚。

### 8. 搞好服务

新型农村社区不单纯是盖楼房、修道路，更重要的是提升公共服务水平，使农民群众在教育、卫生、文化娱乐和就业、社会保障、社会治安、人口计生等方面享受更多更优质的服务，不断提高新社区的吸引力。

为此，一要健全管理组织，完善管理队伍。搞好社区党组织、管委会、综合服务中心和各类社区组织建设，科学制定社区管理工作职责，实现各类社区组织间的互补、互联、互动。二要积极摸索建立社区民意表达、民主决策、监督评价、事务公开、表彰激励等社区管理机制，逐步形成一套运行顺畅、行之有效的社区管理新机制。

## 四 新型农村社区建设中的重点难点问题破解

### 1. 用地难题破解：权属调整、土地流转、挖潜利用、增减挂钩、申报征地

推进新型农村社区建设，首先要立足于对旧村改造进行完善提高，但对过于分散的村庄需要适当整合，在社区建设起步阶段会出现新占用土地情况，而农村居民点从建新到拆旧复垦实现节约土地的目标需要一个过程。对这一用地难题，各地主要通过以下途径解决。

第一，传统的调地、租赁或买卖方式。首先，新区建设用地要符合土地利用总体规划和乡村建设规划。其次，用地要确保权属合法、利益清晰。

要对集体土地所有权、土地承包经营权、宅基地使用权、集体建设用地使用权进行确权登记，做到产权清晰、界址清楚、面积准确。在新村建设过程中要按照当地群众的意愿，采取不同的方式获得社区建设用地。最后，涉及行政区划变更和土地权属调整的，要制订土地调整方案，充分征求权利人的意见，合理调整土地权属，以免引起权属纠纷。

第二，开展宅基地流转试点。随着农村宅基地及住房空置现象越来越多，可以开展宅基地退出试点，坚持自愿有偿的原则，在集体经济组织内部进行流转，为新型农村社区获取建设用地。

第三，实施土地综合整治，挖掘现有土地潜力。主要是利用村庄坑塘、废弃地、荒坡地进行整治复垦，推动田、水、路、林、村综合整治，改善农村生产、生活条件和生态环境，促进农业规模经营、人口集中居住、产业聚集发展，推进新农村社区建设。

第四，充分利用城乡建设用地增减挂钩政策。通过对旧村庄的拆迁复垦，置换土地指标，允许先建后拆、先占后补，减少土地使用审批环节和费用，加快新农村社区建设的步伐。

第五，申报征地出让形式。城镇周边规划控制区内的村庄，符合规划的可以采取农用地转用的方式或农用地转用征收的同时申报解决社区用地问题。

**2. 资金难题破解：中省扶持、财政奖补、资金整合、市场运作、金融支持、社会参与、产权改革**

建设新型农村社区需要巨大的资金投入，必须开拓思维、多元筹措。

第一，积极争取上级扶持资金。对于新型农村社区建设，中央和陕西省都高度关注，都准备有专项扶持资金。因此，在新农村社区建设中要积极主动，力争把项目设立为中央、省示范项目，从而获得上级政府的扶持资金和政策倾斜。

第二，加大市县财政投入。市县两级财政设立专项"以奖代补"资金，用于新型农村社区建设规划和公共基础设施建设等。市级财政建立新型农村社区建设基金，由市级统筹，通过直接补贴、贷款担保、贷款贴息等方式，重点支持传统农村集聚类社区建设。

第三，整合各类涉农资金。建立涉农财政资金整合使用平台，按照

"项目捆绑、渠道不乱、用途不变、集中使用、各计其功"的原则，对能够整合的涉农资金进行整合，集中投向新型农村社区的基础设施和公共设施建设，最大限度地发挥财政资金作用。

第四，"以地生财"做活土地文章。通过实施城乡建设用地增减挂钩，对村庄搬迁后的土地进行复垦，将乡村集约腾出的土地指标，置换到城市周边，利用中心城区的辐射带动作用，提高级差效益，将获得的土地纯收益用于新型农村社区建设。对于具有区位优势和交通优势、土地具有较大开发价值的地方，运用市场机制，采取土地指标换资金、收回旧宅基地变现、开发商留取一定商业门面房和出售一定商品房等措施，筹措新型农民社区建设资金。

第五，组建投融资平台。成立农村新型社区建设投资集团，财政注入资本金，与金融机构合作以授信方式取得资金，进行项目运作。

第六，吸纳社会建设资金。在新型农村社区建设中，要积极引进市场机制和理念，把新社区建设中的服务型、经营型配套设施，如社区超市、临街商业门面、幼儿园、敬老院等公开进行承包、租赁，采取市场化运作的方式，向农村集体经济组织和个人推介，争取社会资金参与。积极动员有实力、有需求、有辐射带动能力的龙头企业参与新型农村社区建设，把社区与产业园区建设结合起来，进行区域整体开发，实现产业发展、企业壮大与新型农村社区建设融合推进、互利双赢。

第七，将农村各种资源资产化、资本化。建立市及县市区两级农村产权流转担保股份有限公司和农村产权交易所，对集体建设用地使用权、土地承包经营权、林权和房屋所有权抵押融资等进行担保，为农村产权流转和农业产业化项目投融资提供专业服务，吸引金融资本支持新型农村社区建设。

### 3. 就业和收入问题破解：产业支撑、多元就业、多渠道增收

农民搬进新社区后，去哪里干活，到哪里挣钱，是一个必须解决的问题。

第一，把新型农村社区建设与农业现代化发展深度融合。大力发展农民专业合作社和农业龙头企业，培养新型职业农民，使"租金＋股金＋工资"成为农民增收的新渠道，把新型农村社区建设的过程变成促进农民就业、增加农民收入的过程，保证群众有"三金一补"等收入，包括土地租

金收入、务工薪金收入、土地入股的股金收入以及各项惠农补贴。腾出的土地，一类复耕用于发展高效农业，另一类由村里集中规划建设标准化厂房进行出租，再用租金成立农业投资公司，创办企业，吸纳村民在家门口就业，收益分红，保障农民利益。

第二，加快社区建设地产业体系融合。确保每个社区形成1个产业支撑体系，确保每户有1人就业，必须加快中心城市、县城和城镇产业体系发展，强力打造产业集群和产业集聚区，大力开发生产性服务业和社区服务工作岗位，大量吸收农村劳动力就地向第二、三产业转移。社区附近的各类企业要优先为新型农村社区的群众提供一定比例的就业名额，使更多的农业劳动力就地转化为产业工人和现代农业工人，从而取得薪金。群众现有耕地通过租赁形式加快土地流转，由现代农业公司、农业合作组织或种粮大户经营，从而取得租金。新型农村社区建设整合腾出的土地，被用于企业用地的，鼓励村民以入股的方式取得股金。新型农村社区内商业服务业优先由当地群众经营，让有特长、有资本、有意愿的农民创业，开办小型或微型企业。

### 4. 农民权益保障问题破解："五确权"、"财产性收入"、"五不变一不降"、共建共享

农村变社区、农民变居民之后，角色转换了，原有的权益如何保障呢？

第一，实行"五确权"。对林、水、地、宅、房进行确权登记，使农民资产变资本。

第二，增加农民"财产性收入"。在国家法律法规政策框架内，研究制定"指标漂移"、产权置换等措施，使农民自有财产能流转、能融资，分享新型城镇化土地增值收益，增加农民财产性收入。

第三，实行"五不变一不降"政策。合村后，原建制村的土地承包关系不变，各类承包、租赁合同及合理优惠政策不变，村级资产、债权债务不变，自然村村名不变，村民的福利待遇不变，原退休干部的生活补贴标准不降低。"五不变一不降"政策，解决了干部安置、债务处置、新村选址等难题，激发了合村并居的积极性。

第四，推进发展成果城乡共享。积极推动社会保障城乡统筹、基础设施城乡对接、社会管理城乡同频，让社区群众享受到与城市居民同质化的公共服务。

# 五　建设新型农村社区的主要模式

## 1. 市场运作模式

建设新型农村社区，需要大量资金做保障。筹措资金的最有效方式，莫过于市场化运作。这种运作模式重在运用市场机制，综合利用土地、信贷和规费减免等优惠政策，吸引房地产开发、工程设计、土建施工及其他企事业单位积极参与新型农村社区建设。对于具有地理位置和交通优势、土地具有较大开发价值的地方，可以通过统一规划、市场运作、业主开发、集中建设，实现整体搬迁，整合成为新型农村社区。比如，河南许昌市鄢陵县明义社区，就是利用生态优势，从社区二期开发节约出的990亩土地中拿出300亩，用于旅游业发展，从而解决了部分建设资金短缺问题。该社区的幼儿园、超市、商业街等一切用作经营的配套设施建设，也都采取企业运作的办法来解决资金问题。

## 2. 政府主导模式

对县、乡财政基础较好或村级集体经济实力较强的地方，可以充分发挥政府的主导作用，通过BT、BOT等模式开发建设成为新型农村社区。所谓BT模式，是指政府利用非政府资金来进行基础非经营性设施项目建设。项目的运作通过项目公司总承包，融资、建设验收合格后移交给业主，业主向投资方支付项目总投资加上合理回报。所谓BOT模式，是指基础设施投资、建设和经营的一种方式，它以政府和私人机构之间达成协议为前提，由政府向私人机构颁布特许，允许其在一定时期内筹集资金建设某一基础设施并管理和经营该设施及其相应的产品与服务。目前，BT模式、BOT模式都是筹集项目建设资金的形式。

## 3. 企业推动模式

采用这种模式，需要积极动员有实力、有需求、有辐射带动能力的龙头企业参与新型农村社区建设，把解决社区产业发展、群众就业和企业用地等需求紧密结合起来，实现企业与新型农村社区融合发展、互利双赢。比如河南许昌市长葛市古佛寺社区，居民房屋建设面积为19万平方米，需投入资金1.6亿元。古佛寺社区将腾出的690亩土地交由河南众品食业股份有限公司统一使用，公司拿出补助资金 1.035 亿元，用于居民房屋建设，这样农民户均只拿建房资金 1 万元。腾出的土地，公司部分用于建设养殖基地和果蔬加工基地，剩余土地用于扩大发展。社区居民不仅能够获得土地入股的股金，还可以到基地打工，增加收入，实现了双赢。

### 4. 政策引导模式

对位置比较偏远或者深石山区、地质灾害威胁区、煤矿塌陷区、旱腰带等不宜居住的地方以及扶贫搬迁的村庄，要重点借助相关政策和重大项目建设机遇，实施整体搬迁，就近进入新型农村社区。该模式可以解决居住在自然条件恶劣区域内的农民的生存生活和脱贫致富问题，而且为改善和恢复迁出地生态环境打下良好基础，达到扶贫与生态建设双重效益。

### 5. 园区带动模式

对新型农村社区和特色产业园区进行统一规划建设，实现社区建设和产业园区同步发展。一般是引进有实力的农业龙头企业，流转农民土地从事农业产业园区开发和休闲农业，农民不再耕种自己的土地，而是在园区内打工，种树、种花、种果。这样新型农村社区建设水到渠成，农民愿意搬到生活条件更好的社区居住，在此搞农业园区的企业也愿意在资金等方面助力新社区建设。当然，产业园区的模式不尽相同，既可以是特色农业园区，也可以是商贸、旅游等服务业园区，需结合各地实际，因地制宜，发挥优势。农民既可以继续从事农业生产，成为职业农民或一定规模的农场经营者，也可以投身第二、三产业，就近就业创业，并将原承包土地通过租赁、入股等方式，获得财产性收入。产业与社区相互促进，互为支撑，实现可持续发展。

### 6. 村镇依托模式

位于城市建设规划区内的村庄，要充分依托中心城区的带动作用，把新社区建设与城市基础建设与住宅开发统一规划实施，在户籍管理、社会保障、公共服务、宅基地管理等方面实现城乡高度一体，使农民真正成为城市社区的居民，过上"城市生活"。位于乡镇周边的村庄，要尽可能依托乡镇辐射作用，向乡镇所在地集中。另外，就是选择基础设施完善、交通方便、生产生活便利的中心村，按照"规划先行、政策引导、村民自愿、多元投入"的原则，引导推进农民向中心迁徙，通过中心村建设提高农村土地集约利用水平，有效保护耕地，彻底改变农村村庄布局散、规模小、建设乱、配套少、环境差、功能弱的现状，真正使农村成为村貌美、环境佳、居住优的现代化新农村，这是新农村社区建设的主要模式。

新型农村社区建设没有固定模式，各地有各地的做法，各地有各地的特殊情况，在借鉴外地经验的同时，更重要的是要和本地实际情况结合起来，去创造性地落实。

# 六　建设新型农村社区应防止的问题

## 1. 不尊重群众意愿

"不从农民手中挖土地，不在农民身上打主意"，一切以农民的利益为出发点，坚持群众自愿原则，积极引导，不强迫命令，不强制拆迁，不让群众吃亏。在承包地和宅基地问题上一定要切实保障农民权益，把整合节约出来的土地的升值主要用到农民身上。这是新型农村社区健康发展的根本动力所在。

## 2. 过度行政干预

新型农村社区需要按工业化、城市化发展的客观要求，以现实的社会发展做支撑有序推进。为追求政绩，不切实际地盲目推进，将陷入"圈地造城"的怪圈。强制行政干预的结果将会违背群众意愿和城市化发展规律。以获取城市建设用地为目标的造城运动会带来一系列不良后果。

## 3. 公共设施缺失

新型农村社区不应只是形式上的变换，更应是真正的居民组织与管理形式的变革。要发生实质性的转变，跟城市社区相衔接，还需要解决一系列体制与管理问题，特别是涉及土地制度、集体资产的改制、城乡管理体制的统一等。但目前多数并居之后的社区的公共设施建设主要靠自身投资或地方投入，投入明显不足。受困于地方财政条件，城乡公共设施的资金投入差距较大。实际上受城乡二元结构的制约，新型农村社区还没有建立起跟城镇市民同样的各项社会福利和保障制度，基础设施建设不够，故发展空间和整体水平的提升有很大局限。

### 4. 乡村特色消失

城乡一体化不是城乡一样化。过去有些地方不顾本地工业化城镇化水平不高、大多数农民仍然以农为生的历史现实，一味地"撤小并大"、"拔村上楼"，强行让农民住进集中式多层甚至高层楼房，将原来的自然村落一推了之，造成了资源财富浪费和文化特色灭失，也给农民的生产生活带来巨大困难。因此，建设新型农村社区必须要因势利导，因地制宜，规划先行，循序渐进，借鉴城市但不照搬城市，保持农村的田园风光，保持民俗文化特色，保护青山绿水，方便农民生产生活，增强对市民的吸引力。

## 七　几点建议

### 1. 推进新型农村社区建设是陕西发展的需要

2012 年陕西省农村居民人均纯收入 5763 元，在全国省（区、市）中排名第 26 位，与全国平均水平 7917 元相差 2154 元，与第 1 名的上海 17804元相差 12041 元。所以，农民收入低、农村发展慢是陕西发展的"短板"。2012 年全省农民财产性收入仅 200 元，占农民人均纯收入的 3.5%，是四项收入中最低的，财产性收入成为农民人均纯收入的"短板"。加快新型农村社区建设，可以直接带来农民财产性收入、城镇化率、土地流转率的提高，间接带来工业化率、固定资产投资、社会消费品零售额的提高。

### 2. 推进新型农村社区建设是"三化协调"的载体

建设"三强一富一美"的核心，就是走好"两不牺牲"、"三新三化"的路子，即不以牺牲农业和粮食、生态和环境为代价的新型城镇化、新型工业化、新型农业现代化"三化协调"科学发展之路。在"三化协调"发展中，新型城镇化引领是突破口，而新型农村社区就是城镇化引领这个命题中的"题眼"。

### 3. 推进新型农村社区建设是对新农村建设的升华

新农村建设只能带来居住条件的改善，只能"造新房"；而新型农村社区，造就的是"新生活"，带来的是生产生活方式的根本改变。最关键的是农民的房由无产权变成了有产权，老百姓有了真正的恒产，这是新型农村社区建设和新农村建设的主要区别。

### 4. 推进新型农村社区建设必须抓快抓早

新型农村社区建设中央有政策、发展有需要、群众有期待、外地有经验、省内有典型。这项工作不是可干可不干的工作，而是坚决要干、必须干好的工作。这项工作迟早要抓，晚抓不如早抓，抢先一步事半功倍，丧失机遇后悔莫及。

### 5. 推进新型农村社区建设重在顶层设计

要坚持"全省一盘棋，规划全覆盖，分类指导，整体推进"。按照"转、并、改、迁"的要求，积极探索多种建设模式。一要理思路。出台《陕西省关于推进新型农村社区建设的实施意见》，明确重要意义、指导思想、目标任务、基本要求、扶持政策、制度措施等。二要定规划。规划水平决定建设水平。坚持长远规划、"富规划"，力争一百年不落后，实现规划一步到位，建设分步实施。三要出政策。要完善配套政策，如土地支持政策、财政支持政策、投融资政策、企业支持新型社区建设政策、要素资源整合政策、税费优惠减免政策、农民宅基地换住房政策、土地退出与利用政策、城乡基本公共服务衔接政策等。四要抓典型。必须抓好典型、打造样板、集中资源、重点突破。

# 八　几点结论

### 1. 新型农村社区建设，不单是实现农业现代化中的重大战略性问题，更是走出一条新型工业化城镇化道路的战略性问题

工业化城镇化是经济社会发展的历史潮流，世界上所有发达国家都走过这条路，区别只在于走的方法不同、时间长短不同。借鉴世界各国的历史经验和教训，结合我国的国情和农情，应当力求以不牺牲和削弱农村为代价，以不牺牲和破坏自然环境和资源为代价，走出一条有中国特色的新型工业化城镇化道路。"四化"同步，就是这条道路的目标。近10年，我国的工业化城镇化取得了举世瞩目的辉煌成就，"三农"从中固然受惠很多，但同时也受损严重。正如有些经济学家所批评的，"三农"实际蜕变为"三拿"：即不断地从农村"拿粮"以保证国家粮食安全，"拿地"造成大量农民失地，"拿人"使全国亿万进城务工农民创造了大量的剩余价值，但他们难以

变成市民，无法与城市居民共享城市化工业化成果。这样一来，就使城乡二元结构长期固化，很难解决。温家宝总理也直言，当前我国最大的结构矛盾依然是城乡二元结构矛盾，最大的发展差距依然是城乡差距。如何解决这个问题？一定要探索新型工业化城镇化道路，在广大农村找到一个城乡统筹、"四化协调"发展和科学发展的切入点、结合点及有效载体。新型农村社区建设不失为一个较现实的理想选择。

**2. 新型农村社区建设的稳定、健康、持续发展，关键在于尊重群众意愿，在于群众真正得到实惠，在于群众说了算**

新中国成立几十年来，我国在这方面的经验教训是很多的。好事要办好，必须把群众的利益放在第一位，尊重群众意愿，不搞强迫命令。

**3. 新型农村社区建设的主要依托是产业**

没有产业做支撑，劳动力无处就业，收入不能提高，盖再好的房子也只能是空壳子，农民仍然要外出打工，"三留守"（留守老人、留守妇女、留守儿童）问题将愈演愈烈，"空心村"现象要不可避免地走向一些社会学家们所预言的"村落终结"。所以，"产业支撑"是新型农村社区的第一要素。为了引导相应的产业有序地向农村区域集聚（20世纪80年代叫"工业品扩散"、"办乡镇企业"，现在称"工业下沉"），大中城市是应该有所作为的，这也是城市支援农村、工业反哺农业的最直接最有效的形式。

**4. 新型农村社区建设在目前对国家经济的最大最快最直接的贡献是拉动内需**

拉动内需的重要性不言自明。但是，内需的最大动力源在哪里，如何启动，却一直未能很好破解。加快新型农村社区建设是个突破口。农民建房的积极性一直很高，过去穷，农民住的大多是土房、草房；改革开放后，生活好起来，农民普遍追求盖砖瓦房（农村叫"二代房"）；现在农村的砖瓦房多数已经历二三十年风雨，需要更新换代。农民普遍反映，过去他们一生要盖三次房，现在建设新型社区，建一次房管三代，再困难都要积极想办法盖新房。这是建设新型农村社区的重要动力之一。新乡市做过预算："发挥政府资金的撬动作用，对新型农村社区基础设施建设投入1元钱，可拉动农村建房、装修、家居家电更新等投资消费需要24元，拉动比例达到1∶24。"李克强总理讲，内需最大的增长点在于城镇化。

**5. 要研究探索如何把"土地财政"、"土地金融"两个机制有效地应用到新型农村社区建设中去**

前面已经提到，近 10 年来我国城市建设突飞猛进，日新月异，其奥秘就在于运用了这两个机制。应当很好地总结一下经验，全面分析其利弊得失，趋利避害，使其更加完善化、规范化，创造性地移植和推广应用到新型农村社区建设中去，以加快推进新农村建设和"四化"同步发展。2010年、2011 年，全国"土地财政"收入约 6 万亿元，如果有 1/3 的钱集中用到新型农村社区建设上，那会在新农村建设中再创一个新的辉煌！

# 新型农村社区治理模式研究

**摘　要：**新型农村社区组织是对原村委会组织的改造和升华，是对城市社区组织的学习和借鉴，但又不同于城市社区组织，要突出社区组织的"农村"特点。新型农村社区在治理中存在居民身份双重、组织机构双重、治理双重、管理和服务双重4对矛盾。结合外地经验和咸阳实际，笔者提出新型农村社区"1＋6"治理模式，"1"即主体重造，"6"即围绕主体重造必然要求身份重构、产业重转、设施重布、资产重组、服务重塑、组织重建。

**关键词：**新型农村社区；治理；模式；对策

新型农村社区作为新农村建设的提升工程，在加快城乡发展一体化中的作用日益凸显，已经成为全社会的共识。党的十六届六中全会明确提出了"积极推进农村社区建设"的战略任务，2010年以来，中央一号文件多次强调把农村社区建设作为进一步完善符合国情的农村基层治理机制的重要内容，提出要开展农村社区建设创建活动，培育发展社区服务性、公益性、互助性社会组织。新型农村社区如何治理，组织如何架构，必须对其深刻内涵、基本特点和治理模式进行界定。

## 一　新型农村社区的内涵和特点

城乡发展一体化背景下的新型农村社区，是按照建设美丽乡村和城乡发展一体化要求，依据建设新农村、改造城（镇）村、撤并自然村、保护传统文化村的总体要求，在尊重农民意愿和搞好社区规划与公共设施配套建设的基础上，引导更多农民到新社区安居乐业。从而实现城乡资源优化配置、生产力和人口合理布局，消除城乡分割的各种制度障碍，使得土地、技术、资金、人口、劳动力、人才等要素在城乡之间自由流动、组合集聚和优化配置。笔者认为新型农村社区组织是对原村委会组织的改造和升华，是对城市社区组织的学习和借鉴，但又不同于城市社区组织，要突出社区组织的"农村"特点。

**1. 新型农村社区不同于城市社区**

第一，管理对象不同。城市社区居民以城市居民为主，新型农村社区居民则主要由农民转变而来，其思想观念、行为方式仍然在一定程度上保持着农民本色。

第二，社区居民之间、居民与社区组织之间关系不同。城市社区居民大多来自不同地方，相互之间认同度较低，根本利益冲突很少，对社区事务关注度不高。新型农村社区居民是整村或者跨村跨镇集聚，一些人来自同一个村或者相互熟悉，情感认同强，且与新型农村社区组织、干部之间经济利益关系密切，对社区政务高度关注。

第三，管理方式和内容不同。城市社区除依靠民主管理、民主自治外，更注重社区单位和广大社区居民参与社区服务和社区管理的积极性，体现"协调共建"。新型农村社区更依赖于民主管理、民主自治、民主监督来管理社区事务、发展集体经济、建设社区事业，肩负着农村和社区的双重治理任务。

**2. 新型农村社区不同于行政村**

新型农村社区的构成主体是行政村的农民，但与行政村相比，新型农村社区又有行政村不具备的优势，主要有以下特点。

第一，居住环境现代化。新型农村社区经过拆迁改造，原本混乱分散、设施不足的村庄形态和不良环境转变为管理有序、设施完善、环境宜人的现代化新社区，使生活在新社区的居民达到全面小康生活的水准。

第二，居民身份多元化。随着城镇化的加速推进，一部分农民通过流转土地经营权，不再从事专业的农业生产，变成了"新市民"，职业也由纯农民向二、三产业转移，也有一部分农民仍然坚持从事农业生产，在生活中是社区居民，但其经济身份在一定时期内仍然是村土地承包人和集体经济合作社成员。围绕建设新型农村社区，必然要加快农民分工分业，深化农村集体资产股份制改造，实现传统封闭社区全面向现代开放社区转变。

第三，公共服务均等化。社区居民对物质生活、社区管理与服务、享受城市居民的待遇等有新的愿望，新型农村社区建设要按照公共服务均等化原则，加快城市基础设施向新社区延伸，城市公共服务向新社区覆盖，城市现代文明向新社区辐射，建立健全以区域城镇为依托、城乡衔接、功能完备、布局合理的公共交通、供水供电、广电通信、商品连锁、就业服务、社会保障、科技教育、文化设施、卫生体育、应急救助等公共服务体系，让生活在新型农村社区的居民享受到便利、安全、高效、多样的公共服务。

第四，社区建设规范化。随着居住环境社区化、居民意识市民化，村"两委"职能开始向设施建设、环境卫生、社区服务、治安调解、市场管理等日常事务工作转变。要针对社区组织结构相对开放、经济社会多元化、社区设施与文化生活落后、居民传统观念浓厚等问题，按照公民社会和现代社区建设的要求，以新型农村社区建设为重点，加强社区的科学布局规划和建设规划，推动社区生产、生活、服务功能分区，实现人口高度集中和大规模聚集。

## 二　新型农村社区治理的特点和矛盾

新型农村社区治理模式与当前城市社区治理模式存在共性，其目的都是把社区建设成为居民实行自我教育、自我服务、自我管理的具有自主性和能动性的新型社区，但由于新型农村社区又有其自身特殊性，其治理方式与城市社区存在一定差异，新型农村社区治理主要有以下特点。

第一，社区管理体制向路径转型和制度创新发展。新型农村社区管理的特点是，社区取代行政村，承担起对社区进行整合的功能；社区组织成为基层社会组织的主体；政府管理层级减少，效率提高；社区居委会负责协助政府及其派出机构实施社区发展规划，推进社区建设。

第二，社区运行机制向良性互动与高效运行发展。新型农村社区运行机制建设就是要坚持以制度建设和改善民生为重点，充分发挥各种要素的作用，达到资源的最优配置，实现社区与经济、社会进步以及社会和谐的协调作用。

第三，社区党建向组织协调与资源整合发展。由于社区党组织按照农村的工作方式、方法已无法适应新型农村社区发展的形势和要求，因此，必须重新定位社区党组织在社区建设中的角色和作用，转变思维方式和工作方式，提高社区党组织的整体素质，调动社区党员的积极性，培养社区居民的价值认同，协调不同群体间的利益关系。

第四，社区服务向功能完善与管理转型发展。理顺社区服务管理体制主要是要理顺社区、居委会、镇（街道）和原来的村集体之间的关系，核心是要解决社区服务中政府行为与社会行为、行政性与自主性的关系问题，要凸显社会自主性的服务体制创新，完善公共参与机制及组织培育，使社区服务实现社会化与专业化。

第五，社区文化向培养家园意识与人文精神发展。社区建设的根本宗旨是培养高素质的居民，使人人能充分地享有现代文明，从而得到全面的自由的发展。要确立"以人民为本"的社区文化建设思想，制订社区文化建设规划，创建多维文化活动结构，吸引居民积极参与社区文化建设，多管齐下促进社区文明建设。

由于新型农村社区的上述特点，在治理中存在4对矛盾。

第一，居民身份双重的矛盾。新型农村社区居民在社会身份上由农民转变为市民，但在经济身份上依然是原村集体经济组织的成员。新型农村社区治理过程中，一方面要保障新社区居民享受与城市居民一样的公共产品和社会服务，另一方面要保护居民的集体经济产权，这就使居民的生产生活活动无法统一到社区，增加了管理和服务的难度。

第二，组织机构双重的矛盾。新型农村社区组织对组织设置、作用发挥、工作内容、活动方式、治理目标等都有新的要求和任务，因此需要建设和培养新的社区组织以满足居民的各类需求，但在社区建设和制度转型的过程中，有一些社区组织的功能尚未完善，原来的村组织也尚未取消，各类组织间的管理边界不清晰，这就导致了一些组织功能的重复或缺失，居民的管理和服务效率比较低。

第三，治理双重的矛盾。当前普遍存在的问题是村、社区双重治理，居民搬入新型农村社区后，社会事务一般在新社区中参照城市社区治理模式进行治理，但经济事务仍由原行政村管理，农村与社区存在不同的治理模式，增加了治理的难度。另外，农村变社区、农民变居民不是简单的角色转换，还涉及居民福利、社会保障政策与城市接轨问题，不能简单地撤销原行政村的各类组织，因此社区居民在一定时间内还要接受社区和行政村的双重治理。

第四，管理和服务双重的矛盾。现有的管理体制还不能完全适应城市化的要求，新型农村社区管委会是过渡性的组织，职能边界不明确，与原行政村存在"多头"管理的问题，容易导致不问不管、相互推诿、过分依赖物业公司、管理无力、参与过度等现象发生，出现"真空地带"，产生缺位、错位问题。

## 三　新型农村社区治理模式探索

建设新型农村社区是一个全新的课题，必将带动农民群众生产生活方式的重大变革，同时也对农村的生产模式、经营模式、管理模式提出了新的更高的要求。如何在建设新型农村社区中完善治理机制，必须适应城乡发展一体化的新趋势，针对新型农村社区的特点，对新社区的管理运行机制进行政策设计和制度安排，使新型农村社区真正成为农民群众幸福生活的美丽家园。

结合外地经验和咸阳的实践，笔者提出新型农村社区"1 + 6"治理模式（见图1）。

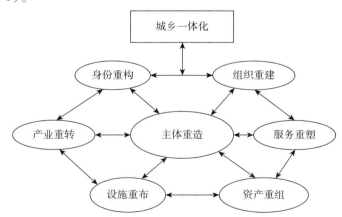

图 1　新型农村社区"1 + 6"治理模式示意

"1+6"治理模式，"1"即主体重造，主体重造就是要体现新型农村社区多元主体和多方参与，形成联系新型农村社区居民的新纽带和共同意识，实现公共参与、公共监督；"6"即围绕主体重造必然要求身份重构、产业重转、设施重布、资产重组、服务重塑、组织重建6个方面。这6个部分相互联系、相互依存、相互配套。

## （一）主体重造

社区治理的主体具体包括：地方政府、驻社区单位（包括企事业单位、机关团体等）、非营利组织（包括服务于社会的各种非营利组织、社区自治组织、社区民间组织等）、社区居民等。各种组织在新社区中的职能和运作将在组织重建中做具体阐述，这里只侧重于社区居民对社区参与的培育。

第一，社区关系网络的培育。社区关系网络指居民与居民之间通过互动所形成的邻里关系。社区关系网络的培育关键在于居民之间互动、沟通的发生，而居民参与则为互动、沟通的发生提供了渠道、途径和居民进行公共生活的公共空间。邻里关系和邻里网络是社区关系网络的重要衡量指标，邻里网络指社区居民基于某种需求以个人身份自愿组成的交往网络，相互增加信任，并使所有参与者从中受益。主要分为以下三种：为满足居民个性化需求而形成的文体娱乐性组织网络；为居民和社区提供公共服务和公益服务的社区志愿者组织网络；为优化秩序，实现邻里互助，管理公共事务而形成的自我管理组织网络。这三种社区关系网络的形成以社区公共领域内居民之间的频繁交流、互动和沟通，居民拥有公共生活，以及实现自身利益和公共利益相统一为前提条件，社区参与则为这些组织的作用发挥提供了有利条件。

第二，社区规范的培育。社区规范是社区自治过程中为了满足公共利益需求、解决集体组织问题而产生和制定的正式与非正式的规范，社区规范培育的主体是社区内的居民和自治组织。在社区参与和社区治理的过程中，居民和社区自治组织被赋予管理社区公共事务的职责，其责任意识和参与热情被激发起来，可以投入较大的精力处理居民共同面对的问题，培育自治能力，扩大社区自治的空间。居民在参与和治理的过程中，必然要面临协调人际关系、解决集体行动、调解冲突、规范成员行为、分配资源等问题，这些问题的解决过程就是社区规范培育的过程。社区参与在以下 3 方面促进了社区规范的形成。一是社区参与促进了互惠规范的形成。社区居民在参与社区事务过程中，通过协调和沟通，培育普遍互惠的条例，并作为一种具有文化内涵的模板，为未来的合作提供连续性。二是社区内的邻里网络建立了维持自治组织存在和发展的各种制度规范。如组织目标、活动宗旨、活动内容、活动规范等，这些制度的制定是一个各方成员之间磋商、谈判、沟通、互谅互让的过程，在这个过程中，居委会和党组织应更多地承担其指导、协调、监督的作用，充分发挥居民的自主性，为其开辟更多的自治空间，培养其自治能力，使其成为真正意义上的自治组织。三是社区要建立激发社区各方主体积极参与的激励机制。例如，通过树立典型、奖励模范的办法，动员居民和组织积极参与社区活动。

第三，社区归属感的培育。社区归属感的影响因素主要有居民的社区满足感、居民在社区内的社会关系和居民的参与意识。社区归属感的培育包括以下 3 个方面内容。一是提高居民的社区满足感。社区满足感取决于社区的生活质量，社区只有给社区成员提供健全的生活设施、完善的服务体系、优美的生活环境、和谐的人际关系，使社区成员乐于在社区内生活，才有可能形成对社区的归属感。因此，发展社区物质文明和精神文明建设，改善社区环境，提高社区质量，才能使人们获得较高的社区满意度及较强的社区归属感。二是促进社区社会关系的建立。各种形式的社区参与活动为消除社区居民之间的陌生感，促进居民之间的交往和沟通搭建了各种平台，居民对各种文体娱乐活动、志愿活动以及社区管理活动的参与以及长期、频繁、密切的交流和沟通，增强了社区内的人际交往和社会关联度，使居民产生信任、互惠、理解和情感认同的倾向，让新社区成为守望相助的共同体。三是激发社区居民的参与意识。社区居民的归属感来自于社区的自我管理，居民的权益性参与和自治性参与为社区居民提供了参与社区管理和社区决策的机会，在为解决社区问题而共同付出努力的过程中，居民培养了民主自治的能力与技巧，同时也表现了对社区的责任感、归属感和主人翁意识。

第四，社区志愿服务的发展。参与志愿服务、为社区提供公共服务是居民社区参与的重要内容。社区志愿服务除了具有一般志愿服务所具有的普遍特征如自愿性、公益性、无偿性等，还应具有日常性、持久性和社区性的特点。从总体上看，社区志愿服务主要包括以下内容：治安巡逻和社区秩序的维护，维护和美化社区环境，开展便民服务，扶贫、帮困、捐赠等对弱势群体的扶助和服务，开展文艺娱乐活动，开展社区教育和宣传活动等。

## （二）身份重构

通过建设新型农村社区，必将促进农民跨区域集聚，有序促进农村居民的经济身份、社会身份和职业身份的分离。社会身份，原则上随户籍转入迁入地新社区，接受当地的管理和服务，行使相应的政治权利，履行相应的责任和义务；经济身份，继续保留享受原村集体经济组织成员的经济权益、福利待遇和社员权利；职业身份，则按照是否从事与农业相关的工作来区别。3 个身份剥离后，互不影响。

社会身份重构。就是要逐步缩小依附在户籍制度上的城乡居民待遇差距，解决好入驻社区居民的社会福利分配问题。由于我国的户籍制度改革是一个渐进而漫长的过程，不可能一蹴而就，将原有利益格局重新分配是户籍制度改革的难点所在，也是新社区居民拥有社会身份的关键。目前，户籍制度还未触及深层次社会福利制度，新社区居民的社会身份转换也需要按照循序渐进的原则，充分尊重群众意愿，充分考虑地方财力的保障水平。现阶段，新社区居民，除了其宅基地使用权、土地承包经营权、集体收益分配权、林权等权益得到保障外，同时享受城市居民社保、住房、就业、教育、卫生等各方面的待遇，就是让入驻新社区的居民"不脱掉旧衣服，还要穿上新衣服"。总之，通过户籍制度改革，应该能让农民充分按照自己的意愿进行生产生活，选择不同的社区居住，让迁入新社区的居民享受到与城镇居民均等的社会福利。

经济身份重构。新社区居民的经济身份方面，原属于集体经济组织成员的居民，不论其户籍、所从事工作是否与农业相关，应继续保留享受原村集体经济组织成员的一切经济权益、福利待遇和社员权利。保护原集体经济组织成员的居民在农村的资产需要进行农村资源和农民资产的市场化和资本化，使农民从依附于集体经济的社员身份转变成具有自由身份的股东，使集体经济的产权制度不再成为影响农民市民化和异地建房居住的因素，为新社区居民的资产实现保值和增值。而要实现新社区居民经济身份的转换，核心是要深化农村产权制度改革，在完成土地承包经营权确权登记颁证工作的基础上，坚持政府主导、为农服务、非营利性的原则，成立农村产权交易中心，发挥市场的信息传递、价格发现、交易中介等功能，让农村资产活起来，为新社区资产和居民个人资产增值增效创造良好条件。

新型农村社区成立后，原集体经济组织的资产管理和运作方式对社区居民的经济身份也有不同的影响。村级集体经济组织可以将所有的资产都折股量化到个人，持股人通过农村资产交易中心或其他方式进行自由交易，实现股份资产的保值和增值。另一种情况是，村级集体经济组织也可以将一部分集体资产带入社区，由集体进行市场化运作，委托企业进行增值管理。这些集体资产一部分被用于物业管理以及其他公益项目，在一定程度上缓解了社区资金缺乏的问题，为社区公共产品供给和公共服务提供做出了贡献。但是在实际操作中如何处置村集体资产，村民有不同意见，有的主张分光；有的主张留一部分用于社区建设；还有的主张把集体资产量化，以股份的形式存在，并建立一定的组织加以管理。不同意见的存在，会影响干群关系和社会稳定。在这种情况下，要注意一些问题以免损害原村集体成员和社区居民的利益。首先，股份制改革时应避免保留的资产比例过大而损害集体成员利益，具体比例应通过公开、公平、公正的合法程序确定，并经过村民集体大会的同意。其次，资产的运作企业和资金使用情况应进行实时公示，保证其操作程序的透明和规范。最后，资金去向的决策应经过居民代表大会的同意，以保证其公益性和合理性。

社区居民经济身份的转换需要提高其财产性收入。保留社区居民村集体经济组织成员的经济身份只是一种过渡形式，资产改革到位后要完全实现撤村建居，社区资产和个人资产如何重构也是一个重要的问题。提高社区居民财产性收入主要内容包括如下几点。一是发展物业经营。支持适合新社区居民特点的创业基地、创业园区建设，鼓励社区居民、社区组织、各类企业以多种形式投资建设标准厂房、民工公寓和其他物业设施，增加物业经营收入。二是增加租金收入。加快推进新型农村社区建设，完善配套设施，增强服务功能，提升对外来人口居住的吸引力，增加居民基于房产的财产性收入。三是加快推进土地承包经营权流转，鼓励居民通过土地投资入股，增加居民基于土地的财产性收入。四是加快农村集体资产产权制度改革。建立资产交易平台，引导农村集体资产股权和居民房产、承包土地等居民财产按照市场化原则流动，促进资产资本化，使资本可流动，努力提高居民财产性收入比例。

职业身份重构。没有新农民，就没有新社区。新社区居民的职业必须从单一的农民向多元化职业发展转变。一是通过重新就业，成为二、三产业的职工；二是居民自主创业；三是成为职业农民。首先，对于再就业的居民，要实行城乡统一的就业服务政策和就业服务，加强职业指导、职业介绍和职业培训工作，加快就业服务平台和就业信息网络向镇、村延伸，完善覆盖城乡的公共就业服务体系，使新社区更多的居民走出土地，逐步成为产业工人。其次，对于居民自主创业的，要放宽创业准入条件，特别是在金融支持上，允许居民将土地承包经营权、宅基地使用权、房屋所有权和林权进行抵押贷款，解决创业融资难、贷款难的问题。同时，要落实创业扶持政策，免收管理类、登记类和证照类等有关行政事业性收费，组织开展项目开发、风险评估、创业指导、融资服务、跟踪扶持等"创业服务"，建立创业信息、创业政策发布平台和创业项目资源库，形成有效采集和定期发布制度。最后，要促进新型农民的培育。大力实施职业农民塑造工程，加强与大专院校的对接，强化对现代职业农民的技术指导，加强农业信息服务，着力培育有知识、懂技术、善经营、会管理的新型职业农民。同时，引导高等学校毕业生、转业退伍军人、大学生村干部、返乡农民工投资创办实体，造就现代职业农民队伍。新社区居民职业身份重构需要一定的时间和过程，其间还有很长一段时间存在兼业化的现象，即既是就业者和创业者，又兼顾农业生产，这种情况随着城镇化、信息化、工业化和农业现代化的推进将会逐步消失，但在城镇化、信息化、工业化和农业现代化水平还不够高的情况下仍然会存在。

（三）产业重转

产业是建设新型农村社区的基础支撑。随着城乡发展一体化的加快推进，传统农业的生产方式、经营方式、服务方式必将得到根本性转变，特别是在三次产业融合发展过程中，并不是弱化农业，降低农业的基础地位，而是要以工业化的理念发展农业，以信息化的手段提升农业，以科技化的方式改造农业，实现传统农业向现代农业的转型升级。产业重转包括规模化发展、园区化承载、科技化支撑、生态化引领、市场化推进、组织化服务6个方面（见图2）。

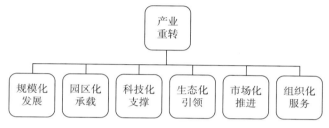

**图2 新型农村社区农业转型发展示意**

规模化发展。农业的现代化离不开土地的规模化。建设新型农村社区的过程，既是农民群众集聚居住的过程，也是土地由农户分散经营向规模经营转变的过程。没有规模，生产专业化形不成，农业兼业化格局难以改变；没有规模，农业标准化推不开，农产品竞争力难以提高；没有规模，农业生产要素聚不拢，产业化程度难以增强。所以，新型农村社区建设必须适应现代农业发展的新趋势，按照"明确所有权，稳定承包权，放活经营权"的原则，依法、自愿、有偿推进土地承包经营权流转，着力把分散、零碎的土地从千家万户中置换出来，促进土地向龙头企业、种养大户、专业合作社、家庭农场等新型经营主体集中，实现土地资源的优化配置，使农业经营方式逐步由分散经营向集约经营和规模经营转变。

园区化承载。农业园区不仅是农业要素聚集的展示区，还是主导产业发展的样板区，更是农业功能拓展的先行区。目前，礼泉县正在建设的白村新型社区，坚持把现代农业园区和新型农村社区同步建设，促进产城融合发展，为新社区建设注入新的活力。在新社区筹划过程中，要按照"产业完整、要素聚集、装备完善、管理规范、效益显著"的要求，像抓工业园区一样抓农业园区，促进土地、人才、资金、技术向园区倾斜，使农业园区真正成为引领现代农业发展的"孵化器"和建设新型农村社区的"新引擎"。

科技化支撑。传统农业靠经验，现代农业靠科技。实现传统农业向现代农业的转型，必须依靠科技力量，支持新社区加大农业新技术的引进和推广力度，健全基层农技推广、动植物疫病防控等公共服务机构，搞好技术、信息、食品安全等方面服务，全面提高农产品质量，促进产业优化升级。咸阳是个果业大市，目前果树老化、品种单一的问题比较突出，结合新型农村社区建设和农业产业结构调整，必须加大新技术、新品种的推广应用力度，特别是双矮苹果的研发、推广，可以在新型社区进行重点试点推广，全面做强做大咸阳果业品牌。

生态化引领。生态、循环、有机农业是现代农业的高级形态，是农产品由中低端走向中高端的必然要求，更是从源头上保障农产品质量安全的迫切需要。长期以来，为了提高产量、增加供给，很多地方大量使用化肥、农药、塑料薄膜，这虽然保证了农业发展，但也造成了日益严重的农业面源污染。在新社区的产业培育过程中，必须高度重视农业面源污染治理，深入开展测土配方施肥，发展"种养结合、循环发展"的有机农业，大力推广生物有机肥、低毒低残留农药，开展秸秆、畜禽粪便资源化利用和农田残膜回收等工作，切断污染物进入农田的链条。

市场化推进。现代农业的一个显著标志是市场成为农业经济运行的载体，这是农村经济由传统的自给自足自然经济形态走向现代的、商品的市场形态的必由之路。在推进新社区产业转型发展过程中，必须紧紧依靠市场力量助推农业产业发展，健全农产品流通渠道和网络，壮大农业经纪人队伍，做到农产品生产供应跟着市场走。特别是要着眼信息化快速发展的实际，支持电商、物流、商贸、金融等企业参与新社区电子商务平台建设，为推进农业转型升级注入新的动力。

组织化服务。现代农业的生产服务，应该是社会化大生产、大服务。所谓组织化服务，就是对微观经济单元的组合布局进行引导、对社会分工进行协调，对专业化生产进行管理的实施过程。要发展壮大新社区的新产业，必须大力发展社会化合作组织，以农业专业合作社为桥梁，为农民提供产前、产中、产后服务。例如，现在农村青壮年劳动力越来越少，老龄化现象越来越突出，通过农机专业合作社代耕代种，解决农村劳动力不足的问题；通过成立果业合作社，解决产品统一种植、统一销售的问题，将分散的农户统一起来，实现抱团发展。

## （四）设施重布

功能完善的配套设施是建设新型农村社区的重要基础保障。由于新社区是将多个行政村合并而成的，必然要对水、电、路、气、讯等基础设施进行重新布局建设。考虑到建设新型农村社区需要漫长的过程，配套建设社区基础设施需要大量的资金投入，必须积极稳妥实施，做到"三体现一防止"。

体现乡村特色。新型农村社区既是新农村的延伸，又是对新农村的升级改造，要按照建设"美丽乡村"的要求，跳出过去建新村的模式和思路，根据新社区的人口、位置、民俗等因素，充分体现乡村的特色，科学对水、电、路、气、讯等基础设施进行统筹规划，既要防止大拆大建，也要防止简单地模仿城市，做到花小钱、办大事。例如：气化设施可以结合农村的实际，发展清洁能源，建设沼气池，解决燃气问题；电力设施问题，可以发展农户太阳能发电；乡村绿化既可以栽植生态林木，也可以种植经济林木，实现生态与经济的双赢。总之，社区基础设施配套还是要立足农村实际，体现乡村特色，既要让新社区有新面貌，又要让新社区有新内涵，能够让社区居民"看得见山水，记得住乡愁"。

体现绿色生态。城乡发展一体化的最终目标就是要让城乡居民享受同样的公共服务和配套设施，新型农村社区是农民群众的幸福家园，必须功能完善，能够让社区居民享受现代化的设施条件。特别是目前农村普遍存在的垃圾无害化收集处理问题，以及污水处理问题，是现在建设新社区必须考虑的问题，做到立足当前，着眼长远，按照生态文明建设的要求，注重绿色生态，将环境保护的理念融入基础设施建设。

体现主体多元。新型农村社区的配套设施是一项庞大的系统工程，周期长、投资大、收效慢，仅靠群众的力量是无法完成的，要按照建设主体多元的原则，运用市场化运作的方式，综合利用土地、信贷和规费减免等优惠政策，吸引房地产开发、工程设计、土建施工及其他企事业单位积极参与新型农村社区基础设施建设。也可以充分发挥政府的主导作用，通过BT、BOT、PPP等模式开发建设新型农村社区基础设施。对位置比较偏远的山区、地质灾害威胁区、煤矿塌陷区、旱腰带等不宜居住的地方以及扶贫搬迁的村庄，借助相关政策和重大项目建设机遇，利用政策优势建设基础设施。

防止重复建设。新农村社区是多个行政村群众聚集的生活共同体，对于撤并村来说，由于建设新社区需要按照一定的时间步骤推进，撤并村群众可能在 3~5 年甚至更长时间内还需要在旧村庄生产生活，如何解决好旧村庄的基础设施问题是必须面对的现实问题。对此，要从长远的角度考虑问题，坚决杜绝对旧村庄基础设施的投资建设，避免出现重复建设、资源浪费的问题。

（五）资产重组

以股份制公司为改革目标的农村集体资产产权制度将是新型农村社区制度变迁的努力方向。集体经济组织股份制改革，能够使产权更加清晰，城市化进程中集体经济组织和组织成员的合法权益能够得到有效保障；产权改革后的组织形式为独立法人，可以在市场中进行自由经营，形成独立的产权形式，使集体资产收益最大化，经营模式更加灵活。改革内容可以从以下几方面着手。

第一，把握住农村集体资产股份制改造工作的原则。坚持"促进集体经济发展、保障群众基本利益"的原则，统筹兼顾、充分尊重民意，减少限定性的约束，逐步建立产权清晰、运作规范、利益协调的新型集体经济管理制度。产权改革过程应当增强农民的民主权利，使农民的需求和期望得到充分公平的表达，增强地方政府制度创新的民主性。

第二，强化地方政府的组织领导。地方政府应该在条件成熟的集体组织中，鼓励推行集体资产产权制度的股份制改造，而对于集体经济实力薄弱、无力在市场中竞争的集体经济组织应该区别对待。政府应当拿出指导性意见，避免改制过程中由于方案的不民主不公开而产生的诉讼事件。还应当成立由地方政府的监察、审计及资产管理机构等部门组成的领导机构，在坚持维护群众利益的基础上，对改革各个环节进行监督和管理，杜绝集体资产流失，确保农村集体资产股份制改革规范进行。

第三，完善地方政府的政策支持。由于初期的股份制公司还不能完全地将原有的成员福利单纯变成分红后的收益，地方政府应该从政策上明确对这种产权制度改革后的股份制企业减免部分税收。进行集体管理体制综合改革，逐步将城市化进程中农村集体经济组织成员纳入城市医疗、失业、养老社会保障体系，将其辖区内的公共建设、治安等社会职能纳入公共服务体系，从体制上保证原集体经济组织的行政机构与股份制企业分离，尽早使股份制企业成为完全独立的市场经济主体。

在进一步深化集体资产股份制改革中，一是，有条件的地方可以建立发展公司或集体资产管理中心等机构，接管所有集体资产，实行股份制改造，除留下必要的集体股外，其余部分按一定标准全部量化到村民，合作组织应建立现代企业制度，产权清晰，政企分开，管理科学，切实保障股东权益。二是建立民主监管机制，落实居民对社区事务、社区资产管理、合作组织管理的知情权、参与权、选择权和决策权，加强对集体资产和社区资产的审计，切实保障居民的合法权益。三是改革后的集体经济组织要参与建立居民社会保障体系，关爱弱势群体，重点落实各项福利和社会保障政策，包括医疗、教育、养老、救助、公共服务提供等。

按照清产核资、清人分类、折股量化、建章立制、规范监管的程序，加快推进农村集体资产产权制度改革。将经营性资产股份量化到人，建立合理的流转收益分配机制，使集体组织成员既能"持股在乡"，也能"持股进城"。并逐步将量化资产改革范围扩大到集体经济组织所有的资产，包括经营性资产和资源性资产。

## （六）服务重塑

社区公共服务的目的是利用社区的资源，解决社区自己的问题，促进经济与社会的协调发展，使社区逐步进入一个良性的自我发展状态。伴随着社区基层组织的重构，自治组织的职能是执行公共管理，因此需要确立新的社区管理理念，主要内容如下。一是责任与权力有效结合的管理理念。在具体工作中应该用责任来约束自己，承担什么样的责任，就拥有什么样的权利和利益。二是利益共享和风险共担的管理理念。社会风险要量化到个人，同时社会的收益也要量化到个人，形成一种爱家、爱社区、爱社会的理念，并自觉维护。三是管理者素质提高与被管理者能力增长有效结合的互动性管理理念。在管理过程中要促使他们相互提升，共同发展。四是管理制度与人本主义有效结合的管理理念。建设以人为本的服务型社区组织。

社区服务的内容主要包括：面向社区老年人、残疾人、孤儿、妇女、社区贫困户、优抚对象的社会救助、社会福利和优抚保障服务，面向社区居民的便民利民服务，面向社区单位的社会化服务，面向社区居民的再就业和社会保障社会化服务。社区服务重塑应注重以下几方面。

劳动力就业服务。社区居民的人力资本水平过低导致其在劳动力市场竞争中处于劣势，所以增加对他们的人力资本投资，不仅有利于提高居民劳动力供给的质量，而且有利于缓解紧张的就业状况。在对居民的劳动技能培训过程中，政府的任务是：指导分流，分类培训。就是根据劳动力市场的需求和居民自身的年龄、文化基础、现有的技术水平等条件，给予他们必要的分流指导，让居民分别进入不同层次、不同类型的培训机构，接受与其意愿和接受能力相符的培训。那些年龄偏大、文化水平偏低、家庭负担沉重的居民是目前劳动力供给意愿最强、就业安置最难的一个群体，这些人应该成为培训的重点。根据这部分居民的自身条件，他们适合参与针对性强、实用特点突出、技术难度低的短期培训。对于那些年龄较轻、文化水平在高中以上、家庭负担较小的居民，他们预期工作时间较长，并具备深造的条件，所以应该鼓励他们进一步深造，提高自身素质。

在解决居民就业安置问题时，应该充分发挥社区服务业在吸纳劳动力就业方面的重要作用。随着经济的发展和社会的进步，人们对社区服务业的需求日益增长，从而社区就业逐渐成为社区居民和其他弱势就业群体实现就业的重要领域。社区服务的许多行业技术含量不高，居民无须接受过多的培训就可以上岗，所以非常有利于安置那些文化水平低的大龄居民就业。因此，发展社区服务业是缓解就业压力、提高居民收入水平的重要途径。

社区保障服务。城乡发展一体化的加速推进要求加快发展覆盖城乡居民的社会保障体系，保障人民的基本生活，形成以政府为主导，社会各界参与，法制化、规范化、社会化的运行机制，不断提高保障水平，加快构建和谐社会。

第一，完善社会保险体系，实现应保尽保，增强社会保险制度的包容性。把由于身份特殊和政策的局限性，还没有被纳入社会保险制度中的群体纳入到保障体系中来，打破户籍限制，实现城乡间社会保障制度的互通；

进一步加强社会保障制度的宣传，加强部门协调配合，加大覆盖面与征缴力度；明确重点，将非公有制经济从业人员尤其是非单位从业人员纳入到社会保险体系中来。

第二，促进有承包地居民参加各项社会保险。进一步促进行政区域内与企业、民办非企业等单位建立劳动关系的有地居民参加各项社会保险，用人单位和职工按照劳动合同缴纳社会保险费，并享受有关待遇，实现有地居民各项社会保险的全覆盖。已参加职工基本养老、基本医疗、失业、工伤和生育保险的参保人员原则上不做变更。

第三，实行城乡统一的失业保险制度。加快失业保险制度改革，统一征缴费率，统一征收管理办法，统一失业保险待遇，统一支付方法，建立城乡一体的失业保险制度。扩大失业保险覆盖面，重点加强个体工商户、非企业组织的农村转移劳动力的参保工作，探索建立自谋职业、自主创业和灵活就业人员的失业保险办法。

第四，全面推进城乡居民社会养老保险。引导职工基本养老保险或现有各类社会养老保险对象之外的人群参加城乡居民社会养老保险。加强开展城乡居民社会养老保险工作的组织网络建设，建立信息化管理系统，尽快构建上下联网、动态管理的信息网络平台，最大限度地方便城乡群众。

公共卫生服务。建设现代公共卫生体系的基本出发点是保障社区居民健康，减少疾病对个人、家庭以及社会可能带来的危害。

第一，加强公共卫生教育，提高居民思想认识。通过报刊、公开栏、大型宣传牌等传统的形式来达到宣传教育的效果，让居民随时随地都能够接触到有关构建公共卫生体系的信息。聘请医疗卫生专家进入社区为居民讲解科学的公共卫生常识，引导居民健康行为。通过组织公共卫生健康教育，提高和增加社区居民公共卫生道德意识和健康保健科普知识，改变群众落后的生活观念和不良的生活习惯。

第二，建立居民健康档案，实现双向转诊，切实让居民得到实惠。建立健全社区卫生站的设施设备和管理机制，提高社区医疗卫生服务水平。安排居民定期进行体检，切实掌握居民身体健康状况。为每位居民建立健康档案，并组织医学专家对居民健康状况进行分析研究，制定相应机制、措施帮助居民恢复健康。

第三，建立健全长效机制，以新社区为结点完善城乡一体化的社区卫生服务机构建设。一方面加强乡镇卫生院标准化建设，并把它逐步改造成社区卫生服务中心，开展集医疗、预防、保健、康复、健康教育、计划生育技术指导"六位一体"的社区卫生服务；另一方面重点加强社区的医疗卫生机构建设和管理，将村卫生室改造成为社区卫生服务站，实行社区卫生服务中心对社区卫生服务站的统一管理。

文化事业发展。构建和谐社区，发展经济是基础，文化是魂，教育是根，稳定是本，用特色活动凝聚民心是提高居民素质的最好途径。应立足于不断丰富群众文化生活，不脱离农村实际和历史传统，有针对性地建设有地方特色的社区文化。

第一，以强化服务为重点，扎实推进社区公共文化设施网络建设。深入实施文化信息资源共享工程，通过数字电视入户工作，为居民提供更多更好的特色节目；通过远程教育合作，共同推进社区文化资源的使用管理、利用和活动开展。

第二，以调动积极性为重点，广泛开展"送文化"和"种文化"活动。引导扶持以社区居民为主体的各类文化活动，评选一批在社区文化活动中贡献突出的优秀业余文艺团队和业余文艺骨干。开展送戏送书"送文化"活动，针对社区居民的不同层次、不同年龄和不同爱好，有针对性地开展文化服务活动。

第三，以增强培训实效性为重点，有效实施社区文化队伍素质提升工程。提高基层文化工作者的业务水平，强化实践和服务意识。组织开展培训工作，为社区提供一批培训、创作、演出资源，保障社区文化活动的可持续性。加强社区文化人才队伍建设，发挥好各级文化部门的职能优势，采取有效措施，加强文化志愿者队伍建设，将文化志愿服务者的培训工作纳入业余文艺骨干培训计划，着力提高文化志愿者服务水平。

（七）组织重建

社区组织是联系广大社区居民最直接的桥梁和纽带，也是贯彻落实各项方针政策，为群众生产生活提供各项公共服务的载体。在新型农村社区的建设中，必须对各类组织的重建进行科学合理的安排。

## 1. 社区重建后的组织机构和职能定位

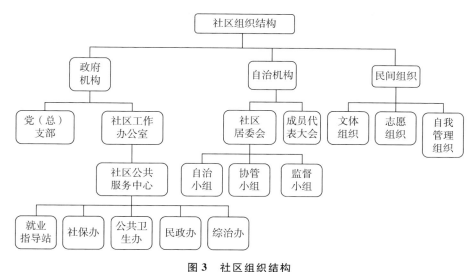

**图 3　社区组织结构**

新型农村社区重建后的组织机构（见图 3）主要有如下几个。

社区工作办公室：承担政府管理社区的职能，主要领导社区公共服务中心，指导居委会，协调社区各单位间的关系，对物业管理公司进行指导监督。

社区公共服务中心：承担社区居民的就业、保障、医疗、民政等具体事务，社区公共服务委员会是在社区工作办公室的领导下，由政府主导、社区自治组织和社区单位参与的公共管理和公共服务组织，协助社区工作办公室进行相关的行政和社会事务工作。

社区党（总）支部：是社区各种组织和各项工作的领导核心，要积极配合上级党组织认真完成社区党建的各项任务，按照党章的规定开展工作。社区党支部（党总支）书记由社区党员大会（党员代表大会）选举产生，在社区工作办公室的领导下开展工作。充分发挥社区党（总）支部在社区建设中的领导核心作用，确保基层民主有正确的发展方向，确保党的路线、方针、政策得以贯彻落实。

社区居委会：由居民依法选举产生，是实行民主选举、民主决策、民主管理、民主监督的社区居民自治组织。社区居委会主要是居民权利的表达和维护者，属于居民权益保护性机构。其主要功能是充当政府组织、社会中介组织与居民的桥梁，调动社区资源进行社区建设，将居民的权利要求转达给政府组织和社会中介组织，并通过建立协调机制，代表居民对政府组织、社会中介组织的行为进行监督。为实现其"自我管理、自我教育、自我服务、自我监督"和维护居民权益的功能，社区居委会要健全民主选举和民主议事制度。要动员和指导社区成员单位以及社区中介组织、居民群众，通过自助、互助的方式，举办社区公共事业和社区服务活动。

社区成员代表大会：是社区依法民主自治的最高权力机构，实行民主选举、民主管理、民主决策、民主监督，定期召开会议，讨论决定社区建设中的重大事项，依法选举并监督社区居委会的工作。凡社区的重大事务尤其是与社区居民切身利益相关的事项，都要提交社区居民会议讨论，按民主的原则做出决定，真正体现居民自治。社区居委会对居民代表大会负责，执行社区居民代表大会的决议，管理社区日常工作。

**2. 社区组织内部关系**

第一，乡镇（街道）与社区组织的关系，严格按照事权与财权分工。

第二，居委会扮演双重代理的角色，一方面，承担与居民相关的部分管理职能，与政府形成事实上的委托—代理关系；另一方面，与社区服务中心在社会中相遇，并建立契约型的正式委托—代理关系。业主委员会和物业公司二者在市场中相遇，以契约形式建立正式委托—代理关系。他们以社区服务中心为平台和载体，引入社会中介组织、非营利性组织，大力培育以社区居民为主体的各类自我服务型组织；同时，依法组建并扶持具有独立地位的业主委员会。

社区组织与社区居民和利益相关者之间，是代理人与委托人的关系，居民不仅有社区的业主，还包括外来的居住者。居民的角色多元化，他们不仅仅是消费者，也是生产者和志愿者的联合、服务质量评估者、参与政府政策制定和执行者，以及参与企业与社区合作组织成立的战备联盟。也就是说，他们的政治诉求通过社区组织得以实现。

第三，社区组织内部，也就是党支部与居委会之间，实现权力对接，提供社区公共产品。党支部管理社区的干部，居委会管理社区，而社区内，居委会、物业公司以及业主委员会是社区治理的中心，承担着社区日常生活的管理工作。从职能上看，作为群众自治组织，居委会负责的是"办理本居住区的公共事务和公益事业，调解民间纠纷，协助维护社会治安，并且向当地政府反映群众的意见、要求和提出建议"，物业公司负责的是社区中房屋、公共环境的维修和维护，业委会则作为业主的自治组织，主要是雇佣物业公司进行管理，并就有关物业管理方面的日常事务进行决策并负责协调解决。

第四，经济合作社从居委会中分离出来，成为社区公共产品提供的主要经济来源，管理集体经济，实行业绩管理。

### 3. 政府在新社区建设中的职能定位

从乡镇体制（街道体制）转向社区体制的过程中，新社区治理中的作用和定位应做出相应的转变，即明确政府在社区管理中的地位和作用。这是基层社会管理体制改革的基本问题，也是一项全局性工作。在实践中，社区内设立社区工作站。从形成上看，社区内各组织之间职能的划分是明确的，但是一旦涉及日常生活领域的非常规性的问题而需要合作，并为了合作而进行协商时，就会产生行政权、财产权和自治权的关系空间。这种关系空间在实际运作时提出的问题，往往会超出居委会、业委会、物业管理公司各自的正式权力范围。为了克服这方面的困难，就需要政府出面协调。社区工作站就是政府在社区的代表，扮演双重代理的角色，一方面受上级委托，承担与居民相关的部分管理职能，与政府形成事实上的委托—代理关系；另一方面，与社区公共服务中心在社区中建立契约型的正式的委托—代理关系，以社区服务中心为平台和载体，引入社会中介组织、民间组织，大力培育以社区居民为主体的各类自我服务型组织。

### 4. 社区党组织建设

随着改革发展的深入推进，党组织作为人民的先锋队，主要应在思想政治工作方面做好领导和带头的作用。要增强基层党组织的活力，充分发挥领导带头作用，从自身做起，从党组织的内部做起，搞好党组织自身的建设。

第一，健全党员干部联系户制度。通过深入群众，深入实际，及时地与群众沟通，了解群众的所需和所求，达到有的放矢地进行群众工作的目的。在联户方法上，一是传经带路，党员把自己的致富经验传授给联系户；

二是当家理事，党员以"主人"的身份，设身处地为联户对象出主意、想办法；三是排忧解难，为联户对象解决一些实际困难；四是建立"三级联创"机制。

第二，加强对流动党员的管理。积极探索流动党员管理的新途径，为流动党员统一建立党员活动室，开展党建活动，成立"流动党员服务站"，将社区内散居的党员统一到服务站中来，实现流动党员"工作在流动，信念不动摇"的宗旨。

第三，创新非公有制经济的党建活动。非公有制经济是我国国民经济的重要组成部分，毫无疑问，在新形势下，做好非公有制企业的党建工作，有利于促进整个地区经济的腾飞和社会的和谐，在整顿和改进农村基层党组织的设置时，要充分关注非公有制经济的党建情况，努力做到非公有制经济组织发展到哪里，党组织就组建到哪里，党的工作就开展到哪里。

### 5. 培育民间组织

社区民间组织在沟通政府与百姓之间的联系、缓解社会冲突方面起着重要的润滑剂作用。在社区建设过程中，应大力培育和发展社区民间机构，使其不仅承担社区的大部分管理与服务工作，同时还能够创造大量新的就业岗位。

第一，民间组织培育应坚持不强迫、不限制、不放任的方针，同时加大宣传力度、引导力度和扶持力度。加大宣传力度，其目的在于使社区居民明晰社区民间组织的职能和作用与他们有何关系；加大引导力度，可由社区居委会等基层群众性自治组织对发挥作用较好的社区民间组织进行表彰，使其能够在社区中起到示范引导作用；加大扶持力度，不仅需要基层群众性自治组织的支持，还需要政府部门在资金、政策上给予倾斜，促进民间组织的发展。

第二，整合社区资源，增强社区凝聚力。社区存在着两种资源，一种是有形资源，也就是通常讲的人、财、物。另一种可以称之为无形资源，即广大群众的慈善心、公益心和奉献精神等。如何整合和充分利用这些资源，是社区建设的一项重要任务。通过培育民间组织可以整合社会资源，如老年志愿者协会将社区的一些想老有所为的老年人组织起来，为老年人发挥余热提供舞台，发动老年人积极投身于社区内的社会事业，保护环境卫生、维护社会治安、热心公益事业，为社区的社会公共事业做出贡献。

第三，实现居民自治组织的再造。目前，居委会的中心工作主要还是落实政府交办的各项行政管理任务，近似政府的"派出机构"。功能错位，影响了作为居民群众自治组织作用的有效发挥，难以适应新时期社区发展需要，故而必须进行重组。应重新确认居委会在社区建设中的议事地位，将其办事职能从中分离出去，交由社区工作者承担。

# 关中新型农村社区民居设计与研究<sup>*</sup>

**摘　要：** 本文结合关中农村传统民居建筑特点，从发展现状、节约用地、功能设计、传承创新、生态节能等方面探讨新型农村社区民居建筑设计的目标，为开展新型农村社区建设提供户型参考，为广大人民群众建房需要提供免费户型样本，以期将关中民居风格、建筑文化发扬光大，引领关中民居新模式。

**关键词：** 咸阳市；新型农村社区；民居建筑；设计

## 一　问题的提出

传统民居建筑是人们日常生活、生产行为活动的物质载体，是人们长期在生产、生活的实践中，因地制宜顺应自然的结果。中国传统民居所表现的建筑风格，是中国古代建筑技术和艺术的综合反映。经过千百年的发展，它已形成了独特的居住环境和住宅体系，有着独特的文化内涵，深深地打上了地理环境的烙印，生动地反映了人与自然的关系。随着我国城镇化进程的加快和新农村建设的展开，道路、供电和供水等基础设施和农村面貌得到了明显改善，与此同时，农村生产生活发生了深刻的变化，波及居住方式的改变。信息化时代的到来，外来文化的冲击，使许多民俗文化被淡化，也导致了民居的趋同现象。在新民居建设中，新建房屋缺乏针对性，没有户型、保温隔热和防火抗震等设计，土地利用、功能、空间均无法满足发展变化中的实际需求，缺少既体现农村现代生活又符合地域特色

---

\* 本文作于 2014 年 9 月，收于《关中农村研究（第二辑）》（中国社会科学出版社）。

的相关研究，建筑外观一味模仿城市住宅，形式雷同，千村一面，建筑形态单一，地域特点严重缺失。

建设新型农村社区，是城乡经济社会体制和城乡空间格局、利益格局、资源格局的重大变革，顺应了工业化、城镇化、信息化与农业现代化的同步发展，反映了广大农民群众改善生产生活条件的愿望和期待。咸阳市出台了《关于加快新型农村社区建设的实施意见》，要求按照规模适度、设施完善、产业发展、生活便利、管理有序、服务均等、生态宜居的标准加快推进新型农村社区建设步伐，实现农民就地城镇化。在推进新型农村社区建设过程中，我们肩负的责任不仅仅是为农民建造舒适宜居的房子，更重要的任务是在咸阳乃至关中地区使传统民居得到保护，使其焕发出新的生命力，让先辈们的生存智慧在现代城乡建设体系中得到传承。为此，本文通过对关中民居发展现状和节约用地、传承与创新、技术策略等方面的分析和研究，合理确定新型农村社区民居建筑设计目标，归纳整理各类户型及组合模式，为各县区深入开展新型农村社区建设提供户型参考，为广大人民群众建房提供免费户型样本，以期将关中民居风格、建筑文化发扬光大。

## 二　关中农村民居的现状和问题

### （一）关中农村民居的历史沿革

关中农村民居建设，从新中国成立以来大致可划分为三个阶段：第一个阶段为1979年以前，关中农村住宅建设基本上沿袭传统形式，以平房为主，只是逐步把简陋的草房改为土木或砖木结构的平房（见图1）。

**图1　20世纪70年代建造的农宅**

关中农村住宅建设发展的第二个阶段，主要表现为许多经济条件改善的农民对长期使用的旧有砖木结构住房进行翻新改造，更多的农民抛弃了旧房，新建了砖混结构房屋（见图2）。

**图2　20世纪80年代建造的砖瓦房**

第三个阶段，即第二次村镇建设的高潮阶段，村镇低层楼房开始大量发展，各村落大规模进行建设（见图3）。

**图3　20世纪90年代建造的住宅**

## （二）关中农村民居的现状和问题

### 1. 自发建设，村落风格杂乱无章

农村住宅在建设过程中大量表现为分散、无序、自发。另外，由于各户在建造时间上以及自身喜好上的不同，建造手法任意，无法与毗邻建筑保持统一协调，致使村容村貌杂乱无章（见图4）。

### 2. 盲目建造，使用功能欠缺合理性

在设计时一味模仿城市住宅，忽略了农村生活的实际需求，外部造型单调乏味、乱抄乱仿，缺乏乡土气息。或文化趋同，千村一面、千宅一面，农村也成了水泥森林（见图5）。

图4 杂乱的建筑

图5 杂乱的庭院

### 3. 缺乏指导，建造施工质量堪忧

正因为农村居住建筑一般由广大群众自行建造，不但缺乏专业的建筑设计指导，施工也多由住户和邻里互相帮扶完成，缺乏质量监督，这造成工程质量不合格，更有甚者出现严重质量事故（见图6）。

图6 因质量问题废弃的住宅

### 4. 拆建随意，资金、土地资源浪费

随着经济的迅速发展，农村建房的周期不断缩短，建房过程中对经济

发展和家庭需求变化缺乏科学的预测，建好的住宅过不了几年就出现了满足不了需求的问题，只能改建、重建，造成拆了建、建了拆的恶性循环，严重浪费冶金、土地资源（见图7）。

**图7　正在施工的民间施工队**

### 5. 村庄管理缺位，设施滞后，对周边环境影响恶劣

村庄无规划，建筑无设计，建造队伍无资质，监管无机构。各类法规、规程、规范、标准等不适宜农村建设，致使广大新农村住宅建设处于无章可循、无人管理状态。缺乏现代化的基础设施、没有垃圾处理措施，造成道路崎岖、污水四溢、垃圾成堆、蚊蝇肆虐等非常恶劣的景象（见图8）。

**图8　雨后泥泞的道路、成堆的垃圾**

# 三 关中地区传统民居特点分析

关中地区由于夏季炎热，因此较多的宅院在平面布局上采用南北狭长的内庭形式，使内庭处在阴影区内以求夏季比较阴凉。因此，从一般民居形式与布局看，这是北方类型。其屋顶形式以硬山居多，瓦屋顶只做仰瓦。

## （一）村落形态

关中地区村落形态的形成与发展，与当地所处地理位置、气候特征、社会发展以及生活方式息息相关，如韩城党家村村落布局，遵循"依山傍水、向阳背风、水源方便、不染尘埃"等原则，受村内宗族关系、地形地貌和内部街巷体系等的影响而形成现在的状态（见图9）。

**图9 陕西韩城党家村村落平面图**

## （二）空间结构

从外部空间与建筑所呈现的图底关系可以清晰地看出，党家村属于典型的网络型街巷空间系统，可以满足村落不断扩大的需求（见图10）。

## （三）公共活动空间布局

在民居村落的演化发展过程中，必定会衍生出一些公共的社会性空间

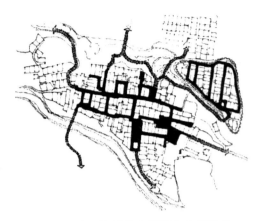

图 10　陕西韩城党家村街巷空间形态

以满足人们日常交流的需求，凡是具有向心性特征的地点都有可能成为村落的公共场所。公共场所在聚落群居生活中起着关键性作用，使聚落中的人群有了公共性质的社会生活与人际交往，公共场所空间的性质与人们在其中的活动性质有着紧密的联系（见图11）。

图 11　陕西韩城党家村公共活动空间布局

（四）平面布局

关中民居一般沿袭着传统的合院式基本布局形式，与传统不同的是因一般用地较窄，内院狭长者居多，形成窄院格局。关中地区因夏季炎热，所以村民对防晒比较重视，窄院凭借两侧厢房遮蔽，可使内院在大部分时间处于阴影中。同时，院落较窄，减少了宅基用地的面宽，加大了进深，可节约建筑用地，这对于土地肥沃、人口稠密的关中地区尤为重要。归纳起来，关中民居的平面模式有：独院式与多进式。

### 1. 独院式

独院式是关中常用的民居平面布局形式，空间窄长，其布局是在充分考虑关中地区地少人多的现实因素后，做出的应答式设计，占地少、面积利用充分（见图12）。

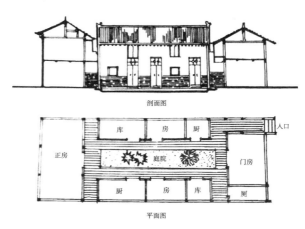

图12　关中地区独院式平面示意图

### 2. 多进式

多进式院落布局方式在关中城镇中较为常见，它由独院式民居沿纵深方向重复组合而成（见图13）。

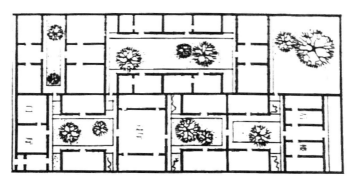

图13　韩城箔子巷某宅平面图

（五）空间处理手法

独特的窄院式空间：关中地区民居的庭院形式及其空间尺度，是受到关中地区地少人多的外因影响的。这种窄院的优点是不仅节约用地，也解决遮阳、避暑、通风和室外排水等问题（见图14）。

图14　窄院空间

庭院绿化：由于关中地区民居庭院窄，面积小，人们多数是在窄院内利用绿化、小品等处理手法增加了天井小院的舒适、安静气氛（见图15）。

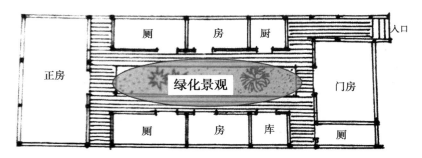

图15　庭院绿化示意

空间渗透：厅、廊、庭院相互贯通，不仅给室内外空间相互延伸创造条件，也产生了一种有层次的通透和扩大空间的效果，使得宅院的空间更显开阔（见图16）。

空间组织和分隔：在关中地区民居中，有在窄院四周设檐廊的传统做

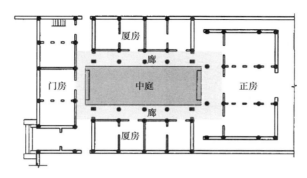

**图 16　三原某民居窄院中空间的渗透性处理**

法，当地人称之为"歇阳"。檐廊是室内外空间的交会处，具有交通联系、遮阳、避雨等功能，也是人们进行文化活动和休息的场所。

**（六）建筑造型**

倒座临街、两山墙临街是两种关中民居外观最常用的处理手法。很多建筑用土坯或夯土墙，土坯墙下砌青砖勒脚、屋面铺小青瓦（见图17）。

倒座临街

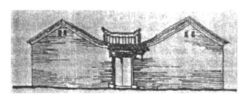

山墙临街

**图 17　关中民居的典型外观**

**（七）建筑细部处理**

陕西民居的重点装饰部位主要有入口门楼、檐部、壁面、山墙、马头墙、屋脊、门窗及室内装修等部分。代代相传、精工细作的传统建造工艺在民居的细部装修中得到了充分反映。

门窗：门和窗在关中地区的传统建筑当中是建筑艺术表现的主要地方，是内外空间的界限，也是社会地位的表征。门窗的形式是关中人代代相传、精工细作的传统建造工艺最重要的体现之一（见图18）。

图 18　关中地区门窗形制

影壁：影壁是陕西传统建筑中的重要构成元素，其不仅有玄关的作用，可以拉开人的视觉层次，还有精神方面的功能，起到提升空间意味，引起人们的遐想以及向下一空间探索的兴趣（见图19）。

图 19　关中地区建筑的各类影壁

屋顶：关中传统建筑中的正房屋顶均为硬山坡顶，厢房和下方一般为单坡顶。屋顶造型因其独特的形式格局以及所传达的"天人合一"的思想精神而成为关中建筑，甚至是中国传统建筑独具代表性的符号（见图20）。

图 20 关中地区屋顶形制

砖雕、木雕：关中地区的砖雕和木雕是由材料商雕刻人物、山水、花卉等图案而做成的，是当地建筑雕刻中很重要的一种艺术形式，主要用于房屋的屋顶、影壁、门窗等部分（见图 21）。

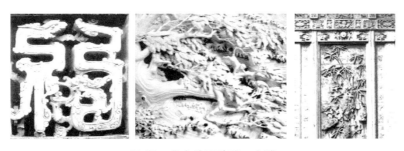

图 21 关中地区砖雕、木雕

# 四 以传统建筑语言写新型农村社区民居设计

## （一）设计理念

新型农村社区居民设计突出"传承历史、彰显文明、风情民居、诗意家园"主题，将文化元素充分体现在建筑风格上，守住传统根脉，珍藏历史记忆，实现地域个性（关中民居）、历史文脉（秦汉元素）和现代文明的有机统一。

传承与创新关中民居，将现代生活流线与传统建筑精粹有机结合，使其更适合新型农村社区居民的居住习惯和心理需求，让更多的人感受到用现代精神诠释后的民居文化回归，同时使居住环境具备稳定性、安全性和归属性，人与环境达成和谐共生。建筑在保持传统建筑精髓的同时，有效地融合现代建筑元素与现代设计理念，且在改变传统建筑功能的同时，增强建筑的识别性和个性，引领新关中民居的发展方向。

（二）设计目标及适用范围

民居设计要因地制宜，重视对传统民俗文化的继承和利用，体现地方乡土特色，并且与周边环境相协调。在方案设计时综合考虑用地条件、选型、朝向、间距、绿地、层数与密度的布置、群体联排组合、居民的生活习惯和生产生活需要，坚持适用、经济易建、美观、结构简单安全、卫生的原则，对房屋位置、功能空间、结构、庭院、围墙、门户、卫生设施等进行合理布局、科学设计，充分体现建筑的多样性和统一性，为新型农村社区居住人群提供更为舒适、适用的建筑与环境。设计方案适用于咸阳乃至关中地区城镇规划用地范围内的新型农村社区、城镇规划用地范围外的新型农村社区、平原区新型农村社区、山地和台塬区新型农村社区、就地改建型新型农村社区、异地新建型新型农村社区。

（三）设计依据

按照习近平总书记提出的"让居民望得见山、看得见水、记得住乡愁"的要求及《陕西省新型农村社区建设规划编制技术导则》，新型农村社区民居建筑应有以下设计依据。

（1）在设计目标上体现特色性和多样性。建筑设计应因地制宜，重视对传统民俗文化的继承和利用，体现地方乡土特色，并且与周边环境相协调，杜绝出现千村一面。

（2）在布局上体现合理性。综合考虑用地条件、造型、朝向、间距、绿地、层数与密度的布置、群体组合、空间环境、使用者要求等多方面因素。采用院落组合、街坊组团等多形式灵活布置。

（3）在功能设计上体现实用性。建筑设计应尊重当地居民的生产生活习惯，低层住宅屋顶可根据实际需求设置一定面积的平屋顶用以晾晒粮食；住宅空间必须设置储藏室且储藏室的面积要根据具体社区居民的生产与生活方式而定；基础设施入户且每户应建水冲式卫生厕所，生活污水排入污水管网集中收集处理或排入沼气池等污水处理设施处理；用地应符合当地宅基地政策，并结合农用机具、车辆停放需要设计。坚持适用、经济、美观、安全、卫生的原则，对房屋位置、结构、走道、庭院、围墙、门户、卫生设施等进行合理布局。

（4）在建筑设计上体现节能性和安全性。建筑间距应以满足日照要求为基础，综合考虑采光、通风、消防、防震、管线埋设、视觉卫生等因素。新型农村社区居民住宅在经济条件允许的情况下，应积极采取建筑节能措施，尽量采用环保材料、保温材料，力争达到或接近节能指标。建筑结构的设计使用年限不应少于 50 年，其安全等级不应低于二级。根据国家规范抗震设防烈度为 6 度及以上地区的住宅结构必须进行抗震设计，其抗震设防类别不应低于丙类。

## （四）新型农村社区民居建筑设计要点

### 1. 节约集约用地

随着城市化进程的加快，农村家庭小型化趋势明显。成组成团的集中式居住宅院是新型农村社区发展的方向，可通过技术策略控制建筑的面宽与进深，使每户都具有较小的体形系数，这既有利于节能保温又有利于节地。

根据《陕西省新型农村社区建设规划编制技术导则》中对新型农村社区户均住宅用地标准的要求，参考咸阳地区各区县每户宅基地常见标准，城郊 2 分（约合 133 平方米）、2.5 分（约合 167 平方米），塬川地 3 分（约合 200 平方米），探讨 2 分、2.5 分和 3 分地不同占地面积的空间划分和功能组织，形成节地型、经济型和舒适型三种住宅模式，在每种模式中，调整开间与进深的相对关系，又可形成不同的空间划分和功能组织，以适应相同用地、不同面宽下人们对居住户型合理性、经济性等不同的需求。从开间与进深双向维度，以及建筑组合的角度推敲有限用地的多种布局可能性，倡导家庭人口规模变小背景下的紧凑型居住模式，进行精细化的户型设计，是建筑设计体现节地概念的重要途径之一。

### 2. 功能多样

民居设计中充分尊重传统居住文化，传承传统院落文化精髓，合理组织院落空间。院落的设计不仅可营造丰富内环境，创造生态小气候，使居住环境多样化且稳定、安全，使居民具有强烈的居住归属感，同时在"过会"或遇红白事的时候，小小的内院可灵活变换为户外的聚会和礼仪场所（见图22）。

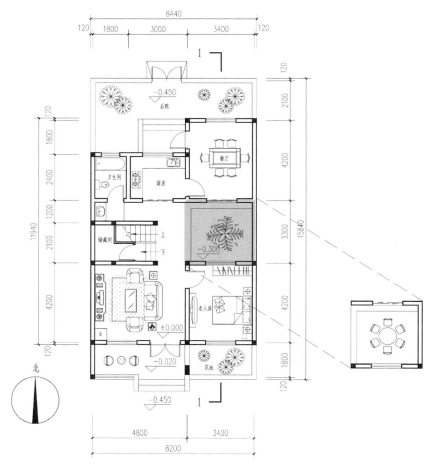

**图22 院落布局内院空间灵活利用**

住宅的功能布局分区要合理明确，设置南向的老人房并引入炕的概念为老人提供熟悉舒适的居住环境（见图23）。

针对关中农村的餐饮习惯和关中饮食特点，厨房尺度应稍作放大，同时在客厅置大餐桌或开辟独立餐厅以适应节日家庭聚会。将传统的室外旱厕移至室内，建水冲式卫生厕所并尽量做到全明设计（见图24）。

图 23　老人卧室

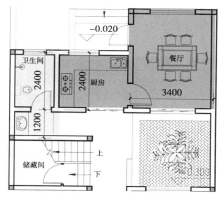
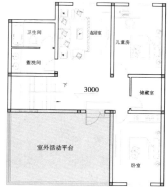

图 24　厨房、卫生间及储藏空间

结合农业生产、加工的实际需求，在住宅内开辟工作间，合理利用楼梯下的空间设置储藏室等生产生活辅助空间。利用前后院或专用空间存放农用机具，并根据实际需求设置一定面积的屋顶平台用以晾晒粮食（见图25、图 26、图 27、图 28、图 29、图 30、图 31）。

图 25　可作晾晒用的屋面露台　　　　图 26　可晾晒的院内设计

261

图 27　前院景观

图 28　怡人的中庭景观

图 29　存储空间

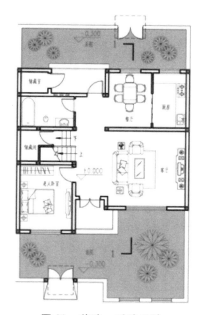

图 30　前院、后院设计

图 31　内庭设计

　　根据不同时期的特点，功能空间上实现灵活多变相互转换以适应各种需求（见图 32）。例如，北向卧室、车库可转化为储藏室和工作间等。此外，利用南北房屋不同季节的舒适度，冬用南向，夏用北向，实现居住与季节相适应。

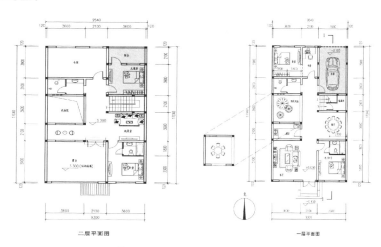

图 32　灵活多变的功能空间

### 3. 传承与创新

在传统文化与现代文明交融的今天，我们应该保持传统文化精髓，在继承中创新，在创新中保持特色。关中传统的民居具有许多鲜明的地方特色，它们以独有的建筑语言形成了特有的景观和较高的辨识度。在对体型和细部设计中，可吸取关中地区极具代表性的建筑符号和造型元素，比如传统花格景窗、传统门楼、门前抱鼓石等（见图33、图34）。

图33 传统花格窗

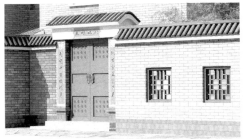

图34 传统花格景窗及门楼

居民可采用传统的灰色坡屋顶形式，材料上多选用地域特色浓厚的灰砖、筒子瓦等，通过现代材料的合理利用，可重新演绎传统民居建筑元素，使其既体现现代建筑风格，又保留着关中民居的神韵和精髓，并自成特色（见图35）。

图35 传统民居灰色坡屋顶

　　牌楼，又名牌坊，是中国建筑文化的独特景观，也是中国特有的建筑艺术和文化载体。从形式上分，牌楼只有两类。一类叫"冲天式"，也叫"柱出头"式。顾名思义，这类牌楼的间柱是高出明楼楼顶的。另一类是"不出头"式。这类牌楼的最高峰是明楼的正脊。无论柱是出头还是不出头，均有"一间二柱"、"三间四柱"、"五间六柱"等形式。顶上的楼数，则有一楼、三楼、五楼、七楼、九楼等形式。根据牌楼的历史演变和文化象征，牌楼被作为新型农村社区居民建筑设计的入口节点（见图36）。

图36 "五间六柱"式牌楼

### 4．技术生态策略

采取适宜、低技术、低成本的技术策略，建筑材料首选本土、可再生资源的材料，重视传统生态技术范式的传承与改进，积极采取建筑节能措施，推广节能性墙体材料（见图37）、节能性门窗，这增加了外墙和屋面保温隔热功能，带防水措施（见图38、图39）。摒弃传统陋习，贯彻合理的技术、生态策略，重新定义居住建筑层高，建议一层、二层层高3.3米，室内外高差0.45米（见图40），力争达到或接近节能指标。并根据关中地区的抗震要求加入相应的抗震设计，使新型农村社区民居建筑在未来的建设中稳步发展。

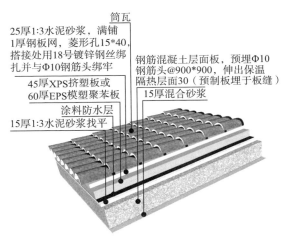

图37　烧结多孔砖

图38　坡瓦屋面保温防水构造

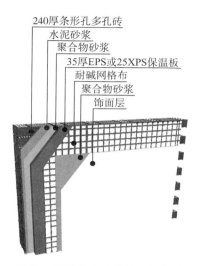

240厚条形孔多孔砖
水泥砂浆
聚合物砂浆
35厚EPS或25XPS保温板
耐碱网格布
聚合物砂浆
饰面层

图39 承重多孔砖外墙保温构造

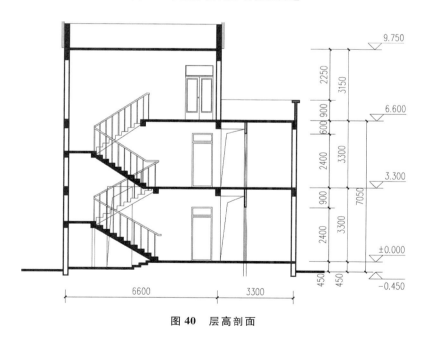

图40 层高剖面

充分利用自然资源，在基础设施尚不完善的区域，为有效地解决农村居民生活能源问题，利用太阳能、雨水收集设施、沼气池（见图41、图42、图43、图44、图45）等，生产可利用的可再生清洁能源，为居民提供热能、燃气、有机肥料等，实现自然能源的综合利用，从而在一定程度上加强新农村生态环境建设。

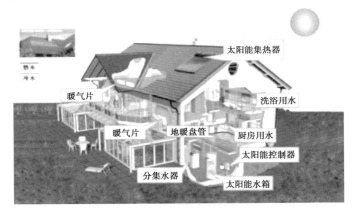

图 41　太阳能利用设计

图 42　太阳能路灯设施

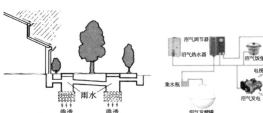

图 43　雨水收集设施

图 44　沼气设计

图 45　沼气池

雨水收集设施设计在细节上依旧秉承生态技术理念，通过收纳屋顶、庭院和地面的雨水，用于冲厕、洗车、绿化灌溉，或做景观用水和消防用水等。

沼气用现有的植物秸秆、动物粪便为原料，在沼气池等设施中经过长时间的发酵，能产生可利用的可再生清洁能源，为百姓提供燃气、有机肥料。

### 5. 推荐建筑材料和庭院绿植

设计充分考虑到屋顶、外墙以及保温材料的选择（见图46、图47、图48）。尽可能地因地制宜、就地取材，也是充分体现地域性的一种直接有效的途径，同时，地方材料也是形成具有时代特色、地域特色和民族特色新住宅的重要资源（见图49、图50）。

图46　坡屋顶采用机制瓦

图47　平屋顶、外墙面采用 EPS 保温板

选择适合在北方环境生长并且具有和谐特质的庭院绿植进行种植，合理的绿化配置在丰富院前屋后室外环境中能起到重要作用，可做到庭院景观三

图 48　室外铺地适用透水砖

图 49　仿古塑钢花格窗

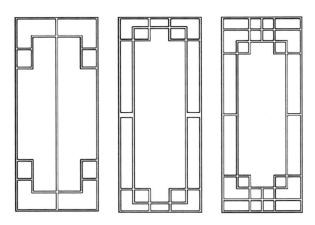

图 50　推荐花格窗图案

季有花，四季常绿（见图 51、图 52、图 53、图 54、图 55、图 56、图 57）。

图 51　象征智慧、和平、幸福的核桃树

图 52　银杏树被视作"调和的象征"，寓意万物对立统一，
是健康长寿、幸福吉祥的象征

图 53　柿子树象征事事如意，与海棠共同寓意五世同堂、幸福美满的家庭

图 54　石榴树树形美观，花色鲜艳，非常适合装点庭院

图 55　玉兰属落叶乔木，玉兰花型高洁，有清香味，
是美化庭院的理想选择

图 56　蔷薇花型优美，适应性强，适合北方庭院种植

图 57　牡丹——花中之王，花型美观华丽，适合装点庭院

### 6. 建设成本的控制

降低建设成本也是本设计考虑的重要内容之一。主要途径包括几个方面：一是科学合理地确定住宅的建筑面积，既要考虑舒适实用，又要考虑农民的经济承受能力；二是建筑形式要简洁大方，避免过度装饰；三是建筑材料当地化，利用地方优势资源，降低建设成本。

### 7. 强调农民参与

农民参与是保证住宅适应农民个性化要求的重要手段，也是对农民居住需求权利的尊重。农民通过自己日常对生活生产需求为我们提供意见和建议，一方面，使我们可以更直接、更全面、更细致、更具体地把握农民的需求和价值取向，使我们的设计更有可行性；另一方面，也有利于发挥农民潜在的创造力，并在参与创造的过程中，增强其环保意识和认同感。

## 五　几种可供选择的户型设计

《陕西省新型农村社区建设规划编制技术导则》中的户均住宅用地标准为：平原区不超过 180 平方米，山地、台塬区不超过 240 平方米。参考咸阳地区各县区每户宅基地常见标准，城郊 2 分（约合 133 平方米）、2.5 分（约合167 平方米），塬川 3 分（约合 200 平方米）。考虑不同占地面积的空间划分和功能，笔者提供节地型、经济型、舒适型三种户型设计供参考。

### （一）节地型设计

占地 2 分（约合 133 平方米），类型特点：在 2 间基地中，总体面宽较小，通过内部空间的适宜尺度与组合，南北入口相向而设，可使建筑空间更为紧凑。适合平原用地紧张地区的联排建设。

#### 1. 节地型设计方案一

建筑占地面积 134.2 平方米。

建筑面积 147.4 平方米。

建筑立面关中民居韵味十足，灰砖、红柱如同中国水墨画，清新淡雅，整体建筑设计紧凑，居住舒适并贴近自然。在有限的基地内充分利用地下空间，局部设地下室，用于农具、果品等储藏（见图58、图59）。

图 58　节地型方案一效果

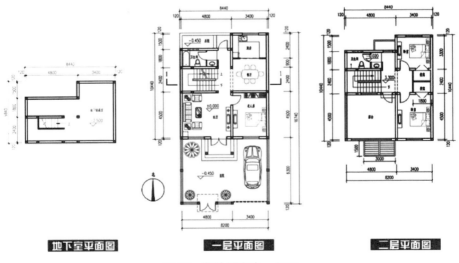

地下室平面图　　　　一层平面图　　　　　二层平面图

图 59　节地型方案一平面

## 2. 节地型设计方案二

建筑占地面积 133.7 平方米。

建筑面积 182.5 平方米。

图 60　节地型方案二效果

　　建筑立面在保留传统建筑风格的同时充分运用现代创新手法。设置内庭院，营造丰富内环境，创造生态小气候，使居住环境稳定、安全，使居民具有强烈的居住归属感。而且在"过会"或遇到红白事的时候，小小的内院可灵活变换为户外的聚会和礼仪场所（见图 60、图 61）。

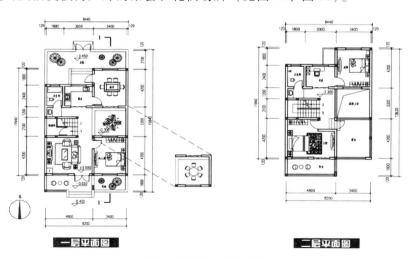

图 61　节地型方案二平面

### 3. 节地型设计方案三

建筑占地面积 138.8 平方米。

建筑面积 236.3 平方米。

**图 62　节地型方案三效果**

传统的灰砖与富含丰富机理变化的白色涂料完美结合，使建筑立面在阳光下呈现多种光影变化，整体建筑体现浓郁的关中特色，建筑形象轻巧而富于流动感（见图 62、图 63）。

**图 63　节地型方案三平面**

（二）经济型设计

占地 2.5 分用地（约合 167 平方米）。类型及特点：作为节地型向舒适型的过渡，具有更为灵活适用的特点，根据面宽尺寸既有两大间也有三小间的设置。

**1. 经济型设计方案一**

建筑占地面积 162.6 平方米。

建筑面积 288.5 平方米。

图 64　经济型方案一效果

本方案适合经济较好的平原地区联排建设，平面布置灵活，可满足三代人的居住要求，南向老人房带有专用卫生间。建筑内设有独立车库，并可根据不同时期的需求做粮仓、农具库等，也可改建为卧室。庭院内可满足重大节日走亲访友众人聚会对空间的需要（见图 64、图 65）。

**2. 经济型设计方案二**

建筑占地面积 168.3 平方米。

建筑面积 174.2 平方米。

本方案适合干旱少雨以传统农业为主的地区联排建设。建筑外观简洁质朴，建筑结构简单易建，经济性较好。户型设计符合农村居民生活习惯，室内楼梯通向平屋顶，方便晾晒粮食（见图 66、图 67）。

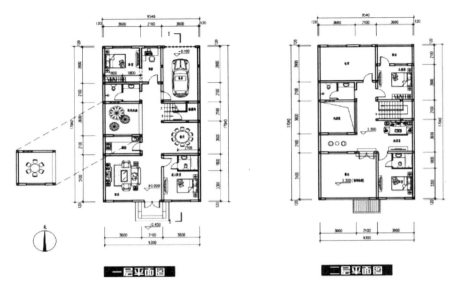

图 65 经济型方案一平面

图 66 经济型方案二效果

## 3. 经济型设计方案三

建筑占地面积 166.5 平方米。

建筑面积 186.9 平方米。

本方案适合单栋或联排建设，可为经济发展较好地区各种聚落民居建筑提供多样组合模式。建筑立面形体变化丰富，错落有致，灰白之间，优雅的传统与现代的大气一展无余（见图 68、图 69）。

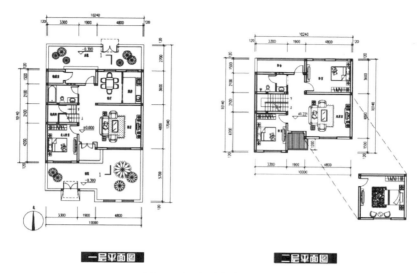

图 67　经济型方案二平面

图 68　经济型方案三效果

## 4. 经济型设计方案四

建筑占地面积 163.2 平方米。

建筑面积 207.6 平方米。

本方案适合联排建设，建筑平面布局灵活，专设儿童房为孩子提供独

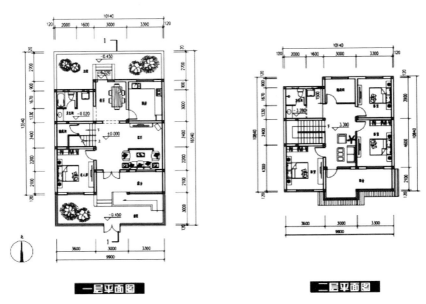

**图 69　经济型方案三平面**

**图 70　经济型方案四效果**

立的学习休憩空间。错落有致的关中地区传统立面风格，精致而舒适的绿化屋面营造，给人一种回家的感觉（见图 70、图 71）。

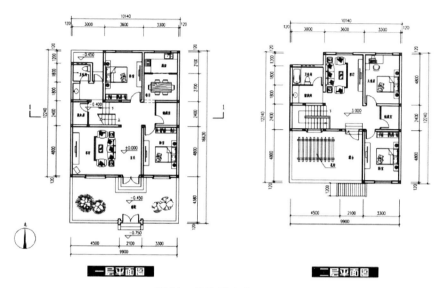

图 71　经济型方案四平面

## 5. 经济型设计方案五

建筑占地面积 167.3 平方米。

建筑面积 216.9 平方米。

图 72　经济型方案五效果

此方案适合联排建设。北向主出入口设计可为社区规划提供多样的聚落组合方式。建筑立面朴素大方，平实而精致，整体建筑风格呈现浓浓的乡村风情和生活格调（见图72、图73）。

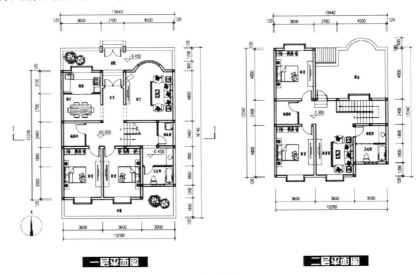

一层平面图　　二层平面图

**图73　经济型方案五平面**

### 6. 经济型设计方案六

建筑占地面积170.8平方米。

建筑面积186.9平方米。

本方案适合经济条件较好的平原地区单栋或联排建设。建筑立面清新不落俗套，白墙灰瓦中国红，传统关中民居风貌跃然眼前，让人心神荡漾，居住空间环境舒适而贴近自然。此类设计手法正在被越来越多追寻传统价值观的人们接受（见图74、图75）。

### （三）舒适型设计

占3分地（约合200平方米），类型及特点：可以实现院落的多种形态，建筑空间组织更为舒适灵活，前院、内院与后院各不相同。

### 1. 舒适型设计方案一

建筑占地面积：195.6平方米。

建筑面积：193.3平方米。

图 74　经济型方案六效果

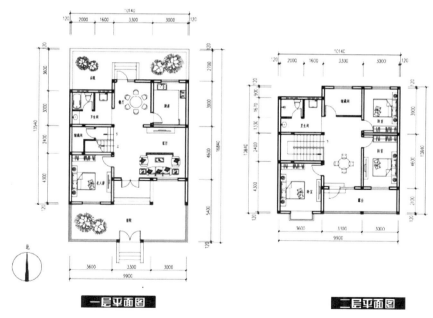

图 75　经济型方案六平面

本方案适合独立或联排建设。用现代材料恢复传统"炕"的概念，为老

图76  舒适型方案一效果

人提供熟悉且舒适的生活环境，宽敞的前后院使日常生活空间更加充裕。建筑立面丰富大气，灰瓦白墙，山水之间，塑造典型的关中新民居形象（见图76、图77）。

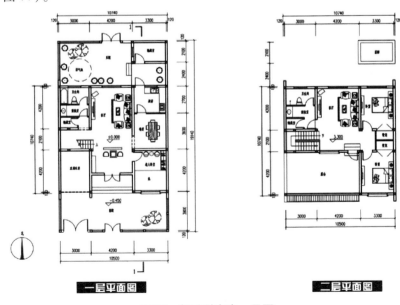

图77  舒适型方案一平面

### 2. 舒适型设计方案二

建筑占地面积 200 平方米。

建筑面积 280.2 平方米。

图 78　舒适型方案二效果

本方案适合土地较宽松地区的联排建设。院落空间布局采用关中民居围合模式，整体体现了大而精的特色，前后院和露台设计为人们的日常生活提供了休憩情趣。简洁对称的空间布局和合理的功能空间划分体现了传统关中民居的大气与严谨，赋予了居住者别样的生活格调（见图 78、图 79）。

### 3. 舒适型设计方案三

建筑占地面积 197.1 平方米。

建筑面积 267.9 平方米。

本方案适合用地较宽松地区的联排建设。充分的人性化设计完美地呈现三代同堂居住的概念，特别给老人提供相对独立完整的生活空间，同吃而不同住，适合农村大家庭使用。传统的"合院"布局，为一家人提供舒适的室内外生活空间。夕阳西下，袅袅炊烟，静谧乡村美景尽收眼底（见图 80、图 81）。

### 4. 舒适型设计方案四

建筑占地面积 196.8 平方米。

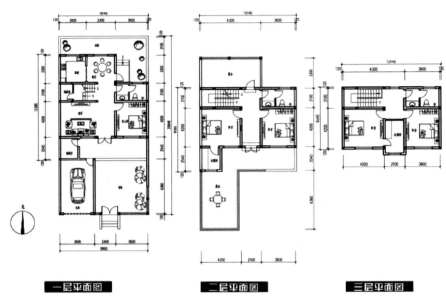

一层平面图　　二层平面图　　三层平面图

**图 79　舒适型方案二平面**

**图 80　舒适型方案三效果**

建筑面积 313.37 平方米。

本方案宜商宜居，可进行单独或联排建设。一层设有商业用房，独立建设适合作为社区商业网点，区域联排建设适合于集中发展旅游产业的区域，这种布局模式可在带动经济发展的同时充分展示关中农村生活模式的演进（见图82、图83）。

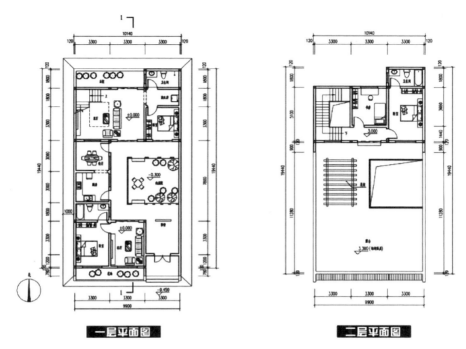

**一层平面图**　　　　　　　**二层平面图**

图 81　舒适型方案三平面

图 82　舒适型方案四效果

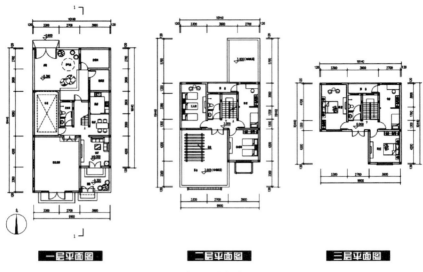

一层平面图　　　　二层平面图　　　　三层平面图

图 83　舒适型方案四平面

## 5. 舒适型设计方案五

建筑占地面积 196.8 平方米。

建筑面积 313.37 平方米。

图 84　舒适型方案五效果

　　本方案适合塬川地区民居，可因山取势，适合联排的多层次建设。其传承并革新窑洞概念，因地制宜，重新构建塬川地区新型民居生土建筑，为居民创造节能、节地、宜居的环境，引领民居建设向环保、生态、绿色的方向发展。社区建筑随物赋形，有小山而近，自然环境优美，建筑形象淡丽清雅。考虑到农副产品存储的需要，充分利用地下空间作为地窖，用于果品储藏（见图 84、图 85）。

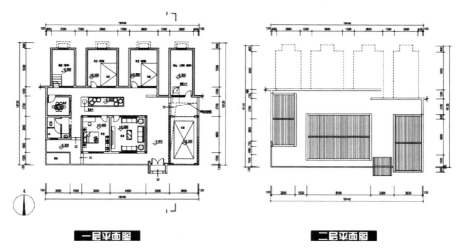

一层平面图　　　　　　　　二层平面图

图 85　舒适型方案五平面

（四）其他设计

1. 关中小院作坊街

图 86　关中小院作坊街（四合院）效果

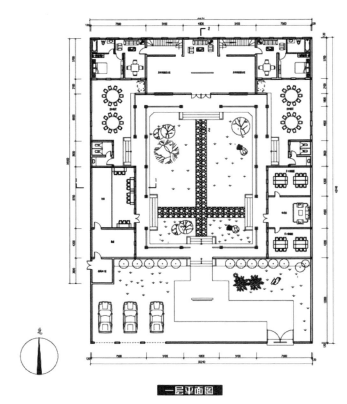

图 87　关中小院作坊街（四合院）平面

## 2. 社区服务中心设计

图 88　社区服务中心效果

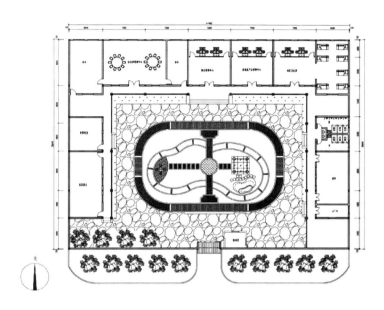

图 89　社区服务中心平面

## 3. 社区规划方案

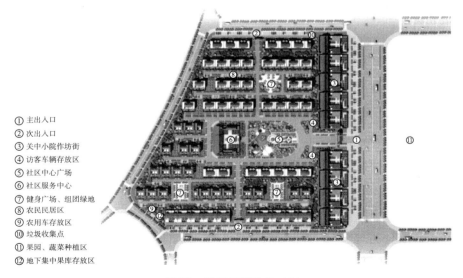

① 主出入口
② 次出入口
③ 关中小院作坊街
④ 访客车辆存放区
⑤ 社区中心广场
⑥ 社区服务中心
⑦ 健身广场、组团绿地
⑧ 农民民居区
⑨ 农用车存放区
⑩ 垃圾收集点
⑪ 果园、蔬菜种植区
⑫ 地下集中果库存放区

图 90　社区规划效果（1）

图 91　社区规划效果（2）

4. 其他效果图

图 92　入口大门（牌楼）

图 93　居住区一角

# 六　结语

关中新型农村社区民居建筑方案设计，从统筹城乡发展的角度思考和定位新农村民居可持续发展，立足特有的地域文化与自然资源，通过传承与创新，将现代生活流线与传统建筑精粹有机结合，寻找农村民居发展更新的脉络，建设适应新时期农民生活所需要的具有一定适应性和可持续性的居住方式，让更多的人感受到用现代精神诠释后的民居文化的回归，关中新型农村社区民居设计使居住环境具备稳定性、安全性和归属性，寻求民居建筑、人与自然达成和谐共生，充分展示关中民居的自然之美、社会之美、生态和谐之美，有利于创造一个舒适、健康的生活环境。

**参考文献**

雷振东、刘加平：《整合与重构——陕西关中乡村聚落转型研究》，《时代建筑》2007年第 4 期。

陈洁：《浅谈新农村住宅设计》，《建筑科学》2009 年第 3 期。

# 西部地区农民就地城镇化的
# 一面旗帜

## ——白村新型农村社区建设模式探析<sup>*</sup>

**摘　要：** 白村新型农村社区作为关中地区促进农民就地城镇化的有益尝试，探索形成了"主体重造、身份重构、产业重转、设施重布、资产重组、服务重塑、组织重建"的"1+6"建设模式，为关中平原地区建设新型农村社区提供了可借鉴、可复制的经验。并用行动回答了三个问题："建社区就是逼农民上楼"的问题；"建社区违反了村民委员会组织法"的问题；"建社区只解决农民有房住，没有解决没钱花"的问题。白村的探索实践具有五个方面的启示：必须要有"好"规划引领；必须要有"好"产业支撑；必须要有"好"政策保障；必须要有"好"模式实施；必须要有"好"带头人组织。

**关键词：** 西部地区；就地城镇化；新型农村社区；白村模式

新型农村社区作为新农村建设的提升工程，既是发展现代农业和建设美丽乡村的有效途径，更是实现城乡发展一体化的重要载体，对促进农民就地城镇化具有十分重要的意义。礼泉县西张堡镇白村作为关中新型农村社区建设改革试点村（见图1），自2014年启动实施以来，创新模式，大胆探索，积极实践，迈出了新型农村社区建设的新步伐，为关中平原乃至全省促进农民就地城镇化探索了路径，总结了方法，积累了经验。

---

\* 本文曾发表于《新型城镇化》2016年11月刊。

**图1　白村社区总平面效果**

# 一　基本情况

　　白村作为关中新型农村社区建设改革试点村和咸阳城乡发展一体化试点示范社区，早在20世纪90年代末就启动了新村建设，2006年又启动了新农村建设，尽管村庄面貌发生了很大变化，但依然没有达到目的。以白村为例，仅2000人的村庄，占地就有730亩，基础设施摊大饼，究竟怎么搞新村建设？长期的经验和教训告诉我们：一是由于白村占地面积大，基础设施战线长，前后进行了八年的改造，投资1000多万元，改来改去把"豆腐搅了个肉价钱"，到头来站在村口怎么看都不像个新农村，更谈不上"美丽乡村"；二是村内空庄基较多，全村420户，空庄基就有60多户，这些户大部分已在城镇成为"三固定"户（有固定收入、固定住所和固定的职业）；而村子的新生户不断增加，需要宅基地，村庄预留地早已用完，只好在沿路和村外承包田里建房，造成村内房屋闲置，村外不断扩张，挤占基本农田，土地浪费现象极为严重；三是村庄缺乏规划，农民建房缺乏统一设计，形成"年年拆、年年建、年年倒腾半截砖"的恶性循环，一代两建甚至三建的现象比较普遍，农民积累的资金都花在了建房上，严重影响生活质量的提高。

　　正是基于上述原因，在省市各级领导的亲切关怀和大力支持下，2014年以来，白村整合周边草滩、周邢、刘林三个小村，以白村为中心，实施四村合一、小村并大村。按照"四化""四通""十有"的标准，规划建设

6000 人的社区。整合上述四个村的 17 个村民小组，4700 人，10000 亩土地。其中，四个村的村庄占地 1900 亩，另复耕砖场废弃地 200 亩，两项合起来 2100 亩。新社区规划用地 600 亩，安置 6000 人，节约土地 1500 亩，用于争取省市土地指标增减挂钩政策，让土地改革的成果惠及农村老百姓。

## 二　建设模式

白村新型农村社区作为关中地区促进农民就地城镇化的有益尝试，积极顺应城乡发展一体化的新趋势，采取"主体重造、身份重构、产业重转、设施重布、资产重组、服务重塑、组织重建"的"1＋6"建设模式（见图2），加快农村生活方式、生产方式、经营方式、管理方式和服务方式的升级改造，全力促进农民就地城镇化。

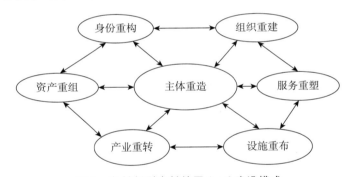

图2　白村新型农村社区 1＋6 建设模式

一是推进主体重造。针对新社区带来的农村生产、生活、经营、管理、服务等方式的深刻变革，新社区按照专业化的理念，对其管理主体、建设主体、经营主体和服务主体进行科学分工，优化组合，确保新社区高度契合农民就地城镇化的新趋势（见图3）。第一，在管理主体上，成立白村新型社区管委会，当好"总舵手"，统筹负责社区规划设计、项目协调、资金落实等具体事宜，保障新型农村社区建设积极稳妥实施。第二，在建设主体上，按照"政府主抓、企业主建、群众主体"的原则，由各级政府在政策支持、项目配套、资金倾斜等方面为新社区建设提供全方位的支持和保障。由陕西地建集团和陕建集团采取市场化运作模式，以土地指标增减挂钩的方式由企业完成社区住房和相关配套设施的建设。由社区群众全程参与制定社区建设方案，发挥好群众的主体作用。第三，在经营主体上，顺应一二三产业融合发展的大趋势，大力培育龙头企业、农民合作社、家庭农场、种养大户和职业农民，促进农业社会化分工，解决好"谁种地、怎么种"的问题。第四，在服务主体上，依靠社区服务中心的平台，整合社会组织、自治组织、群团组织、民间组织的力量，构建多元化服务体系，确保社区居民享受与城市居民一样的公共服务。

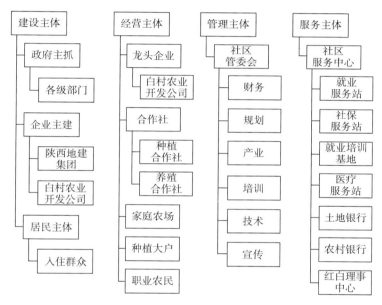

**图3　主体重造示意**

二是推进身份重构。针对新社区居民跨村落、跨区域集聚的实际，推进社区居民社会身份、经济身份和职业身份"三分离"，为实现"农民变居民、资源变股金、身份变职业"夯实基础（见图4）。第一，在社会身份上，采取就业、社保、住房、教育、卫生"五纳入"的办法，让落户新社区的四村居民和外来人员享受同等的社会福利和政治权利，打破依附在户籍上的城乡待遇差距，让农民变居民。第二，在经济身份上，采取对原村集体经济组织成员宅基地使用权、土地承包经营权和集体收益分配权"三保留"的办法，通过产权改革，让集体经济组织成员的"不动产"变成"流动产"，使依附于集体经济的社员转变成具有自由身份的股东，促进农村资源资本化。第三，在职业身份上，采取重新就业、自主创业、职业塑造等办法，促进农民身份向职业身份的转变。以新社区为例，四村居民共6000人，劳动力约2300人，其中常年在外务工的有800人，自主创业的有300人，在环保产业园、西部农机装备物流产业园就业的有400多人，加上将来农业园区、商业门店和社区服务管理可提供的500多个就业岗位，剩余300人按照职业农民的要求，培育成种养大户、家庭农场主、专业合作组织带头人，实现农民身份向职业身份的有序转变。

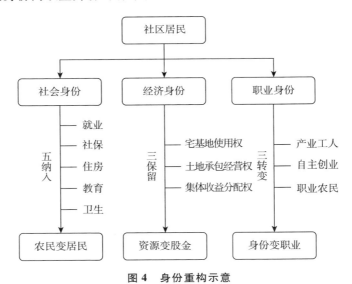

**图4　身份重构示意**

三是推进产业重转。坚持以工业化的理念发展农业，以信息化的手段提升农业，以科技化的方式改造农业，实现传统农业向现代农业的转型升级。白村在产业重转中，做到园区化承载、规模化发展、科技化支撑、生态化引领、设施化配套、组织化服务、多元化推进，以"七化"促产业转型（见图5）。第一，园区化承载。2011年，白村现代农业园区被确定为首批省级现代农业园区，园区核心区已发展到3000亩，辐射区达到10000亩，核心区亩均效益达到15000元左右，初步具备了"产业完整、要素聚集、装备完善、管理规范、效益显著"的现代农业园区的条件，成为引领现代农业发展的"孵化器"。第二，规模化发展。按照"明确所有权，稳定承包权，放活经营权"的原则，依法、自愿、有偿推进土地承包经营权流转

（见图6、图7），促进土地向新型经营主体集中，实现土地资源的优化配置，使农业经营方式逐步由分散经营向集约经营和规模经营转变。目前，新社区的土地流转率达到40%左右，为实现规模化经营奠定了有利条件。第三，科技化支撑。大力推进农业新技术、新品种、新成果运用，先后建成千亩樱桃示范园、设施果蔬大棚50个，改造传统果园5000亩，测土配方施肥新技术开始推广应用，农业品牌正在不断做强做大。第四，生态化引领。通过大力实施果畜沼生态养殖、病虫生物防治、农业土壤改造、有机肥源建设、农业面源污染治理等生态修复治理工程，初步形成了资源利用高效、生态系统稳定、产地环境良好、产品质量安全的绿色生态发展新格局。第五，设施化配套。大力实施节水灌溉、机械化耕作、温湿度自动控制等农业配套设施建设，节水灌溉率达到40%以上，生物防治覆盖面达到70%以上。第六，组织化服务。通过组建机耕服务队、化防服务队、养殖专业合作社、苹果专业合作社、樱桃专业合作社等专业化服务组织，引导农户"抱团"发展，提升农业的综合竞争力。第七，多元化推进。依托产业特色、田园风光、乡土文化和民俗风情，深度挖掘农业的多种功能，大力培育壮大休闲度假、旅游观光、创意农业、农耕体验、乡村手工艺等新产业新业态，促进农业和农民多渠道增值增收。

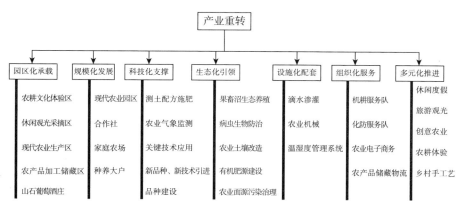

**图5　产业重转示意**

四是推进设施重布。针对城镇化加速推进带来的空心村、空庄基、空巢老人不断增多的实际，打破传统村庄建设布局乱、投资大、设施差等弊端，划定为建设区、设施区、生态区和搬迁区，对村庄建设进行重新规划

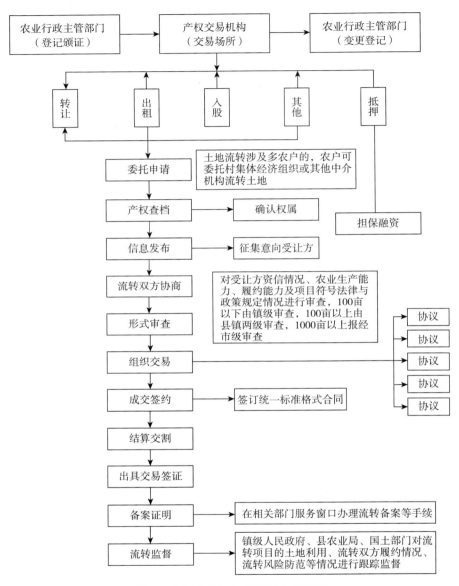

**图6　农村土地承包经营权交易流程**

布局（见图8）。第一，建设区按照建设与保护、培育与传承相结合的原则，突出"传承历史、彰显文明、风情民居、诗意乡愁"主题，体现关中民居风貌。社区建筑面积30万平方米，建设关中小院583套，多层住宅564套

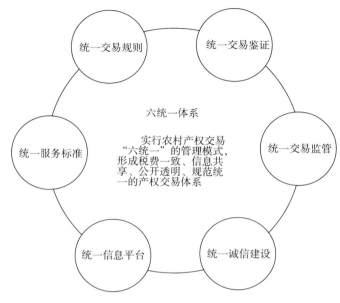

**图7 农村产权流转管理模式**

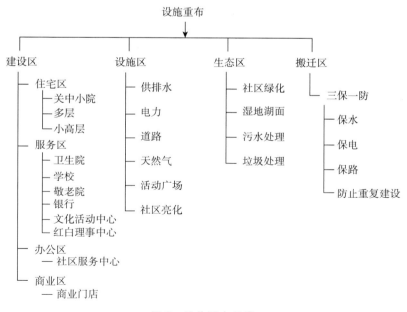

**图8 设施重布示意**

（6＋1层），小高层住宅504套（12层），其中关中小院主要满足50岁以上的农户家庭居住；多层住宅主要满足返乡创业的年轻居民；小高层主要满足工业园区的产业工人和从事商贸服务业的创业者，更大程度地满足不同层次社区居民的住房需求。第二，设施区围绕"四化、四通、十有"的目标进行建设，"四化"就是道路硬化、环境美化、路灯亮化、污水净化；"四通"就是通电、通水、通暖气、通天然气；"十有"就是有学校、幼儿园、卫生院、敬老院、商业街、戏楼、健身广场、文化活动中心、村镇银行和土地银行，让社区的老百姓享受到与城市居民一样的公共服务。第三，生态区按照绿色生态的要求，突出美丽乡村的田园特色，完成社区绿化、湿地湖面、污水处理、垃圾处理等配套设施，着力提升社区居民的生活品质。第四，搬迁区按照"三保一防"的原则，做到保水、保电、保路，防止重复建设，做好搬迁群众的过渡性生产生活安排，避免出现重复建设、资源浪费的问题。

五是推进资产重组。针对社区居民身份转变的要求，以"一确权两平台"为载体，加快社区居民资产重组步伐（见图9）。"一确权"就是完成集体建设用地、宅基地和农村土地承包经营权确权登记颁证工作，让社区居民的"资产"变"恒产"。"两平台"是在完成产权改革和确权登记颁证工作的基础上，组建社区土地银行和村镇银行，让社区居民承包地、房屋等"不动产"可抵押、可流转、可入股、可贷款，让资源变资产、资金变股金、农民变股东。通过土地银行为社区居民依法有偿流转土地承包经营权提供全程服务，让社区居民通过出租、转让、入股、抵押等方式，进一步放活土地承包经营权，让更多的农村居民从土地中解放出来，让土地的资本效应发挥出来，为进一步盘活土地资源、激活土地资本创造有利条件。通过村镇银行让种养大户、家庭农场、专业合作社和职业农民的"不动产"可抵押、可贷款、可融资，解决社区融资难题，为繁荣农村经济提供强有力的资金保障。

六是推进服务重塑。按照公共服务均等化的要求，充分发挥社区公共服务中心的平台作用，完善服务功能，强化服务保障，为社区居民提供优质高效的便民利民服务（见图10）。第一，设立党建服务站，加强社区党员和流动党员信息管理服务，组织发展党员，开展党员教育培训，开展党员活动，提升社区党组织的战斗力。第二，设立劳动力就业服务站，开展劳

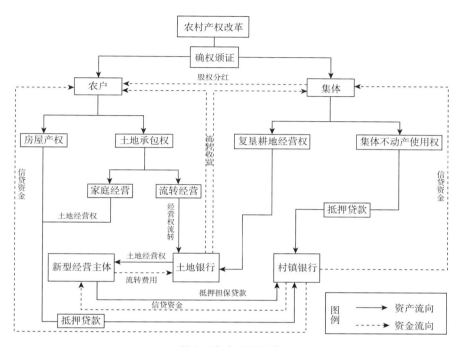

图 9  资产重组示意

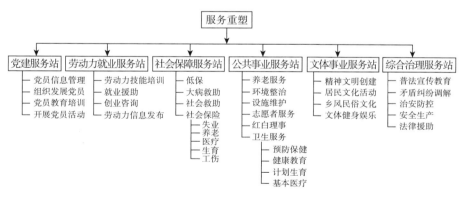

图 10  服务重塑示意

动力技能培训、就业援助、创业咨询、劳动力信息发布等服务，为多渠道保障社区居民充分就业提供全方位服务。第三，设立社会保障服务站，开展低保、大病救助、社会救助以及失业、养老、医疗、生育和工伤"五大保险"等社会保障综合服务，提高社区保障服务水平。第四，设立公共事业服务站，开展养老服务、环境整治、设施维护、志愿者服务、红白理事以及预防保健、健康教育等服务。第五，设立文体事业服务站，大力推进社区精神文明建设，提高社区居民文明素质和农村社会文明程度。开展"星级文明户""五好文明家庭"评选，培育文明乡风、优良家风、新乡贤文化，树立健康文明新风尚。第六，设立综合治理服务站，开展普法宣传教育、矛盾纠纷调解、治安群防群治、安全生产和法律援助等服务，全面提升社区法制化水平，建设平安和谐新社区。

七是推进组织重建。针对农村社区的特点，对各类社区组织进行科学合理安排（见图11）。第一，设立社区工作办公室，承担政府管理社区职能，领导社区公共服务中心，指导社区管委会开展工作，协调社区各单位间的关系。第二，设立社区公共服务中心，承担社区居民的就业、保障、医疗等具体事务，由政府主导、社区自治组织和社区单位参与的公共管理和公共服务组织，协助社区工作办公室开展相关的行政和社会事务工作。第三，设立社区党总支，配合上级党组织完成社区党建的各项任务，按照党章的规定开展工作，确保基层民主有正确的发展方向，确保党的路线、方针、政策得以贯彻落实。第四，设立社区管委会，实行民主选举、民主决策、民主管理、民主监督的社区居民自治组织。同时，通过社区成员代表大会，实行民主选举、民主决策、民主管理、民主监督，定期召开会议，讨论决定社区建设中的重大事项，依法选举并监督社区管委会的工作。凡社区的重大事务尤其是与社区居民切身利益相关的事项，都要提交社区居民会议讨论，真正体现居民自治。社区管委会对居民代表大会负责，执行社区居民代表大会的决议，管理社区日常工作。第五，健全社区民间组织，成立文化体育、助养服务、志愿者服务、治安巡防等民间组织，为提升社区管理服务水平注入新的活力。

白村"1+6"新型农村社区建设模式回答了三个问题。

一是回答了"建社区就是逼农民上楼"的问题。建设新型农村社区是一项新事物，一些专家学者甚至是一些领导干部从一开始就有各种不同的看法，最大的质疑是建社区就是盖楼，建社区就是让农民上楼。参考市城乡一体化办公室设计的15种新型农村社区民居建筑图样，白村设计的关中小院没有让农民上楼，既使社区功能达到城市的标准，又传承了农耕文化，

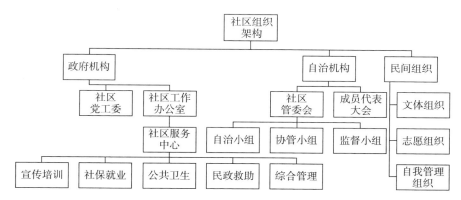

**图 11　社区组织重建示意**

使农村的田园风光得到延续和升华；既节约了土地，又体现了关中民居的建筑风貌，使传统与现代、历史与现实有机结合，使新型农村社区的民居符合农民的生产生活状况（图12）。

　　二是回答了"建社区违反了村民委员会组织法"的问题。一些地区在小村并大村、建设新社区的过程中，成立社区居民委员会代替原来的村民委员会，村委会不搞换届选举，在新社区中，群众没有代言人，群众利益难以得到保障。针对这一问题，白村完善了在村党组织领导下、以村民自治为基础的农村社区治理机制。即在各自村民委员会选举的基础上，成立社区居民委员会，成员由群众选举的各村委会成员组成。这样既没有违反村民委员会组织法，同时社区居民委员会中有各村的代言人，群众利益得以保障，也有利于群众工作的开展。

**图 12　白村社区街景效果**

三是回答了"建社区只解决农民有房住，没有解决没钱花"的问题。白村按照"产业向园区集中、土地向适度规模经营集中、农民向社区集中"的原则，坚持"两区同建"，即农村社区和农村产业园区同步建设，大力推动农民集中居住和现代农业发展，促进农民生活方式和生产方式"两个转变"，使农民进入新型农村社区后有业就、有事干、有钱花。

# 三　推进措施

在历时两年多时间的筹划建设过程中，白村新型农村社区着力在统筹上做文章，在整合上下功夫，在推进上求突破，多措并举，多管齐下，确保新社区建设积极稳妥推进。

一是坚持规划引领。新社区建设按照"先布局、后落子"的要求，由上海同济大学和陕建设计院设计团队负责设计，规划设计遵循"以人为本、生态文明、适度超前"的理念，以"产业强、村庄美、群众富"为主线，突出"山水乡愁"主题和"唐风、唐韵、唐文化"特色。以工业化的理念发展农业，以城市化的理念改造农村，以社区化的理念服务农民，实现农民向社区聚集，产业向园区聚集，土地向规模经营聚集。

二是强化产业支撑。始终把产业发展作为社区建设的核心，2006年以来，白村开始着手从传统农业向现代农业的升级改造，先后完成了5000亩果园改造，建成了3000亩樱桃园、1000亩设施大棚果蔬示范园、1000亩观光农业体验园、万头生猪养殖场、万吨果蔬储藏库，100多户农家乐启动营业，推进种养一体化和果畜循环发展，实现第一、二、三产业融合发展，极大地提升了农业产业化水平。2011年，白村现代农业园区被确定为首批省级现代农业园区（图13），白村现代农业开发公司被确定为省级重点产业化龙头企业，原国务院总理温家宝、原国务院副总理回良玉、全国人大常委副委员长吉炳轩等领导同志先后到白村现代农业园区考察。正是依靠产业支撑，富裕起来的农民群众建设幸福美丽家园的愿望更加强烈，为建设新型农村社区提供了坚实的产业支撑。

三是突出政策保障。新社区规划筹建以来，始终把争取省市扶持政策作为建设新型农村社区的基础保障，先后被陕西省确定为土地增减挂钩试

图13　白村农业采摘

点项目和关中新型农村社区建设试点村，被咸阳市委、市政府确定为城乡发展一体化试点示范社区。特别是通过实施土地增减挂钩项目（图14），将1500亩复耕指标交易到城市规划区使用，将土地指标收益投入社区建设，解决了"钱从哪里来"的问题，加之其作为省市重点试点项目，在配套设施、公共服务、产业发展、移民搬迁等方面有配套项目资金，这些极大地缓解了社区建设资金不足的问题。

　　四是调动群众力量。新社区筹建过程中，始终坚持依法、自愿、公开、公平原则，通过"三会票决"的形式（图15），统一群众思想，坚定信念信心。一是召开党员干部会议，对社区建设的可行性进行分析辩论，畅所欲言，集体表态，实行票决；二是召开群众代表会议，集思广益，征求意见，对是否同意建社区实行票决；三是召开党员代表、群众代表共同参加的会议，评审讨论规划，制定拆迁补偿办法，对规划和办法实行票决。使社区建设的规划方案和拆迁补偿办法，从老百姓中来，又回到老百姓中，反复酝酿，总体让利于老百姓，做到和谐拆迁，妥善安置，实实在在地把社区建设变成老百姓共同的事情，充分调动了群众参与社区建设的积极性和主动性。

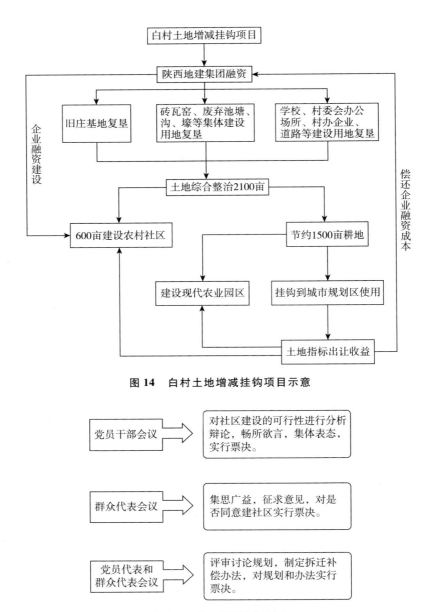

图 14　白村土地增减挂钩项目示意

党员干部会议　→　对社区建设的可行性进行分析辩论，畅所欲言，集体表态，实行票决。

群众代表会议　→　集思广益，征求意见，对是否同意建社区实行票决。

党员代表和群众代表会议　→　评审讨论规划，制定拆迁补偿办法，对规划和办法实行票决。

图 15　"三会票决"制度

　　五是整合项目资金。在社区建设过程中，依托社区建设规划，对土地增减挂钩指标收益、基础设施专项资金、产业发展扶持资金、公共服务配套项目资金、银行"农村农民集中居住"扶持贷款资金、农村贫困户搬迁扶贫资金、村民自筹和集体经济收益部分贴补资金等项目资金进行有效整合，按照社区建设规划，集中管理、集中投放，保障项目资金在社区建设中效益最大化。

六是争取各方支持。省市领导先后多次到白村指导工作，庄长兴副省长亲自现场办公，省发改委、国土、财政、农业等部门在项目资金和政策上给予了大力支持。咸阳市委、市政府专门安排市财政落实1000万元启动资金，咸阳市城乡一体化办公室连续三年落实150万元以奖代补资金，市委、市政府主要领导、分管领导定期深入社区解决问题。礼泉县委、县政府专门成立建设领导小组现场指导。省地建集团加快实施土地指标增减挂钩落实资金，成立项目部进驻现场；陕建集团成立精干队伍全力加快工程进度，确保新社区筹建工作全面展开。

# 四　主要成效

白村新型农村社区在边探索、边建设、边完善、边规范中逐步走上正轨，尽管在两年多的探索实践中取得的成效只是初步的，甚至还存在一些争议，但在全面深化农村改革的新常态下审视白村新型农村社区，其在许多方面取得的突破依然值得肯定。

一是优化了村庄建设布局。建设新社区是对传统村庄建设的一次深刻革命，既运用城市的方式改造农村，使社区功能达到城市的标准，又传承了农耕文化，使农村的田园风光得到延续和升华；既解决了城镇化加速推进过程中空心村、空庄基等问题，又使农村居民的房屋、集体收益分配权得到了保障；既遏制了村庄无序开发、无序建设的势头，又体现了关中民居的建筑风貌，使传统与现代、历史与现实有机结合，达到村庄建设既治标更治本的效果。

二是拓宽了农民增收渠道。通过社会身份、经济身份、职业身份的分离，社区居民的收入来源更加多元化。通过建设现代农业园区，产业化水平不断提升，社区居民可务工、可经营、可管理，经营性收入有基础；通过发展乡村旅游、电子商务、观光农业等新业态，社区居民可创业当老板，工资性收入有来源；通过产权改革和搭建土地交易平台，房屋和承包地可入股、可流转、可分红，财产性收入有依靠；通过社会化大服务，惠农强农富农政策惠及千家万户，转移性收入有保障。

三是加速了农民职业分工。通过创办农民技术培训中心、土地银行、村镇银行、农业开发有限公司等服务平台，促使城乡土地、信息、人才、资金、项目等资源要素进一步融合，加快农村居民职业分工，解决农村劳动力分流问题，让部分社区居民创办实体，发展微小企业，率先脱离土地；让无力种地、无心种地的农民主动将承包地参与流转，逐步退出土地经营，放心外出务工，使他们既有一份工资收入，又有一份土地收入；让想种地农民放手发展家庭农场，种养加工一体，拉长产业链，激活土地经营，培育造就一批"懂技术、会管理、善经营"的职业农民，保障农业生产后继有人。

四是转变了农业发展方式。通过园区化承载、规模化发展、科技化支撑、生态化引领、设施化配套、组织化服务、多元化推进，促进了农业增长由主要依靠土地、劳动力投入向依靠科技、投资和提高劳动者素质转变，农业经营由分散的家庭经营向专业园区、家庭农场经营转变，农业功能由以农产品生产为主向提供产品、休闲观光、生态改善等功能并重转变，极大地提升了现代农业发展水平。

五是推进了土地集约利用。新社区集中连片进行规划建设，有效改变了长期以来存在的建房点多面广等状况，彻底解决了"空心村""空庄基"问题，做到科学合理使用土地；对腾出的原旧村址进行整理复耕，增加耕地1500亩建设现代农业园区；特别是通过社区重新布局调整，原四村占地由2100亩减少到600亩，节约用地率为70%，有效地缓解了城乡用地供求矛盾，既增加了耕地保有量，更为工业化和城镇化腾出了发展空间。

六是改善了农村人居环境。通过村庄合并，组建成规划科学、布局合理、功能齐全、环境优美、管理完善的新社区，加速了城市基础设施向农村延伸，城市文明向农村传播，城市资源向农村流动。农村基础设施得到了显著改观，农村居民越来越多地享受到和城市居民基本相同的居住条件和公共服务，使广大农村居民的居住环境、生活条件、文明程度得到有效改善和提高，逐步享受和城里人一样的服务和待遇，极大地提高了农民的生活质量和幸福指数（图16）。

图16　白村社区关中小院

七是提升了公共服务水平。通过土地增减挂钩建设新社区，就是城市资本和资源加速向农村投入的过程，更是公共服务体系加速向农村覆盖的过程，农村的教育、医疗、卫生、社会保障等公共服务体系越来越健全，过去只有城市居民享有的医疗、养老等公共服务体系出现在农村，更为可贵的是医疗、卫生、教育、社会、住房等方面的公共服务差距越来越小，农村居民的补助标准不断提高，覆盖面不断扩大，社区居民真正享受到了和城市居民一样的福利待遇。

八是创新了社会管理方式。通过建设新型农村社区，新的居住模式打破了旧的村与村、组与组以及家族、宗族的传统居住格局，消除了长期以来形成的邻里矛盾、家庭矛盾，形成了"广入住、大融合，谋发展、促和谐"的新人际关系。同时，城市先进的生产管理模式有利于吸引人才、留住人才，催生对传统农业生产经营模式的改造，特别是新一代职业农民对互联网、电子商务、信息物流等先进技术的应用，正在改变着传统农业的生产管理方式，这些都是农村正在或者即将发生的深刻改变。

## 五　重要启示

白村作为关中新型农村社区建设改革试点村，不但要将新社区规划建设好，更重要的是搞好试点，总结方法，积累经验，为关中平原地区建设新型农村社区探路，提供可借鉴、可复制的成功模式。从白村的探索实践看，在关中地区建设新型农村社区，必须把握好以下几个方面。

一是建设新社区，必须要有"好"规划引领。规划是建设新社区的先导和基础。关中平原地区村庄之所以建设零乱无秩序，关键是在建筑风格、村庄布局等方面缺乏专业规划。白村新社区就是从规划抓起，由上海同济大学和陕建设计院设计团队负责社区规划设计工作，并将社区建设规划、产业发展规划、建筑设计规划、基础设施规划和公共服务规划融会贯通。无论是产业发展规划、空间布局规划，还是基础设施、公共服务等规划，都相互衔接，相互支撑，紧密配套，融为一体，既体现了科学性、超前性，更突出了系统性、整体性。特别是在住宅建筑设计方面，有效融合现代建筑元素与现代设计理念，由市城乡一体办联合市建筑设计院设计了 16 种民居建筑图样供社区选择，为建设具有浓郁关中民俗风情的新型农村社区提供了有力支撑，受到了老百姓的一致好评，更为社区建设提供了建筑样本（图 17）。白村的探索实践告诉我们，建设新型农村社区，规划就是纲领和旗帜，规划的水准决定着新社区的层次，规划的落实体现着新社区的建设成效。

二是建设新社区，必须要有"好"产业支撑。社区建设必须有产业支撑，否则就是"空中楼阁"。白村之所以能够启动新型社区建设，就是坚持产业先行，在社区启动之前，按照现代农业的发展要求，较好地完成了传统农业向现代农业的升级改造。种植业、养殖业、旅游观光、创意农业、农耕体验、电子商务、仓储物流等新产业不断涌现，大力推广欧洲樱桃、设施果蔬等新农业品种，广泛应用节水灌溉、配方施肥、生物防治等新技术，龙头企业、农民合作社、种养大户等新型经营主体不断壮大，农业产业化水平走在关中地区前列。2015 年，社区居民人均纯收入突破 15000 元，远远高于关中地区农民的人均纯收入。正是产业化水平的不断提升，夯实了群众增收致富的产业基础，更为群众共同建设新社区提供了有力的产业支撑。

三是建设新社区，必须要有"好"政策保障。建设新型农村社区，涉及产业发展、公共服务、基础设施、住房保障、生态治理、精神文明等方方面面，是一项庞大而复杂的系统工程，必须靠好政策扶持、好机制引导。对此，咸阳市专门制定出台《关于建设新型农村社区的实施意见》，并连续三年为示范社区每年提供50万元以奖代补资金支持新型农村社区建设。在此基础上，协助社区管委会积极向上级争取政策支持，将白村确定为全省关中新型农村社区建设改革试点村和全省土地增减挂钩试点项目区，并整合行业部门土地综合整治、旧村改造、贫困户搬迁、产业发展等项目资金，组织发改委、国土、财政、农业、民政等部门定期深入白村解决问题，多渠道、多领域争取政策和项目支持，为新社区启动建设提供了强有力的政策机制保障。

图 17  关中小院作坊街（四合院）效果

四是建设新社区，必须要有"好"模式实施。白村作为关中平原上一个典型的农业村，没有资源优势，没有区位优势，既不同于城中村、城郊村，可以资源换资金、土地换发展，可以挂靠棚户区改造和保障房政策项目；也不同于陕南、陕北及渭北旱腰带地区，可以享受扶贫开发和移民搬迁政策。建设新社区，必须找到一条符合关中特色的新型社区建设模式。经过省市县权威部门共同研讨，在充分征求群众意见的基础上，提出了"1+6"建设模式，涵盖了村庄建设、产业发展、社区管理服务、农村改革等各个方面。既顺应了新型城镇化的大趋势，又充分体现了关中民居特色，更与当前全面深化农村改革的大背景相吻合，具有鲜明的关中地域特色，不但符合白村实际，更对关中地区新型农村社区建设具有重要的借鉴和指导意义。

五是建设新社区，必须要有"好"带头人组织。新社区建设工作千头万绪，"群众看干部，干部看支部，支部看支书"。动员和引导老百姓共同建设新社区，关键在支部书记这个领路人。白村新型社区党委书记李朝鲜同志在基层摸爬滚打几十年，既是全国人大代表，更是致富带头人，在老百姓中口碑好、威信高。在建设新社区上，以"不怕磨破嘴，不怕跑断腿，不怕操碎心"的担当精神，在筹划建设新社区过程中，积极向上争取支持，向下发动群众，对内抓好管理，对外统筹协调，殚精竭虑，身先士卒，亲力亲为，做给群众看，带着群众干，以此来感染群众、影响群众、发动群众，以干部作为带动群众有为，使白村新型社区建设逐步走上了正轨。白村的实践启示我们，在关中平原建设新型农村社区，支部书记必须发挥好领头雁的作用，勇于担当，敢于突破，带领广大群众共同建设好幸福生活的美丽家园。

# 第五部分

# 论农村养老

# 农村养老：困境分析、模式选择与策略构想*

**摘　要**：习近平总书记指出："有效应对我国人口老龄化，事关国家发展全局，事关亿万百姓福祉。"城乡倒置、未富先老、未备先老是我国人口老龄化的基本形势。农村养老问题已引起党和政府以及社会各界的高度关注。本文通过对农村养老的现实背景和制度背景的分析，指出造成农村养老困境的根源是传统观念弱化、家庭责任转化、经营方式固化和农村产权异化，并深入探析了农村家庭养老、社区养老、制度养老、机构养老四种模式的内涵、存在的问题及发展对策，提出了农村养老宜采取以家庭养老为基础、社区养老为依托、制度养老为支撑、机构养老为补充的多元化养老模式，策略选择上从权宜性、过渡性与长久性的目标考虑，宜分别采取短期、中期和长期三步走的发展路径。

**关键词**：农村；养老；模式；策略

习近平总书记对加强老龄工作做出重要指示："有效应对我国人口老龄化，事关国家发展全局，事关亿万百姓福祉。要立足当前、着眼长远，加强顶层设计，完善生育、就业、养老等重大政策和制度，做到及时应对、科学应对、综合应对。此事要提上重要议事日程，'十三五'期间要抓好部署、落实。"党中央、国务院历来高度重视"三农"问题，农民问题是"三

---

＊　本文曾发表于《农业经济问题》2016 年第 10 期。

农"问题的核心，而农村养老问题可以说是农村社会问题的核心。农村养老问题关系到几代人的福祉，直接影响农村社会秩序稳定和经济发展。本课题通过对农村养老模式的研究，力图对农村养老提出决策建议，为全面建成小康社会奠定基础。

# 一　背景分析

## （一）现实背景

### 1. 形势严峻

根据1956年联合国《人口老龄化及其社会经济后果》确定的划分标准，当一个国家或地区65岁及以上老年人口数量占总人口比例超过7%时，则意味着这个国家或地区进入老龄化社会。1982年维也纳老龄问题世界大会确定了另一个标准，60岁及以上老年人口占总人口比例超过10%，意味着这个国家或地区进入了老龄化社会。

表1　2000—2015年中国老龄化人口情况对比

| 年龄 | 2000年 | | 2010年 | | 2011年 | | 2012年 | | 2013年 | | 2014年 | | 2015年 | |
|---|---|---|---|---|---|---|---|---|---|---|---|---|---|---|
| | 人口数（亿） | 占总人口比重（%） | 人口数（亿） | 占总人口比重（%） | 人口数（亿） | 占总人口比重（%） | 人口数（亿） | 占总人口比重（%） | 人口数（亿） | 占总人口比重（%） | 人口数（亿） | 占总人口比重（%） | 人口数（亿） | 占总人口比重（%） |
| 60岁及以上 | 1.30 | 10.33 | 1.776 | 13.26 | 1.85 | 13.70 | 1.94 | 14.30 | 2.024 | 14.90 | 2.124 | 15.50 | 2.22 | 16.10 |
| 65岁及以上 | 0.88 | 6.96 | 1.188 | 8.87 | 1.23 | 9.10 | 1.27 | 9.40 | 1.316 | 9.70 | 1.376 | 10.10 | 1.44 | 10.50 |

资料来源：根据《中国国民经济与社会发展统计公报》（2010—2015）数据整理。

从表1可以看出，2000年，我国60岁及以上老年人口比重达10.33%，65岁及以上人口比重达6.96%，已经进入老龄化社会。仅隔10年，到2010年，我国60岁及以上老年人口比重达13.26%，65岁及以上人口比重达8.87%，比2000年分别上升了2.93和1.91个百分点，表明我国人口老龄化程度进一步加剧。到 2015 年，我国 60 岁及以上老年人口已达 2.22 亿，占总人口的 16.1%，比 2010 年增长了 2.84 个百分点；65 岁及以上人口达 1.44 亿，占总人口的 10.5%，比 2010 年增长 1.63 个百分点，人口老龄化处于快跑阶段。

### 2. 人口老龄化的"城乡倒置"

**表 2　2010 年全国分城乡人口老龄化现状**

| 地区 | 年龄 | 人口数（万人） | 占总人口比例（%） |
|---|---|---|---|
| 全国 | 60 岁及以上 | 17765 | 13.26 |
| | 65 岁及以上 | 11883 | 8.87 |
| 城市 | 60 岁及以上 | 4631 | 11.47 |
| | 65 岁及以上 | 3102 | 7.68 |
| 镇 | 60 岁及以上 | 3198 | 12.01 |
| | 65 岁及以上 | 2124 | 7.98 |
| 乡村 | 60 岁及以上 | 9930 | 14.98 |
| | 65 岁及以上 | 6667 | 10.06 |

资料来源：根据中国 2010 年人口普查资料数据整理。

发达国家人口老龄化历程表明，城市人口老龄化水平一般高于农村，我国则截然相反，人口老龄化呈"城乡倒置"现象。从表 2 可以看出，2010 年，我国乡村 60 岁及以上人口达 9930 万人，占 55.9%，是乡村人口数的 14.98%，其中 65 岁及以上老年人口达到 6667 万人，占乡村总人口数的 10.06%，分别高于城市 3.51 个百分点和 2.38 个百分点。鉴于 1960 年至 1980 年，中国人口的高出生率，未来 20 年，我国农村老年人口将依然呈快速增长趋势。

### 3. 未富先老

从人口老龄化与经济社会发展水平的国家坐标和国际坐标来看，中国人口老龄化的典型特征就是"未富先老"，而这一点在农村地区更为凸显。发达国家进入老龄化社会时人均 GDP 一般都在 5000—10000 美元，2000 年我国进入老龄化社会时，人均 GDP 仅 856 美元，当年农民人均纯收入 2253 元，按当年价折算仅 268 美元。

表3  2000 年至 2015 年城乡居民收入比变化情况

| 农民 | 农民人均纯收入（元） | 城镇居民可支配收入（元） | 城乡绝对差距（元） | 城乡收入比 |
|---|---|---|---|---|
| 2000 | 2253 | 6280 | 4027 | 2.79∶1 |
| 2010 | 5919 | 19109 | 13190 | 3.23∶1 |
| 2011 | 6977 | 21810 | 14833 | 3.13∶1 |
| 2012 | 7917 | 24565 | 16648 | 3.10∶1 |
| 2013 | 8896 | 26955 | 18059 | 3.03∶1 |
| 2014 | 9892 | 28844 | 18952 | 2.92∶1 |
| 2015 | 11422 | 31195 | 19773 | 2.73∶1 |

资料来源：根据《中国统计年鉴》数据整理（2000—2016）。

从表 3 可以看出，从 2000 年到 2015 年，我国城乡居民收入差距不断拉大，近五年虽然城乡收入比有所缩小，但绝对值仍呈不断扩大趋势。在城乡居民收入差距难以根本扭转的情况下，农村经济发展应对人口老龄化的物质能力比较薄弱，未富先老使得农村的养老状况不容乐观。

**4. "三化"现象叠加**

一是"少子化"。根据人口学统计标准，一个社会 0—14 岁人口占比 15%—18% 为"严重少子化"。第六次全国人口普查数据表明，2010 年我国 0—14 岁人口为 2.2 亿，约占全国人口的 16.6%，已经进入了"严重少子化"阶段。1980 年以后农村实行严格的计划生育政策，出生率大幅下降。与 2000 年相比，2010 年我国 0—14 岁人口比重下降 6.29 个百分点，60 岁及以上人口的比重上升 2.93 个百分点。（中国 2010 年人口普查资料，2012）

二是"高龄化"，即 80 岁以上的老年人口比例占 60 岁及以上人口的比例显著增高。2010 年，我国农村 80 岁以上老年人口已高达 1195 万，占农村总人口的 1.8%，比 2000 年提高了 0.61 个百分点。与高龄化相伴出现的是养老的三大棘手问题：贫困，疾病，失能。一个人在 80 岁以后失能进展非常快，面临多种疾病威胁以及养老金可能入不敷出的窘境。

三是"空巢化"。随着人口老龄化进程的加快，农民工向城镇有序转移，但是老年人口难以随子女迁移城镇，老人村的现象越来越普遍，在条件落后的中西部地区，这种现象更为突出，有些地方甚至陷入活力不在的严峻局面。

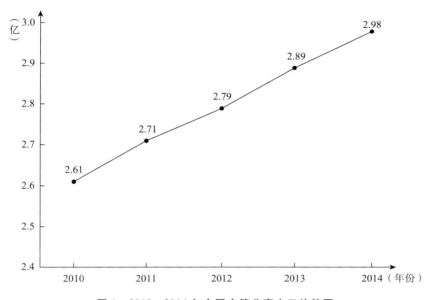

**图1　2010—2014年全国户籍分离人口趋势图**

资料来源：根据中国2015年国民经济和社会发展统计公报数据整理（2015）。

从图1可以看出，2010年至2014年五年间，全国户籍分离的人数从2.61亿增加到2.98亿，增加了3700万人，这2.98亿人大部分是农村的青壮年，留下了大量的空心村、空壳户、空巢老人。（中华人民共和国2015年国民经济和社会发展统计公报，2016）由河北省钻石公益基金会发布的《河北省农村空巢老人生存状况调研报告》显示，河北省农村空巢老人（60岁以上）丧偶比例高达53.7%，独居老人数量惊人，其物质和精神生活也最为困窘；身体状况方面，50%的空巢老人都处于不健康状态；空巢老人收入水平很低，其中月收入300元以下的占68.5%，月收入不到100元的占14.8%，而且收入来源极不稳定。（河北省农村空巢老人生存状况调研报告，2016）

（二）制度背景

我国农村养老保障制度从无到有、逐步规范、渐进发展，经过了五个阶段的历史演变。

一是土地保障阶段（1949年—1956年）。农民的养老保障是建立在个体经济基础之上。这一阶段的保障模式是"土地＋家庭"，其中家庭是农村社会保障的主体，土地是最主要的保障手段。

二是集体保障阶段（1956年—1979年）。这一阶段始于农业合作化的实行。由于土地农民所有制向土地集体所有制的转变，打破了以往单一的家庭养老模式，集体养老方式在农村出现了。1956年6月30日《高级农业生产合作示范章程》的颁布成为农村集体养老保障初步发展的标志。章程明确规定了五保供养制度。1957年，在"政社合一"的人民公社制度下，人民公社支配着农村社会几乎所有资源，农户被整合到集体组织中，他们参加由生产队组织的集体生产，从生产队统一领取劳动报酬。口粮按人口平均分配，因此保障了老年人的基本生活。随后，这一与计划经济相适应、以集体经济为基础、以集体保障为主体的农村社会养老保障制度框架基本确定。

三是老农保制度保障阶段（1979年—1996年）。改革开放后，为适应计划生育政策和家庭联产承包责任制的普遍推行，国家提出建立农村社会保障制度雏形的任务，从20世纪80年代中期开始，各地积极探索建立农村社会养老保险制度（又称老农保制度）。民政部于1991年推出《县级农村社会养老保险基本方案》，明确以县为基本单位开展农村养老保险的原则，并坚持以个人缴费为主、集体补助为辅、国家政策扶持的原则，突出个人保障。1992年民政部将《县级农村社会养老保险基本方案（试行）》印发全国，在较大范围内实施了农村社会养老保险制度试点。到1997年底，我国共约2000个县市先后组织开展了农村社会养老保险，参保人员多达8000多万人（中国统计年鉴，1997）。按照"老农保"的方案，国家除出台相应政策支持外，没有给予经济支持，集体补贴也受地域、经济、环境等因素制约，作用难以发挥，还是以农民个人缴费为主，实际上就是农民自己养活自己。

四是制度调整阶段（1997年—2002年）。由于农村养老保险最初启动时正处于经济周期的高通胀阶段，导致承诺的计息标准和增值收益偏高。1997年国务院叫停农村社会养老保险制度。1999年，国务院颁布了《社会保险费征缴暂行条例》，该条例规范了社会保险费的征缴内容。同年，《国务院批转整顿保险业工作小组〈保险业整顿与改革方案〉的通知》明确指出：目前我国广大农村地区还不具备普遍实施社会养老保险的条件，因此，国务院要求对农村社会养老保险进行系统的清理，有条件的可以将农村社会养老保险过渡到商业保险的范畴。于是，在城镇社会养老保险制度不断完善的同时，农村社会养老保险制度处于整体停滞状态，城乡社会养老保险差距越来越大。

五是完善发展阶段（2002年至今）。2002年，党的十六大召开，会议明确提出：应该在有条件的地方建立农村养老制度。2003年，劳动部门和社会保障部门联合发布了《关于当前做好农村社会养老保险工作的通知》。在政府一系列政策的推动下，北京、山东、上海、浙江、江苏、广东等发达地区和安徽、山西等中西部地区部分县市开始探索建立新型农村社会养老保险制度（又称地方新农保制度），探索出浙江模式、苏南模式、北京模式、广东模式等不同发展模式，为新型农村社会养老保险制度的建设提供了宝贵的经验。2009年9月，国务院出台了《国务院关于开展新型农村社会养老保险试点的指导意见》，确立了国家新农保制度的基本框架。同时实行社会统筹与个人账户相结合，与家庭养老、土地保障、社会救助等其他社会保障政策措施相配套，保障农村老年居民的基本生活。2012年7月1日新农保制度正式在全国全面推开。2014年2月，国务院出台了《关于建立统一的城乡居民基本养老保险制度的意见》（国发〔2014〕8号），国务院决定，将新农保和城居保两项制度合并实施，在全国范围内建立统一的城乡居民基本养老保险制度。

**图2　农村社会保障制度演进示意图**

从图2我国农村社保制度的演变来看，我国农村养老保险制度确立的基本原则是：保障水平上要与农村生产力发展和各方面的承受相适应；保障方式上农村社会养老要与家庭赡养、土地保障以及社会救济等方面相结合；权利与义务相对等。由于我国大多数农村地区经济与社会发展缺乏相应的协调，特别是城市化进程滞后，建立完善的农村社会保障制度工作依然十分艰巨。

# 二 困境根源

## （一）传统观念弱化

"孝"文化是中华民族的重要精神财富，尊老、敬老、爱老是中华民族的优良传统。我国传统农村家庭养老的突出特点是以孝养老，传统孝道作为伦理道德准则和行为规范，在我国传统家庭养老中起着规范和约束作用，成为调节代际关系的基本准则。儒家伦理是："孝为百行之冠，众善之始，是天之经也，地之义也，民之行也，德之本也"（《孝经》）。改革开放后，随着市场经济的发展和社会转型，核心家庭的增加、代际居住方式的变化、价值观的转变、人口的流动迁移都对孝文化在农村的传承提出挑战，尊老爱幼、孝敬父母、奉献爱心等这些中华民族的传统美德在广大农村有所淡化。在很多农村地区孝文化缺失现象普遍，吃得最差的是老人，穿得最差的是老人，小、矮、偏、旧房里住的是老人，在地里带病干活还要照看孙辈的也是老人。此外，不履行赡养父母义务、婆媳关系不和等不良现象也普遍存在。

我国农村传统孝道观念弱化的影响因素包括以下几种（见图3）：一是社会转型因素。计划经济体制向市场经济体制转变的过程中，市场观念、效率观念、利益观念等对孝道观念的冲击。二是家庭结构因素。家庭结构小型化，家庭结构从原来多个子女抚养两个老人向"4－2－1"结构转变。三是代际居住方式因素。家庭居住方式分散化，从复合式家庭居住向分户居住转变。四是价值观因素。从尊老爱幼向"重幼轻老"转变。五是收入方式因素。收入方式从单一化向多元化转变，从传统种植收入为主向务工收入为主转变。由于上述因素的影响，加之孝道教育的缺位，实用主义、金钱至上的思想渗透到家庭生活中，家庭由往昔的以"孝"为本转为以子女为中心，出现了代际重心向下倾斜的"重幼轻老"现象。血缘关系淡化，人们更倾向选择的人际关系是爱人、同事、朋友等，而对非个人选择的血缘关系，如父母、兄弟姊妹持淡化态度，这就带来了家庭伦理道德的日趋淡薄，影响了家庭关系的和谐，不利于营造敬老的社会氛围，影响农村养老的质量，损害了农村的道德风貌。

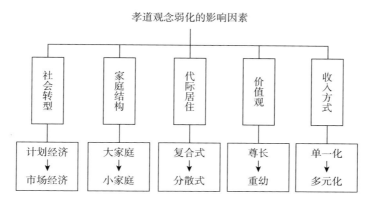

**图3　孝道观念弱化的影响因素**

## （二）家庭责任转化

《中华人民共和国老年人权益保障法》第十五条至第十九条，对家庭中子女的赡养责任做了明确规定："使患病的老年人及时得到治疗和护理；对经济困难的老年人，应当提供医疗费用；对生活不能自理的老年人，应当承担照料责任；应当妥善安排老年人的住房，不得强迫老年人居住或者迁居条件低劣的房屋，老年人自有的住房，赡养人有维修的义务；有义务耕种或者委托他人耕种老年人承包的田地，照管或者委托他人照管老年人的林木和牲畜等，收益归老年人所有；应当关心老年人的精神需求，不得忽视、冷落老年人。"现实情况是，随着我国城市化和工业化进程不断加快，农村劳动力大规模向城市转移，出现了庞大的农民工阶层，2014年全国农民工总量达到27395万人（人民网，2015年05月28日）。子女外出务工，必然导致农村留守老人在日常生活照料中子女角色的缺位。同时，许多原本由子女承担的责任都转嫁到了留守老人身上，导致很多留守老人的生活处境堪忧。一是农业生产责任。当前农村劳动力主要是由"386199部队"组成，60岁以上的农村老人仍然是农业生产的主要承担者。二是家庭生活责任。农村中的绝大多数年轻劳动力在外务工，老年人重新担负起家庭生活的重任，自我承担一日三餐等家务劳动。有关数据显示："我国农村老年人生活中存在困难的项目有：去医院看病占34.3%、买菜占12.5%、购买生活用品占 18.7%、洗衣服占 17.1%、打扫卫生占 13.9%"（新华网，新华养老，2015 年 12 月 01 日）。这都是以前普通家庭儿女承担的责任，但如今却变成老年人生活中的困难项目。三是隔代监护责任。老人每天在劳作之余，还要照料留守在家的孙辈的日常起居，监督孙辈们的学习，应对孩子成长过程中的突发事件，部分留守老人还需要负担孙辈的抚养和教育费用，出现代际经济的逆向流动，加重了老人的经济负担，孙辈的管教、安全等也会增加留守老人的心理压力。据中致社会发展促进中心发布的《乡村幼儿园留守儿童发展支持调研报告》，受访乡村幼儿园中，留守儿童接近一半，近六成留守儿童父母均外出，隔代监护抚养成为当前最普遍的情形。八成以上父母与留守儿童的沟通情况一般或者较差，甚至是差（任珊、孙雪梅，2015）。隔代监护既加重了农村老人的负担，也对农村留守儿童的健康成长带来不利影响。

### （三）经营方式固化

农业的经营方式决定着农民的生产、生活方式。20 世纪 80 年代初开始实行的家庭联产承包责任制是我国农业的基本经营制度，其显著特点是"集体所有、分户经营"。在当时，这种一家一户的经营方式是与当时我国低下的农村生产力发展水平相适应的，因而在调动农民的生产积极性、解决农民的温饱问题上取得了显著的效果。但随着改革开放的不断深入以及市场经济的确立与慢慢成熟，这一经营方式明显已不适应生产力快速发展的需要。一是分户经营的方式将我国农村土地按现有人口平均分配，把整块土地分割成许多小块分户经营，田埂、沟堰浪费了不少耕地。二是分户经营使农民还在使用传统手工劳动工具，农业劳动力难以从繁重的体力劳动中解放出来，农业机械化难以实现。三是分户经营使我国农业生产长期滞留在半自给自足的自然经济阶段，导致农产品成本过高，缺乏市场竞争力，经济效率低下。更重要的是，分户经营使土地不能大规模流转，规模经营难以实现，将农民禁锢在土地上，难以解放出来。30 年一贯制的经营方式使我国农业成为效益低下的产业，大批青壮年劳力外出，农村老人成为务农的主角，老牛拉旧车，抱着"种田糊口、种粮无赚"的思想对待农业生产。家庭联产承包责任制已经不适合我国农村经济发展的需要，只有把大多数农民从土地上解放出来，才能从根本上解决我国农村的经济落后和贫困问题；只有实现农业的集约经营和规模经营，农业才有可能发展成为现代化产业；只有实现农业现代化，农民的生活方式才能发生深刻变革，农村老人才有选择多种方式养老的可能。2014 年 11 月，中共中央办公厅、国务院办公厅印发的《关于引导农村土地承包经营权有序流转发展农业适度规模经营的意见》提出："要在坚持农村土地集体所有的前提下，促使承包权和经营权分离，形成所有权、承包权、经营权三权分置，经营权流转的格局。""三权分置"是引导土地有序流转的重要基础，既可以适应二、三产业快速发展的需要，让农村劳动力放心转移就业、放心流转土地，又能够促进土地规模经营的形成。文件同时提出"构建新型农业经营体系，大力培育专业大户、家庭农场、专业合作社等新型农业经营主体"。这些都为把农民从土地上解放出来提供了可能。

（四）农村产权异化

产权是财产权利的简称，是指法定财产主体对财产的各种权能的总和，包括占有、使用、收益和处置等权利。产权的基础和核心是财产所有权。可交易性是产权的基本属性。马克思认为，产权关系是商品交换赖以发生的前提，商品交换的当事人彼此承认对方的财产权利才可能发生交换行为（《马克思、恩格斯全集》第 48 卷，第 161 页）。农民的土地产权主要是宅基地和承包地，而宅基地和承包地的所有权都属于集体，农民只有使用权。虽然《物权法》赋予了宅基地和承包地使用权的用益物权性质，但仍存在制度缺陷：一是土地承包经营权性质定位模糊。2007 年 3 月通过的《物权法》虽然明确了土地承包经营权的用益物权属性，但是，土地承包经营权流转过程中必须经发包方同意和备案的规定，与物权原理相悖。二是宅基地使用权不完整。"集体所有，农民使用，一宅两制，一户一宅，福利分配，免费使用，无偿回收，限制流转，不得抵押，严禁开发"是我国农村宅基地产权制度的主要特征。由于上述原因，作为承载着社会保障功能的土地，农民没有被赋予转包、租赁、抵押、转让等权利，土地等资源要素不能进行市场配置因而不能在市场上自由流动，农民以土地作为生活保障的权益不能体现。由于农村土地产权的异化，使土地作为农民养老保障的基本依托成为一句空话，而且造成了目前农村大量的空心村、空宅基和耕地撂荒的资源浪费现象。现行农村保障制度的缺失催生了农村土地制度的社会保障功能。土地养老本质上是农民无法享受社会保障的情况下土地的社会功能对社会保障的一种强制替代，是农民没有选择的选择。

# 三　模式构建

## （一）农村家庭养老

### 1. 农村家庭养老的内涵

家庭养老是主要的养老方式，也是最基本、最重要的养老制度之一。对家庭养老的界定主要有三个层次：家庭养老是建立在血缘关系基础上的亲情养老；家庭养老是一种旨在解决养老问题的具体方式；家庭养老是家庭或家庭成员支持的养老。家庭养老作为中国社会的一种优良传统，是以家庭为核心，以子女为载体，以老年人年老体弱、失去劳动能力后享受天伦之乐为目标的一种养老模式，内容包括经济供养、生活照料、精神慰藉三大方面。对不同时期不同老年群体不同赡养群体来说，家庭养老的侧重点不同。传统的家庭养老作为一种维系社会稳定和代际情感交流的纽带，亘古千年，它与西方的"接力"循环模式不同，是一种"反哺"循环方式，即父母抚养子女，子女成人后赡养父母。

家庭养老具有现实必要性。一是家庭养老是现阶段农村生产力发展水平的必然要求。我国目前仍处于社会主义初级阶段，是在经济文化尚不发达的条件下，是在工业化完成前、基本没有社会保障积累、人们还来不及反应的情况下就"跃"进老龄化社会。众多的农村老龄人口对养老的巨大需求与政府和社会对农村养老资源供给有限的矛盾还将长期存在。因此，在社会保障替代水平极低的情况下，家庭养老仍然是农村人口最主要的老年生活保障方式。二是敬老文化使我国家庭养老特征既注重物质赡养又注重精神慰藉。孔子说："今之孝者，是谓能养。至于犬马，皆能有养，不敬，何以别乎？"要求子女们敬重老人，尊重老人，在精神上给老人以安慰。敬老文化将崇老观念赋予家庭养老，因而使家庭养老行为转变为社会行为，短期行为转变为世代相继的行为，随意性行为转变为规范性行为。养老不再是人们的一种重负，而是一种社会美德（杨清哲，2013）。西方的经验是，家庭结构一旦被破坏了，要想再恢复那几乎是不可能。如果养老的社会保障和服务机构没有发展起来，又把传统家庭结构破坏了，那么必将发生一场悲剧。

家庭养老又被称为居家养老，但二者内涵又有不同。本人认为，家庭养老有两个阶段，一个是传统家庭养老，一个是现代居家养老。现代居家养老是传统家庭养老的高级阶段。传统家庭养老具有农业社会的特点，其支持系统依靠血缘关系，责任主体为家庭或宗亲。从传统家庭养老服务走向现代居家养老服务，既是工业化与城镇化发展的结果，也是应对人口老龄化和家庭核心化的必然要求。现代居家养老导源于工业化，其支持系统为社会关系，责任主体包括家庭＋社会与政府。

### 2. 农村家庭养老的困境

农村家庭养老面临着"两个枷锁""两个不足"。人口老龄化和家庭小型化是加重家庭养老负担的"两个枷锁"，农村人口老龄化、高龄化，家庭结构小型化使人口的赡养与抚养结构呈现为"倒三角"的"四二一"，使得农村家庭养老不堪重负。社会养老、土地养老作为农村养老保障的两个外辅支持不足。"未富先老""未备先老"的情况下迎来了人口老龄化，以家庭养老为主要模式的养老制度正面临着深刻的资源危机。随着农村社会结构和文化的变迁，家庭养老制度面临着传统的支持性资源逐步萎缩、流失，新的替代性资源又未能有效形成的困境：主要表现在家庭养老的制度基础（父辈对财产等资源的控制地位被认为是其交换子孙赡养的主要制度基础）已经改变、家庭养老的支持性文化（孝道观念）正在衰落、人口流动背景下的老人照料资源短缺和血缘关系弱化（农民工"市民化""公民化"）、养老行为的规范资源（主要有法律、社区行政组织、宗族制度和公共舆论）消失或功能减弱、新的制度资源开始进入但是远远不足（唐灿、马春华、石金群等，2008）。

### 2. 农村家庭养老的对策建议

一是以"孝道"文化为魂。大力提倡社会主义孝道文化是转型期社会的客观需要，它不单单要解决个别家庭问题，而是要解决具有普遍性的社会问题，既有现实意义，又有长远意义。对于家庭来说，孝敬父母，代际之间的互帮互助，有利于建立良好、和谐的家庭关系。家庭关系是社会关系的细胞，良好的家庭关系有利于社会和谐。

二是以法律法规为绳。《中华人民共和国老年人权益保障法》明确规定，"老年人养老以居家为基础，家庭成员应当尊重、关心和照料老年人"，"赡养人是指老年人的子女以及其他依法负有赡养义务的人"。这些规定表明，家庭养老是国家政策和法律规定的法定义务，公民必须无条件履行。加强养老立法，建立和完善法规体系，维护老年人合法权益，是保障农民家庭养老的最为有效的措施。要尽快制定全国性的保护老年人合法权益的法规及实施细则。对一些不愿意赡养、虐待老人及有赡养争议的家庭要签订赡养协议书，实施《赡养协议公证细则》。可以仿效新加坡在1994年8月推出的《赡养父母法》，对违法的家庭和个人给予相应的处罚。

三是以创新方式为本。新型家庭养老面临着农民生产、生活方式的重大变革，因此，家庭养老也要适应这一变革。本文在此仅提出要创新家庭的概念，扩大家庭的内涵。中共中央办公厅、国务院办公厅印发的《深化农村改革综合性实施方案》（2015）提出，加快培育家庭农场、专业大户、农民合作社、农业产业化龙头企业等新型农业经营主体，解决谁来种地的问题。农业经营主体从农民家庭经营向家庭农场、专业大户、农民合作社、农业产业化龙头企业转变是发展现代农业的本质要求。因此，家庭养老也应顺应这一变化，探索养老主体从家庭向家庭农场等新型经营主体转变的新模式。

## （二）农村社区养老

### 1. 农村社区养老的内涵

"社区"一词源自于拉丁文，最早出现在1887年德国社会学家滕尼斯发表的《社区与社会》（Gemeinschaft and Gesellschaft）一书中，他认为"社区"是由有血缘关系的人组成的关系亲密、相互帮助、富有人情味的社会群体。早期美国芝加哥学派的代表人物罗伯特·帕克将"社区"内涵界定为：一定地域有组织的人口；多少完全根植于它所占领的土地；个人生活在互相依赖的关系里。

2003 年 10 月，党的十六届三中全会在《关于完善社会主义市场经济体制若干问题的决定》中，第一次使用了"农村社区"概念。2006 年 10 月，党的十六届六中全会做出了"积极推进农村社区建设，健全新型社区管理和服务体制，把社区建设成为管理有序、服务完善、文明祥和的社会生活共同体"的部署，指明了农村社区建设的目标模式。"新型农村社区"的正式提出源于国务院 2011 年 9 月 29 日发布的《关于支持河南省加快建设中原经济区的指导意见》，要求"按照规划先行、就业为本、量力而行、群众自愿原则，积极稳妥开展新型农村社区"。根据各地实践，笔者将"新型农村社区"界定为，打破原有的村庄界限，把两个或两个以上的自然村或行政村，经过统一规划，按照统一要求，在一定的期限内搬迁合并，统一建设新的居民住房和服务设施，统一规划和调整产业布局，组建成新的农民生产生活共同体，形成农村新的居住模式、服务管理模式和产业格局。它不再是传统意义上的农村，具备教育、医疗、产业、就业、社区服务等基本功能，但又不同于城市社区，具有典型的农村民居特点。

农村社区养老是指以村委会或社区居民委员会为组织依托，以村落、村庄或新型农村社区为载体，充分利用政府、社区、家庭、个人等各方资源，为农村老年人提供衣食住行上的方便以及生活照料、医疗护理、心理保健、文化教育、体育娱乐、法律咨询等服务，使他们在熟悉的环境中得到帮助和照顾。它是对传统家庭养老的一种传承与改进，也利于农村老年人的自养和互助。可以弥补传统家庭养老、机构养老的不足，使老年人体会到村集体或社区组织的关怀和精神满足感，使其能够安享晚年。

社区养老绝不是机构养老。民政部于 2013 年颁布的《养老机构设立许可办法》第三十条规定："城乡社区日间照料和互助型养老场所等不适用本办法"。社区养老固然需要社区养老设施，但这些设施与机构养老不同，它是公共服务设施，不是具有法人资格的养老机构。社区养老为居家养老提供必要的依托和辅助，是为了更好地实现居家养老的效果；而机构养老则是在居家养老和社区养老无效时不得已而选择的养老方式。居家养老与社区养老可以满足能够自理和部分失能的绝大部分老年人群的养老需求。机构养老对象目前主要为完全失能或者年迈的孤寡者等少数老年群体。

农村社区养老模式具有以下特点：一是人性化。受传统伦理观念影响，农村老年人更愿意在自己熟悉的环境中养老。而社区养老是家庭养老的延伸，没有改变老年人的生活环境和人文背景，老年人既能充分享受社区提供的服务，又不脱离温馨的家庭环境和熟悉的社区环境，既能享受与家人在一起的天伦之乐，又能享受与邻居在一起的邻里之情。另外，随着年龄的增长，老年人适应社会、进行正常生活的能力逐渐降低，相比而言，在自己熟悉的社区环境中养老更易让老年人接受。二是地域化。地域的特殊性决定了各地区养老需求的不同，农村社区能够深入了解当地老年人的需求，按需灵活化养老。同时，农村社区内的成员之间都是相互了解的，因此对困境中的老人的保障和救助也十分直接和快捷。三是互助化。在中国的传统观念中，存在着"出入相友，守望相助、疾病相扶"的互助风气。在熟人社区中，社区文化及"集体意识"和"集体良心"为农村社区养老服务提供了道德支持，通过一些自发的互助互帮活动得以体现。

### 2. 农村社区养老的困境

一是政府主导作用及财政投入不足。社区养老属于公共服务，是公益事业、是民心工程，政府应发挥主导作用：一方面体现在政府为支持农村社区养老服务的发展出台一系列的社会福利法规政策，同时引导非营利机构、组织志愿者开展社区养老工作；另一方面表现为政府应持续加大对农村社区养老的财政投入，为农村社区养老的发展建设提供资金支持。但就目前看来，这两方面都做得不够。财政资金的缺乏导致农村社区的设施更新及维护受到影响，养老服务供给不足，老年人无法得到更好的养老保障。

二是农村社区养老相关法律制度不完善。关于农村社区养老，到目前我国还没有一部专门的法律法规。关于社区建设的法规制度相对滞后，有关农村社区养老的则没有。相关法律制度的缺失使得农村社区养老缺乏规范，无章可循、无法可依，使农民对社区养老缺乏信任。

三是农村社区养老缺乏良好的管理监督机制。各地区都在各自摸索，大多由于管理不善，达不到预期的效果。同时，由于缺乏相应的奖惩机制，农村社区养老处于一种得之我幸、失之我命的状态。

### 3. 农村社区养老的对策建议

一是做到"两个加大"：加大财政资金投入与社区养老设施建设力度。要切实落实党中央、国务院关于实现城乡基本公共服务均等化的要求，各级政府应有计划地推进农村社区养老服务事业，加大政策投入和资金投入，借鉴城市社区养老服务中的好经验好做法，支持和推动农村社区养老扶助计划，建立符合农村社区特殊要求的老年服务中心，建立集休闲娱乐与生活照料为一体的老年之家。大力推动专业化的老年医疗卫生、康复护理、文体娱乐、老年教育等服务项目的开展，构建农村社区养老服务网络，为老年人提供就近就便的多种服务。2013 年国务院《关于加快发展养老服务业的若干意见》提出，"凡新建城区和新建居住（小）区，要按照人均用地不少于 0.1 平方米的标准配套建设养老服务设施，与住宅同步规划、建设、验收和交付使用；老城区和已建成的居住（小）区，要限期通过购置、置换、租赁等方式开辟养老服务设施"。农村社区应该比照执行。

二是发挥"三个主体"作用：政府的主导作用、村委会或社区居委会的组织作用、非营利组织的参与作用。政府是农村社区养老的主导者。政府要为农村社区养老提供法规和政策支持，作为农村基层工作的重要内容，把社区养老制度纳入农村社会事业发展规划中。政府还应当制定相关的配套政策，解决社区养老与农村合作医疗制度相衔接、鼓励社会力量投资农村养老事业等方面的问题。村委会或农村社区居委会是农村社区养老的具体组织者。村委会主要职责之一就是办理本村的公共事务和公益事业，村委会的工作人员大都为本村的村民，和村民之间相知相熟。因此，只有村委会才能担负起社区养老的管理重任，动员社区内外的各种资源，为本社区的老人提供各种养老服务。非营利组织是农村社区养老的直接参与者。政府应当积极培育农村非营利组织，建立非营利机构进驻农村社区提供养老服务的准入制度，充分发挥其在经营社区养老院，开展慈善公益活动和志愿者活动等方面的积极作用，为农村社区提供多元化的养老服务，满足农村社区老人多样化的需求。

三是突出"两个重点"：在形式上突出新型农村社区养老试点；在内容上突出社区老年健康文化活动。建设新型农村社区是顺应农业现代化发展，实现农民就地城镇化的必然要求。四川、山东、陕西等地都进行了大胆试点，陕西省咸阳市更是把在新型农村社区建设社区养老机构与建设幼儿园、图书室、活动室、卫生所等一并列入社区建设要求，并进行监督考核。2015年 5 月 31 日，中共中央办公厅、国务院办公厅印发的《关于深入推进农村社区建设试点工作的指导意见》提出："健全农村'三留守'人员关爱服务体系，重点发展学前教育和养老服务，建立农村社区'三留守'人员动态信息库，扩大呼叫终端、远程监控等信息技术应用。""推进农村社区养老、助残服务，组织引导农村居民积极参加城乡居民养老保险。"加快农村社区养老试点中央有要求、农民有需求。另外，农村社区养老要突出社区老年健康文化活动这个重点。随着年龄的增长，老年人对精神层面的需求更加强烈，为老年人开展精神文化活动，有利于老年人的身心健康和农村的发展。农村社区养老应根据不同年龄段老人的特点提供多种形式的文体休闲活动，社区可以成立老年歌唱团、老年书法班、老年棋牌社等，使老年人的精神生活丰富多彩。

### （三）农村制度养老

#### 1. 农村社会养老保障制度的内涵

农村社会养老保障制度是为保障民生以及促进社会进步，国家和社会以立法为依据，由政府机关和社会团体组织实施，对农村老年人群提供的福利性的物质援助和专业服务的制度和事业的总称。农村社会养老保障制度目前有农村社会养老保险制度、社会福利养老制度、商业化养老保险制度三部分，其中以农村社会养老保险制度为主。因此，本文在此只着重探讨农村社会养老保险制度。

农村社会养老保险是指通过个人、集体、政府多方筹资，将符合条件的农村居民纳入参保范围，达到规定年龄时领取养老保障待遇，以保障农村居民年老时基本生活为目的，带有社会福利性质的一种社会保障制度。如前所述，我国农村养老保障制度先后经历了老农保制度、新农保制度、城乡居民基本养老保险制度三个阶段。新型农村社会养老保险制度是在总结完善我国20世纪90年代开展的农村社会养老保险（简称老农保）制度的基础上建立起来的一项崭新制度。新农保制度的创新主要体现在：一是实行基础养老金和个人账户养老金相结合的养老待遇计发办法，国家财政全额支付最低标准基础养老金；二是实行个人缴费、集体补助、政府补贴相结合的筹资办法，地方财政对农民缴费实行补贴。新农保制度强调了国家对农民老有所养应承担的责任，明确了政府资金投入的原则要求，这是与老农保制度仅依靠农民自我储蓄积累的最大区别。2014 年 2 月，国务院《关于建立统一的城乡居民基本养老保险制度的意见》（国发〔2014〕8 号）决定将新农保和城居保两项制度合并实施，从 2014 年 7 月 1 日起在全国范围内建立统一的城乡居民基本养老保险制度，使城乡统筹的目标初步实现（见表 4）。

表 4　新旧农村社会养老保险制度与城乡居民基本养老保险制度的比较

| | 农村社会养老保险制度 | 新型农村社会养老保险制度 | 城乡居民基本养老保险制度 |
|---|---|---|---|
| 制度模式 | 个人账户 | 社会统筹 + 个人账户 | 社会统筹 + 个人账户 |
| 筹集原则 | 个人缴纳为主，集体补助为辅，国家给予政策扶持 | 个人缴费、集体补助、政府补贴相结合 | 个人缴费、集体补助、政府补贴相结合 |
| 个人缴费 | 多缴多得 | 缴费标准：每年 100 元、200 元、300 元、400 元、500 元 5 个档次，参保人自主选择，多缴多得 | 缴费标准：每年 100 元、200 元、300 元、400 元、500 元、600 元、700 元、800 元、900 元、1000 元、1500 元、2000 元 12 个档次，参保人自主选择，多缴多得 |
| 集体补助 | 无标准 | 有条件的村集体应当对参保人缴费给予补助，补助标准由村民委员会召开村民会议民主确定 | 有条件的村集体应当对参保人缴费给予补助，补助标准由村民委员会召开村民会议民主确定 |
| 政府补贴 | 无 | 中央确定基础养老金最低标准为每人每月 55 元。地方政府应补贴标准不低于每人每年 30 元 | 中央确定基础养老金最低标准为每人每月 70 元。地方政府补贴标准不低于每人每年 30 元；500 元以上档次缴费的，补贴标准不低于每人每年 60 元 |
| 领取标准 | 根据个人账户的累计额计算，储备积累制 | 基础养老金 + 个人账户 | 基础养老金 + 个人账户 |
| 制度时间依据 | 《县级农村社会养老保险基本方案》（民办发〔1992〕2 号） | 《国务院关于开展新型农村社会养老保险试点的指导意见》国发（2009）32 号 | 《国务院关于建立统一的城乡居民基本养老保险制度的意见》国发（2014）8 号 |

### 2. 农村社会养老保障制度的困境

一是低水平问题。社会化水平低，目标人群的覆盖面窄；保障水平低，不能完全起到社会保障的作用；管理水平低，农村养老保险缺乏健全的法制化的管理和规范；认识水平低，农民思想观念不适应。根据中国人民大学老年学研究所发布的《中国老年社会追踪调查（CLASS）》报告公布的数据推算可知，城市机关事业单位离退休老人的养老金是农村社会养老保险的50倍。该报告同时指出，城市中71.93%的老年人最主要的生活来源是养老金，而农村仅有17.22%的老年人依靠养老金生活（凤凰网叶宇婷，2016）。

二是制度不适应问题。一个地区的经济发展水平通过影响地方财政、农民收入等方式影响农村社会养老保险制度的建设、改革和发展。目前的农村养老保险制度未根据农村地区经济发展水平的不同实施相应的养老保险制度；另外未能根据农村不同的群体建立不同形式的针对性较强的农村养老保险模式，如对农村留守务农人员、进城务工经商人员、在农村企业工作的职工等实施同一个模式。

三是不公平问题。由于城乡二元户籍制度导致了养老保险在城乡之间建立起点的不公平、养老资源分配的不公平、享受待遇的不公平。城市居民养老保险大部分由国家和社会承担，但是在农村，国家只拨付极其有限的资金，大部分靠农民个人承担，极大地影响了农民参保的积极性。

### 3. 农村社会养老保障制度的对策

一是明确一个目标：逐步建立城乡养老一体化制度。首先，我国农村养老保障制度建设要以城乡一体化为最高顶层设计。《中华人民共和国社会保险法》规定，要做好城镇职工基本养老保险与新型农村社会养老保险制度、城镇居民社会养老保险制度的衔接，2020年前，全面建成公平、统一、规范的城乡居民养老保险制度，与社会救助、社会福利等其他社会保障政策相配套，充分发挥家庭养老等传统保障方式的积极作用，更好地保障参保城乡居民的老年基本生活（国发〔2014〕8号）。其次，我国农村养老保障制度建设要特别注意适应我国农村人口老龄化快速发展的趋势，适应农村劳动力向城市转移的现实，适应农村养老的地区差异，适应我国现代农业发展，特别是新型农业经营主体成长，要能弥补传统家庭养老模式遭遇的新挑战。

二是新农保是农村养老保障制度的基石，要不断完善保费分摊机制，提升农民对新农保的满意度。要适度提高农村养老保障水平，随着我国经济社会的发展，特别是农村人口供养水平的提升，适度提高农民养老金的额度，切实发挥养老保障金对农民基本生活的保障。要不断完善缴费机制，在坚持国家、地方政府、农民个人缴费三方统筹的基础上，将农民个人统筹改为家庭统筹，从而提高家庭在农村养老过程中的地位和作用。

三是建立多元化农村养老保障制度。新型农村养老保障制度在长时期内会出现多种制度并存的局面，但是应尽可能地覆盖所有农业人口，与农民工养老保障制度、失地农民养老保障制度以及城镇养老保障制度一起构成一个初级社会公平的养老保障体系。农村社会养老保险应该形成传统家庭养老保险、基本社会养老保险、商业保险和个人账户储蓄型养老保险相结合的多渠道、多层次的社会养老保险体系，从根本上提高农民的抵御能力。从农村老年人面临的贫困、疾病、失能"三大风险"出发，建立养老保险、医疗保险、护理保险三大制度（见图4）。

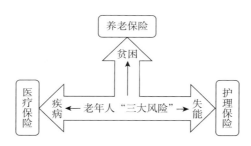

**图4 老年人"三大风险"及制度安排**

四是加大宣传，提高农民参与意识。新型农村养老保险制度的建立，意味着广大农民必须冲破传统思想、文化以及价值取向的阻滞，实现从传统的家庭养老意识向现代社会养老保险意识的根本转变。因此，要在全国普遍推行新型农村养老保险制度，需要加大新型养老保险政策的宣传，使广大农民意识到参与养老保险将给他们带来巨大收益，并且强调农村养老保险工作有国家法律法规的约束，不会损害参与者的利益。通过激发农民参保的积极性，使更多的适龄农民主动参保，为推进农村社会养老保险工作奠定良好的思想基础。

### （四）农村机构养老

#### 1. 农村机构养老的内涵

机构养老是指以养老机构为主导，为老年人提供解决日常生活困难的社会化养老服务模式。机构养老的载体是敬老院、老年公寓、托老所、老年护理院等，这些养老机构具有专业化、社会化、市场化的特征，其职能是提供专业的老年人生活照顾服务，其服务对象主要是半自理和完全不能自理的老人，也包括完全能够自理的老人。养老机构可划分为三类：自理型养老机构、助养型养老机构、养护型养老机构。财政部、国家税务总局下发的《关于老年服务机构有关税收政策问题的通知》（财税〔2000〕97号）指出，"本通知所称老年服务机构，是指专门为老年人提供生活照料、文化、护理、健身等多方面服务的福利性、非营利性的机构，主要包括：老年社会福利院、敬老院（养老院）、老年服务中心、老年公寓（含老年护理院、康复中心、托老所）等"。中华人民共和国民政部令第49号《养老机构管理办法》（2013年7月1日起施行）第二条提出："本办法所称养老机构是指依照《养老机构设立许可办法》设立并依法办理登记的为老年人提供集中居住和照料服务的机构。"从中可以看出，机构养老有两个特点：一是福利性、非营利性；二是应当取得许可并依法登记。农村养老机构是指为农村老年人提供集中居住、生活照料、康复护理、精神慰藉、文化娱乐等服务的老年人服务组织，其主要服务对象是农村失能、半失能老年人。

机构养老不等同于市场化养老。虽然机构养老在社会养老服务体系中具有支撑作用，养老服务机构在建设和运行中也具有一定的市场化性质，且市场化在一定程度上可以满足部分老年人较高水平的养老需求，但养老机构的首要和核心属性是公益性，市场化属性是其部分的和次要的属性。市场化是为了整合社会养老服务资源而采取的手段，提供质量优良、价格适度的养老服务才应是机构养老服务的根本目标。

机构养老具有以下作用和特点：一是社会化养老服务的重要载体。机构养老代表着社会化养老服务的水平，随着我国市场经济体制的不断完善，机构养老服务开始向产业化方向发展。二是专业化养老服务的重要平台。机构养老具有"四有"特征：有严格的准入门槛、有专业化的设施设备、有规范的服务流程和监管、有经验丰富的专业人才等，这是社会发展和老年人需求层次不断提高对机构养老提出的必然要求。三是扩大消费和促进就业的重要手段。随着经济社会快速发展，未来老年人群对机构养老的需求会不断增多，这将有利于刺激内需，拉动消费，创造大量的就业机会

（吴玉韶，2015）。

## 2. 农村机构养老的困境

一是农村机构养老发展面临"两大怪象"。一方面，农村高龄人口急剧增加，养老床位缺口巨大。民政部新闻发言人在 2015 年 4 月表示，全国登记在册的养老服务机构约 3.7 万个，机构、社区等养老床位约 584 万张，平均 1000 名老人仅拥有 27.5 张床位。而在西方发达国家，平均每 1000 名老人拥有的床位数为 50 - 70 张。另一方面，农村现有养老床位严重不足，但空置率却居高不下。《中国养老机构发展研究报告》指出，"十二五"时期，全国 584 万张养老床位，空置率达到 48%。我国养老机构的床位空置现象主要出现在农村而非城市，48% 的平均值中有相当一部分来自农村敬老院（吴玉韶，2015）。究其原因主要有以下几点：首先是服务品质较低；其次是传统的家庭养老观念根深蒂固，老年人难以适应机构养老模式。调查发现，80% 的老年人更加倾向于和家人住在一起，而且其自评健康和养老满意度要远远高于在机构养老的老年人。老年人对于家具有极强的留恋感，加上养老机构对老年人的心理需要关注不足和帮助有限，而且在养老机构里生活会让老年人觉得缺少必要的亲情；再次是由于养老机构处于亏本边缘，其住院收费较高，迫使有意愿入住养老机构的老年人选择其他养老方式。

二是农村养老机构的"哑铃形"供给。市场上处于两端的高端养老机构和设施简陋的低端养老机构较多，需求量最大的中档养老机构所占份额较低，呈现两头大、中间小的"哑铃形"，大量中等收入老年人的机构养老需求得不到满足。低端的养老机构设施简陋，空间狭小，居住拥挤，服务内容单一。护理人员多为当地妇女，普遍缺乏护理技能。高端养老机构则专门服务经济状况好的老年群体，装饰豪华高档，硬件设施完备，服务内容丰富，当然收费也高端。多数老人前一类养老机构不愿去，后一类养老机构住不起。

三是养老机构双轨运行现象。首先，公办养老机构一方面享受了政府各种福利和优惠，另一方面却和民办养老机构共同竞争。这种双轨运行的方式影响了公平市场的形成，挤占了民办养老机构的发展空间。其次，部分非营利性养老机构在享受政府优惠和补贴的同时，从事营利性经营活动，从而与营利性养老机构形成不公平竞争。

四是农村养老机构自身建设的"两个不足"：基础设施配备不足以及专业人才不足。特别是部分民办养老机构设施简陋，配置不足，存在着很大的消防与安全隐患。2015年5月25日河南鲁山县城西琴台办事处三里河村养老院"铁皮泡沫屋"特大火灾事故教训深刻。重管理轻服务，养老机构宾馆化、医院化现象突出。专业人才匮乏，特别是医疗、护理、心理、营养、社会工作等方面的专业人才严重不足。

### 3. 农村机构养老的对策

一是坚持一个原则：政府引导，市场驱动，政策扶持。一要制定机构养老发展规划。根据老年人对机构养老服务的需求，发挥政府在制定规划、出台政策、引导投入、规范市场、营造环境等方面的作用，统筹各方资源，推动形成互利共赢的发展格局。推动农村敬老院向农村养老护理服务中心的转型发展。二要积极整合社会资源共建养老机构。鼓励社会资本投资参与机构养老，放宽准入门槛。要加快对养老、医疗、教育、残疾人服务等公共服务资源的整合，将已有的公共服务资源融合到养老机构的发展中。强化养老护理人才队伍建设，促进养老服务的专业化和规范化。充分发挥市场在资源配置中的决定性作用，营造平等参与、公平竞争的市场环境，充分调动社会力量的积极性和创造性。三要鼓励老人参与机构养老。对有机构养老服务需求的老年人，可以考虑根据各地财力状况、物价指数、人均收入水平等指标的变动情况，适当给予老年人一定的补助，为老年人选择机构养老提供必要的经济支持和物质基础。四要建立健全养老机构分类管理制度。《中华人民共和国老年人权益保障法》明确要求，要"建立健全养老机构分类管理制度"，但截至目前，这一制度依然缺失。要尽快明确公办养老机构定位与服务对象标准，从健康状况、经济状况两个方面界定政府购买服务的对象，以及公办养老机构和民办养老机构的不同功能定位和服务对象。尽快建立健全养老机构分类标准和第三方评估机制，根据自理型、助养型、养护型三类养老机构的服务范围确定不同的监管标准。

二是突出一个重点："养医结合"。"养医结合"是指将老年人的健康医疗服务放在更加重要的位置，将护老中心和老年医院相结合，将生活照料和康复关怀相结合的新型养老机构服务模式。首先明确是"养医结合"，而不是"医养结合"，机构养老第一功能是"养"，"医"只是其中的一项重要的配套服务。同时不能简单地把"养医结合"理解为养老院＋医院。国务院办公厅《关于推进医疗卫生与养老服务相结合的指导意见》（2015 年 11 月 25 日）提出：到 2020 年，符合国情的医养结合体制机制和政策法规体系基本建立，医疗卫生和养老服务资源实现有序共享，覆盖城乡、规模适宜、功能合理、综合连续的医养结合服务网络基本形成。在制定医疗卫生和养老相关规划时，要给社会力量举办医养结合机构留出空间，按照"非禁即入"原则，不得以任何理由加以限制。

三是盘活一个资源：房产养老。首先，盘活农村饱和房产作为养老机构，由卖房产转为开展养老服务。根据国家统计局发布的数据，2015 年全国商品房待售面积 71853 万平方米。这 7 亿多平方米的库存，按照我国人均住房面积 30 平方米计算，可以供 2.4 亿人口居住。另外，到 2015 年底全国物业管理企业容量将达到 171000 家。（国家统计局官网 http://www.stats.gov.cn/2016 年 1 月 19 日，2015 年中国国民经济运行情况的最新数据）房地产饱和与养老机构缺乏并存。特别是三线城市、县城和乡镇房地产市场更加疲软。聂梅生在《房地产发展模式转变的途径》一文中提出与房地产直接相关的服务业有两项："社区服务与社区养老，由传统的物业管理延伸到社区服务 O2O，进而进入社区养老；二是养老产业，由开发商为主体的养老地产延伸到以服务业为主体的养老产业，进入机构养老。"当前，农村社区相当大的一部分开发商具有自己的物业管理公司，小区会所及其配套建筑并没有充分发挥作用，成为沉淀性的睡眠资产，应当用新的思维盘活，急社会之所急，利用优惠政策积极开展机构养老，也可以将新建社区直接改造成养老机构。其次，改革农村宅基地产权制度，实施以房养老。我国长期实行"一户一宅"的农村宅基地制度。年满 18 岁的年轻人都可以单独立户划拨宅基地，所以农村老人都有自己的单独住宅。另外，随着农民工大量外出打工，农村的空宅基、空心户大量存在，形成新的土地资源浪费。因此，笔者提出，可以借鉴国家在北京、上海、广州、武汉试点的老年人住房反向抵押养老保险的做法，依据农民拥有的宅基地资源，通过一定的金融或非金融机制的融会以提前套现，实现价值上的流动，为农村老年人在其余存生命期间，建立起一笔长期、持续、稳定乃至延续终生的现金流入；也可以利用农村闲置空宅基、闲置房屋开办村级养老机构。当然，这一切的前提是：农村宅基地、住房能够流转上市交易。全国人大常委会关于授权国务院在北京市大兴区等232个试点县（市、区）、天津市蓟县等59个试点县（市、区）行政区域分别暂时调整实施有关法律规定的决定（2015年12月27日第十二届全国人民代表大会常务委员会第十八次会议通过）提出：在天津市蓟县等59个试点县（市、区）行政区域暂时调整实施《中华人民共和国物权法》《中华人民共和国担保法》关于集体所有的宅基地使用权不得抵押的规定，允许以农民住房财产权（含宅基地使用权）抵押贷款。这就为农村的"以房养老"试点提供了可能。

# 四　策略选择

## （一）因素分析：主客并举

### 1. 经济因素是影响养老模式选择的基础

我国农村老龄化发展具有特殊性，即"未富先老"。西方一些国家在进入老龄化阶段时，已具备了承担养老重任的经济能力，但我国的老龄化进程却与经济发展水平不一致。按国际惯例，衡量老年人数量与经济发展水平是否相适应，一般用老年人口经济密度即老年人口数量与人均国民收入之比来表示，比值越小，表明这个地区的经济发展水平越高，人们则更易选择社会化养老模式；比值大，表明这个地区经济发展水平低，人们只能选择传统的家庭养老模式（见表5）。地方政府对居家养老、社区养老和机构养老的分工可能存在误区。无论在西方国家还是在东亚地区，老年服务分工的依据不是需要，而是收入和支付能力。收入高、支付能力强的老人接受机构服务，次之则接受社区服务，再次之就只能居家养老了（唐钧，2015）。

表5　老年人口经济密度与养老模式选择

| 老年人口经济密度（%） | 养老模式选择 |
| --- | --- |
| 大 | 家庭养老 |

续表

| 老年人口经济密度（％） | 养老模式选择 |
| :---: | :---: |
| 中 | 社区养老、机构养老 |
| 小 | 制度养老 |

### 2. 执政理念是影响养老模式选择的根本

促使农村养老事业发展的最为重要的执政理念包括科学发展观、和谐社会理念和权利公平、机会公平、规则公平的社会保障制度理念，以及"创新、协调、绿色、开放、共享"的五大发展理念。养老服务是政府提供的基本公共服务，养老事业是公益性事业。发展理念管全局、管根本、管方向、管长远。我国政府科学把握我国人口老龄化的发展趋势，以科学的发展理念为先导，对养老事业做出适度超前的法律和政策规定，从1996年《中华人民共和国老年人权益保障法》颁布以来，我国出台的关于养老事业发展的法律法规、政策规定多达30多项（见图5）。对我国农村养老的多元化发展、多样化选择具有指导性、强制性、针对性和操作性。

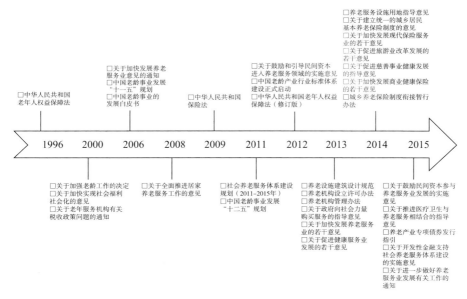

图5　指导养老事业发展的法律法规、政策规定

### 3. 老人自身因素是影响养老模式选择的关键

随着我国社会经济的持续发展，要以年龄、身体状况、教育程度、参与社会发展的意向和能力等为分类标准，将农村老人分为强、次强、弱、病残四个层次。"强"层次的老年人，身体健康，科学文化素质较高，不需要他人太多照料，对于他们现阶段而言，就是完善农村养老保险制度，给予充分的养老保障。"次强"者，身体状况不适宜继续工作和劳动。在制度养老保障基础上，可以试行互助养老模式，即以社会化养老模式为主，社区互助养老模式为补充。"弱"者，身体状况差，自身的收入相对减少或没有收入。针对这一部分老人的身体状况，不得不考虑有人照料的问题，居家养老能够满足这一要求。所以，宜采用以社会化养老模式为主，居家养老模式为补充的方式。老年残疾者，主要是指卧床病人和肢体残废的老人，需要生活的照料和精神的慰藉，其中还有不少老人需要专业的护理。这一部分老人，宜采用机构养老为主，社会化养老为补充的方式（熊茜、李超，2014）（见表6）。

表6　老年人自身因素与养老模式选择

| 老年人自身因素 | 主要养老模式选择 |
| --- | --- |
| 强 | 制度养老 |
| 次强 | 社区互助养老 |
| 弱 | 制度养老为主、家庭养老为补充 |
| 病残 | 机构养老为主、社会养老为补充 |

## （二）模式选择：多元并存

关于农村养老方式选择的研究，主要有三种观点，第一种主张家庭养老应继续发扬，并综合其他养老方式，发挥其最大功能。张正军、刘玮（2012）认为较长时期内农村养老制度建设应该围绕稳定、扩展或补充家庭养老的模式展开，但家庭养老需要政策支持。姚远在《中国家庭养老研究》一书中从血亲价值论出发，提出了建立有中国特色的养老方法：以家庭养老为基础、以社会化养老为辅。他认为家庭养老的前景取决于两点，一是政府能否正确认识家庭养老的作用，二是政府能否制定有关强化家庭养老的政策。郭德奎（2012）提出农村家庭养老具有五个方面的优势与价值，即家庭养老具有内在的经济合理性、有利于降低社会成本、有利于促进代际交流、是保持社会稳定的重要纽带、突出了对老年人亲情慰藉的作用。曹雪梅、沈印（2012）分析了新型农村家庭养老的地位：道德约束促进新型农村家庭养老的主导地位、法律规定稳固家庭养老的主导地位、农村老人的养老思想及特有情感加深家庭养老的主导地位，且认为家庭养老是我国新型农村养老的主要模式，它的主导地位及作用是其他养老方式不可取代的。

第二种主张社会养老必将取代家庭养老。张川川、陈斌开（2014）利用断点回归方法实证研究了以"新农保"为基础的农村"社会养老"模式对"家庭养老"的替代，认为传统的"家庭养老"模式无法完全承担起养老重任，"社会养老"模式的推广势在必行，"社会养老"对"家庭养老"具有较高的替代性，进一步大力推进"新农保"可以降低农村家庭对"养儿防老"的依赖。王晓娟（2011）分析了农村养老面临的经济困境、制度困境和文化困境，提出农村社会养老保险制度是有效保障广大农村居民晚年基本生活的根本措施。胡亚光（2015）认为，随着传统农业社会的变迁和大量农村青壮年人口的流动，农村传统的家庭养老根基正在动摇，一种新型养老模式——农村互助养老成本低且符合我国现实国情，是近年来农村养老的一种新探索，具有自愿参与、自助互助、多方合作等特点。

第三种主张构建多元化的养老模式。方云、毛伟、高荣等（2012）分析了家庭式养老模式、机构式养老模式、社区式养老模式等三种我国农村现有养老模式的利弊，以及以房养老、社区养老、养老保险等新型养老模式在农村实施的现状与前景，认为单一的家庭养老或社区养老各有其局限性，将二者结合，形成家庭养老—社区养老新模式，政府、社会、家庭、个人等都应积极参与。赵志强（2012）分析了河北农村地区除了家庭养老、土地养老、社会保险养老等三种基本养老保障方式外的新型养老模式，即合作养老模式、互助养老模式、集体养老金供养综合模式，为解决农村老龄化问题提供了新思路。熊茜、李超（2014）从养老服务接受者、养老服务提供者以及成本—效益视角入手，比较分析"互助养老模式""居家养老模式"以及"社会化养老模式"的异同，提出新型农村养老模式就是以居家养老为基础、互助养老为依托、社会化养老为支撑的新型养老模式。汪学军（2013）将中华人民共和国成立后我国农村养老模式划分为三个阶段，即中华人民共和国成立后至 1980 年家庭养老迈向集体养老阶段、1980 年至 2002 年集体养老向社会养老演进阶段、2002 年至今农村养老保障探索的新阶段，并将农村养老模式分为家庭养老、自我养老、机构养老和养老保险养老等四种模式。

已有研究为我们对农村养老模式选择的探讨提供了理论和依据。改革开放 30 多年来，农业的经营方式从单一经营向多种经营转变；农民身份从单一生产者身份为主向生产者、经营者、投资者等多元化身份转变；家庭结构从传统的大家庭向核心家庭转变。加之城乡二元分割体制的深刻影响，"未富先老""未备先老"的社会现实使农村养老宜选择多元化方式。

本文认为，当前农村养老模式主要有四种：家庭养老、社区养老、制度养老、机构养老。土地养老作为传统的养老模式是家庭养老的一种；农村养老院、互助幸福院是农村社区（村级）养老的主要形式；养医结合模式、房产养老都属于机构养老的范畴。农村养老模式宜选择多元并存，即以家庭养老为基础、社区养老为依托、制度养老为支撑、机构养老为补充的多元化养老模式（见图 6）。只要家庭结构存在，无论是传统社会还是现代社会，家庭养老都是最基础的养老模式。多种养老模式呈现互相补充、互相促进、多元并存的局面。对于每一个老人来说，养老不能只依赖一个模式，而是需要多种模式的叠加，一元为主、多元并存。

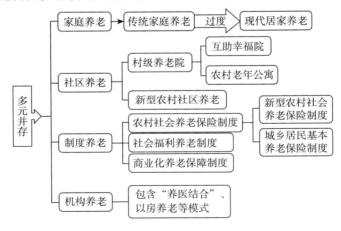

图 6 农村多元化养老模式示意图

（三）策略选择：短期、中期、长期三步走

从权宜性、过渡性与长久性的目标考虑，宜分别采取短期、中期和长期三步走的发展策略。

1. 当前策略。新型农村社会养老保险处于"扩面整固"阶段，保障标准低，保障功能弱，属于农村养老保障体制缺失型。农村养老还是主要以家庭养老方式作为依托。这种养老方式能够缓解并不富裕的当今农村所需要承担的养老的社会压力，稳定农村社会秩序，有利于尊老爱幼传统的继承和弘扬。尤其是在经济不发达的地区、老少边穷地区，农村养老仍需靠家庭成员来承担（蔡笑腾、白海军，2010）。

2. 中期策略。随着城镇化水平的加快，农业现代化水平的提高，新型农村社区建设加快推进，农村基础设施建设加强，农民的生活方式发生显著变化。传统的家庭养老的内涵发生变化，居家养老方式形成。社区养老服务以乡镇敬老院为基础，设置日间照料和短期托养的养老床位，逐步向区域性养老服务中心转变。由于国家财政投入有限，社会资本进入养老机构建设，机构养老成为有益补充。

3. 长期策略。当经济发展达到一定水平，农村"三集中"（农民向社区集中、土地向规模集中、产业向园区集中）步伐加快，城乡二元体制消除，城乡居民收入水平相当，城乡发展一体化的体制机制全面建立，农民可以享受到公平的国民待遇，城乡统一的社会养老保障制度建立，国家制度养老得到真正体现。

**参考文献**

曹雪梅，2012，《新型农村家庭养老方式的探究与发展》，《劳动保障世界》第5期。

陈芳、方长春，2014，《家庭养老功能的弱化与出路：欠发达地区农村养老模式研究》，《人口与发展》第1期。

蔡笑腾、白海军，2010，《家庭养老秩序及我国农村养老策略构想》，《国家行政学院学报》第2期。

杜畅，2016，《习近平李克强对加强老龄工作作出重要指示批示》，中央政府门户网，

（http://www.gov.cn/xinwen/2016－02/23/content_5045223.html）。

丁建定，2013，《居家养老服务：认识误区、理性原则及完善对策》，《中国人民大学学报》第 2 期。

方云、毛伟、高荣等，2012，《中国农村老年人养老模式探析分析》，《中国老年学杂志》第 4 期。

封宇，2013，《儒家孝道对现代家庭养老的启示》，信阳师范学院硕士研究生论文。

郭德奎，2012，《浅谈农村家庭养老模式的完善与重构》，《中共太原市委党校学报》第 1 期。

胡亚光，2015，《完善农村互助养老模式的思考》，《焦作大学学报》第 4 期。

姜昆、叶大庆、白萍，2015，《医养结合型养老模式建立前后老人生活满意度的研究》，《统计与咨询》第 6 期。

贾丽凤、马翠花，2012，《农村社区养老模式的构建研究》，《农业经济》第 4 期。

康莹，2012，《论农村社区养老机构建设》，《农村经济与科技》第 12 期。

李永萍，2015，《"养儿防老"还是"以地养老"：传统家庭养老模式分析》，《华南农业大学学报》（社会科学版）第 2 期。

刘美萍，2009，《社区养老：农村空巢老人养老的主导模式》，《行政与法》第 1 期。

吕恒，2012，《中国农村养老的几种模式》，《现代交际》第 2 期。

罗爱华，2012，《农村社区养老支持体系的构建》，《湖南城市学院学报》第 1 期。

马明，2014，《农村养老模式的国际化比较及借鉴》，《华东经济管理》第 5 期。

孟凡新、董彭滔，2015，《家庭养老的机制、地位和前景——读〈中国家庭养老研究〉》，《社会观察》第 1 期。

穆怀中、沈毅，2012，《中国农民有无土地两序列养老路径及养老水平研究》，《中国软科学》第 12 期。

乔丽博，2012，《农村家庭养老问题探讨——以福建省为例》，《社会保障研究》第 1 期。

钱海龙，2012，《我国农村养老方式的现状与前瞻研究》，《劳动保障世界》第 8 期。

任珊、孙雪梅，2015，《九成留守儿童隔代监护抚养》，《京华时报》7 月 21 日第 8 版。

孙璐熠、睢党臣、师贞茹，2014，《传统养老文化变迁下农村家庭养老的困境》，《社会发展》第 4 期。

宋向东，2014，《医养结合养老模式探讨——以安徽静安养亲苑为例》，《安徽卫生职业技术学院学报》第 1 期。

谭丽，2015，《农民依靠家庭养老保障的现状与问题——以家庭财产与养老权为视角》，《黑龙江社会科学》第 6 期。

唐钧，2015，《建立合乎中国国情的失能老人长期照护补贴制度研究》，《中国公共政策评论》第 8 卷。

唐灿、马春华、石金群等，2008，《农村家庭养老方式的资源危机》，《中国党政干部论坛》第 11 期。

唐晓英、周薄皲，2010，《社区养老：解决我国农村养老问题的崭新模式》，《学术交流》第 4 期。

滕尼斯，1995，《共同体与社会》，北京：商务印书馆。

王小龙、唐龙，2012，《家庭养老、老年贫困与农村社会养老保险的角色定位》，《人文杂志》第 2 期。

汪学军，2013，《农村养老模式问题研究》，江西农业大学农村经济专业硕士研究生论文。

吴玉韶、王莉莉、孔伟等，2015，《中国养老机构发展研究》，《老龄科学研究》第 8 期。

王晓娟，2011，《农村养老的困境与出路》，《理论与研究》第 6 期。

熊茜、李超，2014，《老龄化背景下农村养老模式向何处去》，《财经科学》第 6 期。

杨清哲，2013，《解决农村养老问题的文化视角——以孝文化破解农村养老困境》，《科学社会主义》第 1 期。

姚远，2001，《建立有中国特色的养老方法：以家庭养老为基础、以社会化养老为辅》，《中国家庭养老研究》，北京：中国人口出版社。

叶宇婷，2016，《老年社会报告：机关事业单位养老金是农村的 50 倍》，凤凰网（http://news.ifeng.com/a/20160304/47695941_0.shtml）。

张川川、陈斌开，2014，《"社会养老"能否替代"家庭养老"？》，《经济研究》第 11 期。

张正军、刘玮，2012，《社会转型期农村养老：家庭方式需要支持》，《西北大学学报》（哲学社会科学版）第 3 期。

赵志强，2012，《河北省农村养老模式创新分析》，《合作经济与科技》第 7 期。

国家统计局，2012，《中国 2010 年人口普查资料》，北京：中国统计出版社。

国家统计局，2015，《中国统计年鉴》，北京：中国统计出版社。

国家统计局，2010—2016，《中国国民经济与社会发展统计公报》，中华人民共和国国家统计局官方网站。

# 第六部分

# 论乡村治理

# 关于"升级晋档、科学发展"
# 活动的哲学思考<sup>*</sup>

**摘　要：** 陕西省开展的村级党组织"升级晋档、科学发展"活动，是陕西省委以科学发展观为指导在农村基层党建工作上的重大创新。本文对此进行了哲学思考，指出"升级晋档、科学发展"活动体现了理论与实践的高度统一、社会存在与社会意识的高度统一、"两点论"与"重点论"的高度统一、共性与个性的高度统一、动机和效果的高度统一、以人为本的价值观和发展观的高度统一。科学认识和准确把握这项活动的哲学内涵，对于推进活动深入开展、增强工作的有效性具有重要作用。

**关键词：** 农村；党建活动；哲学思考

2009 年开始在陕西全省开展的村级党组织"升级晋档、科学发展"活动，是省委以科学发展观为指导在农村基层党建工作上的重大创新。不仅对加强农村基层组织建设，推进农业增产、农民增收具有重要的现实意义，而且蕴涵着深刻而丰富的哲理和思辨。科学认识和准确把握这项活动的哲学内涵，对于推进活动的深入开展、增强工作的有效性具有重要作用。

（1）"升级晋档、科学发展"活动体现了理论与实践的高度统一。理论和实践的统一是马克思主义的一个基本原则。一方面，实践是理论的基础，即理论来自实践，理论随着实践的发展而发展，理论的正确与否要经过实践的检验；另一方面，理论指导实践，为实践活动指明方向，提供方法。

---

\*　本文曾发表于《城乡统筹周刊》2012 年 2 月 20 日第 7 版。

以人为本、全面协调可持续的科学发展观是当前深入推进改革开放和现代化建设事业的最新理论和最高原则。"升级晋档、科学发展"活动把科学发展观的理念原则、强农惠农的政策方针与陕西农村实际紧密结合，对各个村庄进行科学定档，分类指导，并辅之具体有力的发展帮扶和考核奖惩措施，为各级党委政府统揽农村工作，实现科学发展提供了具体抓手和有效途径。"升级晋档、科学发展"活动是省委在对省情、农情、党情的清醒认知和正确分析的基础上开展的。科学发展是升级晋档的根本要求，升级晋档是科学发展的具体实践，"升级晋档、科学发展"活动是科学发展观陕西化的生动实践。一些基层干部形象地比喻：升级晋档就是陕西的"一号文件"，是"农村版"的干部目标责任考核。

（2）"升级晋档、科学发展"活动体现了社会存在与社会意识的高度统一。社会存在决定社会意识，社会意识反作用于社会存在，这是历史唯物主义的基本原理。社会存在的核心是社会生产活动，社会意识的核心是社会意识形态。社会意识对社会存在的反作用更多地体现为社会意识形态对社会生产活动的反作用，只有当社会意识形态紧密结合并充分反映社会生产活动的内在需求时，才会真正推动社会生产活动向前发展。农村党建本质上是社会意识形态的一部分，同样必须遵循这一规律。陕西省委之所以决定在农村党组织中开展"升级晋档、科学发展"活动，是因为省委书记赵乐际在深入基层调研后发现，有些地方的党建工作与农村发展、农民增收工作结合得不紧密，存在明显的"两张皮"现象；部分基层党组织不同程度地存在获得奖牌多、锦旗多、墙上口号多而群众实际得利少的"三多一少"现象，因此下决心探索推行以党建工作推动农村发展、以发展成果检验党建工作成效的新途径和新办法。"升级晋档、科学发展"活动把基层党建工作与农村经济社会发展紧密结合，把干部的政绩与农民群众的增收挂钩，使农村基层党的建设与经济社会发展贴得紧、靠得实，保障有力、服务到位，从而很好地实现了农村党建与农村发展的有机统一。因为这项活动直接关系群众利益，所以它在农村又被农民通俗地称为"增收工程"。

（3）"升级晋档、科学发展"活动体现了"两点论"与"重点论"的高度统一。"两点论"和"重点论"的统一，是唯物辩证法的重要内容。所谓"两点论"就是在处理矛盾问题时，既要看到主要矛盾和矛盾的主要方面，又要看到次要矛盾和矛盾的次要方面，做到两点兼顾。所谓"重点论"就是在处理矛盾问题时，重点解决主要矛盾和矛盾的主要方面。"两点论"和"重点论"的统一，就是我们在认识和解决实际问题时既要坚持全面的观点，防止片面性，又要善于抓重点、抓主流，防止眉毛胡子一把抓。"升级晋档、科学发展"活动在内容上具体设置了主导产业、农民人均纯收入、党员队伍建设等15项考核评价指标，对村级党组织实行百分制考核，考核指标涵盖了经济、政治、文化、社会、生态等农村科学发展的方方面面，既是党建工程，又是富民工程；既是和谐社会建设工程，又是创先争优实践工程。同时，紧紧抓住"陕西发展落后主要是农村发展落后，农村发展落后主要是农民收入落后"这个突出的矛盾和问题，把农民增收作为主要目标，农民收入增长的考核分值比重占到了50%，在活动内容上真切地体现了"两点论"和"重点论"的统一。在实施过程中，所谓"升级晋档、科学发展"主要是参照农民人均纯收入水平的高低，把村级党组织划分为四个档次，通过制订规划、层层帮扶、壮大产业等措施，梯次推进，逐步扩大一、二类，减少三、四类，从而实现整体升级晋档。在此基础上，省、市、县三级都提出了"抓两头带中间，主攻落后村"的工作方针，将减少三、四类村作为首要目标，把推进农村经济发展、增加农民收入、加强带头人队伍建设作为后进村党组织整顿建设的工作重点，向三、四类村下派党组织第一书记、党建指导员和经济发展指导员，力量向一线充实，政策向基层倾斜，全力解决后进村一缺发展项目、二缺发展资金的突出问题，在活动方法上有效实现了"两点论"与"重点论"的统一。

（4）"升级晋档、科学发展"活动体现了共性与个性的高度统一。唯物辩证法告诉我们，客观世界及其中的每一个事物、现象都是统一性与多样性、共性与个性的统一；共性存在于个性之中，只能通过个性而存在和体现；任何个性都具有共性的本质或属性；共性和个性在一定条件下可以相互转化。我们制定政策法规、规划活动方案时，要着重从共性出发，更好地把握规律性，解决普遍性的问题。落实政策法规、实施活动方案时，则要紧密结合个性，符合具体实际，更好地发挥主观能动性，体现时代性，富于创造性。中央从全国"三农"大局出发，提出了"生产发展、生活宽裕、乡风文明、村容整洁、管理民主"的新农村建设"二十字方针"。"升级晋档、科学发展"活动紧密结合陕西实际，把"二十字方针"进一步具体化、可操作化，并与党中央部署开展的党组织争先创优活动无缝对接，体现了全国共性与陕西个性的高度统一。各市、县、乡、村在具体实施过程中，努力把开展活动的共性要求与基层农村的具体实际结合起来，既认真学习领会活动的总体部署、主要内容、基本要求，发现和把握共性基础；又深入细致地调查研究，把当地的实情摸清摸透，因地制宜，突出个性，因村施策，创造性地开展工作，有的从基础设施建设上突破，有的从主导产业发展上突破，有的从合作组织建设上突破，有的从土地流转和规模经营上突破，极大地增强了活动开展的针对性、有效性，体现了共性要求与个性特点的高度统一。

（5）"升级晋档、科学发展"活动体现了动机和效果的高度统一。马克思主义者是动机和效果统一论者。我们办任何事情，不仅要有良好的动机，还要努力谋求良好的效果。良好动机取得良好效果的关键在于符合客观规律，不仅动机本身符合客观规律，而且实现动机的方法和途径也符合客观规律。"升级晋档、科学发展"活动的动机是通过活动的开展进一步夯实基层党建工作基础，增强基层党组织和广大党员的宗旨意识、群众观念，让群众过上殷实小康的幸福生活。这一动机从本质上讲就是顺应经济社会发展内在规律之举。因此一下子就切入了农村发展的中心任务，抓住了农民群众的所思所盼，所以深得干部群众的认同。在长期的实践中，人们已深刻认识到，片面的经济增长非但不能给人民带来普遍幸福，反而使人们饱尝"有增长无发展"以及"有发展无实惠"的结果。"升级晋档、科学发展"活动把提高群众收入水平作为衡量发展的主要考核指标，改变了过去只重 GDP 增长、重政绩、重短期利益的片面发展观，解决了经济发展与人民收入水平不相关的问题。以经济发展促进人民收入水平的提高，以人民收入水平的提高衡量经济发展的成果，显示出良好的效果。2009 年陕西省农民人均纯收入增长 9.6%，2010 年农民人均纯收入增长 19.4%，增速是上年的 2倍，高于全国 4.5 个百分点。2011 年全省农民人均纯收入 5028 元，比上年增加 923 元，增长 22.5%，是历史上农民收入增长最快的一年，增速位居全国第二。2011 年全省城乡收入差距由 2007 年的 4.07：1 降为 3.63：1。全省一类村由 2009 年初的 211 个增加到 2010 年底的 2803 个，四类村由16812 个减少到 2980 个。晋升一个档次的村 11444 个，占全省村庄总数的

42.5%；晋升两个档次的村968个，占村庄总数的3.6%。农村水、电、路等基础设施建设规模和速度均创历史新高，农村教育、医疗、社保等民生事业明显改善，一大批软弱涣散的村级党组织得到整顿提高。各级党组织也通过开展"升级晋档、科学发展"活动，进一步丰富了抓党建促发展的工作经验，形成了抓农村工作的新体制新机制。正如中央有关领导批示："陕西升级晋档是一种很好的创先争优。"

（6）"升级晋档、科学发展"活动体现了以人为本的价值观和发展观的高度统一。价值观是人们对事物认识的基本评价，马克思主义价值观的核心内容是实现人的全面发展，着力改善广大人民的生存境遇。科学发展观体现和发展了这一思想，把以人为本作为核心，渗透于全面、协调、可持续发展之中，用是否有利于人的全面发展，是否有利于社会全面进步作为根本价值尺度，来支配、规范经济活动。按照陕西省委书记赵乐际"为了人、依靠人、富裕人和发展人，使人民群众更加幸福安康"的要求，"升级晋档、科学发展"活动把群众是否得到实惠，群众的各项权益是否得到保障，群众是否满意，作为活动的根本出发点和落脚点，从而使公共财政的阳光向农村倾斜，各种社会资源向农村集中，强农惠农政策在农村落实，干部作风和能力在农村体现，充分体现了马克思主义以人为本的价值观和发展观的统一，体现了省委关注基层、关爱农村、关心农民的人本情怀。基层是我们党全部工作的基础，"基础不牢，地动山摇"。"升级晋档、科学发展"活动把抓基层打基础、惠民生利长远作为根本要求，除发挥农民群众的主体作用外，注意调动基层干部的"精气神"，使他们的工作激情保持最佳状态。2008年省委书记赵乐际曾采取不打招呼、轻车从简的方式，深入到陕西省一些乡镇和农村与基层群众平等交流、共叙时节，听民意、访民情、话发展。同时发现部分乡镇干部走读问题比较突出，除了干部作风外，工作条件差是重要的客观因素。因此赵书记提出把改善乡镇干部的工作生活条件，把解决乡镇干部吃饭问题、入厕问题、洗澡问题、取暖问题等作为"升级晋档、科学发展"活动的一项基础工作。三年来，农村基层干部的工作条件大为改观，农村基层组织全面加强，乡镇干部扎根农村、服务农民的主观能动性得到激发，以干部的辛苦指数换来群众的幸福指数，实实在在地赢得了群众的信任和称赞。

# 运用利益分析法解决农村社会问题

**摘　要：**本文从利益角度切入对和谐新农村建设的探讨，认为经济利益矛盾是农村社会管理矛盾的主导方面，农村利益主体冲突从"三元结构"向多元转变，利益冲突的形式从"渐变"向"突发"转变。运用利益分析法解决农村社会问题应坚持以人为本、绝大多数人受益、统筹兼顾、注重社会公平、共享、保护弱者六条原则。基本路径是：用发展的思路构建协调利益矛盾的框架，用宏观调控的措施调整利益分配结构，用机制的力量调处利益矛盾，用教育引导的方式调适社会利益心态，用提高领导干部能力的措施化解各类利益矛盾。

**关键词：**农村；社会管理；利益分析法；对策

农村社会管理创新的目的在于社会和谐。社会和谐主要在于城乡社会关系的和谐，城乡社会关系的和谐又主要在于人们利益关系的和谐。因此，创新农村社会管理就必须妥善处理城乡之间、农村群体之间的利益矛盾，协调人们的利益关系。本文从利益角度切入对和谐新农村建设的探讨，认为应以有效的制度安排来协调相关利益主体的利益冲突，协调农村社会经济发展，促进和保障新农村建设目标的顺利实现。

## 一　问题的提出：利益冲突

当前，我国社会转型加速，农村利益矛盾错综复杂，导致相关利益主体之间的利益冲突。正确地分析现阶段农村各类矛盾的现状和表现形式，认清其特点，是创新农村社会管理、统筹城乡发展必不可少的方面。

## 1. 经济利益矛盾成为现阶段农村社会管理矛盾的主导方面

现阶段农村存在的各种矛盾，大多数是经济利益矛盾或是由经济利益矛盾演化而来的，经济利益矛盾是占主导地位的矛盾，广泛存在于城乡之间以及农村生产、流通、消费领域。农民收入低且不稳定，这一涉及农民根本利益的问题仍然没有解决。在农业生产中，生产资料价格不断上涨，农民有限的收入只能维持生活和简单再生产，无力扩大再生产。特别是农村流通渠道不畅通，服务体系不健全，增产不增收的现象普遍存在，导致自身利益与全局利益的矛盾、眼前利益和长远利益的矛盾难以解决。农村劳动力过剩也是农民经济利益受损的一个方面。人口多，人均占有耕地少，形成了庞大的农民工群体。由于征地补偿机制的缺失，失地农民失业增多，成为城乡之间利益矛盾的突出问题。就拿农村的生产条件来看，先进的农业机械难以在窄小的缯缯田上使用，传统的耕作手段和现代化的工业形成了很大的反差，阻碍了生产力水平的提高，影响了经济收入的增加。从近年来国家对农村的投入看，投入增长速度赶不上物价上涨速度，甚至在有些方面是负增长，致使农业基础设施改善缓慢，抵御自然灾害的能力差，这是收入不稳定的一个重要原因。近年来，城镇居民与农村居民的收入差距持续扩大，由 20 世纪 80 年代中期的 1.8∶1 扩大到 2010 年的 3.23∶1，加之城镇居民享受的各种福利和补贴，实际的城乡差距已高达 5～6 倍，造成了农民心理上的失衡。这些现象摆脱不了经济利益矛盾这一主线。

## 2. 利益主体冲突从"三元结构"向多元转变

计划经济时期，农村经济实行垂直式的封闭管理，农村矛盾的主体结构比较单纯，突出表现为"国家—集体—个人"这样一种"三元结构"。改革开放以来，广大农民获得了生产资料的生产管理经营自主权，勤劳致富是谋生的主要手段。但是由于家庭经济基础、文化层次、掌握科技的程度以及智力上的差异等，家庭承包经济水平有好有坏，门路有广有窄，农村家庭收入逐渐拉开了距离，利益主体趋于多元化。各种以群体形式表现的利益主体在不断地分化和扩大，其矛盾愈来愈突出。目前农村出现的利益群体主要有：农业劳动者、农民工、雇工、智能型职业者、个体劳动者和个体工商户、私营企业者、乡村企业管理者、农村管理者阶层等。这些阶层还处在演化和明朗的过程中，但已构成了农村利益主体的多元化格局。随着形势的发展，各种新的利益群体还会不断出现，利益群体之间的关系将会十分复杂。

### 3. 利益冲突的形式从"渐变"向"突发"转变

过去由于政府对经济和社会生活实行单一的行政化管理，管得很死，压抑了群体的感情，农村内部矛盾大多处于隐蔽和渐变状态，不那么容易激化。改革开放以来，民主化进程加快，人们对阶级斗争的恐惧感逐渐消失。国家对经济和社会生活的行政管理逐渐放松了，社会主义市场经济环境下新的法律秩序也在建立过程中，这就形成了社会矛盾控制方面的某些空当。这是农村利益矛盾由隐蔽转向公开、由渐变转向突发的条件。加之广大农民群众还缺乏自觉运用法律手段保护自身利益的意识，遇到一些矛盾和问题往往"私了"或者采取一些过激的做法，从而导致矛盾的激化和突发，这是突发性矛盾发生的根源所在。还有一些村干部利用手中的权力以权谋私，不给好处不盖章，不给钱财不办事，不给回扣不跑项目。大搞关系低保，人情补助。有的利用职位贪污受贿、损公肥私，形成"口袋帐""片片账"，一任干部一任账。这些已经引起群众的强烈不满，容易引发突发性群体上访事件。

通过以上分析可知，农村利益矛盾本质上就是利益主体博弈的过程和利益调整的过程，这也是一个动态的互动过程。由于稀缺性的存在，各个利益主体之间存在冲突。利益随着制度安排的不同处于不同的均衡状态，为此，要想协调农村利益冲突，构建和谐的各利益主体间关系，就必须不断进行制度创新。同时，当前农村的社会管理机制显然落后于农村社会结构的分化，未能建立起针对已经分化了的不同农民与组织利益需求的管理方式与策略，使得目前的社会管理机制无法应对农村社会的需求。

# 二 利益分析法：原则与路径

改革开放以来，党的工作重心已转移到了经济建设上来，农业的生产方式已由集体化转变为家庭联产承包制，这就决定了解决农村利益关系矛盾的方法不能再沿用过去激烈的阶级斗争形式，只能采取协调利益关系的方式加以解决。我们要运用正确的原则和方法，妥善协调各方利益关系，正确处理人民内部利益矛盾。

**1. 利益分析法应坚持的原则**

以人为本原则。以人为本就是经济发展和社会发展要体现在人的身上，发展要以人为核心，即在经济发展的同时，不断提高人的素质能力和生活水平、生活质量。以人为本与党全心全意为人民服务的宗旨是一致的。利益协调中体现以人为本就是将人民的利益作为高于一切的标准，推动人的全面发展，同时不是以牺牲一部分人的利益作为其他人发展的代价，而是要促进所有人的发展。

绝大多数人受益原则。调整利益关系，进行利益整合，首先要着眼于最大多数人的利益，同时兼顾不同利益群体的利益。这是我们观察和处理当今农村利益问题的一个根本原则。最大多数人的利益，关系到党执政的全局，关系到国家经济政治文化发展的全局，关系到社会安定的全局。

统筹兼顾原则。在社会利益调整中兼顾全局与局部、长远与当前、个人与集体等利益关系，做到正确反映农村社会不同群体的利益，使人民总体受益。尤其要正确处理国家利益、集体利益和个人利益的关系。在当前的形势下，国家、集体、个人三者利益要统筹兼顾，必须把握好度。

注重社会公平原则。追求公平与正义是人的本能，也是人的一种基本权利。社会公正会使民众在心理上产生公平感，进而间接导致对社会的认同感，这对社会稳定十分有利。同时，公平也严重影响着效率，只有实现社会公正，使每个公民平等参与社会竞争的权利获得切实的保证，才能提高效率建构充满活力的动力机制。首先，在初次分配领域，国家要建立公平的收入分配体系，规范分配秩序，着手解决初次分配非正常收入造成的差距。其次，运用经济、法律、税收、行政等多种方式促进再分配的公平，特别是要切实落实工业反哺农业、城市支持农村的方针，想方设法提高农民收入，缩小城乡差别。

共享原则。历史唯物主义基本原理告诉我们，人民群众是社会历史的主体和创造者。这就意味着，人民群众不仅是社会物质财富和精神财富的创造者，而且也应该是社会物质财富和精神财富的拥有者和享用者。共享原则也是由社会主义制度的本质和我们党立党为公、执政为民的性质决定的。共同富裕是社会主义本质的重要方面。这就要求我们在制定政策时，要有合理的制度安排，使大多数人共享经济社会发展成果。

保护弱者原则。任何社会都难免会有一些弱者和弱势的产业。保护他们，为其基本生存提供必要保障，这既是国家的制度安排与政策选择的道德责任，也是维持社会稳定的必要条件之一。利益分配时向弱者予以倾斜、向贫困户予以倾斜、向农民予以倾斜，既是道德责任，也是基本原则。

**2. 利益分析法的基本路径**

目前我国仍处在社会转型期，农村社会利益矛盾增多，协调难度不断增大，调适利益矛盾要多途并举，需要多方面的支持和配合，其基本路径如下。

第一，用发展的思路构建协调利益矛盾的框架。农村的各种矛盾和问题，说到底源于一个"穷"字，根本出路是大力解放和发展生产力，加快农村经济发展。针对目前农村的实际情况，要大力解放和发展农村生产力，就必须从资金、物资、技术、项目、信息等方面予以大力帮扶，"把蛋糕做大"，构筑化解农村利益矛盾的坚实平台。同时，要把改革的力度、发展的速度与社会可承受的程度结合起来。

第二，用宏观调控的措施调整利益分配结构。要通过利益结构的调整，构建既有一定差别，又保持一定社会公平的相对均衡的利益分配格局。构建相对均衡的利益分配结构，找准农村最大多数人的共同利益与不同群体的具体利益的结合点，充分考虑和兼顾各方面的承受能力，保证大多数人都能共享社会发展成果。

第三，用机制的力量调处利益矛盾。从长远和根本上说，协调利益矛盾要从制度安排入手，以机制的力量去解决利益矛盾。从当前来看，要建立农村利益诉求机制、利益协调机制、利益补偿机制和矛盾调解机制。

第四，用教育引导的方式调适社会利益心态。我们在调整农村利益关系的同时，要教育引导农民调整心理状态，树立起获取利益要合理、合法、公平、公正的观念。

第五，用提高领导干部能力的措施化解各类利益矛盾。农村各类利益矛盾最终要靠各级领导干部去协调、去解决，因此要提高领导干部协调整合利益矛盾的能力。

# 三　利益整合：对策与建议

农村利益冲突与分配中所产生的利益分化问题，需要通过利益整合，构建"共谋、共建、共管、共享"机制，通过突出人民群众在共谋中的基础地位、共建中的主体地位、共管中的主人地位、共享中的优先地位，优化农村社会管理。当前，要着眼于公平、效率和正义，着眼于各相关利益主体的权利参与和谐与利益分配均衡，建立制度基础，为构建多元主体之间的利益协调提供有效保障。

## 1. 建立健全新的利益调节法律制度

加强和完善社会主义民主和法制建设，健全经济领域中各种法律法规，建立起一种新的利益调节机制，预防和化解农村利益矛盾，是正确处理农村各类矛盾的基本保障。

## 2. 创建利益表达机制与渠道

在农村利益主体日渐多元化的今天，利益表达的问题，特别是弱势群体的利益表达问题，已经无法回避。建立起相应的利益表达机制是构建和谐新农村的重要环节。建立容纳利益表达机制的制度安排，应当把形成解决利益冲突的能力看作市场经济条件下改善治理结构的一个重要内容。当前，和谐新农村建设的重点就是利益调整，但利益调整并不是要利益均等或收入平均，而是要做到机会平等和过程公正。

## 3. 推进农村市场化进程

实践证明，市场经济中出现的利益矛盾只能通过发展市场经济来化解。因此，进一步健全社会主义市场经济体制，充分发挥市场经济的积极作用，引导农民进入市场，促进农村经济的发展，缩小经济发展不平衡所造成的差别，是农村利益矛盾得到缓冲和消除的根本途径。

## 4. 改革和完善农村土地产权制度

农民的土地和房屋产权是农民立足社会最基本的权益。构建和谐的农村产权制度应该从深化土地制度改革入手，用农民集体成员按份共有的方式改造农村土地集体所有制度，使其所有权主体具体化、人格化；按起点公平和长期不变的原则，真正赋予农民长期且有保障的土地使用权；用法律明确界定"长期不变的土地使用权"，而不是只有债权性质的承包经营权；把农民宅基地的所有权归还给农民，按私有财产权利予以保障；用法律确定农民土地被征能获得相当于市场的价值补偿和可持续的"生存"分红等。

### 5. 创新户籍制度，实行城乡统一的居住证制度

打破"城乡二元结构"体制，加快户籍制度改革，加速推进新型城镇化、城乡户籍一体化进程，是逐步缩小城乡差别的必由之路，也是消除歧视，给农民工以同等的国民待遇的必由之路。

### 6. 完善农村社会保障制度和社会救助制度改革

农村公共事业中一个最突出的问题是农民老少钱养，病少钱医，缺乏必要的生活保障。因此，在城乡统筹中要防止贫富两极分化，建立健全农村最低生活保障制度和社会救助制度，使农民老有所养、病有所医，平衡农民贫困群体的心理和利益地位。

### 7. 提升农村组织化程度，通过组织创新来协调利益冲突

应该重点改革村委会及其附属组织，使它们不仅要贯彻执行党和政府的农村政策，更要成为农民利益的代言人，成为真正意义上的农民自治组织。要大力发展民间中介和专业合作组织，促进农村经济持续发展，充分发挥其广泛多样的服务功能，实现社会治理和公共服务提供的多元化和多样化，从而形成和完善社会化服务的支持系统，解决农村发展中所遇到的公共服务和社会服务不足的问题。

### 8. 改善权力运用的监督机制

从根本上改革农村干部体制等深层次的问题，消除农村干部腐败的土壤和条件。对乡村级干部缺乏有效监督是农民负担重和各种腐败现象产生的根本原因之一。要通过深化干部体制改革，大量精简机构和财政供养人员，提高工作效率，同时通过加强民主法制建设，加大对乡村干部的监督查处力度，防止腐败现象的滋生。要进一步加大对农村的财政倾斜力度，尽可能把公共财政收入配置到农村公共服务中来。

# 农村发展面临的四大矛盾<sup>*</sup>

**摘　要**：本文是笔者在 2011 年 10 月 23 日召开的"第七届中国镇长论坛"上的发言。作者认为要发展镇域经济，转变乡镇职能，首先必须认清农村发展面临的四大矛盾，即农民工的增多与农村劳动力减少的矛盾，家庭承包经营制度与农业规模经营的矛盾，农民的财产权益与收入之间的矛盾，"三农"工作的全面性与选择突破口的矛盾。针对这四大矛盾应对症下药，有的放矢，走四条路径。

**关键词**：农村发展；镇域经济；矛盾；路径

镇域经济如何搞？乡镇职能如何转变？笔者认为当务之急是要认清农村发展面临的四大矛盾，从而对症下药，有的放矢，走四条路径。

## 一　农村发展面临的四大现实矛盾

（1）农民工的增多与农村劳动力减少的矛盾。一方面，外出打工是农民增收的重要途径，农村的剩余劳动力需要不断地转移输出；另一方面，建设社会主义新农村必须依靠大量的优质劳动力。但目前的情况是，只要身体健全的青壮年劳力，都已经加入外出打工的队伍。回头看农村就会发现，从事农业劳动的主力军是人们称为"386199 部队"的妇女、儿童、老人，农村已经缺少发展现代农业所需要的优质劳动力了。

---

\* 本文曾发表于《城乡统筹周刊》2011 年 11 月 7 日。

（2）家庭承包经营制度与农业规模经营的矛盾。一方面，以家庭承包经营为主的农村基本经营制度是党农村政策的基石，必须毫不动摇地坚持；另一方面，发展现代农业必须依靠规模经营。我国农民人均经营耕地 1.4 亩，户均 7 亩左右。全国 2.38 亿农户使用着大体相当的生产资料，重复着同样的生产过程，各自花费各自的成本，但加总起来的成本大得惊人，这就是我国农产品在世界市场上缺乏竞争力的根源。

（3）农民的财产权益与收入之间的矛盾。农民的财产权益主要是宅基地和承包地。目前宅基地和承包地不能给农民带来收入，造成了农村大量的空心村、空宅基和撂荒地的资源浪费。我国城乡收入比由 1996 年的 1.8：1 扩大到现在的 3.3：1，收入差距扩大的原因不是经营性收入和工资性收入，而是财产性收入。

（4）"三农"工作的全面性与选择突破口的矛盾。统筹城乡发展建设社会主义新农村是一个全面系统的工程，涉及"生产发展、生活宽裕、乡风文明、村容整治、管理民主"五个方面。农业的生产方式、农民的生活方式、农村居民点的布局建设，都需要发生革命性变革。但在具体实施上，必须在兼顾全面性的同时选择正确的突破口，这就要求因地制宜，突出重点。

# 二　四条路径选择

（1）改革城乡二元体制，让农民工在城镇留下来。据统计，全国共有农民工 2.3 亿人，外出从业 6 个月以上的农民工已达到 1.5 亿人。按统计上"常住人口"的定义，1.2 亿农民工事实上已经被统计为城市常住人口，但他们的身份还是农民，是名实不符的城市人口。他们基本上有相对稳定的工作和收入，从事的大多是技术含量低的体力活，是城市居民或大中专毕业生不愿干的，因此，笔者认为让现有农民工在城镇留下来，使他们安居乐业，应该是未来几年城镇化的重点。未来 10～20 年内有更多的农村劳动力和人口脱离农业和农村向城市转移的趋势是不可逆转的，必须正视这一现实，国家要从制度上和规划上考虑农民工的住房安排，解决他们的住房、社保，让他们在城镇落户又落地。

（2）推动农村土地流转，实现土地相对集中。十七届三中全会指出

"现有土地承包关系要保持稳定并长久不变",同时又提出要实现"两个转变",即家庭经营要向采用先进科技和生产手段的方向转变,着力提高集约化水平;统一经营要向发展农户联合与合作,形成多元化、多层次、多形式经营服务体系的方向转变,着力提高组织化程度。实现"两个转变"的根本途径是深化土地制度改革,推进土地流转。"一个长久不变"与"两个转变",看似一对矛盾。但笔者的理解是,"一个长久不变"是农民的基本生活保障,"两个转变"则是现代农业的发展方向。实施土地流转,必须在保障农民基本生活的前提下,大幅提高土地产出效益。

（3）发展现代农业,培育职业农民。在劳动力大量外流的情况下,目前农村亟须培养和造就一支职业化的农民队伍。农村现在不缺少劳动力,而是缺少有文化、有技能、有素质的职业农民,职业农民是发展现代农业建设新农村的主体。农村要发展,要建设新农村,不能走传统农业的老路,必须发展现代农业。而目前农村留守人员的素质远远不能适应现代农业发展的要求,眼下要做的是对现有的中青年农民和女性劳动力进行培训。

（4）推进农村改革,向改革要发展。推进农村产权制度改革。对农民承包地、宅基地等进行确权颁证,建立市县两级农村产权交易机构,促进农村生产要素自由流动。抓好农村土地综合整治。在土地整理和增减挂钩试点的基础上,推进田、水、路、林、村综合整治,实现"两增两减",即增加耕地和城市绿地,减少城乡建设用地和征地规模,并将土地级差收益返还给农村。

总之,让那些常年在城市打工的农民工真正在城市留下来,成为城市产业工人的一部分,让有文化、有技能、有素质的职业农民从事农业生产与经营,让农村的老人、小孩住进城镇,享受良好的社会保障和教育,这应该成为今后十年农村发展的基本社会形态,也是镇域经济努力的方向和目标。

# "不出事逻辑"折射农村社会管理制度缺陷[*]

**摘　要：** 乡村基层政权运转中所遵循的"不出事逻辑"，核心表现是消极和不作为。具体表现形式为"拖""压""让""黑""风""捂"，这种"不出事逻辑"的滋生蔓延使政策失灵、群众失望、社会失序。文章从体制、发展方式、干部任用方式、政绩评价机制四个方面剖析了其产生的根源，提出了要转变观念，改革城乡二元体制；正本清源，切实转变基层政府职能；为民负责，加大群众在干部政绩考核和使用中的话语权三个解决路径。

**关键词：** 农村；"不出事逻辑"；管理制度；对策

当前和今后相当长一个时期，我国都处于"三期"社会，即发展的重要战略机遇期、社会矛盾凸显期、社会体制转型期。经济体制深刻变革，社会结构深刻变动，利益格局深刻调整，思想观念深刻变化，传统的社会管理模式已经严重滞后于形势发展需要，加强和创新社会管理已是重要而紧迫的战略课题。这里，笔者仅就农村社会管理中尤其是乡村基层政权中盛行的"不出事逻辑"现象谈些看法。

## 一　表现

当前乡村基层政权运转中所遵循的"不出事逻辑"，核心表现是消极和

---

[*] 本文曾发表于《中国小康》2012 年第 1 期。

不作为。这种"不出事"并非"没有事"，也不是仅指"不出腐败问题"，而是在体制缺陷、职能未转、"唯稳"的考评压力下，有的选择性干事，干容易干的事；有的"为了不出事，宁可不干事"；有的"不求工作出色，但求工作无过"；有的寄希望于花钱"摆平"事，甚至不惜暴力截访"压平"事。具体表现在以下几个方面。

一是"拖"。农村中的各种事端，能拖则拖，实在不能拖再想办法作为个案解决。能拖过自己这届任期最好。在面对农民的问题时，态度是既然农村发生的事情不关自己的利益，地方政府就会采取和稀泥、息事宁人的办法应对，而不大会讲原则，因为讲原则就可能要碰硬钉子，就会极大地增加出事的可能，就等于是惹事了。

二是"压"。对一些组织和群众与他人有冲突的合理诉求，为了不出事，采取压制的方式，以利益相威胁，压制、强迫当事组织和个人息事宁人，把问题掩盖下来，而不是去解决问题，排除隐患。对于上级拍脑袋的决策，不顾实际，层层下压，常说的一句话是"有钱谁不会干事，没钱干了才算有本事"，不问过程、不管手段，只要结果，从而使矛盾越积越多。

三是"让"。为了不出事，不主动去介入一些事情，也不会为了原则而闹出事来。对农村恶人一味姑息，对个别群众尤其是缠访户的过分甚至无理要求一再"忍让"。尤其是一些参与群众多的违法事件，地方政府怕引发群体性事件，从而引发事端，公安机关甚至也不愿意出手介入，宁可少一事不愿多一事。常常小事积大，大事积炸。而个别农民也逐步形成"小闹小解决，大闹大解决"的思维逻辑。

四是"黑"。为了自己管辖区域的稳定，为了自己的前程，在完成上级任务过程中，不惜借用黑恶势力、运用不当手段让群众屈服。如拆迁征地，每亩只有3万元的补偿款，群众不满意，就采取依靠黑社会恐吓群众、贿赂村干部及群众代表等办法，甚至已成为一种潜规则。

五是"风"。干什么都是一股风，在施政方式上表现为"运动式"，主要特点为头痛医头、脚痛医脚，主要落实方式为开会、发文件、标语、板报等。其不仅表现在处理经济发展课题上，在处理社会问题时更加突出。"跟风""运动式"的施政方式注重短期成效，忽视了治理机制的建立；注重问题的处理，掩饰了问题滋生的源头；注重解决问题的形象，忽视了百姓的诉求等。食品卫生一阵风、安全检查一阵风，运动式拆迁也好，运动式截访也好，只治标不治本。

六是"捂"。"不出事"的最高境界是出了事而外界不知道出了事，群众不议论，媒体不报道，上级不知情。因此在出了事后，严格封锁消息，甚至花费大量资金，运用各种手段，进行媒体公关，消弭负面报道，花钱买平安。

## 二　危害

这种"不出事逻辑"的滋生蔓延使乡村基层治理陷于困境，损害党的执政形象，也严重损害群众利益，制约了农村的发展。

（1）政策失灵。国家的政策尤其是各项农村政策都要通过乡村基层组织来宣传贯彻，基层这种"不出事逻辑"，"只作秀不作为"，使他们对涉及民生的政策不愿落实，因为民生要花钱。从而使国家的强农惠农政策，特别是要基层配套的民生政策得不到贯彻落实，也让群众的许多政策需求得不到及时反映。

（2）群众失望。在不作为的环境下，农村社会的大量现实矛盾得不到及时化解，水利、道路建设等许多民生需求得不到有效满足，使得政府机构在广大民众心目中的形象严重受损，丧失公信力。如今，"政府不管，自己搞掂，自己救自己"的信念已经植根于部分民众心中。在许多地方许多时候，农民不知道也不在意乡村干部在忙活什么，甚至也不在意这些人的存在，只要不来找麻烦就行了。

（3）社会失序。不讲原则地和稀泥，对无视法纪和政府权威的无赖之举的姑息忍让，让法律的威力彻底丧失，使人们从此不再信政府权威，不再遵守法律，导致社会失序。如此下去，必然形成恶性循环，乡村社会很可能陷入混混、黑社会等恶人当道和强者愈强、弱者愈弱的无政府状态，普通百姓则很可能遭殃，在"丛林规则"中自生自灭。

## 三　根源

"不出事逻辑"是农村社会管理薄弱的表象，其根源是多种原因共同作用的结果。

（1）从体制上来看，城乡二元体制的运作模式是元凶。近年来，我国一直大力破除城乡二元体制，但在城乡收入上差距没有缩小且仍在扩大。在社会管理体制方面，对农村的歧视成为农村社会发展的瓶颈：二元体制在养老、医疗、住房、教育、就业等方面，都实行农民与市民区别对待的政策。另外，国家把治安管理、应急管理、社区管理、网络管理和特殊群体的救助重点都放在了城市，农村处于相对被忽视的地位，这些因素导致了农村社会管理物质基础薄弱、体制建设滞后、功能残缺的局面。

（2）从发展方式来看，基层政府重经济、轻社会、轻教育的发展方式是直接原因。农村税费改革后，基层政权财政权能缺失，功能"悬浮"，需要上级财政提供工资。加之我国乡镇体制的缺陷，基层领导的前途取决于经济指标而非社会管理水平，导致基层政府普遍存在片面追求经济增长而忽视社会管理，甚至牺牲社会管理而追求经济指标的问题。邓小平同志曾说过"十年最大的失误是教育"。笔者认为，其实"三十年最大的失误仍是教育"。一些地方将经济发展作为解决一切问题的灵丹妙药，而对思想文化建设相对忽视。去年出现的农民工"逃回北上广"现象，原因主要在于农村公共服务特别是满足精神需求的公共产品供给不足、事业发展空间有限。诚如马斯洛所言，人的需求有不同的层次，高层次的人才，对精神、文化等需求有更高的要求。过去有一首歌叫《九月九的酒》，歌词说"又是九月九，愁更愁，情更忧，回家的打算，始终在心头"，"家中才有自由，才有九月九"。现在农村文化教育的缺失又使他们归乡寻梦破灭，而"逃回北上广"。

（3）从干部任用方式来看，自上而下的干部任命制导致部分干部只对上级负责。当前，尽管政绩评价和干部任用机制越来越民主，群众的声音得到了重视，但干部考核任用最终仍由上级和领导决定，出了事也首先拿基层是问，有时还要"背黑锅、当替罪羊"。因为官帽由领导决定而不是由群众决定，所以基层干部奉行谁给乌纱帽就为谁负责，基层的一切工作都围绕上级领导的好恶来部署，领导能看见、喜欢的就多干，领导看不见、不关注的就少干甚至不干。所以，迎来送往、检查汇报等主要用于应付上级的形式主义工作成为乡村干部的主要任务。

（4）从政绩评价机制来看，稳定压倒一切的考核机制导致施政目标误入歧途。当前，稳定是执政者的第一责任，社会治安和信访考核实行一票否决。经常"风风火火一整年，一旦出事全玩完"，不但单位考核优秀无望，干部提拔晋升也不可能。在这一制度高压下，乡村干部唯恐出现什么事件引起群众上访，出现突发事故影响考核评定，也不得不投入巨大的精力和资源来应对农民上访，对所有有争议性的事情、易引发事故的项目能拖就拖，能让就让，能压则压，为了不出事，宁可不干事。

# 四　路径

（1）转变观念，改革城乡二元体制。转变重城市轻农村的观念，树立城乡一体化的观念；转变把社会管理仅仅理解为加强社会控制的观念，树立经济与社会密不可分、协同发展的观念；转变只求表面"不出事""摆平""花钱买平安"的观念，树立真正解决问题，建立和谐社会的观念；转变只靠权力控堵禁压罚的观念，社会管理的基础在于党和政府的公信力，应致力于做好群众工作，维护法律权威。

（2）正本清源，切实转变基层政府职能。政府职能转变不到位主要表现在两个方面。一是"越位"。政府不该管的却非要管，例如政府直接招商引资、直接参与商务谈判、审批土地。二是"缺位"。即政府该管的没有去管或者没有管好。因此，正本清源，加快政府职能转变是创新农村社会管理的关键环节。党的十六大报告提出政府职能是经济调节、市场监管、社会管理、公共服务。作为基层政府，经济调节、市场监管缺乏资源与手段，其主要职能是提供公共管理和服务。要由经济主体型和投资型政府向公共服务型政府转变，由单一的、不全面的发展观向科学的发展观转变，由以GDP衡量政府政绩向将公共服务水平置于重要位置的观念转变。基层政府的社会管理和公共服务的主要内容是：提供就业服务和基本社会保障等基本民生性服务，提供教育、医疗、公共文化等公共事业性服务，提供环境保护、基础设施建设等公益性基础服务，提供生产安全、消费安全、社会安全等公共安全性服务。

（3）为民负责，加大群众在干部政绩考核和使用中的话语权。落实科学发展观，形成正确的用人导向，要通过干部考核与选拔任用的结果来体现。群众对一个地方的干部工作、用人导向是否认同，往往首先是通过干部工作的实际过程来感知和判断的。考核不仅是了解干部思想和工作情况的探测器，也是干部从政观念和行为的导航仪。干部生活在群众中间，德才表现如何，工作实绩如何，有没有给群众带来实实在在的利益，群众最清楚，也最有发言权。因此，要把人民群众拥护不拥护、赞成不赞成、满意不满意作为衡量干部工作政绩的根本标准，让干部选拔任用经得起实践和时间的检验，经得起群众的评判。

# 农村生态环境问题亟待关注*

**摘　要**：随着工业化、城镇化和农业现代化进程的加快，农村生态环境问题越来越突出，已成为比当年"农民负担"问题更为突出的"三农"问题。本文分析了农村生态环境面临的四个严重问题，在此基础上提出要从战略高度关注农村生态环境安全，尽快完善农村环保的法律保障体系，大力增加农村环保的财政投入，加快转变农业发展方式四条农村生态环境整治途径。

**关键词**：农村发展；生态环境

与城市的高楼林立相比，农村在人们的印象中本应是一幅"绿树村边合，青山郭外斜"的美好图景。但近几年，随着工业化、城镇化和农业现代化进程的不断加快，农村生态环境问题越来越突出，已成为比当年"农民负担"问题更为突出的"三农"问题。

（1）化学型的种植业造成土壤污染，严重威胁着食品安全。我国耕地面积不到世界的1/10，但是氮肥使用量占全世界近1/3，为世界最大化肥使用国，同时农药、地膜使用量也高居世界首位，成为典型的"化学农业"。过量施用化肥、使用农药和地膜，一方面促进了农业产出提高，另一方面也大大加速了农村生态环境破坏。农药的利用率只有30%左右，化肥的利用率也只有35%，废弃的农膜无法降解，形成面源污染和土地污染。以咸阳市为例，仅380万亩果树一项，一年就需要果品薄膜套袋4万吨、农药1万吨，产生农药瓶、农药袋0.5万吨。由于土壤污染具有累积性、滞后性、

---

＊　本文曾发表于《城乡统筹周刊》2011年7月18日。

难以逆转性等特点，治理难度大、成本高、周期长。

（2）集中式的养殖业造成水体污染，严重威胁着饮水安全。"60年代饮用灌溉，70年代淘米洗菜，80年代水质变坏，现在是黑臭难耐"，这是农村水环境变化的真实写照。据统计，全国3.23亿农民饮用不合格的水，占农村人口的34%，还有6300多万农民饮用含氟量严重超标的水；全国受污染的耕地约有1.5亿亩，约占耕地总面积的10%，其中污水浇灌耕地3250万亩，固体废弃物堆存占地200万亩。水污染不仅导致农作物减产、含有毒物质、渔业受损等一系列问题，而且严重影响农民身体健康。前段时间媒体披露、网上热炒的中国大米污染镉超标分布图，令人忧虑。据调查，我国人群患病的88%、死亡的33%都与生活用水不洁直接相关。此外，集中式养殖还加剧了禽流感、猪流感、口蹄疫、疯牛病等人畜共患病的传播。

（3）随意性的排污习惯造成农村脏乱差，恶化农民居住环境。"污水乱倒、垃圾乱放、粪土乱堆、柴草乱垛、畜禽乱跑、秸秆乱烧"，成为一些农村环境的真实写照。同时，农村往往又作为城市污染的消纳方而存在。城市未经有效处理的污水成为灌溉的水源，城镇产生的大量垃圾被运往农村进行填埋处理。而农村自身的环保设施近于空白，基本处于"垃圾靠风刮，污水靠蒸发"的落后状况，进一步加剧了农村环境的"脏乱差"。目前，垃圾包围农村已成为令农民十分头疼的事。

（4）转移型的落后工业造成新增污染，损害农民切身利益。一些高污染难治理的落后工业以乡镇企业的形式转移到了农村，乡镇工业废水化学需氧量、粉尘和固体废物的排放量占全国工业污染物排放总量的比重接近或超过50%，给农村生态环境带来严重的威胁。这些企业违法违规排放有毒废水、废气、废渣，导致人畜中毒或农作物受损，引发群体性上访的事件不断增多，成为继征地、拆迁之后又一影响社会稳定的新问题。

总之，随着环境污染向乡村的转移，农村已成为生态环境恶化最为严重的地区，农业已演变为主体交叉污染最为严重的产业，农民已经成为最大的受害群体。因此，必须从贯彻落实科学发展观、全面建设小康社会和加快构建和谐社会的高度，坚持建设与环保同筹、城市与乡村同步的原则，加大农村生态环境整治力度。

（1）从战略高度关注农村生态环境安全。国家必须从农村生态环境安全与粮食安全、经济安全以及社会安全相互关联的角度，着力强化社会公众的农村生态环境危机意识，在广大农村干部群众中牢固树立"要金山银山，也要绿水青山"的科学发展理念，使社会公众尤其是农村群众成为农村环境保护的主力军。

（2）尽快完善农村环保的法律保障体系。我国目前的环境法律体系是以城市污染和工业污染防治为目标的，尚无一部系统完整的农村生态环保法规。《环境保护法》虽对农业环境有涉及，但很简单，而且未能将农业环境与农业资源保护协调起来。因此，很有必要尽快制定出台一系列针对农村环境问题的专门法规，对农村畜禽污染，农村化肥、农药、农膜污染以及"白色污染"防治，对农村面源污染问题的预防、治理以及引发污染所应当承担的责任等问题，做出全面明确的规定。比如，把农民以及地方政府也纳入责任主体范畴，加大农村环境污染惩治力度，等等。在立法上特别要明确公民的环境权。建议通过宪法将环境法定为公民一项基本权利，这样就可在民法、行政法、刑法、诉讼法等部门法中为环境权救济提供良好基础。

（3）大力增加农村环保的财政投入。城乡分治政策使城市环境污染向农村扩散，而农村从财政渠道却几乎得不到污染治理和环境管理能力建设的资金。因此，必须尽快改革优化环保工作体制机制，大幅度增加农村环保投入。尤其要加大"以奖代补、以奖促治"政策力度，增加财政投入，撬动社会资源，加紧规划建设农村垃圾填埋场、焚烧炉、资源再生处理厂等设施，消化各类垃圾。

（4）加快转变农业发展方式。政府财政补贴重点从用于治理污染改变为支持循环农业发展。如政府不再直接资助化肥生产，改为重点补贴有机农业技术研究推广，补贴有机种植农户，以形成恢复农业有机生产的外部激励机制。

# 四大因素制约农村居民消费<sup>*</sup>

**摘　　要：** 本文认为我国消费不足主要体现为农村消费不足，主要有四大因素影响农村居民消费：农民收入低，增收难，"没钱花"；农村社会保障不足，农民支出预期不定，"不敢花"；农村消费环境不佳，农民购买使用商品不方便，"没法花"；农民消费观念保守，"花钱抠"。因此，扩大国内消费，最大潜力在农村，要尽可能地以法制手段强化对"三农"发展的支持；加快建立完善城乡统筹、公平合理的社会保障制度；加强农村基础设施建设，强化农村市场管理；强化农民消费的政策激励。

**关键词：** 农村发展；居民消费；因素；对策

中央提出要"加快形成消费、投资、出口协调拉动经济增长的新局面"，并把消费排在了最前面，昭示了我国发展理念、发展思路和发展方式的重大转变。联系实际，本文认为，要落实这一要求，扩大农村消费是最关键的举措。

目前，我国消费不足主要体现为农村消费不足。中国社会科学院于2009年发布的《农村经济绿皮书》指出，我国农村居民消费水平至少落后城镇居民10年，并且城乡居民生活消费差距一直处于扩大状态。1978年城乡居民生活消费支出比为2.68∶1，2009年扩大到3.07∶1，就是说一个城镇居民的消费相当于3个农村居民的消费。2009年农村居民恩格尔系数为43.7%，高出城镇居民5.8个百分点；农村居民人均衣着消费支出为212元，不足城

---

*　本文曾发表于《城乡统筹周刊》2012年1月16日。

镇居民的 20%；每百户农村居民拥有彩电 99.2 台，是城镇居民的 74.6%，拥有洗衣机 49.1 台和移动电话 96.1 部，仅为城镇居民的一半，拥有家用电脑 4.1 台和家用汽车 1.9 辆，而城镇居民分别为 59.3 台和 8.8 辆。同时，仍有 3000 多万农村住户没有新建过住房，2000 万农村住户住在茅草房和土坯房中，近 1000 万农村住户人均居住面积不足 10 平方米。全国人口和家庭数量的 70% 在农村，但 2010 年农村消费品零售总额仅占全国社会消费品零售总额的 30.1%，而咸阳农村消费品零售总额仅占全社会消费品零售总额的 18.6%。由于我国农村人口基数巨大，即使其中一半人口达到现在一般城市居民的消费水平，对经济发展的刺激作用也不可限量。因此，扩大国内消费，转变发展方式，最大潜力在农村。

当前，主要有四大因素影响农村居民消费。

（1）农民收入低，增收难，"没钱花"。收入是最直接、最具决定性的消费的前提。农民消费最低，根本原因是农民收入最低。2009 年全国城乡居民收入比曾达 3.7∶1，而咸阳更高达 3.93∶1。2010 年由于农产品价格猛涨，农民增收较快，年人均纯收入增至 5919 元，仍与城镇居民人均可支配收入相差 13190 元，城乡居民收入比 3.23∶1。农民收入的 50% 以上来自于以农业为主的家庭经营收入，但农民生产经营一直较难。财政投入不足，基础设施滞后，农业抗灾能力差。商业银行不愿贷、农村信用社力量弱、邮政储蓄机构只存不贷以及缺乏担保抵押物品的问题，使很多农户的经营项目缺乏资金投入。工商企业购买机器设备可以进行增值税抵扣，农户购进生产资料却难以进行增值税抵扣，农资价格上涨经常把大部分农业利润抵销。

（2）农村社会保障不足，农民支出预期不定，"不敢花"。社会保障不足是我国居民储蓄率高而消费率低的主因。农村社会保障更差，农村消费增长也就最少。近年来，农村义务教育"两免一补"、新合疗、新农保、农村低保等惠农政策不断推出，农民后顾之忧有所减少。但受城乡二元体制影响，农村上学难、看病难、养老难等问题仍然比较突出，农民对未来收入与风险的预期仍十分不确定。比如，缺乏大病统筹使许多农户"一人得病、全家返贫"。新农保仅覆盖部分县乡（咸阳两个县区和其他县市区的 11 个乡镇），月养老金不过 55 元（不够 1 桶食用油钱），许多老年农民怕自己等不到政策阳光就撒手人寰。高昂的高中、大学教育花费以及激烈的就业形势，使许多农户面临"不让娃念书可惜、让娃念书可怜"的尴尬局面。

（3）农村消费环境不佳，农民购买使用商品不方便，"没法花"。一方面，农村水、电、路、气等基础设施建设滞后，不适应农村消费转型升级的需要。如乡村电压不稳甚至经常停电，很多乡村还未通自来水，农民难以使用空调、冰箱、洗衣机等家电，甚至难以穿高跟鞋。农村零售业欠发达，大多数农村商业网点是传统"夫妻店"，规模小、层次低、物品少，多数大件物品还得到县城去买，出现了农民收入低、购买成本却高于城市的怪现象。另外，农村售后服务差，市场监管弱，消费权益得不到有效保障。这些都抑制了农民的消费欲望。

（4）农民消费观念保守，"花钱抠"。在我国农村，攒钱留待以后消费的现象普遍存在，"贷款消费"和"超前消费"还未被大多数人接受。这种消费观念降低了国家刺激农村消费政策的效果，不利于农村消费热点形成和消费需求扩大。此外，农民收入季节性强，无法像城里人那样分期付款，为购买"大件"不得不压缩日常开支，也抑制了即期消费。

基于以上原因，本文建议如下。

（1）尽可能地以法制手段强化对"三农"发展支持。中央提出的"三个重点""三个确保"的财政支农要求，由于太过原则和督查不严，在很多地方难以落实。建议修改《预算法》，将这些政策要求转化为具体的法律条款确定下来，以保证财政支农力度不断加大。同时，加紧研究修订《商业银行法》和《银行业监督管理法》，对商业银行贷款投放方向及结构比例进行明确规定，促进各商业银行在农村增加网点，增加信贷，改进服务；降低西部地区设立村镇银行、小额信贷公司等新型金融组织的政策门槛，增加西部农村金融活力。尽快制定《农村信用合作社法》，明确农村信用社的性质、职能、业务范围、管理体制和工作机制，让农村信用合作社有法可依，走上法制化、规范化的轨道。加紧研究修订《物权法》《土地管理法》《农村土地承包法》《担保法》等法规，为农民利用住宅、承包地担保抵押创造条件。加紧研究修订《增值税条例》等相关法规，解决农户购买生产资料后获得增值税税款抵扣或者其他补贴问题，减轻农民经营负担。

（2）加快建立完善城乡统筹、公平合理的社会保障制度。切实强化政府财政尤其是中央财政的投入支撑，积极抓好新农合、新农保、农村低保、贫困农民建房补助等农村社会保障制度的扩面提标，逐步推行"十二年"义务教育，大幅增加农村高中生、大中专学生的收费减免和生活补助，让广大农民像城市居民一样"劳有所得、学有所教、病有所医、老有所养、住有所居"，降低预期支出风险，增强即期消费信心。其中"新农保"要尽快实现全国农村全覆盖，基本养老金水平提高到能够维持农民的基本生活。同时，集中财力尽快解决贫困农民危旧房屋改造以及边远村、独居户农民的移民搬迁问题，根本改变其生产生活条件。

（3）加快农村基础设施建设，强化农村市场管理。建议中央财政大幅度地增加对农村水、电、路、气、讯（信）和生态环境保护等基础设施建设的投资，并对西部农村基础设施建设进行重点倾斜，尽可能地把小城镇尤其是县城镇、重点镇和规模较大的中心村建设成商业发达、环境优美的农村幸福乐园，让更多农民享有现代生活条件。进一步扩大"万村千乡"市场工程农家店覆盖面，并以税收减免等优惠政策吸引和鼓励商业名企到农村设立销售服务网点。切实加强农村市场管理，严厉查处假冒伪劣商品，切实保障好农民消费权益。

（4）强化农民消费的政策激励。加强舆论宣传，促使农民消费观念转变，引导农民转变过度节俭的传统生活习惯，形成积极、健康、向上的适度超前消费理念。实施更大幅度、更加简便、更为持久的汽车、住房、农机具、高档电子产品等高档消费品"下乡入户"或以旧换新财税补贴政策，加快农村消费升级换代。鼓励商业银行和农村信用社围绕农民住房建设和汽车、大型农机具购买等事项，开展按揭还贷、分期付款、小额消费贷款等业务，增强农民消费能力。

# 立足"三个认清"打造"三化村庄"*

**摘　要**：本文是 2015 年 10 月 10 日在云南丽江召开的第十五届全国"村庄论坛"上笔者的发言。认为西部地区村庄发展，首先要做到"三个认清"，即认清村庄建设面临的形势、认清村庄建设的政策环境、认清各自村庄的发展优势。在此基础上，村庄建设要向绿色化、人文化、智慧化的方向发展，着力打造绿色村庄、人文村庄、智慧村庄。

**关键词**：西部村庄；绿色；人文；智慧

中国村庄论坛是全国"三农"工作和农村基层干部的高端峰会，也是大家互相学习、开拓思路、合作发展的重要平台。笔者有幸参加第十五届中国村庄论坛并与大家一同探讨加快乡村发展这一课题，感悟良多，受益匪浅。

村庄论坛群英聚集，特色名村的经验值得总结学习。它们大都有三个特点。一是有一个好能人。华西村的吴协恩、大寨村的郭凤莲、南街村的王宏斌等本身就是村庄的名片。二是有一个好产业。以产业与生态旅游重生的山西大寨村，走工业化集团道路的河南南街村，将旅游文化做大做强的江西进顺村，还有我们这次会议观摩的以生态和民俗文化取胜的十八寨沟村等，每一村都有一个特色产业，以产业强村，以产业支撑。三是有一套好机制。专业化生产、规模化经营、组织化管理，种养加、产供销一体化的机制十分完善。农民收入来自经营收入、工资收入、财产收入、农产

---

\*　本文曾发表于《中国村庄》2015 年第 11 期。

品加工增值收入、分红收入等多元化渠道。另外，这些名村都曾经是过去的试点村、先行村、政策引领村，它们成功地抓住了机遇，用足了政策，发展了自己。

与这些名村相比，我们西部地区村庄的差距表现在以下几方面。一是观念落后。思想认识、发展观念仍停留在传统农业生产方式，缺乏敢想敢干敢闯、与时俱进的观念和气魄。二是经营方式落后。一家一户的经营方式十分普遍，表现为土地流转率低，规模经营小，以工业化思维经营农业就更谈不上。三是管理方式落后。专业化、组织化、科学化的管理方式在西部大部分村庄还几乎看不到。但我们西部地区村庄的发展同时也有先进村庄不具备的后发优势、资源优势、生态优势、人文优势。

西部地区村庄如何发展，我想首先要做到"三个认清"。

一要认清村庄建设面临的形势。

笔者曾经发表过一篇文章，提出了农村发展面临的四大矛盾，一是农村劳动力减少与农民工增多的矛盾。一方面农民外出打工是大势所趋，不可逆转，另一方面，村庄建设需要大量的优质劳动力。这是村庄建设面临的"人"的瓶颈。二是家庭承包经营制度与农业规模经营的矛盾。一方面，以家庭承包经营为主的农村基本经营制度是党农村政策的基石，另一方面，发展现代农业必须规模经营。这是村庄建设面临的"地"的瓶颈。三是农民的物权与收益之间的矛盾。宅基地和承包地是农民最主要的物权，但这些物权不能转让、买卖、租赁，所以就不能带来相应的财产收入，这也是农村大量空心村、空庄基和耕地撂荒的根本原因。笔者有一个观点，就是导致城乡居民收入差距不断扩大的不是经营性收入，不是工资性收入，而是财产性收入。这是村庄建设"物"的瓶颈。四是村庄建设的全面性与选择突破口的矛盾。村庄建设是一个系统工程，千村千面，条件各异，所以每个村在具体建设步骤上不可能相同，必须选择正确的突破口。

二要认清村庄建设的政策环境。

农村改革将是我国未来三十年发展的基本动力，但农村改革又是一个不断创新、循序渐进的过程。农村改革面临的"人""财""物""地"等政策瓶颈不是一时可以突破的。村庄建设必须在现有政策基础上进行。党的十八大以来，新一届中央领导集体就事关农村改革发展的全面性、战略性和方向性问题,提出了一系列新观念、新论断、新举措,为村庄建设提供了基本思路。概括起来有六个"三"。一是十八届三中全会:为农村改革指明了方向。党的十八届三中全会通过了《中共中央关于全面深化改革若干重大问题的决定》,关于农村改革,全会提出,必须健全体制机制,形成以工促农、以城带乡、工农互惠、城乡一体的新型工农城乡关系,让广大农民平等参与现代化进程,共同分享现代化成果。二是"三个必须":农村改革的目标要求。在2013年中央农村工作会议上,习近平总书记强调:中国要强,农业必须强;中国要美,农村必须美;中国要富,农民必须富。让农业强起来,让农村美起来,让农民富起来,是一个立意高远、内涵丰富的宏大命题,事关全面深化农村改革的成败,事关"三农"中国梦的实现。三是"三权分置":农村土地制度的重大理论创新。在2014年9月中央全面深化改革领导小组第五次会议上,习近平总书记指出:现阶段深化农村土地制度改革,要在坚持农村土地集体所有的前提下,促进承包权和经营权分离,形成所有权、承包权、经营权三权分置、经营权流转的格局。2014年11月,中共中央办公厅、国务院办公厅印发了《关于引导农村土地承包经营权有序流转发展农业适度规模经营的意见》,这些政策意见为积极稳妥健康推进土地规模经营提出了原则要求。四是"三个导向":新型农业现代化道路的制度设计。2014年中央"一号文件"提出了以"三个导向"为内涵的新型农业现代化道路:"要以解决好地怎么种为导向加快构建新型农业经营体系,以解决好地少水缺的资源环境约束为导向深入推进农业发展方式转变,以满足吃得好吃得安全为导向大力发展优质安全农产品,努力走出一条生产技术先进、经营规模适度、市场竞争力强、生态环境可持续的中国特色新型农业现代化道路。"与过去的提法相比,新型农业现代化道路也是基于当前国情农情,顺应时代要求做出的制度设计。五是"三权明晰":农村产权制度改革的重要内容。《国务院关于进一步推进户籍制度改革的意见》(国发〔2014〕25号)在完善农村产权制度中明确指出:土地承包经营权和宅基地使用权是法律赋予农户的用益物权,集体收益分配权是农民作为集体经济组织成员应当享有的合法财产权利。现阶段,不得以退出土地承包经营权、宅基地使用权、集体收益分配权作为农民进城落户的条件。六是"三批试验":全国农村改革的探路之举。为贯彻落实党的十七届三中全会"大力推进改革创新加强农村制度建设"的重大部署，2011 年底，全国建立了首批 24 个农村改革试验区，启动了新一轮农村改革试验工作，涉及农村金融、农村产权制度等七个方面的改革试验任务。2013 年 4 月，国务院确定黑龙江省先行开展现代农业综合配套改革试验，提出了九项改革试验任务，启动了由一个地方全面推进农村综合改革的试验。2014 年 11 月，为贯彻落实党的十八届三中全会"健全城乡发展一体化体制机制"的要求，农业部在全国新批了 34 个县市作为第二批农村改革试验区，安排了深化农村土地制度改革、深化农村集体产权制度改革、改善乡村治理机制等五个方面共 19 项试验任务。截至目前，全国农村改革试验区数量达到 58 个，覆盖 28 个省（区、市）。这些试验区围绕各自的试验课题，进行了多方面的积极探索，为村庄发展建设提供了有益借鉴。特别是农业部于 2013 年初发布的《关于开展"美丽乡村"创建活动的意见》（农办科〔2013〕10 号），使全国各地美丽乡村建设全面启动。

三要认清各自村庄的发展优势。

名村的发展经验可以借鉴，但不能照搬。各个村落都有自己的特色，都有别人没有的优势，正如罗丹所说："生活中并不缺少美，而是缺少发现美的眼睛。"所以，认清自己，发掘自己村庄发展的"特色"优势十分重要。一是发掘村庄的自然资源优势。西部地区自然风光秀美，民族文化多元，大部分乡村地广人稀，位置偏远，发展滞后，但因之，一些古老建筑得以幸运留存，自然风光没有受到破坏，非物质文化遗产得以较好传承，人与山水和谐相依，旅游开发前景较好，在"逆城市化"时代，这些自然资源具有极高的消费价值。以十八寨沟村为例，虽然地处"坎洛"（沟壑之地），但茫茫苍苍的原始森林，飘逸在高山间的飞瀑流泉，俯拾皆是的鸡枞、松茸、香菇、青头等野生菌类，使该村生态产业得到发展壮大，生态观光旅游方兴未艾。二是发掘村庄的人文资源优势。村庄特色不只在于有丰富的产业资源、独特的历史建筑、秀丽的自然风光、优越的区位条件这些有形资产，一些无形资产的挖掘也十分重要。如一个名人、一棵古树、一个典故、一段历史、一个文化符号、一件民族服饰、一个民间习俗，等等，这些人文元素的挖掘、整理、加工、推广，也将成为村庄建设的突破口。

按照习近平总书记提出的要"望得见山，看得见水，记得住乡愁"的要求，基于"三个认清"，笔者认为村庄建设要向绿色化、人文化、智慧化的方向发展。

一要打造绿色村庄。绿色是农村的本色。美丽的田园风光、山水特色是农村区别于城市的显著特征。绿水青山就是农村的金山银山。因此，村庄建设要做到节约发展、清洁发展、绿色发展、可持续发展，要"慎砍树、不填湖、少拆房"，要以人为主体，以环境系统为依托，以生态环境动态平衡、资源利用节能高效、产业发展低碳循环、人居环境和谐宜居为目标，建立绿色村庄综合体系，多做山的文章、善做水的文章，多给自然"种绿"，多给生态"留白"，让自然与村庄各美其美，美美与共。

二要打造人文村庄。人文是村庄的灵魂。村庄建设不仅要重视水、电、路、气、讯（信）等硬件建设，更要重视民俗文化、家庭文化、农耕文化、孝道文化等软件建设。人文有历史性、地域性，在发展的过程中，每一个村庄都有其与众不同的人文特色，要继承、发扬、保护。在村庄建设中要复活传统文化中"温良恭俭让、仁义礼智信"等中国传统文化基因，大力弘扬社会主义核心价值观。

三要打造智慧村庄。智慧是村庄现代化的标志。农村巨大的市场是智慧村庄建设的"吸铁石"。如果说目前的电商下乡是对城市实体店的一种冲击，那么对农产品销售则是一个机遇。要实现农民生产方式、生活方式的根本性变革，就要顺应信息化发展的需要，以信息化促进农业现代化发展，要让智慧医疗、智慧教育、智慧旅游、智慧养老、智慧社保、智慧人才进农业、进农村，让村庄建设跟上现代化发展的步伐。

图书在版编目（CIP）数据

三农论稿：站在农民的立场 / 赵强社著. -- 北京：
社会科学文献出版社，2017.8
ISBN 978 - 7 - 5201 - 0979 - 6

Ⅰ.①三… Ⅱ.①赵… Ⅲ.①三农问题 - 中国 - 文集
Ⅳ.①F32 - 53

中国版本图书馆 CIP 数据核字（2017）第 142349 号

## 三农论稿：站在农民的立场

著　　者 / 赵强社

出 版 人 / 谢寿光
项目统筹 / 任晓霞
责任编辑 / 任晓霞　王　莉　冯莹莹

出　　版 / 社会科学文献出版社·社会学编辑部（010）59367159
　　　　　　地址：北京市北三环中路甲 29 号院华龙大厦　邮编：100029
　　　　　　网址：www. ssap. com. cn
发　　行 / 市场营销中心（010）59367081　59367018
印　　装 / 三河市尚艺印装有限公司

规　　格 / 开　本：787mm × 1092mm　1/16
　　　　　　印　张：25　字　数：386 千字
版　　次 / 2017 年 8 月第 1 版　2017 年 8 月第 1 次印刷
书　　号 / ISBN 978 - 7 - 5201 - 0979 - 6
定　　价 / 118.00 元